T0194892

Sammlung Metzler
Band 263

Bernhard Sowinski

Stilistik

Stiltheorien und Stilanalysen

Zweite, überarbeitete und aktualisierte Auflage

Verlag J.B. Metzler Stuttgart · Weimar

Die Deutsche Bibliothek – CIP-Einheitsaufnahme

Sowinski, Bernhard:
Stilistik : Stiltheorien und Stilanalysen / Bernhard Sowinski.
– 2., überarb. u. akt. Aufl.
– Stuttgart : Metzler, 1999
   (Sammlung Metzler ; Bd. 263)
   ISBN 978-3-476-12272-8

ISBN 978-3-476-12272-8
ISBN 978-3-476-04111-1 (eBook)
DOI 10.1007/978-3-476-04111-1
ISSN 0558 3667

SM 263

© 1999 Springer-Verlag GmbH Deutschland
Ursprünglich erschienen bei J.B. Metzlersche Verlagsbuchhandlung
und Carl Ernst Poeschel Verlag GmbH in Stuttgart 1999

Inhalt

Vorwort

Die Stilistik gehört zu den Teildisziplinen der Germanistik wie auch jeder anderen Philologie, deren Begriffe oft erwähnt werden, die aber nur wenig systematisch betrieben wird. Neben anderen Gründen ist es oft ein Mangel an umfassend informierender stilistischer Literatur, der solche Defizite bewirkt. Die vorliegende Darstellung versucht, in der Form eines Überblicks über die Entwicklung und die Methoden der Stilistik und ihre Einzelheiten diese Informationslücke zu schließen.

Der Übersichtscharakter des Buches bedingte es, daß Vorzüge und Nachteile verschiedener Stiltheorien und Analysemethoden vorgeführt und verglichen wurden, ohne daß eine Festlegung auf eine bestimmte Richtung erfolgte. Wer für eine bestimmte Stiluntersuchung einen geeigneten Analyseansatz sucht, wird jedoch genügend Literaturhinweise finden.

Da das Buch als einführende Übersicht vor allem für Studierende konzipiert ist, versucht es, die verwirrende Fülle der vielen Ansätze zu Stiltheorie und Stilanalyse zu sichten, historisch wie systematisch zu ordnen und exemplarisch und kritisch zu erläutern. Auf ausführliche Diskussionen der einzelnen Richtungen und Ansätze mußte jedoch verzichtet werden.

Köln, im Dezember 1990   B.S

Vorwort zur 2. Auflage

Die seit dem Erscheinen der ersten Auflage erfolgte Weiterentwicklung der Stilistik verlangte die entsprechende Berücksichtigung in den Übersichtskapiteln (s. 3.15 – 3.17) wie auch in der Literaturauswahl (s. 9.1 u. 9.2). Demgegenüber konnten auch einige Streichungen weniger wichtiger Angaben erfolgen.

Köln, im Herbst 1998   B.S.

Abkürzungen

Abdr.	Abdruck
ABnG	Amsterdamer Beiträge zur neueren Germanistik
ahd.	althochdeutsch
AnnAcScFennicae.	Annales Academiae Scientiae Fennicae
Anz	Anzeiger
Arb	Arbeiten
ArchfdgesPsych	Archiv für die gesamte Psychologie
Archiv	Archiv für das Studium der neueren Sprachen und Literaturen
as.	altsächsisch
AUMLA	Journal of the Australasian Universities Language and Literature Association
BEDS	Beiträge zur Entwicklung der deutschen Sprache
Beitr	Beiträge zur Geschichte der deutschen Sprache und Literatur (H=Halle/S.; T= Tübingen)
Beitr. rom. Phil.	Beiträge zur romanischen Philologie
DA od. Diss. Abstr.	Dissertation Abstracts
DaF	Deutsch als Fremdsprache
DS	deutsche sprache
dtsch.	deutsch(...)
dtv	deutscher taschenbuch-verlag
DVjs	Deutsche Vierteljahrsschrift für Literatur und Geistesgeschichte
DU	Der Deutschunterricht
DtUnt	Deutschunterricht
DuV	Dichtung und Volkstum
ed(s)	editor(s)
es	edition suhrkamp
Euphor	Euphorion
EuropHSchrn	Europäische Hochschulschriften
FAT	Fischer-Athenäum-Taschenbücher
Festschr.	Festschrift
FL	Folia Linguistica
ForschSprL	Forschungen zur Sprache und Literatur
FuF	Forschungen und Fortschritte
GAG	Göppinger Arbeiten zur Germanistik
GAL	Gesellschaft für angewandte Linguistik
germ.	germanisch
GermAbh.	Germanistische Abhandlungen
GermL	Germanistische Linguistik
GermRev	Germanic Review
GLL	German Life & Letters
GLS	Langs Germanistische Lehrbuch-Sammlung
GRM	Germanisch-Romanische Monatsschrift
GSR	Gesellschaftswissenschaftlich-Sprachwissenschaftliche Reihe

H.	Heft
hd.	hochdeutsch
Hg. (Hgg.)	Herausgeber
InternGermKongr.	Internationaler Germanistenkongreß
Jb.	Jahrbuch
IDS	Institut für dtsch. Sprache
JIG	Jahrbuch für Internationale Germanistik
Kl. Schr. n	Kleinere Schriften
KNf	Kwartalnik neofilologia
LAB	Linguistische Arbeitsberichte
LGL	Lexikon Germanistische Linguistik
LiLi	Zeitschrift für Literaturwissenschaft und Linguistik
LingArb od. LA	Linguistische Arbeiten
LingArbBerKMU	Linguistische Arbeitsberichte Karl Marx-Universität (Leipzig)
LingBer	Linguistische Berichte
Lit.	Literatur; Literary
LJb	Literaturwissenschaftliches Jahrbuch
Ls/ZISW/A	Linguistische Studien/Zentral-Institut für Sprachwissenschaften der Akademie der Wissenschaften Berlin/Arbeitsberichte
LuD	Linguistik und Didaktik
M-Diss.	Maschinenschriftliche Dissertation
MedAev	Medium Aevum Philologische Studien
mhd.	mittelhochdeutsch
MLN	Modern Language Notes
MLR	Modern Language Review
MLU	Martin-Luther-Universität (Halle/S.)
Monatshefte	Monatshefte für den deutschen Unterricht
MTU	Münchner Texte und Untersuchungen zur deutschen Literatur des Mittelalters
Mutterspr	Muttersprache
Neophil	Neophilologus
NF	Neue Folge
nhd.	neuhochdeutsch
NL	Nibelungenlied
NS	Die neueren Sprachen
PD	Praxis Deutsch
PhilPrag	Philologia Pragensia
PhilHistKl	Philosophisch-Historische Klasse
PhilSchrn	Philologische Schriften
PhStuQu	Philologische Studien und Quellen
Progr	(Schul)Programm
R.	Reihe
Respubl. litt.	Respublica litterarum
RomForschgn.	Romanistische Forschungen
RSiegenBeitr	Reihe Siegener Beiträge
SB Ak	Sitzungsberichte Akademie
SBd	Sonderband
Schrn	Schriften

Sekt	Sektion
SH	Sonderheft
Slg	Sammlung
Spr	Sprache
SprdGegw	Sprache der Gegenwart
Sprachk	Sprachkunst
SprPfl	Sprachpflege
Sprachwiss.	Sprachwissenschaft
StGen	studium generale
stilist.	stilistisch(...)
StuttgArbzGerm	Stuttgarter Arbeiten zur Germanistik
stw	suhrkamp texte wissenschaft
STZ	Sprache im technischen Zeitalter
SuLWU	Sprache u. Literatur in Wissenschaft u. Unterricht
T.	Teil
Teildr.	Teildruck
Unters.	Untersuchung(en)
UTB	Universitäts-Taschenbücher
Vortr.	Vorträge
WB	Weimarer Beiträge
WdF	Wege der Forschung (Wiss. Buchgesellsch. Darmstadt)
Wiss. Beitr.	Wissenschaftliche Beiträge
WW	Wirkendes Wort
WZPHE/M	Wissensch. Zeitschr. der Pädagogischen Hochschule Erfurt/Mühlhausen
WZHUB	Wissensch. Zeitschr. der Humboldt-Universität Berlin
WZUG	Wissensch. Zeitschr. der Universität Greifswald
WZUH	Wissensch. Zeitschr. der Universität Halle/S.
WZUL	Wissensch. Zeitschr. der Universität Leipzig
WZUR	Wissensch. Zeitschr. der Universität Rostock
Yearb.	Yearbook
ZDL	Zeitschrift Dialektologie und Linguistik
ZDU	Zeitschrift für Deutschunterricht
ZfÄsth	Zeitschrift für Ästhetik
ZfdA	Zeitschrift für deutsches Altertum
ZfdB	Zeitschrift für deutsche Bildung
ZfDk	Zeitschrift für Deutschkunde
ZfdPh	Zeitschrift für deutsche Philologie
ZfdU	Zeitschrift für deutschen Unterricht
ZfG	Zeitschrift für Germanistik
ZGL	Zeitschrift Germanistische Linguistik
ZMF	Zeitschrift für Mundartforschung
ZPSK	Zeitschrift für Phonetik, Sprachwissenschaft und Kommunikationsforschung
Zs	Zeitschrift
ZsfangewPsych	Zeitschrift für angewandte Psychologie
ZsfFrzSprLit	Zeitschrift für Französische Sprache u. Literatur
ZsfSlaw	Zeitschrift für Slawistik

1. Dimensionen des Stilbegriffs und der Stilistik

Es gibt verhältnismäßig wenige abstrakte Begriffe im Bereich der Sprach- und Literaturwissenschaften, die einen derart großen Bedeutungsumfang und entsprechend weiten Verwendungsbereich haben wie das Wort ›Stil‹.

Es wird bereits außerhalb dieser Disziplinen ebenso zur Kennzeichnung bestimmter, meist altertümlich wirkender Möbel (Stilmöbel) gebraucht wie zur Kennzeichnung eines bestimmten Verhaltens (Lebensstil, Übungsstil, Kampfstil usw.); es ist aber auch im Bereich der Künste und Kunstwissenschaften heimisch und kann hier zur Benennung der Eigenart einer Schaffensweise (z.B. van Goghs Stil, Mozarts Opernstil usw.), aber auch zur Charakterisierung einer Epoche, meist mit zusätzlichen Adjektiven oder entsprechenden Substantiven verwendet werden (z.B. der gotische Stil, der Stil der Gotik u.ä.).

Aber auch in den Literatur- und Sprachwissenschaften ist eine solche Bedeutungsbreite festzustellen. Hier kann er ebenso zur Bezeichnung der sprachlichen Wirkung einer Gattung (z.B. der Stil der Anekdote) und zur Festlegung von Subkategorien (z.B. Szenenstil, Aufbaustil u.ä.m.) eingesetzt werden wie zur sprachstilistischen Beschreibung von Texten (z.B. der Stil der *Wahlverwandtschaften*) und der Autorenrede (z.B. der Stil des alten Goethe, der Altersstil Goethes).

Dabei ist in der letztgenannten sprachlichen Bedeutung des Wortes ›Stil‹ seine ursprünglich erste Verwendungsweise zu sehen, wie noch im einzelnen zu zeigen ist. Erst aus der sprach- und textbezogenen Semantik dieses Wortes sind seine vorher angedeuteten weiteren Bedeutungen hervorgegangen.

1.1 Komplexität des Stilbegriffs und der Stilistik

Wendet man sich – wie hier vorgesehen – dem Bereich des sprachlichen Stils und seinen Funktionen zu, so ergibt sich eine neue Komplexität aus der Tatsache, daß über den sprachbezogenen Stilbegriff oder besser: den Begriff des Sprachstils auch keinerlei Einigkeit besteht. Meint er den sprachlichen Ausdruck, die realisierte Sprache

schlechthin, oder nur eine Auswahl aus ihr; kommt er nur in literarischen Texten (Dichtungen) vor oder auch in Alltags- und ›Gebrauchstexten‹; entspricht er den sprachlichen Normen oder meint
er nur Abweichungen davon?

Wenn man sich daran macht, Stildefinitionen zu sammeln, wie
dies in manchen neueren Stilistikbüchern oder -aufsätzen bzw.
Handbuchartikeln geschieht (vgl. Sowinski 1978; Graubner 1973;
Sanders 1973; Spillner 1974; Seidler 1978; Sandig 1986), so bringt
man leicht ein Dutzend oder mehr verschiedene Formulierungen
zusammen, die mitunter einander zu widersprechen scheinen. B.
Sandig (1986, 3) vergleicht daher den Stilbegriff mit einem Chamäleon, das seine Farbe wechseln und so stets anders aussehen kann.

Die Komplexität des Begriffs ›Sprachstil‹, die von vielen For-
schern konstatiert wird, kann den Eindruck der rationalen Unschär-
fe und subjektiven Bestimmbarkeit erwecken, was – falls wirklich
vorhanden – den Begriff als wissenschaftlichen Terminus unbrauchbar machte. Der englische Stilforscher B. Gray stellte 1969 sogar die
reale Referenz dieses Begriffs in Frage, was aber auch nicht die von
ihm verheißene Lösung (solution) des Problems bringt. Genauere
Untersuchungen dieser Komplexität zeigen jedoch, daß in den zahlreichen Stildefinitionen eigentlich nur unterschiedliche Aspekte des
mehr oder weniger gleichen Gegenstandes vorliegen, die erst in der
Zusammenschau der berechtigten Einzelperspektiven das Phänomen
›Sprachstil‹ kennzeichnen. Die intensive Beschäftigung mit diesem
Phänomen erlaubt es aber auch, die Vielzahl der Auffassungen in
wenigen Gruppen zusammenzufassen.

J. Anderegg (1977, 15) sieht gerade in der Verdeutlichung dieser
Komplexität die Möglichkeit aufzuzeigen, »daß und in welcher Weise Stildeskription und Stildefinition von Perspektiven und Interessen
abhängig sind, welche allzuoft dem Beschreibenden oder Definie-
renden selbst verborgen oder gar als selbstverständlich aus der Reflexion ausgeklammert bleiben«(ebd.).

Die Komplexität des Stilbegriffs bedingt nun auch eine ähnliche
Komplexität und Perspektivenfülle in der Stilistik, die sich wissenschaftlich mit dem Sprachstil beschäftigt. Wie noch zu zeigen ist,
sind die Methoden der Stilanalyse und Stilinterpretation oft von der
jeweiligen Stilauffassung abhängig. Unterschiedliche Stilauffassungen bedingen dementsprechend unterschiedliche stilistische Er-
schließungsmethoden. Wenn aber – wie Anderegg (s.o.) betont –
die Plurivalenz zum Wesen des Stilbegriffs gehört, so können auch
stilistische Textuntersuchungen von verschiedenen Stilaspekten ausgehen und zu unterschiedlichen, letztlich aber einander ergänzenden
Resultaten führen.

1.2 Stil als Kennzeichnungs- und Wertbegriff

Alle Wörter, die das Wort ›Stil‹ als Grundbegriff enthalten (also z.b. Übungsstil, Kampfstil, Literaturstil, Epochenstil, Sprachstil, Lebensstil, Szenenstil, Baustil, Jugendstil usw., haben gemeinsam, daß sie etwas kennzeichnen oder charakterisieren, meistens den im vorangehenden Wortteil gemeinten Bereich, z.b. die Literatur in ›Literaturstil‹, die Dramen in ›Dramenstil‹ usw., oder das dort genannte Tun , z.B. Kampf in ›Kampfstil‹, Training in ›Trainingsstil‹ usw.

Daß es solche Kennzeichnungen gibt, bedeutet, daß es hier etwas Bemerkenswertes, Beobachtbares, Regelhaftes und Abgrenzbares gibt, das man mit dem Begriff ›Stil‹ von anderen Erscheinungen dieses Bereichs abhebt. Dabei wird Stil in der Regel auf Ganzheiten oder größere Einheiten bezogen, in Einzelheiten kann sich aber der Stil der Ganzheiten spiegeln. So kann ein bestimmtes Säulenkapitell einer antiken Säule auf einen dorischen oder korinthischen Stil, ein Bogenfenster einer Kirche auf einen romanischen oder gotischen Stil verweisen, eine bestimmte Verszeile oder Satzform auf den Stil einer Epoche oder eines Autors.

Stil erscheint aber häufig auch als Wertungsbegriff, sogar in der absoluten Setzung ›jemand oder etwas hat Stil‹, was bedeutet, daß ›er/sie‹ oder ›es‹ eine gewisse Vorbildlichkeit oder Erlesenheit besitzt. Ausgangspunkt für derartige Wertungen mag die Anerkennung des Stils schlechthin in einer bestimmten Stilnormen entsprechenden Leistung oder Lebensführung gewesen sein. Die originelle, in sich stimmige Stilhaftigkeit wird besonders im künstlerischen Bereich als wertvoll oder musterhaft anerkannt. Die Bewertung des Stils gehört so zu den wichtigsten Aufgaben der Literatur- und Musikkritik. Negative Kritik kann sich in abwertenden Kennzeichnungen wie‹ schlechter‹, ›kitschiger‹ oder ›epigonaler‹, ›unorigineller Stil‹ äußern.

1.3 Redestil, Sprachstil, Literaturstil, Denkstil

Die Reihenfolge der hier im Titel genannten Begriffe könnte je nach Blickweise des Betrachters auch umgestellt werden. Es geht hierbei um die Stilbereiche, mit denen es die Stilistik zu tun hat, und ihr Verhältnis zueinander. Geht man von einer historischen Sicht aus, so ist es sinnvoll, mit dem *Redestil* zu beginnen, wie es hier geschieht. Der Stil, die Art und Weise der konventionellen monologischen Rede vor einem Publikum im engeren rhetorischen Sinn wie später auch im weiteren kommunikativen Sinn steht am Beginn der systematisierenden Reflexion über den sprachlichen Ausdruck. Wie noch zu zeigen ist, liegen die Wurzeln der späteren Stilistik in der antiken wie mittelalterlichen Rhetorik.

Die Kunst der geplanten und sprachlich geformten Rede wurde später erweitert zur ähnlichen Formung literarischer Texte. *Der Literaturstil oder literarische Stil* ist so der zweite Gegenstandsbereich der Stilistik in ihrer historischen Entwicklung. Im Gegensatz zur Rhetorik, die über Jahrhunderte hinweg verhältnismäßig einheitlich blieb in ihrer Zielsetzung, ihrer Methode und in ihren Mitteln, ist die literarische Stilistik noch weniger einheitlich als der ohnehin schon recht komplexe Stilbegriff bzw. die verschiedenen Stilbegriffe, mit denen als den Resultaten ihrer historischen Entwicklung wie auch sich wandelnder Blickweisen in der heutigen Stilistik gearbeitet wird.

Während sich jedoch die Rhetorik noch auf schriftlich fixierte und mündlich aktualisierte Reden bezog, wurde die literarische Stilistik auf schriftlich fixierte ästhetische Texte eingeengt. Erst mit der Ausweitung des Stilbegriffs auf alle sprachlichen Texte, wie sie vereinzelt schon im 19. Jh., allgemeiner dann in der Funktionalstilistik und in der linguistischen Stilistik des 20. Jhs erfolgte, erlangte der Begriff des *Sprachstils* seine volle Anerkennung, ohne in seiner Geltung einheitlich begriffen worden zu sein. Gleichzeitig wurden *Redestil* und *Literaturstil* als Teilstile des Sprachstils und dieser als Erscheinungsweise und »Epiphänomen, d.h. eine zusätzliche Wirkmöglichkeit der Sprache« (vgl. W. Sanders 1973, 32) besser bestimmbar.

Der Literaturstil ist zwar wie der Sprachstil allgemein mit der aktualisierten Sprache weder völlig identisch (wie es Benedetto Croce sah, s. W. Sanders 1973 ebd. und hier S. 65) noch potentiell völlig kongruent, insofern als hier das ästhetische Element als zusätzlicher gesellschaftlicher Wertungsfaktor zu berücksichtigen ist.

Im Zusammenhang mit dem Begriff des Sprachstils taucht in der stiltheoretischen Diskussion auch der Begriff *Denkstil* als eine Art Voraussetzung des Sprachstils auf (vgl. bes. W. Sanders 1986, 23ff.). Bereits im 18. Jh. wurden die Zusammenhänge zwischen dem Denken und seinem sprachlichen Ausdruck lebhaft diskutiert. Die sicher etwas voreilige Gleichsetzung von Denken und Stil findet sich implizit schon bei Lessing (dessen rationaler Stil von Zeitgenossen wie auch später als Bestätigung dieser These angesehen wurde; vgl. hierzu: W. Beutin 1976, 20f.) und ist von A. Schopenhauer fixiert und seitdem oft wiederholt worden. Mit der Intensivierung psycholinguistischer Forschungen und generativer Theoriebildungen im 20. Jh. sind die Zusammenhänge zwischen den Denkvorgängen und den sprachlichen Formulierungen erneut erörtert worden, ohne daß eindeutige Klärungen erreicht wurden. Festzustehen scheint jedoch die Zusammenfassung L.S. Wygotskis: »Der sprachliche Aufbau ist keine einfache Widerspiegelung des Gedankenaufbaus. Die Sprache ist nicht Ausdruck eines fertigen Gedankens. «(s. Beutin, ebd.).

Auch die generative Transformationsgrammatik Chomskys (1965) unterscheidet zwischen der angenommenen gedanklichen Tiefenstruktur und der realisierten stilprägenden Oberflächenstruktur von Sätzen als zwei verschiedenen Bereichen.

Insofern bestehen gewisse Bedenken gegen Begriffe wie Denkstil, Gedankenstil, wie sie von J. Kurz (1970, 29ff.), S. Krahl/J. Kurz (1970, ⁶1984) und im Anschluß daran von Faulseit/Kühn (1975, 22ff.) und W. Sanders (1986, 23ff.) verwendet werden, wenn darunter nicht nur zu erschließende gedankliche Korrelate rational strukturierter sprachlicher Äußerungen, wie z.B. von Antithesen, Gedankenfolgen, Kompositionen und dgl., verstanden werden, sondern auch realisierte Textformen, wie z.B. Gebrauchsformen oder Textstrukturen, Darstellungsarten etc. oder wenn – über J. Kurz hinausgehend – der gesamte Bereich der *Makrostilistik* mit dem Denkstil gleichgesetzt wird (vgl. W. Sanders 1986, 26). Auch gedankliche Strukturen sollte man nicht ohne weiteres als Denkstil bezeichnen, wenn man – ganz gleich nach welcher Stilauffassung – unter Stil in jedem Falle realisierte Sprachformen begreift. Damit sollen die engen Zusammenhänge zwischen Denkform und Sprachform und die Auswirkungen von Denkstrukturen auf die gedanklichen Strukturen im Text und den Sprachstil nicht geleugnet werden.

Kurz, J. 1970, 29ff./1977. – Krahl, S./Kurz, J. 1970;⁶1984. – Wygotski. L. S.:Denken u. Sprechen. Frankfurt ²1971, – Hörmann, H.: Psychologie d. Sprache. ²1977. – Faulseit, D./G. Kühn ⁶1975. – Seebass, G.: Das Problem v. Sprache u. Denken. 1981. – Panfilov, V. Z.: Wechsel-beziehungen zw. Sprache u. Denken. 1974. -Simon, G./Strassner: Sprechen-Denken-Praxis. 1979. – Rüschenbaum, H. W.: Zum Verhältn. v. Sprechen, Denken u. Interaktion 1979. – Gipper, H.: Denken ohne Sprache? ²1978. – Aebli, H.: Denken: das Ordnen des Tuns. I-II. 1980/81. – Beutin, W. 1976. – Sanders, W. 1986.

1.4. Stilistik, Stilkunde, Stillehre

Die Zwitterstellung der Stilistik zwischen verschiedenen Disziplinen mag auch die Ursache dafür sein, daß es für diesen Lehr- und Forschungsbereich bisher auch keinen völlig einheitliche Bezeichnung gibt. Zwar dominiert der Begriff ›Stilistik‹ dort, wo es um die wissenschaftliche Lehre und Forschung aller sprachstilistischen Erscheinungen geht. Bereits Novalis (=Friedrich von Hardenberg, 1772-1801) benutzt erstmals dieses Wort in diesem Sinne (s. DWB 10 II. II, 2938). Seitdem hat es sich auch in anderen Ländern (mit entsprechenden morphologischen Abwandlungen) im gleichen Sinne durchgesetzt. Es empfiehlt sich daher, diese Bezeichnung beizubehalten. Auch dort, wo Publikationen sich ebenso nennen, erscheint dieser Titel berechtigt, sofern hier die Fragen des Sprachstils in wissenschaftlicher Form behandelt werden.

Der Umstand, daß auch Lehrbücher des (›guten, richtigen, angemessenen‹) Stils gelegentlich auch unter dem Titel ›Stilistik‹ erschienen, veranlaßte 1974 Bernd Spillner eine Differenzierung und Umbenennung der ›Stilistik‹ in die drei Bereiche: ›Stiltheorie‹; ›Stilforschung‹ und ›Stilanalyse‹ vorzuschlagen und die Bezeichnung ›Stilistik‹ im Wissenschaftsbereich nicht mehr und nur noch für präskriptive ›Stillehren‹ zu verwenden.

Soweit wir sehen, ist bisher niemand diesem unpraktischen Vorschlag Spillners gefolgt, vielmehr behalten die neueren wissenschaftlich fundierten Bücher zur Stilistik diese Kennzeichnung bei (vgl. Fleischer/Michel 1975; Riesel/Schendels 1975; Sandig 1978, 1986).

Willy Sanders (1973; 1977) sucht der Vagheit des Stilistik-Begriffs dadurch zu begegnen, daß er seine *Linguistische Stiltheorie* (1973) von seiner *Linguistischen Stilistik* (1977), die sich mit Stilanalysen beschäftigt, abhebt. Aber auch diese Trennung erscheint uns wenig hilfreich und praktikabel.

Wenig Erfolg hatte Spillner auch mit der seit den 30er Jahren aufgekommenen Bezeichnung ›Stilkunde‹ für stilistische Sammelwerke, die im Namen den internationaleren Klang der Endung tilgt, um – einer Zeitmode entsprechend, (vgl. auch ›Deutschkunde‹) – ein heimisches Wort für Wissenschaft durchzusetzen. Trotzdem begegnet der Begriff ›Stilkunde‹ gelegentlich in Publikationen anstelle von Stilistik (Krahl/Kurz 1970 u.ö.; Thieberger 1988).

Für die Vermittlung und Einübung stilistischer Formen verwenden wir hier die Bezeichnung ›Stillehre‹. Die anspruchsvolle Selbstcharakterisierung solcher Lehrbücher als ›Stilkunst‹ (vgl. Engel 1912; Reiners 1943 u. ö.) ist abzulehnen, zumal es hier nicht um ›künstlerischen Stil‹ geht. Auch die zahlreichen Anleitungen zum ›guten Stil‹ (richtiger wäre: zum angemessenen Stil), die Spillner zur ›Stilistik‹ rechnen möchte, gehören zur ›Stillehre‹.

Stilistik: Sowinski, B. 1973;³1978. – Spillner, B. 1974. – Fleischer, W./G. Michel (Hg.) 1975. – Riesel, E./E. Schendels 1975 – Sandig, B. 1978;1986. –. Fleischer/ Michel/Starke 1993

Stilkunde: Krahl, S./J. Kurz 1970 u.ö. – Thieberger, R. 1988

Stillehre(Auswahl): Engel, E.: Dt. Stilkunst. Leipzig 1912 u.ö. – Christiansem, B.: Eine Prosaschule. Stuttgart 1966. – Reiners, L.: Dtsch. Stilkunst. München 1943. [Neubearb. [16]1988]- Reiners, L.: Stilfibel. München 1951 (dtv 154). – Rost, W.: Dtsch. Stilschule. Gütersloh [4]1971. – Seibicke, W.: Wie schreibt man gutes Deutsch? Eine Stilfibel. Mannheim 1969; [2]1974. – Mackensen, L. (Hg.): Gutes Deutsch in Schrift u. Rede. München 1979. – Möller, G.: Praktische Stillehre. Leipzig 1968 [Neubearb. v. U. Fix]. – Möller, G.: Die stilistische Entscheidung. Leipzig 1978. – Faulseit, D: Gutes u. schlechtes Deutsch. Einige Kapitel prakt. Sprachpflege. Leipzig 1975. – Nickisch, R.M G. 1975 (=krit. Übersicht!). – Sanders, W. 1986 (=kritisch).

2. Stilistik und Nachbardisziplinen

Aus der in allen philologischen Disziplinen bestehenden Notwendigkeit, Texte auf ihre Gestaltung und Wirksamkeit hin zu untersuchen, ergibt sich das Erfordernis einer eigenen Forschungs- und Lehrdisziplin, wie die Stilistik sie darstellt, die dafür Analysekategorien und -methoden entwickelt. Trotz ihrer relativen Unentbehrlichkeit ist allerdings die Stilistik noch kaum in die Studienordnungen und Studienpläne der Germanistik an den deutschen Hochschulen eingedrungen. Wahrscheinlich gehen die dafür Verantwortlichen von der Vorstellung aus, daß Dozent/innen wie Studierende die notwendigen Kenntnisse und Fähigkeiten zur Stilanalyse spontan und autodidaktisch entwickeln können. Das Dilemma einer ungenügenden Berücksichtigung der Stilistik in der Philologenausbildung hängt aber wohl auch mit ihrer Stellung zwischen verschiedenen Disziplinen zusammen, die in unterschiedlicher Weise die Auffassungen von Stil beeinflußt haben und noch beeinflussen.

2.1   Stilistik und Sprachwissenschaft

Die Beziehungen zwischen der Sprachwissenschaft oder den Sprachwissenschaften der Einzelsprachen und der Stilistik sind vor allem in den letzten Jahrzehnten intensiver geworden, seitdem mit der Durchsetzung synchron orientierter Linguistiken neben der Erforschung der Systeme der gegenwärtigen Sprachen, also ihrer *langue* im Sinne F. de Saussures, auch die Sprachverwendung (Saussures *parole*) mehr Beachtung findet. Das Verhältnis von *langue* und *parole* als Untersuchungsgegenständen wurde jedoch auch im Hinblick auf die Stilistik nicht eindeutig bestimmt.

Während F. de Saussure die *langue* als Hauptgegenstand der Forschung ansah, aber auch Beachtung der *parole* forderte, kehrte der sprachwissenschaftliche ›Neuidealismus‹ B. Croces, K. Vosslers u.a. die Blickweise um. »Grammatik ist gefrorene Stilistik« erklärte Leo Spitzer und rückte die Stilistik in die Mitte der Sprachwissenschaft, die neuere Linguistik mit ihren Modellen der Kompetenzbeschreibung bevorzugt dagegen einseitig die langue.

Neuere Stilforscher betonen allerdings, daß der Stil sowohl an der *langue* als auch an der *parole* teilhat: an der *langue*, weil die Stilkategorien und Stilmittel auch Systemcharakter aufweisen, an der *parole*, weil es sich um Einzeläußerungen handelt, die stilistisch untersucht werden.

Seitdem man im Zusammenhang mit der funktionalen Sprach- und Stilbetrachtung dazu überging, Stil nicht nur literarischen Werken zuzusprechen, sondern allen schriftlichen und mündlichen Sprachäußerungen, wird die Stilistik meistens der Sprachwissenschaft zugeordnet.

Im Gegensatz zur Literaturwissenschaft, wo verschiedene Stilauffassungen als einander komplementär betrachtet werden (vgl. 2.3 bes. J. Anderegg 1978), konkurrieren in der sprachwissenschaftlich ausgerichteten Stilforschung analog zur linguistischen Schwerpunktbildung verschiedene Stiltheorien und Stilmodelle.

Singer, H. 1968. – Sanders, W. 1973. – Asmuth, B./Berg-Ehlers, L. 1974, 29ff. – Michel, G. 1978. – Sandig, B. 1986 u.ö.

2.2 Stilistik und Textlinguistik

Mit der Textlinguistik ist der Stilistik seit einigen Jahrzehnten innerhalb der Sprachwissenschaft eine scheinbare Konkurrenz erwachsen. Beide Disziplinen scheinen – flüchtig besehen – den gleichen Gegenstand zu analysieren, das gleiche Erkenntnisziel zu haben, nämlich die textliche Beschaffenheit sprachlicher Äußerungen. Wird die jahrhundertealte, nie genau bestimmte Stilistik also nun durch die neue, exakter beschreibende Textlinguistik abgelöst? Die zahlreichen Referate, die sich 1985 mit dieser ›Kontroverse‹ auf dem Kongreß des Internationalen Germanistenverbandes in Göttingen beschäftigt haben, erbrachten hierüber keine Klarheit. Denn letztlich sind beide Disziplinen in Weg und Ziel doch unterschiedlich ausgerichtet. Während die Textlinguistik, wie andere linguistische Teildisziplinen, Regularitäten, nämlich die von Texten, zu erfassen sucht, die dann als Resultat des Zusammenwirkens von Regeln erscheinen, bemüht sich die Stilistik, gerade die jeweils charakteristischen sprachlichen Variationen struktureller Einheiten zu beschreiben, auch die Abweichungen von erwarteten Normen und Regeln, wie z.B. die *deviatorische Stilistik* dies formuliert. Und während die Textlinguistik die kommunikative Wirkung des Stils der charakteristischen Sprachgebilde weitgehend ignoriert, legt die Stilistik gerade besonderen Wert auf diese Wirkungsfaktoren. Zwar sind es mitunter die gleichen Gegenstände oder Kategorien, die von beiden Disziplinen untersucht

werden, der Satzbau eines Textes etwa oder das Vorkommen von
Anaphern, doch achtet hier die Textlinguistik z.b. auf die Art der
vorliegenden grammatischen und semantischen Zusammenhänge,
Kohärenzen und Kohäsionen, wogegen die Stilistik etwa die Art und
Wirkung längerer oder kürzerer Sätze oder die jeweilige Wortwahl
in ihrer Wirkung auf den Rezipienten zu erfassen und zu beschreiben sucht.

Das Erkenntnisinteresse ist demnach in Stilistik und Textlinguistik ganz verschieden; dementsprechend sind es auch die Erschlie-
ßungsmethoden. Wenn man allerdings innerhalb der Textlinguistik
nach den konstituierenden Faktoren eines Textes fragt, die die Einheit eines Textes ermöglichen, so erweist sich auch der jeweils charakteristische Stil als ein solches textprägendes Mittel. Stilbrüche dagegen   signalisieren   mitunter   textliche   Verschiedenheiten.
Andererseits können auch Erkenntnisse aus der textlinguistischen
Forschung, etwa über die Eigenart von Satzverknüpfungen o.ä., für
die Stilcharakterisierung von Interesse sein. Zwischen Stilistik und
Textlinguistik bestehen also Verschiedenheiten, aber auch Wechsel-
wirkungen.

Harweg, R. 1970. – Schöne, A. (Hg.): Kontroversen. Akten des VII. Intern.
Germ. Kongr. 1985 Göttingen. Bd. 3. Tübingen 1986 (mehrere Beitr.)

2.3 Stilistik und Literaturwissenschaft

Wenn man nach dem Anteil der stilistischen Einführungsliteratur in
größeren Einführungen in die Literaturwissenschaft urteilt, so erscheint die Stilistik eindeutig als literaturwissenschaftliche Teildiszi-
plin. Hingewiesen sei hier nur auf das noch immer instruktive Buch
von Wolfgang Kayser *Das sprachliche Kunstwerk* (1. Aufl. 1948), das
sich im Kapitel IX ausführlich mit Problemen des Stils und der Stilanalyse beschäftigt, ferner auf die 2. Auflage des *Reallexikons der Literaturgeschichte* Bd. IV (hrsg. v. K. Kanzog u. A. Masser, Berlin
1984), das einen umfangreichen Stil-Artikel von H. Seidler enthält,
schließlich auf die von H.L. Arnold und V. Sinemus herausgegebenen *Grundzüge der Literatur- und Sprachwissenschaft* (dtv 4226), die
das Stilkapitel im Bd. 1 (Literaturwissenschaft) und das Textlingui-
ustik-Kapitel in Bd. 2 (Sprachwissenschaft) bieten, und auf die Ber-
telsmann-Reihe »Grundstudium Literaturwissenschaft«, die als Bd.
5 ein gesondertes Stilistik-Buch von B. Asmuth und L. Berg-Ehlers
bringt (Düsseldorf 1974).

Diese Zuordnung der Stilistik zur Literaturwissenschaft hat Tradition: Bereits 1911 erschien E. Elsters Buch *Stilistik* als Bd. 2 der »Prinzipien der Literaturwissenschaft«. Dieser Verbindung liegt die Auffassung zugrunde, daß es sich beim Sprachstil um ein wichtiges Konstitutionselement literarisch-künstlerischer Texte handelt, deren literarischer Wert weitgehend durch ihren Stil bestimmt ist. Stil galt dabei als ein Qualitätskennzeichen für originale Gestaltungen im Sprachkunstwerk. Grundlage dieses Theorems war die seit dem 18. Jh. dominierende Auffassung vom Stil als dem Ausdruck der künstlerischen Individualität (vgl. 4. 1), die durch Goethes Unterscheidung nach »einfache(r) Nachahmung der Natur, Manier, Stil« eine zusätzliche Spezifizierung erfahren hatte, die auch Wilhelm Wackernagel seinen 1836 begonnenen Basler Vorlesungen über »Poetik, Rhetorik und Stilistik« (erschienen 1873) zugrundelegte.

Die Rolle der Stilistik innerhalb der Literaturwissenschaft ist mit deren Methodenwandel jeweils implizit oder explizit neu bestimmt worden (vgl. 3.4). Wichtige Impulse empfing die literaturwissenschaftliche Stilistik, die bis dahin vorwiegend positivistisch orientierte Analysen von Stilmitteln durchgeführt hatte, durch die Adaption der *Kunstgeschichtlichen Grundbegriffe* Heinrich Wölflins (1915), die die geistesgeschichtliche Literaturforschung der deutschen Germanistik mit dem Stil als epochengebundener Ausdrucksweise zu neuen, wenn auch oft wenig präzisen Abgrenzungskriterien anregte (s. S. 28).

Stärker textbezogen blieben die strukturphänomenologischen Stilauffassungen O. Walzels (*Gehalt und Gestalt im Kunstwerk des Dichters*, 1925), E. Ermatingers (*Das dichterische Kunstwerk*, 1921, *Zeitstil und Persönlichkeitsstil*, DVjs. 4/1926), J. Petersens, R. Petsch‹ und G. Müllers (*Morphologische Poetik*, 1943), bis schließlich die ›werkimmanente Interpretation‹ (W. Kayser, E. Staiger u.a.) den Stil als das entscheidende konstituierende Element jeder Dichtung hervorhob.

Trotz dieser Wertschätzung des Stils in der neueren Literaturwissenschaft hat diese bisher kein systematisches Handbuch der Stilistik hervorgebracht, sieht man von den eingangs genannten literaturwissenschaftllichen Einführungen sowie einigen mehr oder weniger umfangreichen Übersichten bei E. L. Kerkhoff (*Kleine deutsche Stilistik*, 1962), R. Wellek (R. Wellek/A. Warren: *Theorie der Literatur*, [3]1963) und H. Seidler (*Allgemeine Stilistik*, 1953; *Grundfragen einer Wissenschaft von der Sprachkunst*, 1978) einmal ab (wobei H. Seidlers letztes Buch bereits eine systematische Synthese verschiedener, auch sprachwissenschaftlicher Ansätze erstrebte). Der Stil literarischer Werke, der lange Zeit als einzige Form von Stil verstanden

wurde, galt und gilt noch immer vielen Literaturwissenschaftlern
zwar als selbstverständlicher notwendiger Bestandteil literarischer
Werke, der deren Eigenart, Wirkung und Wertung bestimmt, aber
in seiner Selbstverständlichkeit keiner weiteren Reflexion und Untersuchung bedarf, weshalb die Ausbildung einer besonderen Fach-
disziplin ›Stilistik‹ wenig gefördert wurde (im Gegensatz zu späteren
sprachwissenschaftlichen Neuansätzen).

Als ein Mangel, der u.a. eine derartige systematischere Stilistik
hier behindert, erweist sich der Umstand, daß es bisher keine umfassende literaturwissenschaftliche Stiltheorie gibt, die eine Integration und Subsumierung der verschiedensten stilistischen Aspekte und
Kategorien unter einen zentralen Gedanken ermöglicht, daß es vielmehr – nach J. Anderegg (*Literaturwissenschaftliche Stiltheorie*, 1978)
– auch hier, wie in der sprachwissenschaftlichen Stilistik, einen Plu-
ralismus verschiedener Aspekte und entsprechender theoretischer
Ansätze gibt, der der Komplexität des Phänomens ›Stil‹ gemäßer erscheint als eine vielleicht wiederum einseitige Unterordnung unter
eine bestimmte theoretische Prämisse und abgeleitete Theorie, die
die Vielschichtigkeit des Stils der Literatur auf wenige Merkmale re-
duzierte.

Eine Möglichkeit zur Verbesserung der Beziehungen zwischen
Literaturwissenschaft und Stilistik ergibt sich, wenn man unter Ausweitung des Arbeitsfeldes der bisherigen Stilistik auch literarische
Strukturuntersuchungen als makrostilistische Arbeiten begreift,
durch die komplexere Stilphänomene, die die traditionellen Bereiche der (Mikro-) Stilistik (m. Satz- und Wortwahl) überschreiten,
beschrieben werden können (vgl. 6.2; 6.3). Damit werden Eigen-
wert und Notwendigkeit derartiger literaturwissenschaftlicher Strukturuntersuchungen nicht beeinträchtigt, vielmehr um eine funktionale Sicht erweitert.

Asmuth, B./Berg-Ehlers, L. 1974, 42ff. – Anderegg, J. 1977; 1979.

2.4. Stilistik und Sprachdidaktik

Die Sprachdidaktik, als die hier alle Formen des Erlernens und Ein-
übens bzw. der Vertiefung des Sprachbesitzes, insbesondere der
deutschen Sprache, verstanden werden, hat nur in begrenztem Maße
mit der Stilistik, der wissenschaftlichen Beschäftigung mit dem
Sprachstil, zu tun. Immerhin gehören seit Jahrhunderten die Einübung von bestimmten Stilformen und die Pflege eines angemesse-

nen sprachlichen Ausdrucks, also des ›guten Stils‹, zu den wichtigsten Aufgaben des Deutschunterrichts.

Aus der zunächst rein reproduktiven Nachahmung bestimmter Textsorten der rhetorischen Tradition hat sich im 19. Jh. der ›Gedankenaufsatz‹ entwickelt, in dem gedankliche Klarheit und Folgerichtigkeit mit ›gutem Stil‹ gleichgesetzt wurde, bis solche Aufsatzarten zu Beginn des 20. Jhs durch kreativere, erlebnisbetonende Formen abgelöst oder ergänzt wurden. Seit den 20er Jahren unseres Jhs erlangte dann ein bestimmter Kanon von Aufsatzformen Gültigkeit in den verschiedenen Altersklassen, der *erlebnisbetonende Darstellungsarten* (Erlebnis- und Phantasieaufsatz, Schilderung, Betrachtung oder Besinnungsaufsatz) sowie *sachbetonte Darstellungsarten* (Bericht, Beschreibung, Erörterung, Fachaufsatz) in sich steigernder Abfolge zu vermitteln suchte. Erst in den 70er Jahren wurden diese Darstellungsarten oder ›Stilformen‹ durch stärker kommunikativ orientierte Aufsätze ergänzt oder abgelöst.

Obgleich die Vermittlung von Stil und Stilformen in den Bereich der *Stillehre* gehört (vgl. 1.3), bestehen mehrere Berührungspunkte zwischen Stilistik und Sprachdidaktik: So gehören z.B. die in Schulaufsätzen geübten ›Stilformen‹ bzw. Darstellungsarten zu den größeren Stilgebilden der Makrostilistik (vgl. 6.1). Ferner sind wiederholt jeweils geltende Stilauffassungen aus der Stilistik zu Lernzielen für den Aufsatzunterricht adaptiert worden, so z.B. lange Zeit die Auffassung des Individualstils, die zum Lernziel des ›persönlichen Stils‹ umgeformt wurde, oder die pragmatische Stilauffassung (vgl. 4.3), die zur Grundlage kommunikativ orientierter Aufsätze und sog. ›Zweckformen‹ (z.B. Bewerbungsschreiben, Sachbriefe, Lebenslauf u.a.) gewählt wurde.

Auch zwischen literaturwissenschaftlicher Stilistik und Sprachdidaktik bestehen Berührungspunkte, insofern als beispielsweise die Muster der Darstellungsarten und Stilformen häufig literarischen Texten entnommen und ihnen nachgebildet wurden und mit ihrer Einübung auch die Fähigkeit zur Analyse ähnlicher literarischer Stilelemente verbessert werden sollte.

Schließlich führt auch die Stilanalyse literarischer Texte im Deutschunterricht zu wiederholten Berührungen zwischen wissenschaftlicher Stilistik und Sprachdidaktik

Frank, H.J.: Dichtung, Sprache, Menschenbildung. Geschichte des Deutschunterrichts v. d. Anfängen bis 1945. I/II 1976 (dtv 4271). – Kühn, G.: Stilbildung in der höheren Schule. 1953. – Heinemann, W. In: Fleischer, W./G. Michel (Hg.) 1975, S. 272-300. – Sowinski, B. 1976, 16-26. – Hannapel, H./Herold, Th.: Sprach- u. Stilnormen in der Schule. SuLWU 55/1985, 54-66

2.5   Stilistik und Rhetorik

Das Verhältnis zwischen der Stilistik und der Rhetorik läßt sich in dreifacher Weise bestimmen als historisches, komplementäres und konkurrierendes Verhältnis.

1. Verhältnis einer historischen Abfolge:

Die seit der Antike über das gesamte Mittelalter und in der frühen Neuzeit gültige Schuldisziplin der Rhetorik ist mit ihrer Textschulung und Textübung im 18. und 19. Jh. durch die neue Disziplin der Stilistik abgelöst oder zumindest verdrängt worden. Die Auffassung vom Stil als eines dem Text sekundär zugefügten sprachlichen Schmuckes (ornatus) und von der Erlernbarkeit der Technik dieser Zufügung wurde durch andere Stilauffassungen korrigiert (vgl. Kap. 3.3). Das Verhältnis der Rhetorik zur Stilistik wurde fortan mehr als das einer Unterordnung denn als einer Nebenordnung aufgefaßt.

2. Verhältnis komplementärer Einwirkung:

Sowohl im 19. Jh. als auch seit den 60er Jahren des 20. Jhs hat es nicht an Versuchen gefehlt, einzelne Erkenntnisse und Methoden aus der traditionellen Rhetorik für die didaktische Stillehre als auch für die deskriptive Stilanalyse fruchtbar zu machen. In der Stillehre ist es der pragmatische Aspekt der Rhetorik der die steril gewordene Aufsatzlehre neu beleben sollte. In der Stilanalyse ist es zum einen die Einsicht, daß viele literarische Werke der Vergangenheit, besonders aus Mittelalter und früher Neuzeit, rhetorische Regeln berücksichtigten und rhetorische Figuren und Tropen einbezogen, die bei heutigen Stilanalysen herausgestellt werden sollten, zum andern ist es die Erkenntnis, daß manche rhetorischen Figuren und Tropen sowie stilistische modi (Stilhöhen, Stilqualitäten) als Stilistika in neueren Texten weiterleben und stilistisch relevant bleiben.

3. Verhältnis der Konkurrenz:

Die neue Beachtung der Rhetorik innerhalb einer stärker kommunikativ orientierten Sprachwissenschaft und Sprachdidaktik einerseits wie auch die verwirrende Vielfalt und Systemarmut innerhalb der immer mehr ausufernden Stilistik andererseits haben die gegenwärtigen Bestrebungen begünstigt, die eine Wiederbelebung und Einführung rhetorischer Methoden und Analysen fordern. Derartige Bestrebungen werden unterstützt durch ähnliche Aktivitäten im Ausland, die aus Kommunikationsforschung und Linguistik neue Impulse erhielten (vgl. new rhetorics in USA, Gruppe μ (mü) in Lüttich (J. Dubois u.a.). Obgleich die Aspekte und Arbeitsbereiche

einer mehr agitatorisch orientierten Rhetorik und einer deskriptiv
ausgerichteten Stilistik verschieden sind, kann sich das Nebeneinander beider Disziplinen auch als Konkurrenzverhältnis auswirken, das
allerdings nicht zu gegenseitiger Verdrängung, sondern zu größerer
Effektivität beider führen sollte.

Lausberg, H. 1949, ⁴1971. – Lausberg, H. 1960, ²1973. – Schanze, H. (Hg.):
Rhetorik. Beiträge zu ihrer Geschichte in Deutschland vom 16. – 20. Jh. Frankfurt 1974 (FAT 2095). – Schlüter, H.: Grundkurs der Rhetorik. München 1974
(dtv-WR 4149). – Dubois, J. u.a.: Allgemeine Rhetorik. München 1974 (UTB
128). – Ueding, G. u.a.: Einführung in die Rhetorik. Geschichte-Technik-Metho-
de. Stuttgart 1976. – Plett, H. F. (Hg.): Rhetorik. Kritische Positionen zum Stand
der Forschung. München 1977. – Rehbock, H.: Rhetorik, in: LGL erw. u. überarb. 2. Aufl. Tübingen 1980, 293-303. – Ueding, G. (Hg.): Historisches Wörterbuch der Rhetorik. Tübingen 1994ff.

2.6 Stilistik und Stilkritik

Stilkritik wird vor allem im didaktischen Bereich und in journalistischen und lektoralen Tätigkeiten betrieben. Jeder Lehrer, jede Leh-
rerin, die die schriftlichen Arbeiten ihrer Schüler auf deren Stil hin
korrigieren, üben Stilkritik, auch wenn dies oft nur eine Einübung
der Sprachverwendungsnormen des Lehrenden ist. Stilkritik im höheren Sinne ist Teil der Literaturkritik, die früher einmal ein we-
sentlicher Teil des Literaturwissenschaftsstudiums war und eigentlich auch durch Stilvergleiche in der Literaturgeschichte vermittelt
werden sollte, heute dagegen fast nur noch in der praktischen Arbeit
der Verlagslektoren und der Feuilletonisten der Zeitungen geleistet
wird, wobei das Resultat der kritischen Vorarbeit der ersteren am
Manuskript der Autor/innen mitunter von den letzteren getadelt
wird, wenn sie das fertige Buch kritisieren.

Die *Maßstäbe der Literaturkritik* werden manchmal von den Literaturwissenschaftlern der Hochschulen, häufiger dagegen von den
Literaturkritikern der wichtigsten Tages- und Wochenzeitungen geprägt.

Die Stilkritik achtet außer auf die sprachliche Stimmigkeit im
Makro- und Mikrostil auf die sprachliche Originalität und Echtheit
der Formulierungen, auf Sachgemäßheit, Anschaulichkeit und Spannung etc. Stilkritik ist hier Sprachkritik und Darstellungskritik und
Formkritik zugleich; im außerliterarischen Textbereich ist Literakri-
tik überwiegend auch Sprachwahlkritik, z.B. Kritik am Gesetzes-
deutsch, am Amtsdeutsch, an der Politikersprache, am Soziologen-

deutsch usw. Berühmte Stilkritiker waren immer auch Sprachkriti-
ker (wie z.B. Karl Kraus, Alfred Kerr, Marcel Reich-Ranicki u.a.)
und glossierten die sprachlichen Unarten ihrer Zeit. Jeder Philologe
sollte eigentlich stilkritisch, d.h. literatur- und sprachkritisch (das
impliziert auch stilkritisch) sensibilisiert und ausgebildet sein.

Kraus, K.: Die Sprache. 4 Bde. München [4]1962. – Beutin, W. 1976. – Sanders,
W. 1986

3. Entwicklung des Stilbegriffs und der Stilistik

Die verschiedenen Stilbegriffe wie auch die Stilistik haben eine längere Entwicklung hinter sich, deren Kenntnis ihre komplexe Situation verständlicher machen kann. Dabei liegen die Anfänge einer bewußten, lehrbaren Sprachgestaltung bereits in der griechischen und römischen Antike, wo sie im Rahmen der rhetorischen Ausbildung entwickelt wurden.

3.1 Der Stilbegriff in der antiken und mittelalterlichen Rhetorik

Die Anfänge der antiken Rhetorik reichen bis ins 5. u. 4. Jh. v. Chr. zurück, in eine Zeit also, in der sich in den griechischen Polisdemokratien für die Bürger die Notwendigkeit ergab, in den Volksversammlungen durch Reden auf die Mitbürger einzuwirken, um eigene Interessen durchzusetzen, eigene Positionen zu verteidigen und die politische Entwicklung zu beeinflussen. Aus den frühen Angaben zum Verhalten in Gerichtsprozessen, Ratsversammlungen u.ä. werden bald Systematisierungen von Redeelementen entwickelt, aber auch Analysen und Imitationen berühmter Reden geübt, z.B. der des Isokrates (436-338), des Lysias (445-380) oder des Demosthenes (384-322) u.a. Durch Aristoteles (384-322) und seine Schüler, die Peripatetiker, wurde besonderer Wert auf die Ordnung und Formulierung der Gedanken gelegt, also auf die *dispositio* und *elocutio* im Entstehungsprozeß einer Rede. Hier wie auch in den von anderen (z.B. Theophrast (371-287)) entwickelten Lehren von den anzustrebenden vier *Stilqualitäten* (sprachl. Korrektheit, Klarheit, Angemessenheit, Schönheit der Rede) sowie der Unterscheidung nach den drei Stilarten (*genera elocutionis sive dicendi*) eines hohen, mittleren und schlichten Stils mit jeweils unterschiedlichem Anteil an sprachlichem Schmuck (ornatus) in Form von Tropen (Bildern) und Figuren (Wortkombinationen) geht es um Fragen des Stils, ohne daß das Wort bereits hierfür auftaucht. Erst etwas später, z.B. bei Cicero, wird es in der auf die Art der Rede bezogenen metonymisch-metasprachlichen Bedeutung verwendet.

Unter lat. *stilus*, gr. *stylos*, verstand man in der Antike wie auch noch im Mittelalter bis ins 15. Jh. konkret den hölzernen oder metallenen Schreibgriffel, mit dessen Spitze man Buchstaben in die damals den Schreibblock ersetzenden kleinen Wachstäfelchen einzuritzen vermochte, die das breite Ende des Griffels wieder wegschaben konnte. Metonymisch wurde diese Bezeichnung des Schreibgeräts auf die Qualität des Schreibresultats bezogen. Der *stilus* wurde so zur Kennzeichnung der Art und Weise des Schreibens und des (vorbereiteten) Redens.

Daß damit auch die individuelle Ausdrucksweise eines Autors gemeint sein konnte, beweisen Formulierungen wie *stilus Aesopi* oder *stilus Homeri* (Belege s. A. Müller)

Zur individualisierenden Bedeutung von *stilus* trat schließlich die generalisierende, die den Begriff des *genus* in den (seit den Peripatetikern und der Herennius-Rhetorik bekannten) *genera dicendi* bzw. *genera elocutionis* ersetzte, so daß fortan auch von den drei Stilen (*stilus grandiloquus*, *stilus medius*, *stilus humilis* o.ä.) gesprochen werden konnte, besonders seit Servius (um 400 n. Chr.) diese Dreistillehre mit den Hauptwerken des Vergil (*Aeneis*, *Georgica* und *Bucolica*) verbunden hatte, denen er jeweils einen dieser Stile zuordnete, ein Schematismus, den man im Mittelalter in der ›rota Virgilii‹ noch durch die Zuordnung von Ständen, Orten, Namen und Tieren erweiterte.

Nachdem sich die übertragene Bedeutung von *stilus* in der Spätantike (besonders b. Quintilian) weitgehend durchgesetzt hatte, wurde sie auch im Mittelalter adaptiert und tradiert, allerdings weniger stark in der ciceronisch-augustinischen Tradition, wo weiterhin die genus-dicendi-Lehre dominierte (wenn auch Hrabanus Maurus bereits für Poesie und Prosa von *gemino stilo* und *prosaico stilo* und Rudolf von Fulda von *metrico stilo* sprechen). Um 1200 wird die Dreistil-Lehre erwähnt bei Galfrid von Vinsauf, Everhardus Alamannus, Gervasius von Melkley und vor allem bei Johann von Garland in seiner ›Poetria‹, wo zudem noch vier ›moderne ›Prosastile angeschlossen werden (*gregorianus*, *tullianus*, *hillarianus*, *ysidorianus*). Eine Stilistik als Stillehre im späteren Sinne entwickelt sich daraus jedoch noch nicht; es entstehen lediglich Ansätze zur pragmatisch bestimmten Verwendung von rhetorischen Stilmitteln im Rahmen der traditionellen Rhetorik, deren Gültigkeit – mitunter modifiziert – bis ins 18. Jh. fortdauert.

Quadlbauer, F. 1962. – Müller, A. 1981.

3.2 Der Stilbegriff in der frühen Neuzeit (15.-18. Jh.)

Während die lateinische Rhetorik im Mittelalter über die national-
sprachlichen Grenzen hinweg Gültigkeit besaß, differenziert sich
dieser Zustand in der frühen Neuzeit. Die Zuwendung zu den neu-
entdeckten antiken Literaturquellen vollzog sich in der humanisti-
schen Bewegung der einzelnen europäischen Länder in zeitlicher
Verschiebung und unterschiedlicher Intensität. Damit verbunden
war auch eine neue Adaption und Rezeption der antiken Rhetorik.
Hier interessiert uns zunächst die weitere Rezeption des Stilbegriffs
in Deutschland.

Wie auch in anderen Ländern ist sie seit dem 15. Jh. gekennzeichnet durch das Vorkommen dieses Begriffs sowohl in lateinischen als auch in volkssprachigen Texten. In den latein. Texten der
Humanisten des 16. Jhs spielte der Begriff des Stils als Spiegel der
Persönlichkeit vor allem im Streit um die Nachahmung Ciceros eine
wichtige Rolle, als Erasmus, Montaigne u.a. sich gegen eine solche
Nachahmung ausgesprochen hatten. Die Probleme des Stils werden
auch in der nationalsprachigen Literatur Englands, Hollands und
Frankreichs häufiger reflektiert, das Wort ›Stil‹ häufiger verwendet
als in Deutschland. Hier taucht (nach den Angaben des DWB (Bd.
X, II, II, 2905ff.) das Wort *stil* in der Bedeutung ›Schreibart‹ erstmals um 1425 in einem deutschen Text auf, wobei es auf den »gar
vil süessen stil« des Evangelisten Lukas bezogen ist. Gemeint ist damit der in der lateinischen Mystik aufgekommene *stilus suavis, dul-*
cis, die anmutige Darstellungsweise, wie sie später auch in Weih-
nachtsliedern üblich wurde.

Daß das Wort *stil* aus dem Lateinischen entlehnt und als fremd
empfunden wurde, wird in gelehrten Texten, in denen es zunächst
nur vorkommt, durch die häufige Bewahrung fremder Kasusformen
deutlich. Auch finden sich häufig Übersetzungen wie »art zue reden« (Opitz), »Schreibart« (Gottsched, Breitinger, Sulzer). »Rede-
Art« (Rott) entweder singulär oder als Synonyme zum nebenstehen-
den Wort ›stil, styl‹. Erst im späten 18. Jh. scheint *Stil* endgültig im
Deutschen eingebürgert zu sein. In der Bedeutung entspricht die
deutsche Wortverwendung zunächst den lateinischen, später auch
den französischen Mustern.

Zu erwähnen ist hier noch, daß nun auch andere Bedeutungen
des Wortes ›Stil‹ auftreten, die den heutigen Bedeutungsreichtum
bzw. die Homonymität dieses Wortes vorbereiten. So erscheint ›Stil‹
gelegentlich wieder in der konkreten Bedeutung ›Griffel‹ bis zum
18. Jh., häufiger ist allerdings der übertragene Sinn von ›Rede- oder
Schreibart‹. Über die lateinischen Wörter *modus* und *mos* zur Kenn-

zeichnung der Art und Weise, des Brauches (auch: *stilus = modus scribendi*), erlangt Stil zusätzlich die Bedeutung ›Brauch in der Gerichtspraxis‹ und ›Brauch in der Zeitrechnung‹ (= Julianischer oder Gregorianischer Kalender).

Seit dem frühen 17. Jh. wurde *Stil* auch im Bereich der Musik für den jeweils charakteristischen musikalischen Eindruck in verschiedenen Gattungen und Richtungen üblich und seit J.J. Winckelmann (1756) auch im Bereich der darstellenden Kunst zur Kennzeichnung von Kunstrichtungen und Epochen, was nicht ohne Rückwirkungen auf die Auffassung von Gattungen und Epochen der Literatur blieb.

Der sich etwa gleichzeitig *durchsetzende Topos der Identifikation von Stil und Persönlichkeit*, wie er im Aphorismus »Le style est l'homme même« des Grafen Buffon aus seiner Akademierede vom 25.8.1753 am bündigsten ausgedrückt wurde, war bereits das Resultat einer längeren Toposgeschichte, die bis in die Antike zurückreicht (vgl. W. G. Müller, 1981). Buffon suchte hier die textlichen Inhalte als etwas außerhalb des Menschen Liegendes vom individuell geprägten sprachlichen Ausdruck abzuheben: »Ces choses sont hors de l'homme, le style est l'homme même.« Ob man nun dieses Dictum historisierend auffaßt und als l'homme den gelehrten *Schriftsteller (honnéte homme)* meint oder den Menschen allgemein, bleibe hier nebensächlich. Auch konnte *style* als Abstraktion traditionellerweise als Resultat der Bildung und schriftstellerischen Übung des Autors begriffen werden und noch nicht – wie später – als Ausdruck der Subjektivität.

Die neue Auffassung vom Stil als der charakteristischen persönlichen Schreibweise setzte sich jedoch bald durch und bildete nun für lange Zeit die Grundlage systematischer und wissenschaftlicher Darstellungen über den Stil, der Stilistik also, die nun die traditionellen Rhetorikdarstellungen ablösen sollten.

Neben dem Topos der Gleichsetzung von Autor und Stil (ut vir, sic oratio u.ä.) war seit der Antike in weiterer *Stiltopos* überliefert: die Auffassung vom *Stil als dem Kleid der Gedanken*. Dieser Bildtopos ergab sich aus der rhetorischen Theorie und Praxis, wonach der Stil erst nach der *inventio* und *dispositio* des Stoffes der Rede, der Gedanken also, auf der rhetorischen Stufe der *elocutio* geprägt wurde, indem nun die eigentliche Formulierung mit der gleichzeitigen Wahl des passenden *ornatus* erfolgte. Gedanken und Redeschmuck scheinen so verschiedenen Gestaltungsebenen zu entstammen und so etwas Verschiedenes zu sein.

Mit der Tradierung der rhetorischen Technik verfestigte sich diese Auffassung. Schon in Bedas *Liber de schematibus et tropis* (8. Jh.)

wird der Redeschmuck als *habitus* bezeichnet. Mit der Neubelebung der antiken Rhetorik im 16.-18. Jh. fand auch die Kleidermetapher des Stils neue Anerkennung, besonders bei englischen Autoren, wobei über Reichtum und Armut dieses Kleides verschiedene Positionen vertreten wurden (vgl. W.G. Müller, 1981).

Nicht von ungefähr setzte sich im 18. Jh. in der bürgerlichen Briefkultur das Ideal des schmuckarmen, schlichten Stils (*genus humile*) durch, das schon Seneca zum Ausdruck des Persönlichen im Brief gefordert hatte. Der Stil wurde so nicht mehr als Einkleidung der Gedanken, sondern vielmehr als ihre Inkarnation und als Ausdruck der Seele empfunden. Nicht ohne Grund prägten nun auch Briefform und Briefstil zu einem großen Teil die literarische Prosa seit den 70er Jahren des 18. Jhs. Das Ideal der einfachen Schlichtheit, des ›Ungekünstelten‹, das dem Briefstil zugesprochen wurde, sollte auch in der ›einfachen Prosa‹, etwa in der Romantik, eine Fortführung finden.

Eine Sprache, die unter dem Begriff des Stils Ausdruck des Seelischen, des Subjektiven, war, hatte schon Rousseau gefordert. Diese Auffassung erfuhr auch in Deutschland eine größere Resonanz, vor allem nachdem J.G. Hamann 1776 Buffons Akademieschrift deutsch ediert hatte. So postulierte J. G. Herder: »Man sollte jedes Buch als den Abdruck einer lebenden Menschenseele betrachten können.« (Vom Erkennen u. Empfinden der menschl. Seele (1778). SW 8. 1892, 208). Und auch Lessing war überzeugt: »Jeder Mensch hat seinen eigenen Stil wie seine eigene Nase.« (Ges. W., VIII. Berlin 1956, 211). J.G. Sulzer , der bedeutende Ästhetiker des späten 18. Jhs, greift den Gedanken der Spiegelung der Subjektivität des Autors im Stil wie folgt auf: »Das besondere Gepräge, das dem Werk von dem Charakter und der ... Gemütsverfassung des Künstlers eingedrückt worden, scheinet das zu seyn, was man zur Schreibart oder zum Style rechnet.« (Allgem. Theorie d. schönen Künste, 4. T., Leipzig ²1794, 329). Und der sich sonst zurückhaltende alte Goethe betonte: »Im ganzen ist der Styl eines Schriftstellers ein treuer Abdruck seines Innern.« (J.P. Eckermann: Gespräche mit Goethe (14. 1824), Zürich 1948, 110).

Nickisch, R. 1969. – Müller, W. G. 1981.

3.3　Stilbegriffe und Stilistiken im späten 18. und im 19. Jh.

In der wissenschaftlich und didaktisch ausgerichteten Stilistik des späten 18. und des 19. Jhs in Deutschland (sofern man hier schon von ›Stilistik‹ sprechen kann) wird die Umorientierung auf den individualisierenden Stilbegriff erst allmählich und zunächst mehr oder weniger formal vollzogen. An die Stelle der bisherigen Rhetoriklehrbücher treten nun solche über den Stil oder die Schreibart. Die Abhebung der ›Stilistik‹ (der Terminus kommt wahrscheinlich erst im späten 18. Jh. als Lehnbildung des frz. *stilistique* ins Deutsche und wird erstmals bei Novalis (Schriften 1907, 3, 99) belegt) von der Rhetorik erfolgt jedoch bei den einzelnen Autoren in unterschiedlicher Weise (vgl. M.L. Linn 1963).

Der maßgebliche Autor ist hier zunächst Joh. Christoph Adelung, der heute nur noch als Grammatiker der Goethezeit in Erinnerung geblieben ist (vgl. sein *Umständliches Lehrgebäude der Deutschen Sprache*. 2 Bde, Leipzig 1781/2). In seinen zwei Bänden *Über den deutschen Styl*, Berlin 1785, geht er noch von den fünf Gebieten der traditionellen Rhetorik aus und weist der Rhetorik (zusammen mit der Logik) die Auffindung und Ordnung der Gedanken zu, also *inventio* und *dispositio*, wogegen die Darstellung (Formulierung) der Gedanken, also die antike *elocutio*, Aufgabe von Grammatik und Stilistik sei; die Grammatik habe dabei auf die Richtigkeit, d.h. Normentsprechung der Formulierung zu achten, die Stilistik auf die Zweckmäßigkeit und Schönheit des Ausdrucks.

»Styl und Schreibart« bedeuten dementsprechend »überhaupt die Art und Weise, wie man schreibt, ... im engern Verstande bezeichnen sie die gehörige Art, andern seine Gedanken auf zweckmäßige und schöne Art durch Worte vorzutragen, so daß auch der mündliche Ausdruck nicht davon ausgeschlossen bleibt. »(I, 25ff.).

Nach den Darlegungen der Stilqualitäten: Normentsprechung, Sprachrichtigkeit, Reinheit, Klarheit und Deutlichkeit, Angemessenheit sowie Präcision, Würde und Wohlklang erläutert Adelung die Figuren der Einbildungskraft (einschl. Bilder und Tropen), der Gemütsbewegungen und Leidenschaften wie des Witzes und des Scharfsinns. Im zweiten Band geht er auf die Arten des Stils in einer Differenzierung der genera dicendi ein, erläutert Poesie und Prosa und einige Gattungen. Nach M.L. Linn (1963, 41) faßt Adelung »die Stillehren der Aufklärung zusammen und kann als repräsentativ für sie gelten.«

Der als objektiv verstandene (»gute«) Stil, der zweckmäßig und schön sein soll, folgt danach bestimmten Regeln und ist durch sie lernbar. Der neue Gedanke der Subjektivität des Stils, seiner Prägung durch die Persönlichkeit des Autors wird zunächst nur bei wenigen Nachfolgern Adelungs aufgegriffen, aber vorerst nur beiläufig erwähnt, so bei K. Reinhard (*Erste Linien eines Entwurfs der Theorie und Literatur des deutschen Styls*. Göttingen 1796), K.A.J. Hoffmann (*Rhetorik für Gymnasien*. Clausthal 1859) und bei Wilhelm Wackernagel *Poetik, Rhetorik, Stilistik*«. 1873 =Vorlesungen v. 1836).

Karl Philipp Moritz, der Autor des Entwicklungsromans *Anton Reiser*, der später als Gymnasialprofessor zum Mitglied der Berliner Akademie berufen wurde und ›Vorlesungen über deutschen Stil‹ hielt (ersch. 1808), war der einzige, der sich damals konsequent von der traditionellen, von der Rhetorik geprägten Regelstilistik abwandte und das Individuell-Charakteristische des Ausdrucks der Gedanken betonte. Für das Charakteristische, »die Eigentümlichkeit« in der Schreibart, worunter Moritz ›Stil‹ verstand, gebe es keine Stilregeln im traditionellen Sinn; nur gute stilistische Leistungen könnten beeindrucken und musterhaft wirken. Ein solches Beispiel ist für ihn der Brief vom 10. Mai in Goethes *Werther*. Im Sinne der modernen Stilistik ist Moritz also als erster deskriptiv und nicht präskriptiv eingestellt.

Eine ähnliche Haltung findet sich noch bei Jacob Grimm, der nur in einer kleinen Untersuchung »Über den Personenwechsel in der Rede« die Rolle des Emotionalen in der Sprache betont, ein Gedanke, den später der Saussure-Schüler und -Nachfolger Bally wieder aufgriff. Die gelegentlichen Stiluntersuchungen J. Grimms haben keine besondere Stiltheorie zur Grundlage.

Eine beobachtende und beschreibende Stilanalyse, die zeit- und raumbedingte Faktoren von den subjektiven im Stil trennt, forderte Wilhelm von Humboldt im Rahmen der philologisch-textkritischen Literaturbetrachtung, ohne jedoch eine explizite Stiltheorie zu formulieren oder eine entsprechende Methode an Textbeispielen zu erproben.

In der Nachfolge von K. Ph. Moritz ist auch der Schriftsteller und Gelehrte Theodor Mundt mit seinem Buch *Die Kunst der Prosa* (1837) zu sehen, der bis dahin einzigen stilistischen Würdigung einer deutschen Kunstprosa, die hier in ihrer stilgeschichtlichen Entwicklung begriffen wird. Mundt sieht den Stil zunächst durch die Sache, durch Gattung und Epoche, aber auch durch die Persönlichkeit des Autors bestimmt.

Der »wohl einflußreichste Stilistiker der 2. Hälfte des 19. Jhs« ist – nach M. L. Linn (1963, 57) – Karl Ferdinand Becker (*Der deutsche Stil*. 1848). Wie er schon die Sprache in seiner Sprachlehre als »organische Verrichtung« auffaßte, so soll auch der Stil »die vollkommene Darstellung der Gedanken« sein. Deshalb lehnt er die Zielorientierung der älteren Stilistik an Schönheit und Zweckmäßigkeit ab und fordert allein die Darstellung der Schönheit im Sinne »organischer Vollkommenheit«, d.h. des vollkommen adäquaten Ausdrucks des Gedankens. Auch die ältere Regelstilistik lehnt er ab; ähnlich wie K. Ph. Moritz fordert er die Stilschulung durch Anschauung guter Beispiele, aber auch durch Reflexion stilistisch angemessener Ausdrücksmöglichkeiten. Die Stilistik soll beschreiben, werten und lehren. Der letzteren Aufgabe entspricht die systematische Beschreibung der Stilistika des einfachen und des zusammengesetzten Satzes sowie der besonderen Stilistik der Stilarten und Gattungen. In der ›Allgemeinen Stilistik‹ des einfachen und des zusammengesetzten Satzes trennt er jeweils zwischen der Darstellung des Inhalts (z.B. durch Inhaltsfiguren, Wortschatz und Bilder (Tropen)) und der logischen Form (Wortstellung, Periodenbau u. ä.). In der ›Besonderen Stilistik‹ verzichtet Becker auf das genera-System und die Einteilung nach Stilhöhen.

Dieser Verzicht auf die genera-Lehre findet sich auch bei Beckers Zeitgenossen J.K.F. Rinne (*Die Lehre vom deutschen Stil, philosophisch und sprachlich neu entwickelt.* 1. T.: »Theoret. Stillehre«. 3 Bde., Stuttgart 1840-47), der im übrigen aber weit stärker an die Lehrinhalte der traditionellen Rhetorik gebunden bleibt.

Der Lachmann-Schüler Wilhelm Wackernagel, dessen seit 1836 in Basel gehaltene Vorlesungen erst 1873 unter dem Titel *Poetik, Rhetorik, Stilistik* erschienen sind, will die Begriffsverwirrung in Rhetorik und Stilistik dadurch klären, daß er als Rhetorik nun die ›Theorie der Prosa‹ versteht. Gegenstand der Stilistik sei dagegen »die Oberfläche der sprachlichen Darstellung«, nicht ihre Idee oder ihr Stoff, »lediglich die Form, die Wahl der Worte, der Bau der Sätze« (S. 409). Stil ist es demnach dort, »wo sich in der äußeren Darstellung eine innere Eigentümlichkeit durch charakteristische Merkmale deutlich aussspricht« (S. 411). Oder: »Stil ist die Art und Weise der Darstellung durch die Sprache, wie sie bedingt ist theils durch die geistige Eigentümlichkeit der Darstellenden, theils durch Inhalt und Zweck des Dargestellten« (S. 412). Die erstere Art nennt Wackernagel die »subjektive Seite«, die zweite »die objektive Seite des Stils«. Aufgabe der Stilistik sei es, allgemeine Gesetze des mehr objektiven Stils aufzufinden und zu erörtern. Im einzelnen unterscheidet Wackernagel einen Stil des Verstandes, einen Stil der Einbildung und einen Stil des Gefühls, wobei er Stilqualitäten, Stilhaltungen und Stilfiguren recht schematisch auf diese drei Gruppen aufteilt. Die erstrebte Klärung des Verhältnisses von Rhetorik und Stilistik wird jedoch nicht erreicht, da auch bei der Behandlung der

Prosa im Rhetorik-Teil bestimmte Stileigenheiten der Prosa erörtert werden.

Unter dem Einfluß des Positivismus mit seiner Übernahme des kausalen Erklärungsprinzips aus den Naturwissenschaften in die Literaturwissenschaft und dem Bestreben, »daß die sicher erkannte Erscheinung auf die wirkenden Kräfte zurückgeführt wird, die sie ins Dasein riefen« (W. Scherer, zit. n. M. L. Linn 1963, 60), kam auch der Stilistik eine neue Bedeutung zu.

Der einflußreichste Vertreter dieser Richtung, Wilhelm Scherer, hat allerdings keine besondere Stilistik verfaßt. Er äußerte sich dazu jedoch in seinem letzten, unvollendeten Werk, seiner ›Poetik‹ sowie in einigen Rezensionen und Vorträgen. Im Gegensatz zu den bisher genannten Autoren, die Rhetorik und Stilistik gegeneinander abzugrenzen suchten, möchte Scherer die Einzeldisziplinen in einer neuen ›Kunst der Rede‹ vereinigen, die sowohl poetische als auch nicht-poetische Texte beobachten und beschreiben soll. Im Gegensatz zur antiken Rhetorik, deren Systematik er schätzte, soll die neue Textwissenschaft jedoch nicht normativ arbeiten; nur zur Analyse sollen antike Tropen und Figuren mitherangezogen werden. Aufgabe der »Kunst der Rede« sei es nach Scherers ›Poetik‹, »die dichterische Hervorbringung, die wirkliche und die mögliche, vollständig zu beschreiben in ihrem Hergang, in ihren Ergebnissen, in ihren Wirkungen« (vgl. M.L. Linn 1963, 61). An anderer Stelle heißt es über den Stil in einem umfassenden Sinne, der bereits Makrostilistik und Mikrostilistik umfaßt: »‹Stil‹ umgreift die ganze Folge vom Stoff bis zur äußeren und inneren Form, von dem rohen Stoff, der überhaupt in den Gesichtskreis des Dichters fällt, von der Auswahl aus diesem Stoffe, von der besonderen Auffassung bis zu der besonderen Einkleidung, zur Wahl der Dichtungsgattung, bis zu den sprachlichen und metrischen Mitteln, mit einem Wort: es muß der gesamte dichterische Prozeß durchlaufen und überall die Eigenart aufgesucht und nachgewiesen werden.« (zit. n. M. L. Linn ebd.). Die Aufgabe der Stilistik (die nicht eigens genannt wird) wäre also die Beschreibung der jeweils realisierten individuellen Eigenart des Textes im Vergleich zur jeweils möglichen, wobei offenbar das Prinzip der Auswahl der Stilistika aus einem Schatz von Möglichkeiten zugrundegelegt wird.

Bei den Schülern und Nachfolgern Scherers (z.B. R. Heinzel, R.M. Meyer, H. Paul, E. Elster) wird dieser Ansatz bis zur Analyse und Deskription kleinster Details erweitert.

Linn, M.L. 1963

3.4 Stilistik und Stilbegriffe im frühen 20. Jh.

Die stilbezogenen Diskussionen und Systematisierungsversuche in der Sprach- und Literaturwissenschaft im späten 18. und im 19. Jh. waren bestimmt durch die Auseinandersetzung mit der traditionellen Rhetorik. Im Rahmen der positivistischen Neuorientierung der Literaturwissenschaft durch Wilhelm Scherer gewann die literaturwissenschaftliche Stilistik neue systematische und methodische Perspektiven. Der Scherer-Schüler R. M. Meyer, der die Stilmittel letztmalig systematisch zusammenstellte, wies zugleich auf die Positionen künftiger autor- und werkbezogener Stilistiken hin: die Berücksichtigung der psychologischen wie der historischen Einflüsse bei der Stilformung.

In der Stilistik des 20. Jhs, die durch eine große Richtungsvielfalt gekennzeichnet ist, werden diese beiden Aspekte berücksichtigt. Daneben wären aber auch andere Einflüsse zu bedenken: so etwa der der Stildiskussionen in der philosophischen Ästhetik und in der Kunstwissenschaft der Zeit (vgl. dazu: Rudolf Heinz: Stil als geisteswissenschaftl. Kategorie. Würzburg 1986).

Ebenso wäre auch auf die grundsätzliche Neubewertung des Sprachstils unter dem Einfluß der Auffassungen Benedetto Croces und seiner Anhänger, etwa des Romanisten Karl Vossler, hinzuweisen, die Alltagssprache und Kunstsprache (Stil) als Ausdruckssprache gleichsetzten (vgl. die Zitate K. Vosslers: »... Alle Elemente der Sprache sind stilistische Ausdrucksmittel ... Sprachwissenschaft im reinen Sinne des Wortes ist nur die Stilistik.«)

Für R.M. Meyer (*Deutsche Stilistik*, 1906) ist Stil die »Eigenart« der Schreibart, die durch Individualität, Epoche, Nation, Gattung beeinflußt ist. Die Stilistik habe vor allem die im Stil ausgeprägten individuellen Züge anhand der Elemente und der umgestaltenden Faktoren zu untersuchen, so vollständig wie möglich zu beschreiben, psychologisch zu erläutern und historisch einzuordnen. Mit dieser Aufgabenbestimmung nimmt Meyer zwei neue Aspekte auf, die später in der psychologisch wie in der geistesgeschichtlich orientierten Stilistik ebenfalls aufgegriffen wurden.

Meyer ist in seiner *Deutschen Stilistik* um eine durchgehende Systematisierung der Stilistika bemüht, die er von den Eigenheiten der Wörter ausgehend bis hin zu den literarischen Großformen an Beispielen erläutert.

Wenige Jahre nach Meyers Stilbuch erschien Ernst Elsters *Stilistik* (1911) als 2. Band seiner »Prinzipien der Literaturwissenschaft«. Er widmete dieses Werk nicht ohne Grund dem Psychologen Wilhelm Wundt, weil Elster – der Forderung Meyers nach psychologischer Erklärung entsprechend – die Mehrzahl der Stilmittel als Folge bestimmter Apperzeptionen, d.h. psychisch strukturierter Welthaltungen und Wahrnehmungsweisen, erklärt, wobei er Ergebnisse der Psychologie W. Wundts einbezieht. Im Gegensatz zur älteren aufklärerisch bestimmten Beziehung der Stilfiguren auf Seelenkräfte des Lesers bzw. Hörers (wie etwa bei Adelung) orientiert sich Elster an der Psyche des Autors.

Elster beginnt mit allgemeinen Ausführungen über Art, Herkunft und Besonderheiten des Begriffs ›Stil‹, den er bestimmt als »Summe der einheitlich geregelten Ausdrucksmittel eines Werkes, in denen sich die aesthetische Auffassung eines Schaffenden kundgibt.«

Anschließend erläutert er eine Reihe von *Apperzeptionsformen*, die seiner Auffassung nach den Stil prägen, und zwar objektiv und subjektiv ästhetische, verwandelnde, metaphorische, metonymische, symbolische, antithetische, epithetische, synthetische und umschreibende. Bei den subjektiv ästhetischen Apperzeptionsformen verzichtet er auf die Unterordnung weiterer Apperzeptionsformen und gliedert nun vielmehr nach Verstärkungsformen, sprachlichen Parallelformen, stilistischen Werten des Wortschatzes und des Satzbaus und endet mit einem Zusatzkapitel über Poesie, Prosa, Literatur sowie über die Grenzen des Sprachstils, wobei er hier eine Auseinandersetzung mit dem zuvor erschienenen Buch von Theodor A. Meyer (*Das Stilgesetz der Poesie*, 1901, [2]1990 stw 790) über die Wirkung sprachlicher Bilder anfügt.

Der von Elster erstmals hervorgehobene Einfluß des Psychischen auf den Stil wurde später in anderer Weise bei E. Winkler (s. S. 29f.) und W. Kayser (s. S. 30) aufgegriffen.

Kayser, W. 1948 u.ö. – Seidler, H. 1978.

3.5   Kunstgeschichtlicher Einfluß und geistesgeschichtliche Ausrichtung

Die aus der kunstwissenschaftlichen Diskussion um Ausdruckswerte und Sehformen hervorgegangene Schrift Heinrich Wölfflins *Kunstgeschichtliche Grundbegriffe* (1915) erlangte für die literaturwissenschaftliche Stildiskussion insoweit Bedeutung, als die hier dargelegten polaren Eigenschaften der künstlerischen Gestaltung nach den zugrundegelegten *Sehformen* (linear: malerisch, flächenhaft: tiefenhaft, geschlossene: offene Form, vielheitlich: einheitlich, absolute: relative Klarheit) bald zum Vorbild für ähnliche Stilkennzeichnun-

gen in der Literaturwissenschaft wurden. Oskar Walzel griff Wölfflins Typenpaare als einer der ersten auf und unterstrich ihren Wert
in dem Vortrag »Wechselseitige Erhellung der Künste. Ein Beitrag
zur Würdigung kunstgeschichtlicher Grundbegriffe« (1917), worin
er gleichzeitige Übereinstimmungen in verschiedenen Künsten als
Auswirkungen des gleichen Zeitgeistes im gleichen Epochenstil erklärt und somit eine Brücke zur geistesgeschichtlichen Literaturbetrachtung schlägt.

Walzels Anwendung zur Analyse von Shakespeares Dramenfigu-
ren erwies sich jedoch als wenig überzeugend, lediglich der Gegensatz von offener und geschlossener Form wurde später von V. Klotz
für die Dramentypologie fruchtbar gemacht. Walzel selbst hat später
in seinen Werken *Gehalt und Gestalt im Kunstwerk des Dichters*
(1925) und *Das Wortkunstwerk* (1926) die Bedeutung des Stils und
einzelner Stilelemente unterstrichen, ohne die Polarbegriffe erneut
hervorzuheben.

Auf solche polaren Gegensätze führte jedoch Fritz Strich in seinem Buch *Deutsche Klassik und Romantik oder Vollendung und Un-
endlichkeit. Ein Vergleich* (1922) den Epochengegensatz zwischen
Klassik und Romantik zurück. Auch Julius Petersen arbeitete in seiner *Wesensbestimmung der deutschen Romantik* (1926) zumindest teilweise mit solchen Gegensatzbegriffen, ähnlich wie schon F. Gundolf
in seinem »Goethe«-Buch (1916), allerdings ohne Systematik, wie
Wilhelm Schneider in seinem Buch *Ausdruckswerte der deutschen
Sprache. Eine Stilkunde* (1931, [2]1968) feststellt, der insgesamt 17
Gegensatzpaare aus verschiedenen Aspektbereichen als Analyseraster
vorschlägt und an ausgewählten Texten zu belegen sucht.

Der Vergleich der hier genannten Stiltheoretiker verweist schon
auf die unterschiedlichen Ansätze der Stilistik in den 20er Jahren.
Während Strich, Petersen, Walzel u.a. den Epochenstil untersuchen,
beschreibt E. Ermatinger in seinem Buch *Das dichterische Kunstwerk*
(1921) Gattungsstile der Lyrik, Epik und Dramatik als Folge unterschiedlicher Formerlebnisse und W. Schneider in seinen Ausdruckswerten die vermutete Wirkung von Texten auf den Leser oder Hörer.

Kluge, G. 1978.

3.6 Der Einfluß der Romanistik in der deutschen Stilistik

Anregend und in manchem weiterführend waren für die germanistische Stilistik auch Arbeiten einiger Romanisten. Die Sonderstellung K. Vosslers ist bereits erwähnt worden. Stilistisch fruchtbarer war der von ihm beeinflußte Leo Spitzer mit seinen zahlreichen Stilstudien, in denen er von auffallenden Einzelheiten im Stil bestimmter Autoren, insbesondere von seelischen Erregungen und entsprechenden sprachlichen Abweichungen, ausgeht und zur Gesamtdeutung der Texte und der Persönlichkeit ihrer Autoren fortschreitet. Eine explizite systematische Darlegung der Methode liegt allerdings nicht vor.

Das ist bei Emil Winkler anders, der in mehreren Büchern seine Stiltheorie und -methode erläutert: *Das dichterische Kunstwerk.* 1924; *Grundlegung der Stilistik.* 1929; *Sprachtheoretische Studien.* 1933). Winkler betont vor allem die außerbegrifflichen (konnotativen) Elemente, die für ihn den Stil in Texten ausmachen. »Diese Kräfte, Gefühle, Gemütsdispositionen sind die »Werte« der sprachlichen Gebilde. Sie als sprachliche Werte zu erkennen und zu erforschen, ist Gegenstand und Aufgabe der Stilistik.« (Grundlegung S. 1). »Stilistik = Lehre von den außerintellektuellen« Werten »der sprachlichen Gebilde.«(ebd. S. 27). Aufgabe des ›Sprachkünstlers‹ sei es, diese Stilwerte, die durch die zunehmende Begrifflichkeit bedroht seien, stets von neuem suggestiv zu aktualisieren.

Winklers Betonung der *konnotativen Stilwerte*, die durch ähnliche Untersuchungen des Saussure-Schülers Charles Bally beeinflußt ist, greift sicher zu kurz, wenn sie die begriffliche Seite der Sprache als stilistisch irrelevant ausklammert. Diese Erfahrung machte auch der Winkler-Schüler Herbert Seidler, der noch 1953 in seiner *Allgemeinen Stilistik* (S. 63 u.ö.) als Gegenstand der Stilistik« die Gemütskräfte der Sprache« betrachtet, dann nach Kritik an dieser Auffassung in der 2. Aufl. 1963 »die Erforschung der menschlichen Züge der Sprache« betont (wohl im Anschluß an das Buffon-Zitat) und erst 1978 in seiner *Grundlegung einer Wissenschaft von der Sprachkunst* (bes. S. 42ff.) erkennt er an, daß nicht nur emotional geprägte oder künstlerisch geformte Texte Stil aufweisen.

Seidler, H. 1978

3.7 Stilauffassung der ›werkimmanenten Interpretation‹

Von den vier maßgeblichen Richtungen in der Stilistik der ersten Hälfte des 20. Jhs, der psychologischen (Elster, Spitzer, Winkler), der *geistesgeschichtlichen* (Strich, Petersen u.a.), der *merkmaltypisierenden* (Dilthey, Gundolf, Strich, Walzel, W. Schneider) und der *gestaltbezogenen* Ausrichtung (Walzel u.a.) hat die letztere die nachhaltigste Wirkung erreicht, besonders dann, als sich unter dem Einfluß der Phänomenologie und der Gestaltpsychologie (und parallel zur französischen *explication de texte* und zum amerikanischen *new criticism*) in Abwendung von der Geistesgeschichte eine Konzentration auf die Werkstruktur und die werkimmanente Interpretation durchsetzten, die erst in den 50er Jahren ihren Höhepunkt erreichte (May, Burger, Kayser, Staiger. Alewyn, E. Auerbach u.a.).

Obwohl hier der Stil der interpretierten Texte in den Mittelpunkt gerückt ist (vor allem bei E. Staiger), gibt es nur wenige systematisierte Stilerläuterungen. Lediglich Wolfgang Kayser bietet in seinem Handbuch (Kayser 1948, [13]1968, Kap. IX) ein ausführliches Kapitel über den Stil, die Entwicklung der Stilauffassungen sowie Beispielanalysen. Kayser stellt zunächst die bisherigen Stilauffassungen in Frage und betont statt dessen die werkbezogene, »die durchgängige gestaltungsmäßige Bestimmtheit durch ein Inneres, »als Identität von Äußerem und Innerem, Gestalt und Gehalt« als einzig angemessene Stilauffassung für alle sprachlichen Gestaltungen. Dabei aktualisiert Kayser auch den psychologischen Begriff der Perzeption, der sinnlichen Wahrnehmung als Grundlage des Stilverstehens (ähnlich E. Elster, vgl. S. 26f.), wobei er sich auf Herder, Goethe, K. Ph. Moritz und vor allem auf A.W. Schlegel beruft: »der Stil ist die einheitliche Perzeption, unter der eine dichterische Welt steht; die Formungskräfte sind die Kategorien bzw. Formen der Perzeption.« (S. 290).

Als Hilfen zur leichteren Erfassung der Perzeptionsformen im Text nennt Kayser das lyrische Ich, den lyrischen Gegenstand, den Erzähler im Prosatext, die Erzählhaltung (der »Beziehungspunkt, in dem Fluchtlinien des Stils zusammenlaufen«), die Einstellungen, die ›Anschauungsformen‹ von Raum und Zeit und letztlich alle vorstrukturierten sprachlichen Mittel.

Emil Staiger, der als Hauptvertreter der ›*werkimmanenten Interpretation*‹ gilt, ging weniger systematisch vor, betonte aber stärker die Einheitlichkeit der künstlerischen Gestaltung im Stil: »Wir nennen Stil das, worin ein vollkommenes Kunstwerk – oder das ganze Schaffen eines Künstlers oder auch einer Zeit – in allen Aspekten übereinstimmt ... Kunstgebilde sind vollkommen, wenn sie stilistisch einstimmig sind.« (Staiger 1955, [4]1963, 14).

Stil ist so nicht etwas vom künstlerischen Text Ablösbares, »nicht die Form und nicht der Inhalt, nicht der Gedanke und das Motiv, sondern dies alles in einem.« Es kann daher auch nur insgesamt in der Interpretation, dem hermeneutischen Zirkel gemäß, in der wechselseitigen Zusammenschau des Ganzen mit den Teilen erfaßt werden, wobei vom ersten Eindruck, vom einfachen Gefühl, ausgegangen werden kann, das in der Interpretation verifiziert werden muß (gemäß Staigers Dictum »Wir begreifen, was uns ergreift.«).

Kayser, W. 1948 u.ö. – Staiger, E. 1955.

3.8 Linguistische Stilistik

Mit der Durchsetzung der modernen Linguistik seit den 50er Jahren unseres Jahrhunderts hat auch die wissenschaftliche Stilistik manche Bereicherung ihrer Theorien und Methoden erfahren. Dabei sind diese Anregungen und Erweiterungen größtenteils aus dem Ausland gekommen und mit einiger Verzögerung in Deutschland rezipiert worden.

Im folgenden können nur die linguostilistischen Entwicklungen angegeben werden, die hier adaptiert und weiterentwickelt wurden. Die Chronologie dieser Entwicklung kann dabei nicht genau verfolgt werden.

Stilstatistik

Statistische Stilvergleiche sind bereits seit den 20er Jahren durchgeführt worden, zunächst im Bereich der Spracherwerbsforschung. So hat A. Busemann das Verhältnis von Zeitwort (Verb) und Eigenschaftswort (Adjektiv) untersucht, um sog. Aktionsquotienten zu ermitteln. Stiluntersuchungen mit Hilfe von neuentwickelten Computern beginnen in den 50er Jahren in den USA. Sie haben seitdem eine reiche Literatur und eine Fülle von Untersuchungen gezeigt.

In Deutschland ist der Aachener Professor Wilhelm Fucks seit 1953 mit Arbeiten zur mathematischen Stilanalyse hervorgetreten. Inzwischen wurden verschiedene Methoden entwickelt, mit denen sprach-, gattungs-, epochen-, autor- und werkspezifische Stilcharakteristiken ermittelt werden können. Dabei bedeutet Stil für derartige Untersuchungen »die Gesamtheit aller quantitativ faßbaren Gegebenheiten in der sog. Formalstruktur des Textes« (n. A. Kreuzer, in: Kreuzer/Gunzenhäuser (Hg.) 1965, 11f.).

Alle Verfasser dieser Richtungen betonen, daß sie nach entsprechender Vorordnung der Dateneingaben nur Zahlen für die Häufigkeit bestimmter Elemente (z.B. Wörter in Sätzen etc.) und ihrer Relationen ermitteln werden. Die Interpretation dieser Zahlen, ihrer Verteilung und Funktionen kann nicht quantitativ aufgeführt werden, ebensowenig wie die inhaltlich-formale Interpretation; sie bedarf vielmehr der Wertungen durch den sensibilisierten Textkenner.

Trotzdem sind derartige quantitativen Untersuchungen sinnvoll und wichtig, um Daten, Durchschnittswerte, Verteilungsprofile usw. vergleichen und bewerten zu können.

Ansätze zur mathematischen Untersuchung ästhetischer Texte sind inzwischen mit Hilfe der Informationstheorie weiterentwickelt worden (u.a. v. M. Bense, C. Dolezel u.a.).

Kreuzer/Gunzenhäuser (Hg.) 1965. – Bailey/Burton (eds.) 1968. – Dolezel/Bailey (eds.) 1969. – Bolz, N. 1984. – Dolezel, L. 1971. – Fucks, W. 1953, 1955. – Fucks/Lauter 1965. – Oksaar, E. 1972. – Pieper, U. 1979.

3.9   Funktionalstilistik

Zu den ältesten linguostilistischen Arbeiten gehören auch die aus der *Prager Schule* des Strukturalismus (seit 1929) über die funktionale Differenzierung von Sprachen und die Theorie der Dichtersprache. Im Zusammenhang mit Untersuchungen zur Schriftsprache hat hier B. Havránek schon 1932 drei Funktionalsprachen unterschieden: *Konversationssprache, Fachsprache* und *Literatursprache*. Seine Thesen sind von J. Mukařovsky und F. Vodicka vor allem im Hinblick auf die *Dichtersprache* weiterentwickelt worden. Diese unterscheide sich von der *Mitteilungssprache* (Konversations- u. Fachsprachen), die zur Automatisation ihrer sprachlich-stilistischen Mittel neige, die wiederum realitätsbezogen (referentiell) seien, durch die Disautomatisation des Mitteilungsstandards wie auch traditionell gewordener poetischer Mittel und zur Aktualisation neuer Ausdrucksweisen im Kontrast zu den geläufigen Sprachmitteln. Die Dichtersprache (der Stil) bedarf zudem der synchronischen und diachronischen Analyse, der dynamischen Strukturanalyse zwischen aktualisierten und nichtaktualisierten Elementen sowie der Beziehungen zur Ganzheit des dichterischen Werkes und seines formellen und semantischen Planes (vgl. Dolezel in: Kreuzer/Gunzenhäuser (Hg.) 1965, 278ff.).

Diese Gedanken der Prager Schule wurden mit dem Aufleben des amerikanischen Strukturalismus in den 50er Jahren erneut diskutiert, insbesondere als der Vermittler zwischen dem Prager und dem amerikanischen Strukturalismus, Roman Jakobson, an das sprachbezogene Organonmodell und die Theorie der drei Sprachfunktionen von Karl Bühler (der zeitweise im Prager Kreis mitgearbeitet hatte) anknüpfend, diese Funktionentrias u.a. durch eine *poetische Funktion* (Mukařovskys ästhetische, Riffaterres stilistische Funktion) erweiterte.

In den 60er Jahren ist die funktionale Einteilung der Sprachen als Differenzierung der Stile in der sowjetischen Linguistik und später in der Stilistik der einstigen DDR rezipiert und erweitert worden (vgl. R. Gläser, in: Fleischer/Michel 1975, 23ff.). Die sowjetische Stilforscherin Elise Riesel, die sich wiederholt mit Fragen der deutschen Stilistik beschäftigt hat, sieht (1975, 5) im Stil »den funktionsgerechten, durch außer- und innerlinguistische Momente bedingten Gebrauch des linguistischen Potentials im schriftlichen und mündlichen Gesellschaftsverkehr« und konstatiert fünf Funktionalstile: Stil der öffentlichen Rede, der Wissenschaft, der Presse und Publizistik, der Alltagsrede, der schönen Literatur. Trotz mancher Bedenken, die gegen ein solch vereinfachtes Schema zu erheben sind, ist es auch in der früheren DDR-Stilistik rezipiert worden (vgl. W. Fleischer, in: Fleischer/Michel 1975, 253ff.).

E. Riesel hat auch den *Funktionalstil der Alltagsrede* im Deutschen näher beschrieben (1964, ²1970). Gemeinsam sind den Texten eines Funktionalstils bestimmte Auswahlkriterien der Stilmittel, bestimmte Stilzüge und natürlich spezifische kommunikative Verwendungsweisen. Das ist allerdings ein viel zu grobes Raster, das der Fülle textlicher Spielarten kaum gerecht wird.

Die Ordnung von Stilmerkmalen nach Verwendungszwecken und nach der Art der Stilmittel, besonders im Wortschatz, bevorzugt auch die englische Registerstilistik, wie sie besonders von M. A. K. Halliday vertreten wird.

Barth, E. 1970. – Benesch/Vachek (Hg.) 1971. – Fleischer, W. 1969. – Gläser, R. in: Fleischer/Michel (Hg.) 1975. – Horalek, K. 1965. – Michel, G. 1980. – Riesel, E. 1964/1970;1975. – Scharnhorst, J. 1981.

3.10 Strukturalistische Stilistik

Unter dem Begriff ›Strukturalismus‹ sind in der Sprachwissenschaft verschiedene Richtungen und Schulen subsumierbar. In der Stilistik seien hier jene Richtungen gemeint, die in der Nachfolge F. de Saussures dessen Auffassung von syntagmatischen und assoziativen wie paradigmatischen Zeichenrelationen als methodische Grundlage berücksichtigen, d.h. die Richtungen, die Stil als Resultat der Wahl synonymer sprachlicher Mittel, als kontextueller Kontrast, als Abweichung vom Erwarteten oder einer bestimmten Norm oder als zusätzliches Zeichensystem bzw. als Zeichenzusatz (Konnotation) verstehen.

Stil als Ergebnis selektiv kombinierter Äquivalenzrelationen

Roman Jakobson, der bedeutendste Initiator strukturalistischer Sprachforschung, hat sich wiederholt und in verschiedener Weise zur Frage sprachlicher *Selektionen* und *Kombinationen* und somit zum Stil geäußert. Anknüpfend an Saussures Auffassung der Zeichenrelationen (s.o.) sieht er im Stil das Resultat von Selektionen und Kombinationen im Rahmen der Achsen der paradigmatischen wie der syntagmatischen Beziehungen der Sprachelemente auf allen Ebenen des Sprachsystems, von der Lautung bis zur Textbildung. Dabei werden Äquivalenzbeziehungen zwischen den Elementen dieser Achsen genutzt: 1. In einer »›vertikalen‹ Äquivalenz zwischen alternativen Ausdrücken, von denen einer in eine Leerstelle des Textes eingesetzt« wird, und 2. einer »›horizontalen‹ Äquivalenz zwischen zwei verschiedenen Stellen der Textsequenz« (vgl. R. Posner 1969, 32). »Die Formulierung eines Textes läßt sich ... als sukzessive Selektion der Textelemente aus einer Reihe vertikaler Äquivalenzklassen (Paradigmen) beschreiben. Die Möglichkeiten der Sukzession werden durch die Regeln der Grammatik eingeschränkt, die bestimmen, in welcher Anordnung (Kontiguität) die gewählten Elemente erscheinen dürfen. Die Selektion wird jeweils durch den Kommunikationszweck gesteuert« (R. Posner ebd.).

Äquivalenzbeziehungen der verschiedenen Ebenen werden besonders in poetischen Texten in reichem Maße in die Selektion und Kombination einbezogen. Roman Jakobson hat dieses Modell der Stilbildung und poetischen Textkonstitution u.a. zusammen mit dem Ethnologen Claude Levi-Strauss bei der strukturalistischen Analyse und Interpretation von Baudelaires Gedicht »Les chats« zugrundegelegt und aufgezeigt, in welch subtiler Weise solche Äquiva-

lenzrelationen auf den unterschiedlichen Ebenen ermittelt und gedeutet werden können. Problematisch wird das Verfahren jedoch (so
nach R. Posner 1969) bei Fragen der Synthese der ermittelten Äquivalenzrelationen und der Interpretation des Ganzen, wo auch Jakobson/Levi-Strauss subjektive Wertungen und Entscheidungen einbeziehen müssen, wie sie übrigens M. Riffaterre (1969) in einer
Gegeninterpretation von vorneherein zum Ausgangspunkt wählt.

vgl. Jakobson, R./Levi-Strauss, C., Riffaterre, M. u. Posner, R. in: STZ 29/1969.

Stil als Resultat der Wahl synonymer Sprachmittel

Die Vorstellung, daß der stilistischen Prägung eines Textes sprachliche Wahlentscheidungen zwischen bedeutungsgleichen und im gleichen Kontext austauschbaren Ausdrucksmöglichkeiten zugrundeliegen, ist sehr alt. Sie findet sich schon in der antiken Rhetorik, wo
z.B. die *immutatio*, die Ersetzung, neben *adiectio*, *detractio* und
transmutatio zu den vier Änderungskategorien der *elocutio* des rhetorischen *ornatus* gehört. Heute wird die stilistische Wahl allerdings
nicht mehr als sprachliche Zusatzarbeit verstanden, sondern als unmittelbare, allerdings korrigierbare sprachliche Primärentscheidung.
Ihre Erklärung geht vom Vorhandensein und der Beherrschung alternativer synonymer und teilsynonymer Ausdrucksmöglichkeiten
für bestimmte Sachverhalte aus. N.E. Enkvist (1964/1972) hat jedoch deutlich gemacht, daß es verschiedene Stufen sprachlicher Selektion in einer fortlaufenden Hierarchie gibt (pragmatische, grammatische, stilistische und nichtstilistische Selektion) und daß es
schwierig ist, die stilistische Selektion jeweils aufzuweisen. Zudem
gibt es keine absolute Wahlfreiheit im Stilistischen; alle stilistischen
Gestaltungen können zusätzlich zu den Restriktionen der grammatischen Normen (die stilistisch nur in bestimmten Grenzen überschritten werden können) durch sachbezogene (referentielle), und
entsprechende lexikalische, durch intentionale, situative und gattungs- bzw. textsortenbezogene Gegebenheiten eingeschränkt oder
determiniert werden.

N.E. Enkvist (ebd. S. 25ff.) sucht aufgrund seiner kontextuellen
Stilauffassung (s.u.) diese Problematik durch ein Modell mit mehreren Selektionsfiltern zu verdeutlichen, in dem ein grammatischer
Filter vor einem stilistischen Filter erscheint, der die Kontextadäquatheit überprüft (vgl. S. 37).

G. Michel in: Fleischer/Michel (Hg.) 1975, 50ff.) schlägt eine
Trennung von außersprachlich und innersprachlich determinierten

sprecherbedingten fakultativen Varianten und sprachsystembeding-
ten obligatorischen Varianten (z.b. Aktiv-/Passiv-Formen) vor.
    B. Spillner 1974, 45ff.) setzt bei Stilentscheidungen eine fünffa-
che Selektion voraus (1. Wahl der Kommunikationsintention, 2. des
Redegegenstandes, 3. des sprachlichen Kodes, 4. grammatische
Wahl, 5. stilistische Wahl) und betont ebenfalls:

>Stil als Wahl zwischen sprachlichen Möglichkeiten meint also nicht belie-
bige Freiheit, sondern Selektion in einem Rahmen, der durch vorhergehen-
de Entscheidungen fest begrenzt ist. »

Wie Sowinski (1973, 27), so hebt auch Spillner (1974, 48) die großen Erklärungsmöglichkeiten der selektiven Stilauffassung hervor,
die er sowohl im Hinblick auf die Stilentstehung als auch in der An-
wendbarkeit bei literaturwissenschaftlichen wie linguistischen
Stilanalysen anerkennt; er weist aber auch auf die Grenzen einer solchen Stilistik hin, die er über die bereits genannten Selek-
tionsrestriktionen hinaus auch bei einem Zuviel oder Zuwenig an
sprachlichen Alternativen sieht. Eine grundsätzliche linguistische
Frage bleibt dabei die Existenz stilrelevanter Synonyme, die von einigen Linguisten bestritten wird.

Enkvist, N.E. 1964, 1973a. – Spillner, B. 1974. – Jakobson, R. In: Ihwe, J. (Hg.)
II, 1971, 512-548. – Todorov, Z., in: Chatman (ed.)1971, 29-44.

Stil als Kontrast im Kontext

Die grundsätzliche Ausrichtung strukturalistischer Analysen hat in
der Stilistik zur besonderen Beachtung des sprachlich-stilistischen
Kontextes geführt. Hier wäre auf die Stilauffassungen von Enkvist
und Riffaterre besonders hinzuweisen.
    N.E. Enkvist (1964/71, 26ff.) definiert Stil wie folgt:

>Der Stil eines Textes ist das Aggregat kontextbedingter Wahrscheinlich-
keitswerte seiner linguistischen Größen. »

Er versteht darunter, daß jeder Text mit seinen linguistischen Elementen der verschiedenen Ebenen mit anderen gleichartigen Texten
oder Textteilen oder möglichen Textrealisationen, die als Norm gelten können, verglichen werden kann, wobei die jeweiligen Abweichungen von dieser Norm als gegebener Stil konstatiert werden.
Als mögliche Kontextmerkmale gibt Enkvist (ebd. S. 28) an:
– *linguistisch*: phonetischer, phonematischer, morphematischer, syn-
    taktischer, lexikalischer, graphematisch-interpunktorischer Kontext;

- *im gestalterischen Gefüge*: Anfang, Mitte, Ende im Text, Verhältn. des Textes zu benachbarten Textteilen, Metrum, liter. Form, typograph. Darstellung;
- *Kontext außerhalb der Darstellung*: Epoche, Redeart, literarische Gattung, Sprecher/Schreiber, Hörer/Leser, Verhältnis zwischen ihnen nach Geschlecht, Alter, Vertrautheit, Erziehung, soziale Schicht u. Status, gemeinsame Erfahrungen etc.
- *Kontext der Situation u. Umgebung; Gestik; physische Haltung; Dialekte u. Sprache*

Nach Enkvist hat »jede Textstelle eine Konstellation von Kontexten und einen Stil. Es gibt nicht Sprache ohne Stil. »(ebd. S. 29).

Zur Ermittlung der gegebenen linguistischen Größen in einem gegebenen Kontext schlägt Enkvist drei Wege vor: 1. den Vergleich mit dem ›Stilgefühl‹ des Interpreten, 2. den Vergleich mit evtl. vorhandenen oder per Computer zu ermittelnden Werten, 3. den Vergleich zweier relevanter Texte durch eine Gruppe oder einen Informanten.

Nach Enkvist (ebd. S. 33) ist das »Ziel einer Stilanalyse ... ein Inventar von Stilkennzeichen und die Erfassung ihrer kontextabhängigen Verteilung.« Diese rein deskriptive Analyse, die nicht auf die Funktion der Stilkennzeichen im textlichen und außertextlichen Bezug, also auf die Stilinterpretation, eingeht, erinnert an stilstatistische Untersuchungen einerseits wie an den linguistischen Kontextualismus der ›Londoner Schule‹ (Malinowski, Firth u.a.) andererseits.

Etwas anders geartet ist die Rolle des Kontextes in den etwas früher erschienenen Beiträgen zu einer *Strukturalen Stilistik* von Michael Riffaterre (dtsch. Ausg. 1973). Auch Riffaterre richtet sein Augenmerk auf stilistische Kontraste vorgegebener Literaturtexte, deren Wahrnehmung jedoch zunächst nicht durch einen Stilforscher, sondern durch einen (oder mehrere) unbefangenen Durchschnittsleser (*average reader*) erfolgt. Dieser erste Leser, der dem behavioristischen Sinnerfassen aus dem Reiz und der Reaktion darauf entspricht, wird später von Riffaterre durch einen rekonstruierten *archilecteur* ersetzt, der alle vorangegangenen Textreaktionen (stilistischen *stimuli, stylistic devices*) bei Lesern, Interpreten, Übersetzern, Rezensenten u.a. zusammenfaßt, so daß der Stilforscher nicht auf sein eigenes Stilgefühl angewiesen sein wird.

Obwohl Riffaterres Vorstellung vom Leser und seinen stilistisch relevanten Aktionen unklar bleiben, scheint er so die grundsätzliche Rolle der Rezeption bei der Konstituierung von Stil hervorheben zu wollen. Die von ihm entwickelte heuristische Methode der Infor-

mantenbefragung ist neuerdings von Eberhard Frey wiederholt er-
folgreich ausprobiert worden.

Enkvist, N.E. 1964; 1973. – Riffaterre, M. 1973. – Frey, E. 1974; 1975; 1980. –
Rück, H. in: Spillner (Hg.) 1984, 175ff.

Stil als Normabweichung

Riffaterres kontextuelle Stilauffassung setzt einen Stilbegriff voraus,
der nur der Abweichung von der Lesererwartung Stilcharakter zuer-
kennt. Stil ist so keine allgemeine Eigenschaft aller Texte, sondern
nur eine spezifische Eigenschaft bestimmter Texte. Eine solche *Abweichungsstilistik* oder *deviatorische Stilistik* ist auch von anderen Stil-
theoretikern vertreten worden.

Gemeinsam ist allen Abweichungsstilistiken die Auffassung, daß
der Stil oder einzelne stilistische Merkmale dadurch auffallen, weil
sie von einer bekannten oder auch nur angenommenen sprachlichen
Norm abweichen. In Einzelfällen, etwa bei einem stilistisch zulässi-
gen oder üblichen Verstoß gegen die geltenden Grammatikregeln,
z.B. bei vorangestelltem Genitiv bei Nichteigennamen (z.B. ›des
Landes weite Auen‹), wird man solche Normabweichungen leicht
bezeichnen können. Schwieriger ist dies bei größeren Texten sowie
bei geringeren Abweichungen vom ›Normalen‹, das wiederum nicht
leicht bestimmbar ist, besonders dann, wenn man allen sprachlichen
Äußerungen Stilcharakter zuspricht. In der Regel werden daher
Normabweichungen besonders in der poetischen Sprache konstatiert, und zwar auf allen Ebenen des Sprachsystems. Abweichungen
werden dabei gern »als ein Konstrukt zur linguistischen Erklärung
poetischer Sprache verstanden« (W. Sanders 1973, 31). M. Bierwisch bietet z.B. in einer Studie über das Verhältnis zwischen ›Poetik und Linguistik‹ (1965, 1258-73) einen Entwurf einer generativen Grammatik für poetisch-stilistische Abweichungen.

Wie sehr aber auch hier die Grenzen zwischen Normalstil und
Abweichung im Ausdruck fließend sind, läßt sich am Beispiel von
Metaphern und Metonymien zeigen, die vertraut oder fremd anmu-
ten können, so daß ihre Anerkennung als Abweichung problematisch bleibt. B. Spillner (1974, 36), der die Probleme der ›Abweichungsstilistik‹ ausführlich diskutiert, weist auf die Gefahr eines
Zirkelschlusses dabei hin:

»Wenn man beim Aufstellen der Norm des Sprachsystems stilistisch abwei-
chende sprachliche Erscheinungen wegen mangelnder Systemrichtigkeit
nicht mit berücksichtigt , kann man nicht anschließend in Texten auftre-

tende Abweichungen im Vergleich zur Norm als solche definieren. Die Kategorie ›Stil‹ wurde in diesem Falle durch einen Zirkelschluß definiert: man muß vorab wissen, was stilistische Elemente sind, nimmt diese in die Deskription des Sprachsystems nicht mit auf und definiert sie anschließend deswegen als stilistisch, weil sie nicht zum Sprachsystem gehören. »

Spillner (ebd. S. 39f.) hat seine Einwände gegen die (»sehr verbreitet(e)«) Abweichungsstilistik in sieben Thesen zusammengefaßt, die hier verkürzt referiert seien:

1. Die Theorie setzt auch Texte ohne Stil voraus (d.h. ohne Normabweichungen).
2. Weder Norm noch Abweichung sind exakt definierbar.
3. Stil wird rein negativ formuliert, ohne qualitative Aussagen für die Stiltheorie.
4. Die Mengen der Abweichungen und der Stilmerkmale sind weder deckungsgleich noch inkludieren sie einander, da es sowohl Abweichungen ohne Stileffekt gibt (z.B. Fehler) als auch Stilmerkmale ohne Abweichungscharakter.
5. Die Kategorien ›Autor‹ und ›Leser‹ werden hier vernachlässigt.
6. Die Theorie ist nur auf bestimmte literarische oder sprachexperimentelle Texte anwendbar.
7. Bei Interpretationen besteht die Gefahr der Vernachlässigung des ganzen Textes und seiner Struktur zugunsten dieser wenigen Abweichungen.

Spillners Fazit: »Die Konzeption von Stil als Abweichung ist als heuristisches Mittel geeignet, nicht dagegen als Grundlage einer Stiltheorie.«

Carstensen, B. 1970. – Spillner, B. 1974. – Trabant, J. 1974. – Püschel, U. 1985

3.11 Generative Stilistik

Die Vorstellung, daß sprachliche Varietäten, die die Grundlage jedes Stils bilden, auf sprachlichen Transformationen beruhen, ist bereits ein strukturalistischer Grundgedanke, der dann in der von Noam Chomsky begründeten *Generativen Transformationsgrammatik (GTG)* sprachtheoretisch und methodisch neu fundiert wurde, wobei an die Stelle von Corpusanalysen von Texten linguistische Kompetenzbeschreibungen traten. Auch die Entstehung stilistischer Sprachvarianten fand dabei plausible Erklärungen. So hat R.M. Ohmann 1964 auf der Grundlage der ersten GTG Chomskys von

1957 aufgezeigt, wie syntaktische Stilvarianten aus fakultativen Transformationen von Kernsätzen erklärbar sind. Seine generativ-grammatischen Beispielanalysen an Texten von Faulkner, Hemmingway, Henri James und D.H. Lawrence zeigen, welche unterschiedlichen Transformationstypen den syntaktischen Stil der genannten Autoren bestimmen.

Chomskys Syntaxmodell von 1957 ist 1965 von ihm durch seine sog. Standardversion der GTG ersetzt worden, die nun nicht mehr Kernsätze transformiert, sondern Elemente einer semantisch-syntaktischen Tiefenstruktur, die in der Oberflächenstruktur unterschiedliche inhaltsgleiche Sätze oder Syntagmen ergeben können. Die nun recht komplizierten und aufwendigen Transformationsregeln sind – nach Enkvist (1973, 80) – für Stilanalysen weniger geeignet als die vorangehenden von 1957, obwohl diese weniger erklärungsadäquat waren. Die GTG-Version von 1965 hat denn auch kaum Stiluntersuchungen zusammenhängender Texte gezeitigt. Lediglich die Probleme stilistischer Abweichungen von einer Norm und die Fragen der Grammatikalität und der stilistischen Akzeptabilität sind nun ausführlicher beschrieben worden, ohne jedoch, wie Spillner (1974, 42) betont, die grundsätzlichen Einwände gegen die partikularistische Abweichungsstilistik zu entkräften.

Zudem sind die Zusammenhänge zwischen GTG und Stilbildung keineswegs hinlänglich geklärt. So konstatieren z.B. Jacobs/ Rosenbaum (1973, 54) einerseits eine grundlegende Synonymie zwischen zwei Texten, die aus verschiedenen Transformationen einer gleichen Tiefenstruktur abgeleitet worden sind, aber auch eine zusätzliche »Bedeutungsdimension«, die sie »Oberflächenbedeutung« nennen und folgern daraus: »Stil ist das Ergebnis einer sprachlichen Auswahl, und Oberflächenbedeutung ist das Ergebnis von Stil.«

Klein, Sh. in: Ihwe, J. I/1971, 213-233. – Ohmann, R. in: Blumensath (Hg.) 1972, 89-105. – Jacobs/Rosenbaum 1973

3.12 Stil und Konnotationen

Auch die Vorstellung vom Stil und den Stilelementen als Bedeutungsträgern einer zusätzlichen (= konnotativen) rhetorischen, poetischen oder pragmatischen Bedeutung ist nicht neu, liegt sie doch schon bei der antiken *ornatus*-Lehre sowie manchen Abweichungsstilistiken zugrunde. Obwohl es sich bei den erwähnten Theorieansätzen lediglich um die Konstruktion von Erklärungsmodellen handelt,

denen keine direkten Realisationen in der Sprache entsprechen, sind
derartige Vorstellungen auch in letzter Zeit erneut beschrieben worden, besonders seitdem die Diskussionen semantischer Probleme
wieder zugenommen haben und die Annahme semantischer Zusatz-
informationen in der Form von Konnotationen neu belebt worden
ist (Affektive Zusatzbedeutungen kennt bereits das Modell der
Wortbedeutung von K.O. Erdmann von 1910).

Während der Begriff der konnotativen Bedeutung, der auf
Hjelmslev und Wilhelm Schmidt zurückgeht, zunächst wortbezogen
verstanden wurde, ist er in der Stilistik auch auf das gesamte Subsy-
stem der Stilstruktur eines Textes ausgeweitet worden. Indem ein
Text Stil besitzt, signalisiert er über seine denotative (=begriffliche)
Bedeutung hinaus eine zusätzliche poetische, pragmatische, individuelle, soziale, fachsprachliche oder historische Bedeutungsschicht.

Eine konnotativ orientierte Stilforschung sieht Spillner (1974,
30f.) in den Arbeiten des Genfer Saussure-Nachfolgers Ch. Bally,
der die affektiven Werte in der französischen Sprache zu registrieren
suchte, sowie in den frühen Arbeiten des Wiener Germanisten Herbert Seidler, der in seiner *Allgemeinen Stilistik* (1953, [2]1963, 62f.)
als Stil die »Gemüthaftigkeit« eines Sprachwerkes verstand.

Neuerdings spielt der Begriff der Konnotationen in den Stilistiken bzw. Stil-Beiträgen von E. Riesel, H. Graubner und R. Liwerski
eine wichtige Rolle. Nach E. Riesel (1975, 35) besitzen die sprachlichen Einheiten eines Textes auf verschiedenen Ebenen neben ihrer
primären Information (denotativen Bedeutung) eine stilistische Bedeutung. die sich aus der *Stilfärbung* (Kontextstilfärbung) und aus
stilistischen Konnotationen zusammensetzt, die in der Fachliteratur
oft als »Nebensinn, Oberton, Unterton, Unterschwelligkeit« u.ä. bezeichnet würden, aber das gleiche meinten, nämlich »die Gesamtheit
von Gedanken, Gefühlen, Stimmungen, Vorstellungen, die der Sender durch die sprachstilistische Gestaltung des ganzen Kontextes
dem Empfänger [implizit] verständlich macht oder machen will.«

H. Graubner differenziert nach einer älteren Auffassung E. Riesels als lexikalische Konnotationen:

- normative (z.B. Ausdrücke der Stilschichten und Stilhöhen),
- expressive (z.B. archaische, euphemistische) und
- funktionale (z.B. in. Funktionalstilen), ferner
- grammatische Konnotationen (z.B. Stilwerte der Wortarten) und
- phonetische Konnotationen (z.B. Lautmalereien, Rhythmus
  u.ä.).

Auch der Begriff der Stilzüge, den wir anderweitig erläutern (S. 79),
wird von Graubner als konnotative Synonymie eines Textes verstanden.

R. Liwerski (1974, 460) definiert sogar die Poetizität und den Stil eines Textes durch Rückgriffe auf deren Konnotationen, wenn es bei ihr heißt:

»Poetizität ist geknüpft an eine Verschiebung des semantischen Gewichts eines Textes von den De- auf die Konnotationen bzw. an eine merkliche konnotative Beeinflussung der Denotationen...
In der hierarchischen Strukturierung der konnotatitven Beziehungen zu den Denotationen faßt man das Wesen des Stils. Die semantische Information, als welche Stil apperzipiert wird, läßt sich infolgedessen beschreiben als das hierarchisch strukturierte Muster, das sich aus dem Verhältnis der in Lexik, Grammatik, Phonetik herstellenden Konnotationen zu den Denotationen ergibt.«

Es ergibt sich daraus, daß derartige konnotativen Einflüsse oder Dominanzen vor allem in stark markierten poetischen Texten vorkommen.

Bally, Ch. 1905; 1909. – Molino, J. 1971. – Thoma, W. 19. – Rossipal, H. 1973;1979. – Liwerski, R. In: Krzywalski 1974. – Schmidt, W. 1973, 1979. – Lerchner, G. 1984. – Braselmann, P.M.E. 1981.

3.13 Kommunikative Stilistik

Der Begriff einer kommunikativen Stilistik ist bisher nicht geläufig. Hier sollen unter diesem Begriff diejenigen Stilauffassungen und -analyseanregungen zusammengefaßt werden, die den Stil weder allein unter dem Aspekt der Stilerzeugung noch dem seiner bloßen Erscheinungen begreifen, sondern ihn im Prozeß der zwischenmenschlichen Kommunikation verankert sehen und sich dementsprechend mit den kommunikativen Faktoren des Stils beschäftigen.
    In der Regel wird heute der Vorgang sprachstilistischer Kommunikation anhand eines *Kommunikationsmodells* verdeutlicht, das meistens eine Weiterentwicklung des einfachen kybernetischen Kommunikationsmodells von Shannon und Weaver darstellt. Die Entstehung, Übermittlung und Rezeption von Stil in Texten kann dabei mit den jeweiligen Faktoren vorgestellt werden, die bei der Textproduktion und -rezeption wirksam sind. Außer den mit dem einfachen Kommunikationsmodell genannten Faktoren: Sender (Sprecher, Autor) – Empfänger (Hörer, Leser) – Nachricht (Text) – Code (Sprache u. Stil) – Medium (Übermittlungsform), die jeweils im einzelnen noch differenziert werden können, wären auf der Sender- wie Empfängerseite die jeweilige kommunikative Situation und

die jeweilige kommunikative Intention und Strategie zu bedenken, durch die der Stil entscheidend geprägt wird.

Roman Jakobson (in: Sebeok, T.A. (ed.) 1960, 313) hat in Erweiterung der drei Sprachfunktionen Karl Bühlers, der *emotiven* für den Bezug auf den Autor, der *conativen* für den Bezug auf den Empfänger, der *referentiellen* für den Bezug auf den Inhalt der Nachricht bzw. auf den Textreferenten, also Kontext, drei weitere Sprachfunktionen vorgeschlagen: die *phatische* Funktion mit Bezug auf das Kontaktmedium und die kommunikationserhaltende Sprache, die *metasprachliche* Funktion im Hinblick auf die Übereinstimmungen zwischen Sender und Empfänger im Code und schließlich die *poetische* Funktion im Hinblick auf die Nachricht um ihrer selbst willen, d.h. ohne direkten conativen oder referentiellen Bezug. Diese *poetische Funktion* entspricht der *ästhetischen* bei Mukařovsky und der stilistischen bei Riffaterre. Sie ist bei allen drei Autoren auf literarische Texte bezogen. Jakobsons Erweiterung der Sprachfunktionen wird somit den Faktoren eines verbesserten Kommunikationsmodells eher gerecht als die Funktionentrias bei Bühler.

Man kann aber schon M. Riffaterre, den wir zuvor aufgrund seiner Kontextbetonung als strukturalistischen Autor charakterisiert haben, auch als Vertreter einer ›kommunikativen Stilistik‹ ansehen.

Erst Bernd Spillner (in: Spillner 1974, 63ff.) betont ausführlicher die kommunikative Bindung des Stils, den er begreift als »das Resultat aus der Auswahl des Autors aus den konkurrierenden Möglichkeiten des Sprachsystems und der Rekonstruierung durch den textrezipierenden Leser«. Spillner erläutert ferner (ebd.):

»Stil ist eine Erscheinung an Texten, die im literarischen Kommunikationsprozeß konstituiert wird. Daher ist Stil keine statische Eigenschaft eines Textes, sondern eine virtuelle Qualität, die im Rezeptionsvorgang rekonstruiert werden muß. Am Text erkennbar sind nur die Folgen der einmal erfolgten Auswahl und die Voraussetzungen für die durch die Lesererwartung determinierte Reaktion des Lesers. «

Spillner klammert hier nichtliterarische Texte aus, möglicherweise weil sonst die poetische Funktion Jakobsons nicht realisiert wäre, sofern man sie nicht – wie Riffaterre – als stilistische Funktion auffaßt; dann wären auch nichtliterarische Texte einzubeziehen. Die Auffassung der aktiven Rolle des Lesers bei der Rekonstruktion von Stil, die Spillner von Riffaterre übernimmt, sollte allerdings auch hier den Stilforscher als *architecteur* mitberücksichtigen. Zudem sollte m.E. diese Leserrolle nicht so verstanden werden, daß ohne Leserentdeckung kein Stil vorhanden wäre. Die Stilkonstitution durch den Autor kann u.U. durch die Leser lange verkannt und mitunter erst allmählich und nur teilweise entdeckt werden und ist dennoch vorhanden. Der Stil eines Textes kann allerdings den Lesern je nach den Rezeptionsbedingungen in verschiedenen Zeiten und Situationen verschieden erscheinen. Die subjektive Analyse von Stil sollte daher durch erweiterte Analysen und objektivierende Tests o. ä. überprüft werden.

Die Rolle des Rezipienten neben der des Autors betont auch R. Thieberger in seiner 1988 erschienenen *Stilkunde*, obwohl er betont, keine bestimmte Stiltheorie zugrunde zu legen.

Willy Sanders (1977 passim) erfaßt ebenfalls den kommunikativen Charakter des Stils und die Möglichkeit der Darstellung seiner Produktions- und Rezeptionsbedingungen anhand mehrerer Kommunikationsmodelle (ebd. 16, 58, 92), in denen neben den üblichen Faktoren (Sender etc.) auch die individuell-sozial determinierenden und die kollektiv-sozial determinierenden Voraussetzungen der selektiven Text- und Stilproduktion und -rezeption berücksichtigt werden (z.B. geistige Fähigkeiten, kulturelle Voraussetzungen: Bildung, Status: Situation, Rollenverhalten, Kommunikationszweck, Konventionen, stilist. Implikationen, s. ebd. S. 34). Der Kategorie der Bewußtheit des Autors bei der Textabfassung und gleichzeitigen Stilkonstitution entspricht auf der Empfängerseite die Kategorie der Aufmerksamkeit, die durch den Stil evoziert wird. Die weitere Erläuterung nach *Stilmitteln*, *Stiltypen* und *Stilschichten* entspricht dem kommunikativen Basisansatz von Sanders etwas zu schematisch.

Als kommunikativ kann man auch die Stiltheorie einordnen, die Birgit Stolt ihren Erläuterungen zu einer »Pragmatischen Stilanalyse« zugrundelegt (in: Spillner (Hg.) 1984, 163-173), indem sie nämlich »den gesamten Kommunikationsprozeß« berücksichtigt »und Texte im »Hinblick auf den Sender, den Empfänger und die Senderabsicht« untersucht (ebd. S. 163), wobei sie ihr Vorgehen an Gebrauchstexten (Heiratsanzeigen) demonstriert.

Auch Dorothea Francks Ausführungen zu »Stil und Interaktion« im gleichen Sammelwerk (Spillner (Hg.) 1984, 121-135), die über Stilprobleme in Gesprächen orientieren und die wechselseitige Angleichung hervorheben, sind ganz auf die Bedingungen solcher Kommunikationen ausgerichtet.

Schließlich sei auch hier noch hingewiesen auf die mehrfach bearbeitete *Stilistik der deutschen Sprache* der sowjetischen Germanistin Elise Riesel (zuletzt 1975: Riesel/Schendels *Deutsche Stilistik*), die zuletzt ebenfalls stärker auf die Erfordernisse der Kommunikation eingeht, ebenso wie die oft auf sie zurückverweisenden Stilistikpublikationen aus der früheren DDR (besonders von G. Michel, G. Lerchner, W. Fleischer/G. Michel (Hg.) u.a., s. 5.2), wenn auch hier die Anlehnung an übliche Kommunikationsmodelle weniger explizit erfolgt. Erst in den 80er Jahren hat auch die damalige DDR-Stilistik kommunikativ orientierte linguostilistische Konzepte entwickelt, die sowohl die bekannten Kommunikationsfaktoren als auch die pragmatisch-situativen Bedingungen der Formulierung von Stil berücksichtigten und so zugleich als pragmatische Stilkonzeptionen gelten können (vgl. Michel 1985; 1988; Hoffmann, M. 1988; Fix, U. 1988).

Nach der kritischen Würdigung der Arbeiten von G. Lerchner (1984), W. Schmidt (1973) und W. Thoma (1976) durch M. Hoffmann (1988, 324ff.), die ihren Stilbestimmungen unterschiedliche Konnotationsbegriffe zugrunde legen (s. 3. 12), weisen auch diese Arbeiten kommunikative stiltheoretische Ansätze auf.

Spillner, B. 1974. – Sanders, W. 1977. – Stolt, B. In: Spillner (Hg.) 1984, 165ff. – Franck, D. In: Spillner (Hg.) 1984, 121ff. – Riesel/Schendels 1975. – Fleischer/ Michel (Hg.) 1975. – Michel, G. 1985;1988. – Hoffmann, M. 1988.

3.14 Pragmatische Stilistik

Wie in der Linguistik die strukturalistischen und generativen Grammatiktheorien von den pragmatischen Sprachtheorien und Analysemethoden ergänzt und teilweise verdrängt wurden, so sind auch in der Stilistik inzwischen Auffassungen und Methoden einer pragmatischen, d.h. handlungsorientierten Stilistik mit einem großen Geltungsanspruch hervorgetreten. Während z.B. Spillner (1974) in seiner Überschau über die seinerzeit bekannten Stiltheorien und – analysemethoden eine pragmatische Stilistik noch gar nicht kennt (und die Wörter »Pragmatik« und pragmatische Komponente« nur in der Einleitung und im Register seines Buches erwähnt (im ›Stilistik‹-Sammelband von Fleischer/Michel (1975) fehlen sie völlig), gewinnt man aus Barbara Sandigs *Stilistik der deutschen Sprache* von 1986 (wie aus ihren weiteren Stilistikpublikationen) den Eindruck, daß es nur eine ›pragmatische Stilistik‹ geben kann.

Ausgangspunkt dieser Pragmatikorientierung ist die *Lehre von den ›Sprechakten‹*, wie sie in den 60er und frühen 70er Jahren von den englischen Sprachphilosophen und Linguisten John L. Austin und John R. Searle entwickelt und mit leichten Verzögerungen von den Linguisten anderer Länder, natürlich auch der Bundesrepublik, rezipiert worden ist. Die Auffassung, daß Sprache in der Kommunikation immer auch als sprachliches Handeln (Handeln im Sinne eines intentionalen, also absichtsgesteuerten Verhaltens) empfunden und dementsprechend analysiert und klassifiziert werden kann, hat inzwischen zu einer Umorientierung mancher bisher nur formalsystematisch orientierten Linguisten und zur stärkeren Berücksichtigung der Sprachpraxis geführt.

Auch die pragmatische Stilistik orientiert und verifiziert ihre Methodik wie ihre Analysen an wirklichen oder zumindest real möglichen Texten der zwischenmenschlichen Kommunikation, wobei allen Texten Intentionen und Wirkungen zugeordnet werden. Poetische Texte z.B. werden dabei aber nur berücksichtigt, wenn sie eine ähnliche Intentionalität aufweisen (z.B. politische Lyrik) oder eine solche nachahmen (z.B. in Dramen, Dialogen). Bei anderen literarischen Texten, die stärker der Autonomie ästhetischer Strukturen verpflichtet sind, versagen diese Methoden der pragmatischen Stilistik, denen es weniger um den Aufweis textimmanenter Funktionen der Stilmittel geht, sondern um deren textexterne kommunikative Funktion.

Auch das Wesen der Stilistika oder Stilmittel wird entgegen den stilistischen Traditionen anders begriffen. Während die meisten traditionellen Stilistikdarstellungen vom Synonymcharakter stilistisch relevanter Ausdrucksvarianten ausgingen (z.B. in der Rhetorik, in der selektiven und deviatorischen Stilistik), geht »eine pragmatische Stilistik« demgegenüber davon aus, daß mit verschiedenen Ausdrükken auch Verschiedenes bewirkt wird« (B. Sandig 1984a, 141). Dieser semiotische Rigorismus, der referentiell nicht immer beweisbar ist, geht – wie die Theoriegrundlagen dieser Richtung – auf die satzbezogenen Anfänge der Sprechakttheorie zurück, in der der Einzelsatz als *lokutiver* (oder: *lokutionärer*) Teilakt und als *illokutiver* (*illokutionärer*) Indikator des eigentlichen Sprechakts, der durch den Illokutions(teil)akt bzw. die Illukutionsrolle bestimmt wurde, fungierte. Diese textliche Schwäche der Sprechakttheorie, die gelegentlich auch heute noch in der Konzentration pragmatisch-stilistischer Analysen auf Einzelsätze sichtbar wird, ist inzwischen durch die Hereinnahme von Sprechaktsequenzen bzw. Handlungssequenzen z.T. überwunden worden (vgl. Sandig 1978 Kap. 6; 1984a, 139), wenn auch die Lösung bei pragmatisch uneinheitlichen oder heterogenen Texten und Textteilen erschwert ist. Nur dann, wenn im Text eine pragmatische Homogenität, eine intentionale Übereinstimmung besteht, wie z.B. in den von B. Sandig (1978, 1986) untersuchten Kleintexten (Horoskope, Wetterberichte, Werbetexte u.ä.), erscheinen die Kongruenzen zwischen Handlungsanalysen und Stilanalysen als gegeben. Allerdings ergibt sich mitunter die Gefahr eines pragmatisch-stilistischen Verständniszirkels, ähnlich dem herme-

neutischen Zirkel in der Dichtungsinterpretation. Während aber
dort die funktionale Übereinstimmung zwischen dem Ganzen und
den Teilen überprüft wird (deren ›Stimmigkeit‹ bekanntlich E. Staiger als ›Stil‹ wertete (vgl. S. 30), kommt es hier leicht zum Zirkelschluß zwischen der Formulierung und der Handlungsbestimmung,
sofern nämlich die Bestimmung der Handlung (bzw. ihrer Intention
oder Illokution) erst aus der Art der sprachlichen Formulierung erschlossen wird, dann aber die Formulierung als Beweis für die Art
der Handlung bzw. die pragmatische Funktion des Stils einer bestimmten Sprachhandlung verwendet wird. Zur Vermeidung solcher
Zirkularitäten ist es notwendig, die Handlung aus dem Handlungskontext zu bestimmen, um die Sprachhandlung eindeutiger zu fixieren. Damit gewinnen außersprachliche Faktoren u. U. ein besonderes Gewicht; die Formulierung, der Stil, werden zu sekundären
Erfüllungsgehilfen der Handlungsanalyse. Nach B. Sandig (1984,
151) ist es zwar »methodisch auch möglich, von der Äußerung (Äu-
ßerungssequenz, Text) auszugehen und dann zum Handlungskontext überzugehen, nach der Funktion (Absicht und Wirkung) zu fragen«, doch fährt sie skeptisch fort: »Aufgrund stilistischer und
linguistischer Tradition wird man dabei aber kaum zu Analysen der
geschilderten Komplexität kommen.«
    Die Stilistik wird so zur Theorie der sprachlichen Handlungsrea-
lisationen; die entworfenen Stilmuster sind Teile der Handlungsty-
pen und Handlungsmuster, wie sie von J. Rehbein (1977 u.ö.) im
Rahmen der linguistischen Pragmatik entworfen wurden.
    Eine weitere Problematik für die pragmatische Stiltheorie, die B.
Sandig (1986) aufgrund der Rolle der beteiligten Interaktionspart-
ner als »ethnomethodologisch fundiert« bezeichnet, ist die Einbeziehung der *Stilwirkung* in dieses Konzept. Es steht außer Zweifel, daß
eine Reihe von Texten, insbesondere die nichtliterarischen Gebrauchstexte, in einer bestimmten Wirkungsabsicht produziert werden, was dem Begriff des sprachlichen Handelns dieser Stiltheorie
entspricht. Die vom Textautor intendierte Text- und Stilwirkung
kann allerdings von ihm nur hypothetisch antizipiert werden; noch
schwieriger ist diese Antizipation aus den wenigen kommunikativen
und conativen Textsignalen für den Stilanalytiker erkennbar. Zwar
kann bei *konventionalisierten Gebrauchstexten*, z.B. Anfragen, Anträ-
gen u.ä., auch eine entsprechende Wirkungskonzeption vorausgesetzt werden; bei anderen Texten gehen solche Wirkungsannahmen,
wie sie schon in der früheren Rhetorik gab, aber kaum über Vermu-
tungen hinaus.
    Die pragmatische Stiltheorie ist von B. Sandig in ihren zahlrei-
chen Veröffentlichungen am ausführlichsten reflektiert worden. An-

dere Autoren, die sich ebenfalls zu dieser Richtung zählen (z.B. B. Stolt, P. Cassirer, H. Rossipal u.a.), begnügen sich mit einer stärkeren Bindung an die kommunikativen Faktoren der Stilkommunikation.

B. Sandigs pragmatische Stilkonzeption hat auch in der Stildiskussion in der damaligen DDR manche Zustimmung, aber auch manche Kritik erfahren. So adaptiert z.B. G. Michel (in: Michel 1988, 296ff.) Sandigs Auffassung von der »Relationsstruktur« des Stils, der Bindung des stilistischen Sinns an die Situation und an die darin möglichen Handlungen, kritisiert aber den zu weiten Stilbegriff B. Sandigs in der Gleichsetzung mit der Sprechhandlungsart, die ja durch Textsorten und ihre Formulierungsvarianten eingeschränkt werden könne, wobei der Stil grundsätzlich sprachlicher Natur sei.

Ausführlicher geht M. Hoffmann (1988, 322ff.) auf Sandigs Konzeption ein und kritisiert zunächst die Bindung der stilistischen Wahl an »Illokutionstypen als pragmatische Größen«, da »man doch nicht ernsthaft erwägen« könne, »daß sich in jedem Falle mit jeder realisierten Formulierungsvariante die kommunikativen Bedingungen, die dem Text als kommunikativer Ganzheit zugrunde lagen, geändert« hätten. In Sandigs Monographie von 1986, die eine ganzheitliche Stilistik als pragmatische »Stilistik von oben« anstrebe, sieht Hoffmann »Widersprüchlichkeiten des Konzepts« in der Reduzierung der Situationsbedingungen und in der Mehrdeutigkeit des verwendeten Situationsbegriffs und des Begriffs der Stilfunktionen. Er plädiert für eine Zusammenführung von Textmustern und Stilmustern, hebt abschließend jedoch auch die Bedeutung vieler Einzelheiten für weiterführende theoretische Beobachtungen hervor.

Sandig, B. Stilistik 1978; diess. In: Spillner (Hg.) 1984; diess.: Stilistik der dtsch. Sprache 1986. – Rehbein, J. In: Sandig (Hg.) 1983. – Michel, G. 1988, 291-306. – Hoffmann, M. 1988, 321-332.

3.15 Gesprächs- und Argumentationsstilistik

In der Fortführung der kommunikativen wie auch der pragmatischen Stilistik hat sich in den letzten Jahren ein Sondergebiet der Sprachstilistik herausgebildet, das sich vorwiegend mit Gesprächen beschäftigt. Wie die pragmatische Stilistik, so knüpft auch die Gesprächsstilistik an die Ergebnisse der sprachwissenschaftlichen Entwicklung zu diesem Gegenstandsbereich an, insbesondere an die *Konversationsanalyse,* und sucht die Rolle des Stils dabei herauszustellen und in seinen Regeln und Kategorien zu erfassen. Eine Brükke zwischen Dialoglinguistik, Literaturanalyse und Stilistik suchte u.a. Ernest W.B. Hess-Lüttich mit mehreren seiner Arbeiten zu schlagen (vgl. besonders Hess-Lüttich 1980; 1981).

Die Gesprächsstilistik wird zwar auch als zur pragmatischen Stilistik zugehörig angesehen, insofern als hier sprachliche Handlungen durch stilistische Formulierungen realisiert werden; das Handlungsgefüge ist jedoch schon deshalb komplexer als in der Stilpragmatik einfacher Texte, wie sie etwa von B. Sandig 1978, 1986 analysiert werden, weil es sich in der Regel um Dialoge oder um Monologe handelt, die in Dialogstrukturen eingebettet sind.

B. Sandig hat in ihrer Aufsatzsammlung von 1983 einen Teil in einem 2. Band mit dem Titel *Gesprächsstile* zusammengefaßt (die im gleichen Bd. 12 der »Germanist. Linguistik« vorangehende Bibliographie zur linguistischen Gesprächsforschung vermag zu zeigen, welche Fülle von Arbeiten bis 1982 bereits erschienen war). Aus Sandigs Sammlung wird ansatzweise deutlich, welche Möglichkeiten zur Stilforschung die »Gesprächsstile« bieten. So untersucht Uta M. Quasthoff »Formelhafte Wendungen« in ihrer Funktion für die dialogische Kommunikation; Juliane House und Werner Koller untersuchen fiktive und reale Alltagsdialoge (E. Riesels Arbeit zum Stil der Alltagsrede (1964, dtsch. 1970) blieb allerdings unberücksichtigt). Anne Betten, die sich auch sonst mit literarischen Dialogen beschäftigte (s. Hess-Lüttich, E.W.B. (Hg.) 1980, 205-236), analysiert Dialogtechniken als Form von Gesprächsstilen in dramatischen Männergesprächen über eine Frau an Textbeispielen von Bodo Strauss, Dürrenmatt, Krötz und Horvath. Ruth Wodak und Werner Holly greifen das linguistisch beliebte Genre der Therapeutengespräche auf und Barbara Sandig wie auch Edith Slembeck beschäftigen sich mit Formen des Partnerbezugs in Gesprächen, während Karl Sornig *Indikatoren der Rollendistanz in Alltagsgesprächen* untersucht. Insgesamt zeigen diese Arbeiten eine Reihe neuer Variationsmöglichkeiten und Analysekategorien, die in der bisherigen Stilistik kaum vorkommen.

Die Arbeiten zur Gesprächsstilistik sind inzwischen durch weitere Untersuchungen ergänzt worden. Insbesondere ist hier auf eine Monographie (Habil. Schrift) von M. Selting (1995) sowie auf weitere Arbeiten hinzuweisen (s. Hinnenkamp/Selting 1989; Selting/Sandig 1997), in denen auch prosodische und phonetische Stilmerkmale analysiert werden.

Untersuchungen zur Gesprächsstilistik berühren sich mitunter auch mit solchen zur stilistischen Varianz von Argumentationsvorgängen, die allerdings nicht nur in Dialogen vorliegen. (vgl. Jamison/Dyck 1983; Sandig/Püschel (Hgg.) 1993)

Sandig, B. (Hg.) 1983. – Hess-Lüttich, E.W.B. (Hg.): Literatur und Konversation. Sprachsoziologie u. Pragmatik in der Literaturwissenschaft. Wiesbaden 1980. – derss.: Soziale Interaktion u. literarischer Dialog. 1. Grundlagen der Dialoglinguistik. Berlin 1981. – derss.: Kommunikation als ästhetisches Problem. Tübingen 1984.

3.16 Historische und diachronische Stilistik/Stilwandel

Während die meisten sprachwissenschaftlich orientierten Stiluntersuchungen, besonders pragmatisch ausgerichtete, soweit sie nicht in bloßer Theorie verharren, nichtliterarische, gegenwartsbezogene (synchrone) Texte analysieren, wenden sich historische und diachronische Stiluntersuchungen zumeist älteren Texten der Literaturgeschichte zu. Neben dem Stil einzelner Autoren kommen auch gemeinsame Stileigenheiten historischer Autorengruppen sowie Erscheinungen von Zeit- und Epochenstilen für solche Untersuchungen in Frage. Wie das Literaturverzeichnis (9.1) zeigt, gibt es eine große Zahl solcher Arbeiten, ohne daß dabei jeweils zureichende theoretische und methodische Reflexionen zugrunde liegen. Da häufig weder die kommunikativen, stilistischen und ästhetischen Voraussetzungen der betreffenden Texte bekannt sind, können in der Regel nur die jeweiligen Stilerkenntnisse der untersuchenden Forscher die Stilanalysen historischer Texte bestimmen.

In der letzten Zeit sind, vor allem von U. Fix, H. Wellmann u.a., Ansätze zur Neubelebung einer historischen Stilistik versucht worden, die stärker neuere stiltheoretische und methodische Reflexionen in diese Untersuchungen einbeziehen.

Von dieser historischen Stilistik im engeren Sinn soll die diachronische Stilistik abgehoben werden, die durch Vergleichen historischer Texte, auch nichtliterarischer, aus verschiedenen benachbarten Zeitstufen Erscheinungen des Stilwandels festzustellen sucht, der sich neben dem geschichtlichen Sprachwandel vollzieht. Ein solcher kann sich sowohl an makrostilistischen als auch an mikrostilistischen Stilelementen zeigen und muß (im Unterschied zu Auffassungen von J. Kurz, W. Sanders u. G. Lerchner) nicht immer auf Wandlungen im Denken beruhen.

E. Staiger 1963. – U. Fix 1991. – H. Wellmann (Hg.) 1993. – B. Sowinski 1994. – Fix/Lerchner (Hg.) 1996. – Fix/Wellmann (Hgg.) 1997.

3.17 Interkulturelle und interlinguale Stilistik

Nach ersten, z.T. einseitigen Ansätzen zu Anfang des 20. Jhs (vgl. 5.3) ist in inzwischen über den Grammatikvergleich hinaus auch der Stilvergleich zwischen verschiedenen Kulturen und Sprachen wieder beliebter geworden. Im Unterschied zu früheren globalen Aussagen richtet er sich jetzt mehr auf einzelne Funktionalstile (z.B. Wissenschaftsstil), Textmuster, Textsorten und Kommunikationssituationen, deren unterschiedliche Stilrealisationen hervorgehoben werden. Erkenntnisse dieser Art nützen vor allem dem komparatistischen Sprachenvergleich und der Universalienforschung wie auch der Übersetzungswissenschaft.

Schröder, H. 1993. – Doherty, M. 1993.

4. Systematische Gruppierung der Stiltheorien

Nach der bisherigen historisch-sukzessiven Übersicht über das Auftreten verschiedener Stilauffassungen in ihrer zeitlichen Abfolge soll hier eine Zusammenfassung erfolgen, die die einzelnen Auffassungen unter wenige Aspekte subsumiert, um so dominierende Gemeinsamkeiten zwischen ihnen hervorzuheben. Die Möglichkeit solcher Zusammenfassungen schließt nicht aus, daß auch andere Kombinationen möglich sind. So kann z.b. die rhetorische Stilauffassung, die hier als didaktische erscheint, von ihrer ursprünglichen Bestimmung her auch als pragmatische Theorie angesehen werden; ebenso besitzen die individualstilistischen, die selektiven und die deviatorischen Stilauffassungen eine kausal erklärende und eine phänomenologisch konstatierende Komponente.

4.1 Theorien der Stilerlernung

Unter dem Aspekt der Stilerlernung sollen hier die rhetorische wie auch die noch heute im Schulunterricht vermittelte didaktische Stilauffassung zusammengefaßt werden. Obwohl die rhetorische Stilauffassung – wie schon bemerkt – nach ihren antiken Anfängen als Redetechnik für Volksversammlungen und dgl. pragmatisch anmutet, ist sie nach dem Wegfall dieser pragmatischen Grundlage seit der römischen Kaiserzeit mehr oder weniger zur bloßen Schuldisziplin verkümmert, die nur noch der Entwicklung einer schematischen Redefähigkeit diente. Verstärkt wurde diese Praxisferne der späteren Rhetorik noch durch die zunehmende Verwendung rhetorischer Figuren und Tropen in den Dichtungen, was nach Auffassung der Barockpoetiken (z.B. Martin Opitz' *Büchlein von der deutschen Poeterey* (1624)) auch die Dichtung lehrbar machte, wogegen sich dann im 18. Jh. vor allem die Autoren des ›Sturm und Drang‹ entschieden wehrten.

Die rhetorische Tradition der Textabfassung nach bestimmten Mustern und Regeln lebte nach dem Niedergang der Rhetorik im 18. Jh. in den Schulen in modifizierter Form weiter, besonders im schulischen Aufsatzunterricht. Manche Ergebnisse aus der antiken Rhetorik, z.B. Erkenntnisse über den Textaufbau und über Argumentationsstrategien, werden heute noch genutzt, weil sie Grundformen des menschlichen Denkens entsprechen.

Auch der Gedanke der Lernbarkeit von Stilen ist letztlich nicht entkräftet worden, wie die Erfolge des schulischen Aufsatztrainings (und der entsprechenden Fortführung in der Praxis der Lehrer, Juristen, Politiker, Geistlichen u.a.) bestätigen. Allerdings hängt der Grad der Ausdrucksfähigkeit und der Textproduktion sicher auch von einer vorauszusetzenden geistigen Begabung ab. Insbesondere die Fähigkeit zur Dichtung setzt neben der notwendigen Intelligenz auch ein bestimmtes Maß an Intuition und poetischer Ausdruckskraft voraus und kann nicht durch bloßes rhetorisch-stilistisches Training erworben werden.

Die stilistische Ausdrucksfähigkeit kann jedoch vielfach durch Stilübungen sowie durch den bewußten Umgang mit stilistisch gelungenen Texten (Erschließung sowie sprachlich-stilistische Analysen von guten Reden und Dichtungen inbegriffen) noch verbessert werden.

Für die Stilanalyse bieten diese didaktisch ausgerichteten Stilauffassungen nur in eingeschränktem Maße Hilfen, da sowohl in der Rhetorik als auch in schulischen Stillehren nur mit einem recht begrenzten Inventar an Stilmitteln gearbeitet wird.

4.2 Theorien der Stilentstehung

Nachdem sich die rhetorische Auffassung von der Machbarkeit des Stils im 18. Jh. überlebt hatte, schwand nicht sogleich die Frage nach der Herkunft und Entstehung von Stil, sondern stand lange Zeit weiterhin im Vordergrund stilistischen Denkens. Die nunmehr dominierende individual-stilistische Auffassung setzte ja lediglich die Vorstellung von der entscheidenden einheitlichen Prägung des Stils durch das einzelne Individuum bzw. durch Gruppen von in manchem übereinstimmenden Individuen an die Stelle der Vorstellung von der erlernbaren Machbarkeit des Stils. Die zunächst nur für die Dichtung und die Dichter proklamierte Auffassung von der individuellen Originalität des Stils (entsprechend der Auffassung vom »Originalgenie« und seiner Naturbegabung) wurde später auch auf andere Menschen bezogen, die ihrer Individualität in Briefen und anderen Texten Ausdruck verliehen. Für die deskriptive Stilanalyse besitzen allerdings die Individualstile in ihrer jeweils charakteristischen Eigenart des Sprachausdrucks auch eine phänomenologische Relevanz.

Die individualistische Stilauffassung wurde später durch psychologische Theorien, die die individuelle Verschiedenheit der Seelenkräfte betonten, unterstützt. Nicht zufällig war Karl Philipp Moritz (1756-93), der erste deutsche Stiltheoretiker und Stilanalytiker des Individualstils, zugleich Verfasser des ersten psychologischen Romans und Begründer einer zunächst noch recht einfachen Lehre von den Seelenkräften. Nach der Neubegründung der Psychologie durch Wilhelm Wundt (1832-1920) bot sich in der Lehre von den unterschiedlichen Apperzeptionsformen, Formen der Wahrnehmung und geistigen Umsetzung, eine naturwissenschaftlich fundiert erscheinende Erklärungsmöglichkeit für die Entstehung unterschiedlicher Stile und Stilformen in nicht-pragmatischen Texten. Diesen Rückgriff auf *Apperzeptionsformen* zur Stilerklärung fanden wir bereits bei Ernst Elster; aber selbst Wolfgang Kayser, der als Vertreter einer phänomenologisch-hermeneutisch orientierten ›werkimmanenten Interpretation‹ gilt, spricht noch von unterschiedlichen ›Perzeptionsformen‹ als der Grundlage verschiedener Stile.

Die Stilentstehung ist allerdings ebenso wie die Stilwirkung nicht allein psychologisch erklärbar.

Das Zustandekommen von Stil suchen auch die selektiven wie auch die deviatorischen Stiltheorien zu erläutern; insofern gehören eigentlich auch diese Auffassungen zu den stilgenetischen. Die *selektive Stiltheorie* bietet im Modell der Wahl fakultativer synonymer oder teilsynonymer Ausdrucksmöglichkeiten im Wechsel mit nicht-synonymen Elementen ein entsprechendes Erklärungsmodell für die Stilistik an, wobei die Gesamtheit des Textes erfaßt wird.

Die *deviatorische Stiltheorie* hebt dagegen nur die Normabweichungen als stilistisch markierte Elemente hervor und sieht somit im Stil eine mit Normabweichungen durchsetzte charakteristische Ausdrucksweise. Die stilerklärende Komponente ist allerdings nur eine Seite dieser Theorien. Wichtiger ist deren stilkonstatierende und somit phänomenologisch orientierte Seite.

Die stilgenetischen Erklärungstheorien setzen noch die positivistisch beeinflußten Kausalerklärungen der Literatur und Literaturentstehung im Bereich des Stils fort. Nur insofern hierbei gleichzeitig eine Elementarisierung der stilprägenden Elemente vorgenommen wird, können solche Theorien auch für die Stilanalyse fruchtbar gemacht werden.

4.3 Phänomenologische Stiltheorien

Unter dem Sammelbegriff »Phänomenologische Stiltheorien« werden hier die Auffassungen zusammengefaßt, die primär das Vorhandensein bestimmter Stileigenheiten konstatieren, ohne andere Aspekte (Stilentstehung, Stilabsicht, Stilverwendung, Stilwirkung) in den Vordergrund zu rücken. Hierzu zählen die meisten für die Stilanalyse brauchbaren Theorien. In erster Linie fallen hierunter die literaturstilistischen Auffassungen, die im Zusammenhang mit der philosophischen Phänomenologie entstanden sind, die in den ersten Jahrzehnten des 20. Jhs dominierte, also z.B. *die polaren Stiltheorien* unter dem Einfluß Wölfflins (s. Kap. 3.5), ferner die Stilauffassungen der »werkimmanenten Interpretation«, wie sie vor allem von Wolfgang Kayser und Emil Staiger beschrieben wurden (vgl. Kap. 3.7).

Soweit sie sich ebenfalls nur auf das deskriptive Erfassen von Stilelementen beschränken, gehören auch die Auffassungen Emil Winklers und Herbert Seidlers hierzu, die, von dem Saussure-Schüler Charles Bally beeinflußt und psychologisch motiviert, die emotional-affektiven Elemente der Sprache als allein stilrelevant ansahen, weil sich in ihnen das Dichterisch-Gemüthafte äußere. Darin berührt sich die Stilauffassung Winklers und Seidlers mit der moderneren Auffassung vom Stil als einem konnotativen Bedeutungssystem (vgl. 3.12), die ebenfalls als eine phänomenologische Auffassung begriffen werden kann.

Einen ebenfalls nur konstatierenden Charakter kann man den *strukturalistischen Stiltheorien* von N.E. Enkvist und M. Riffaterre sowie auch den *deviatorischen Auffassungen* vom Stil zusprechen, insofern sie beispielsweise kontextuelle Kontraste als stilrelevant registrieren.

Auch *statistische Stiluntersuchungen*, die sich auf das Registrieren bestimmter Sprach- und Stilelemente und -parameter beschränken, sind hier einzubeziehen.

Wie bereits erwähnt, weist auch die *selektive Stiltheorie* über ihre stilgenetische Erklärungskomponente hinaus eine konstatierende Komponente auf, die sich auf das Erfassen der jeweils stilrelevanten synonymen Ausdrücke richtet. In den meisten Fällen werden dabei alle vorhandenen Sprachstrukturen in die Deskription einbezogen und nach den Kongruenzen dominierender Merkmale untersucht, ohne daß jeweils vergleichend nach alternativen Ausdrucksmöglichkeiten gefragt wird.

Selbst die *funktionalen Stiltheorien* gehören zu dieser Gruppe, soweit sie die für die verschiedenen Funktionalstilbereiche typischen Merkmale (z.B. den Fachwortschatz u.ä.) registrieren.

Die Erscheinungen des Individualstils, z.B. auch Altersstils u.ä., wie sie besonders im tatsächlichen oder im gedachten Vergleich mit anderen Formulierungen sichtbar werden, können ebenfalls phänomenologisch konstatiert werden. Das gilt ebenso für nahezu alle Erscheinungen der Makrostilistik, insbesondere auch für Gruppenstile, Epochenstile, Gattungsstile u.ä., wie für Arbeiten der historischen, diachronischen und der interkulturell-interlingualen Stilistik.

Die bloße Deskription unter jeweils verschiedenen Aspekten ist somit die Grundlage der meisten Stiltheorien. Die Funktion der dabei erfaßten Stilistika wird erst in einem weiteren Prozeß konstatiert. Darin unterscheiden sich die phänomenologischen Stiltheorien sowohl von den didaktischen als auch von neueren pragmatischen Stiltheorien, die bereits in der stilistischen Formulierung die pragmatische Zielsetzung erkennen oder diese sogar der Formulierung voraussetzen.

4.4 Kommunikative und pragmatische Stiltheorien

Die letzte gruppenmäßige Zusammenfassung richtet sich auf die kommunikativen und pragmatischen Stiltheorien, die im Anschluß an die Modellvorstellungen der sprachlichen Kommunikation Intentionen und Wirkungen stilistischer Formulierungen in ihre Theorien einbeziehen. Die Ausrichtung auf den Gesamtvorgang der Kommunikation oder zumindest auf den Autor-Rezipienten-Bezug, die über ein bloßes Konstatieren von Stilbesonderheiten hinausgeht, ist das Gemeinsame dieser Stilauffassungen, wie sie in den Kapiteln zur kommunikativen Stilistik und zur pragmatischen Stilistik aufgeführt sind. Dabei können die einzelnen Positionen des Kommunikationsmodells verschieden stark berücksichtigt sein.

Während z.B. M. Riffaterre nur die Rezipientenreaktionen und somit die Empfängerseite zum Ausgangspunkt für seine Stilanalysen wählt und dadurch hier nur bedingt berücksichtigt werden kann, verweist R. Thieberger (1988) (ebenso wie B. Spillner (1974) auf die Wichtigkeit von *Autoren- und Rezipientenposition*. B. Stolt (1974, 163-173) betont die Berücksichtigung« des gesamten Kommunikationsprozesses« in ihrer *Pragmatischen Stilanalyse*, während B. Sandig (1978, 1984, 1985) als ›pragmatische Stilistik‹ die Dominanz des Sprachhandelns mit Hilfe stilistischer Ausdrucksprägungen hervorhebt, wobei die außersprachliche Handlungsintention als das primäre, die stilistische Formulierung als das sekundäre Moment des sprachlichen Handelns erscheint.

Die *Empfängerseite* wird bei Sandig wie bei Stolt durch die vermutete Erwartung und Wirkung beim Rezipienten in den Blick genommen. Auch W. Sanders (1973, 120) deutet solche Aspekte zunächst an und führt sie später (1977, 92) modellhaft weiter aus. Auch die Stilkonzeption G. Michels (in: Fleischer/Michel 1975 passim) ist trotz der funktional-selektiven Stilauffassung betont kommunikativ, auch wenn hier kein explizites Kommunikationsmodell diese Zusammenhänge weiter verdeutlicht. Statt einer ausgeformten Handlungstheorie wird hier der Gedanke der Kommunikationsstrategie des Autors besonders betont.

Die kommunikativen und die pragmatischen Stiltheorien, die z. Zt. die aktuellsten sind, berücksichtigen – wie bereits betont – am besten die kommunikative Komplexität stilistischer Phänomene (und erklären so auch die Entstehung vieler Stilphänomene), lassen aber die Stilprobleme literarischer wie auch historischer Texte weitgehend ungeklärt.

Der systematische Überblick kann aufzeigen, daß die zahlreichen Stilauffassungen und Stiltheorien auf wenige Grundtypen zurückgeführt werden können. Das mag angesichts der verwirrenden Fülle der Ansätze erleichternd wirken, zwingt allerdings denjenigen, der sich mit dieser Problematik oder mit Stiluntersuchungen beschäftigt, dazu, sein Vorhaben theoretisch genau zu überdenken, um sich dann der ihm zutreffend erscheinenden Richtung zuzuwenden.

5. Zur Situation der Stilistik in Deutschland und in anderen Ländern

Dem Charakter dieses Buches entsprechend beschränkte sich die bisherige Darstellung weitgehend auf die Entwicklung der Stilistik im deutschsprachigen Raum und auf die spätere Bundesrepublik Deutschland. Die moderne Stilistik zeigt jedoch, daß man sich hier, ebenso wie in der modernen Linguistik, nicht auf deutsche Verhältnisse beschränken darf, sofern man sich neueren Ansätzen, die oft aus anderen Ländern kommen, nicht verschließen will. Auch vollzog sich die Stilistikentwicklung in der bisherigen DDR in bewußter Isolierung von der westdeutschen und westlichen Wissenschaft, so daß es sinnvoll erscheint, die DDR-Entwicklung nachzutragen.

Es versteht sich von selbst, daß eine Darstellung der Stilistikentwicklung in Frankreich, England, den USA, in Skandinavien, der Sowjetunion und der früheren DDR in einem Büchlein für Germanisten bruchstückhaft bleiben muß und nur einige wenige Grundzüge aufzeigen und auf zusätzliche Literatur hinweisen kann, zumal vergleichende Übersichten und Forschungsberichte zu einer komparatistischen Stilforschung bisher fehlen.

5.1 Die Situation der Stilistik im westlichen Deutschland

Forschungen und andere wissenschaftliche Bemühungen (Vorlesungen, Seminare) zur Stilistik sind an den westdeutschen Hochschulen seit den 70er Jahren nur von wenigen Hochschullehrern durchgehend betrieben worden (z.B. Sandig-Saarbrücken; Püschel-Trier; Spillner-Duisburg; Sanders-Kiel, sp. Bern; Sowinski-Köln; Anderegg -Göttingen, später Zürich), Eroms-Passau, Plett-Essen). Eine entsprechende wissenschaftliche Literatur ist ebenfalls erst seit den 70er Jahren vorhanden, wo fast gleichzeitig mehrere Arbeiten erschienen (vgl. Sowinski; Sanders 1973, Spillner, Asmuth/Berg-Ehlers 1974; Sanders, Anderegg 1977; Sandig 1978).

Ende der 70er Jahre entstand auch ein Forum zum Austausch von Forschungsergebnissen und theoretischen wie praktischen Fragen in der Sektion »Rhetorik und Stilistik« innerhalb der Gesellschaft für angewandte Linguistik (GAL), was die Kongreßberichte im einzelnen dokumentieren. Hier kommen meist jüngere Stilforscher des In- und Auslandes zu Wort. Ein weiterer Austausch erfolgte bisher in Aufsatzsammlungen, die von Barbara Sandig (1983; 1988) und Bernd Spillner (1984), herausgegeben wurden. Auch die Zeitschriften *LiLi-Zeitschrift für Literaturwissenschaft und Linguistik* und das *Jahrbuch für Internationale Germanistik* haben wiederholt Beiträge zur Stilistik veröffentlicht.

Eine Übersicht über die Forschungsbemühungen und eine Zusammenfassung des Forschungsstandes über die ›Linguistische Stilistik‹ in der Bundesrepublik (mit Ausblicken zur internationalen linguistischen Stilistik wie zur literaturwissenschaftlichen Stilistik) bietet der Beitrag von Ulrich Püschel zur 2. Auflage des *Lexikons für Germanistische Linguistik* (LGL). (Tübingen 1980, 304-313). Seine Ausführungen über »Gegenstand und Aufgaben«, »Stilbegriffe«, »Stiltheorien«, »Stilmittel«, »Stilklassifikation«, »Angewandte Stilistik«, »Geschichte der Stilistik« enthalten kurz und präzis (mitunter etwas zu sehr verkürzt) auch Hinweise zur Methodik der Stilistik und Stilanalyse sowie zu künftigen Aufgaben.

Die von ihm einleitend vorgenommene scharfe Trennung zwischen einer primär erklärenden linguistischen Stilistik und einer primär verstehenden literaturwissenschaftlichen Stilistik, die die alte Scherer-Dilthey-Differenz aufgreift und die Position der hermeneutischen Stiltheorie bekräftigt, wird man allerdings kritischer sehen müssen.

Da die Stilistik in der Bundesrepublik (im Gegensatz zur ehemaligen DDR) nicht zu den teilweise obligatorischen Lehrinhalten germanistischer und neuphilologischer Grundstudien gehört und wegen ihrer Stellung zwischen Literaturwissenschaft und Linguistik weniger allgemeine Aufmerksamkeit erfährt, wird sich wahrscheinlich an dieser sporadisch-spontanen Einzelforschung vorerst wenig ändern. Dabei wird ein Teil literaturwissenschaftlicher Stilforschung auch weiterhin in der Form von Dissertationen an ältere Stilforschungen, auch an positivistisch orientierte Stilmittelforschungen und Stilanalysen der ›werkimmanenten Interpretation‹, anknüpfen.

Für die künftige stilistische Forschung in Deutschland könnte man m. E. etwa folgende Themenbereiche als Schwerpunkte ansehen:

1. Erweiterung der Erforschung von Textsortenstilen sowohl bei Gebrauchstexten als auch bei literarischen Texten
2. stilkritische Untersuchungen zur Unterhaltungspresse und -literatur
3. Klärungen zum Verhältnis von makrostilistischer und literaturwissenschaftlicher Strukturforschung

4. Untersuchungen zur Abgrenzung von Stilistik und linguistischer Pragmatik und Weiterentwicklung der kommunikativ-pragmatischen Stilistik
5. Arbeiten zum Grenzbereich von Stilistik und neuer Rhetorik
6. Arbeiten zu den Zusammenhängen von Stilgeschichte und Sprachgeschichte
7. Arbeiten über die Probleme von Stilistik und literarischer Kommunikation.

5.2   Die Stilistik in der ehemaligen DDR

Innerhalb der Germanistik in der früheren DDR bildete die Stilistik einen besonderen Schwerpunkt, der vor allem an die Arbeiten von Christiane und Erhard Agricola, Georg Michel, Gotthard Lerchner, Josef Kurz, Siegfried Krahl, Wolfgang Heinemann, Jürgen Scharnhorst, Rose-Marie Gläser, Wolfgang Fleischer. Ulla Fix und Wolfgang Spiewok gebunden war. Dabei stand die Entwicklung dieses Forschungsbereichs von Anfang an unter dem Einfluß der aus Österreich stammenden Moskauer Germanistin Elise Riesel und ihrer Arbeiten zur deutschen Stilistik (s. Lit. Verz.). Durch sie wurde auch die Theorie der Funktionalstile in der engen Begrenzung auf fünf funktionalstilistische Bereiche vermittelt, die in der DDR vorsichtige Kritik und Weiterentwicklung erlebte, allerdings ohne größere empirische Fundierungen (s. Fleischer/Michel 1975).

In den 70er Jahren schlossen sich manche Stilforscher den von der SED durchgesetzten politisch-ideologischen Abgrenzungsbestrebungen gegenüber der Bundesrepublik und westlichen Autoren und Kollegen an, indem man deren Forschungen in Literaturangaben ignorierte (selbst wenn man diese adaptierte) und (öfter als in entsprechenden sowjetischen Publikationen) immer wieder die »marxistisch-leninistische« Orientierung und die Eigenständigkeit stilistischer Forschung betonte.

Der Wandel zum ideologisch-theoretischen Dogmatismus auch in der Stilistik spiegelt sich in den wichtigsten stilistischen Veröffentlichungen aus der damaligen DDR. Während erste Arbeiten (z.B. E. Agricola 1957; anfangs auch Faulseit/Kühn 1963, [5]1972; G. Michel u.a., Einführung 1968) hierin noch eine relativ neutrale Haltung einnahmen, ebenso wie das neuartige und vielseitig informierende *Kleine Wörterbuch der Stilkunde* von S. Krahl/J. Kurz (Leipzig 1970 u.ö.) und die zusammenfassende Übersicht *Stilistik* von Ch. Agricola in der Erstfassung der »Kleinen Enzyklopädie:

Sprache«, Bd. II Kap. 9 (Leipzig 1970) (dieses hervorragende Werk wurde trotz großer Nachfrage nicht mehr ediert und 1983 durch die stärker ideologisierte einbändige Neubearbeitung ersetzt, in der Georg Michel das verkürzte Stilkapitel (3. 3) bearbeitet hatte). Mit der ›VII. Arbeitstagung für germanistische Linguistik‹ 1970 in Erfurt und der damit verbundenen ›Konferenz zu Grundfragen der marxistisch-leninistischen Stilistik‹ scheint eine entsprechende Umorientierung erfolgt zu sein, die sich u.a. in der von W. Fleischer und G. Michel 1975 edierten *Stilistik der deutschen Gegenwartssprache* (^{3}1979) spiegelt, ein »Lehrbuch«, das »im Vergleich zur Fachliteratur der ›traditionellen Stilistik‹... einen höheren Grad der Exaktheit und Objektivierbarkeit der wissenschaftlichen Aussagen zu erreichen und eine stärkere Tendenz zur Theoriebildung und systematischen Methodenlehre durchzusetzen« (G. Michel ebd. S. 5) sucht und sich in ideologischer Überheblichkeit gegen die nichtmarxistische Stilistik (die pauschal abwertend »bürgerlich« genannt wird) abgrenzt.

Das Stilistik-«Lehrbuch« von Fleischer/Michel bietet dazu 1. eine Übersicht über die Stilistik als Wissenschaftsdisziplin (einschl. ihrer Geschichte u. Abgrenzung zu Nachbardisziplinen), 2. stiltheoretische Grundlagen (Begriffe u. Kategorien), 3. eine Auflistung möglicher Stilelemente der verschiedenen Ebenen und 4. der Stilfiguren, 5. Angaben zu satzübergreifenden Konstruktionen und 6. zu Stilklassifikationen (einschl. Funktionalstile u. Darstellungsarten) sowie 7. Darlegungen zu Stilgestaltung und Stiluntersuchung und 8. zur Stilbewertung. Das Buch enthält somit vor allem eine Darstellung der relevanten Stilkategorien und Hinweise zur kommunikativ-stilistischen Textanalyse.

In den Jahren nach 1975 standen neben Fragen des Funktionalstils und der Stilzüge vor allem solche der Zusammenhänge zwischen Kommunikation und Stil im Vordergrund; ein entsprechendes Übungsbuch zur funktional-stilistischen Textanalyse hat G. Michel mit einem Autorenkollektiv 1986 ediert. Die Stilistik belletristischer Texte wird hier – wie schon im Stilistik-Lehrbuch – ausgeklammert. Ihre Probleme bedürften »der gesonderten Behandlung in der interdisziplinären Sicht von Linguistik und Poetik« (ebd. S. 8). Darin berührt sich Michels funktional-kommunikative Stilistik mit den »bürgerlichen« Ansätzen einer pragmatischen Stilistik (vgl. B. Sandig, 1978; 1984; 1986 u.ö.; B. Stolt 1984; U. Püschel 1980 u.ö.).

Zehn Jahre nach der Erfurter Stilistikkonferenz von 1970 (s. o) fand im November 1980 in Halle/S. eine weitere »Stilkonferenz« statt, die »die Funktion der Sprachgestaltung im literarischen Text« in den Mittelpunkt stellte. Es ging dabei vor allem um das Zusammenwirken von Sprach- und Literaturwissenschaft bei der Textanalyse, wobei die von G. Lerchner und H.G. Werner erarbeiteten Konzepte an verschiedenen Textbeispielen erprobt und diskutiert wurden (hg. v. W. Steinberg, Halle 1981). Die Poetizität und Literarität von Texten, die kommunikativ-pragmatisch aufgefaßt wurden, erörterte man in ihren linguistischen Deskriptionsmöglichkeiten; die ästhetische Textwirkung verschließe sich jedoch der linguistischen Deskription. Hier kommen andere, textliche wie außertextliche Faktoren zur Geltung.

Die Konferenzdiskussionen wie auch die weiteren Forschungen zeigen, daß auch hier die kommunikative wie auch die pragmatische Fundierung der Stilauffassung aufgegriffen und reflektiert wurde. In weiteren Forschungsprojekten wurde die Rolle des Stils in der Phraseologie und in den Fachsprachen angegangen (R. Gläser), auch wurden Fragen der Stiltypologie und der Textsortenstile behandelt, besonders im Rahmen der Journalistenausbildung (J. Kurz).

Voraussetzungen und Ergebnisse der Diskussionen um das Zusammenwirken von linguistischen und literaturwissenschaftlichen Methoden bei der Erschließung von Sprachkunstwerken erörtert G. Lerchner in seinem Buch über die *Sprachform von Dichtung* (1984; [2]1986), in dem er zugleich Möglichkeiten und Grenzen der bisherigen sprachstilistischen Analysetechniken aufzeigt. Die Stilanalyse kann jedoch, so Lerchners Grundposition, »die Parameter des von dem Text organisierten kommunikativen Aktes«, und »Näherungswerte für spezifische pragmatische Voraussetzungen für das Textverständnis« liefern (Lerchner, ebd. S. 100). Literarische Texte erfordern in diesem Sinne eine Art zweite Kommunikation mit zusätzlichen poetischen und ästhetischen Wirkungskategorien, die in ihrer Wirksamkeit vom Interpreten wie vom Leser unterschiedlich erfaßt werden kann.

Die trotz reger Publikationen und Konferenzen relative Ineffizienz der »marxistisch-leninistischen Stilistik« gegenüber einigen der 1975 von Michel proklamierten Aufgaben wird von ihm 1985 in einer Zusammenfassung der DDR-Sprachstilistik, die allerdings seine neuere kommunikativ-textlinguistische Stiltheorie als repräsentativ für die gesamte DDR-Stilistik darstellt, in der Aufzählung offener Fragen zugegeben. Über die ideologische Fundierung seiner Theorie wie auch die Versuche, einen eigenen sozialistischen DDR-Sprachstil zu fördern, hat aber inzwischen die Geschichte negativ entschieden.

In der Mitte der 80er Jahre vollzog sich auch in der DDR-Linguistik und -Stilistik die »kommunikativ-pragmatische Wende« (M. Hoffmann 1988). Die Einbettung der bisherigen selektiv-funktionalen Stilkonzeption und ihre handlungstheoretische Fundierung in einem kommunikativ-pragmatischen Bezugsrahmen regte zu neuen

Diskussionen um die Rolle des Stils in kommunikativ verwendeten Texten und Handlungssituationen an, deren Probleme noch weiterer Klärung bedürfen. G. Michel hat 1988 einige solcher Probleme angesprochen, etwa die Frage des impliziten (konnotativen) und sekundären Charakters von Stil (vgl. dazu und zu Lerchner 1984 u.a. auch M. Hoffmann 1988), die Stilbestimmung auf dem Hintergrund von Text- und Situationsmustern (mit einer Auseinandersetzung mit B. Sandig 1986, vgl. 3. 14) und das Problem des Defizits linguistischer Analyse- und Beschreibungskategorien, das Michel an der Analyse zweier Klappentexte demonstriert (wobei er auch eigene Positionen von 1968 und 1975 (vgl. 8.1) abwandelt).

Auch M. Hoffmann geht an gleicher Stelle (1988, 321ff.) auf die kommunikativ-pragmatische Neuorientierung der DDR-Stilistik ein (bei gleichzeitiger Auseinandersetzung mit B. Sandig 1986, vgl. 3.14). Wie ein Verzicht auf ideologische Fixierungen mit einer impliziten Annäherung an neutrale Positionen verbunden sein kann, wird auch aus einer der letzten DDR-Buchpublikation zur Stilistik deutlich (Fix, U. (Hg.) Leipzig 1990). Unter Weiterführung von neueren Ansätzen G. Lerchners (1988) und G. Michels (1988) beschäftigen sich hier M. Firle und M. Hoffmann mit einem semiotisch- bzw. kommunikativ-pragmatischen Stilbegriff, während U. Fix Probleme der Stilbewertung und B. Thormann-Sekulski solche der stilistischen Methodik reflektieren (s. 8.1).

Fleischer/Michel (Hg.) 1975, ³1979. – Michel, G. 1985. – Michel, G. 1988. – Hoffmann, M. 1988; Fix, U. (Hg.)1990. – Fix, U. 1994.

5.3 Romanistische Stilistik

Von seiten der Romanistik sind zweifellos die meisten Anregungen für die Stilistik ausgegangen. Dabei ist nicht unbedingt an die Stilistikentwicklung in Frankreich zu denken, obwohl hier, wo schon die Rhetorik seit dem Mittelalter ihre größte Blüte erlebte, der individualistische Stilbegriff (vgl. Buffons Akademierede 1753) zuerst siegte. Eine ganze Reihe stilistischer Forschungsansätze sind von Romanisten außerhalb Frankreichs entwickelt worden (vgl. z.B. Bally, Vossler, Lersch, Spitzer, Winkler, D. Alonso, A. Alonso, Juilland, Sayce, Riffaterre, Auerbach; Ullmann), so daß in H. Hatzfelds repräsentativer Aufsatzsammlung *Romanistische Stilforschung*« in der Reihe »Wege der Forschung« überwiegend nichtfranzösische Romanisten vertreten sind.

Die neuere romanistische Stilistik ist durch zwei zunächst gegensätzlich anmutende sprachtheoretische Ansätze beeinflußt worden: 1. die Sprachtheorie Benedetto Croces und ihre Adaption im ›Neuidealismus‹ Karl Vosslers (1872-1949), 2. in der frühstrukturalistischen Stilforschung des Saussure-Schülers Charles Bally (1865-1947) und der »Genfer Schule«.

Bally wandte sich im Gegensatz zu Saussure der *parole* zu und der Wandlung der Sprachmittel (Wörter u.ä.) von ihrer *virtuellen* zu ihrer *aktualisierten* Form; außerdem interessierten ihn besonders die emotionalen (affektiven) Ausdrücke, die er in jeder Äußerung sah. Darin berührte er sich mit den Grundgedanken K. Vosslers, der jede Sprachäußerung als individuelle Auswahl und somit als Stiläußerung auffaßte. Wie in der Sprache des einzelnen dessen Individualität erscheine, so äußere sich in der Sprache eines Volkes dessen Mentalität. Dieser letztere Gedanke, den Vossler in seinem Buch über *Frankreichs Kultur und Sprache* nicht ohne Einseitigkeiten vertrat, wurde auch von seinem Schüler Eugen Lersch (1888-1952) übernommen (vgl. Lersch‹ *Handbuch der Frankreichkunde* 1933 und sein Aufsatz »Nationkunde durch Stilistik«, Festschr. E. Wechssler 1929).

Auch Leo Spitzer war durch Vossler beeinflußt. Spitzers eigene Hauptleistung lag jedoch in den Stilanalysen seiner *Stilstudien*. Er wandte sich darin gegen die stilanalytische Gleichbehandlung aller Texte und betonte als ersten Schritt die Gesamtlektüre des Textes und das Angesprochensein durch auffallende Stileigenheiten, die er dann eingehend untersuchte (vgl. später die »Methoden« Staigers u. Riffaterres) und aus biographisch-historischen Zusammenhängen zu erklären suchte, wobei er stets die Bedeutung des hermeneutischen Zirkelschlusses zwischen dem Textganzen und den Teilen hervorhob.

In der Nachfolge Ballys stehen die durch ihre Stilistikhandbücher bekannten Autoren Jean Marouzeau, der zugleich eine lateinische Stilistik verfaßte, und Marcel Cressot. Beide heben nachdrücklich eine *selektive Stilauffassung* hervor, sehen im Stil also eine Auswahl zwischen synonymen Ausdrucksvarianten. Ebenso produktiv war P. Guiraud in seinen stilistischen Veröffentlichungen.

Ganz anderer Art sind die unter dem Titel *Mimesis* zusammengefaßten Stiluntersuchungen Erich Auerbachs (1946) über verschiedene Texte aus verschiedenen Zeiten, vom Alten Testament bis in die Gegenwart, in denen er die Art der Wirklichkeitsdarstellung untersucht, ohne hier seine Analysemethode theoretisch zu begründen.

Eine neue Phase der Stilistik begann mit strukturalistischen Arbeiten. Als einer der ersten Vertreter ist hier Michael Riffaterre (geb. 1924) zu nennen, der die stilistischen Kontextkontraste empirisch zu ermitteln und so die kommunikative Rolle des Lesers und Stilre-

zipienten zu unterstreichen sucht (vgl. S. 37). Auch Stephen Ullmann, der sich vor allem mit Problemen der Expressivität im Text
und mit Fragen der literarischen Bildlichkeit beschäftigt hat, kann
als Strukturalist angesehen werden, ebenso wie die beiden neueren
Autoren Roland Barthes und Tzvetan Todorov, die beide u.a. neue
Aspekte zum Verhältnis von Text und Stil publiziert haben.

Zur romanistischen Stilistik gehören auch die italienische wie die
spanische Stilistik. Aus Italien ist vor allem Benvenuto Terracini mit
seinem Buch *Analisi stilistica. Teoria, storia, problimi* (Milano 1966)
bekannt geworden. Aus Spanien zählt H. Hatzfeld in seiner reprä-
sentativen Sammlung *Romanistische Stilforschung* (1975) Amado und
Damaso Alonso zu den wichtigsten Vertretern der Stilistik.

Hatzfeld, H. 1953; 1966. – Hatzfeld, H. (Hg.)1975. 1-9.

5.4 Lateinische Stilistik

Stilistik ist nicht nur ein Forschungsbereich in den neusprachlichen
Philologien; auch die der ›alten Sprachen‹ haben eine reiche Literatur darüber aufzuweisen. Zahlreiche bedeutende Gelehrter haben
sich dabei besondere Verdienste erworben (z.B. E. Norden, J. Marouzeau, E.R. Curtius). Wie H. Pinkster in seiner kurzen Übersicht
über die lateinische Stilistik hervorhebt, stehen in den Arbeiten der
letzten Zeit das Problem der stilistischen Wahl und der Funktionen
von Stil im Vordergrund. Stiluntersuchungen erschöpfen sich hier
jedenfalls nicht in der rhetorischen Analyse, die allenfalls einen Teil
der Stiluntersuchung ausmacht.

Norden, E.: Die antike Kunstprosa. Darmstadt ⁹1958. – Szantyr, A.: Lateinische
Syntax und Stilistik. München 1965. – Pinkster, H.: Lateinische Stilistik. Eine
Übersicht. SuLWU 16/1985, 67-77. – Erren, M.: Einführung in die römische
Kunstprosa. Darmstadt 1983.

5.5 Englische Stilistik

Die Beschäftigung mit Stilproblemen geht in England auf eine lange
Tradition zurück. Bereits in der Renaissance begegnen uns im Zusammenhang mit der Rezeption der antiken Rhetorik Erörterungen
über ›Stil‹ (vgl. W.G. Müller, Topik 1981). Seit dem 18. Jh. findet
die individualstilistische Theorie hier viele Anhänger, auch noch im

20. Jh. Die Sprachwissenschaft, die sich auch hier als historisch orientierte Philologie entwickelte, blieb lange diachronisch bestimmt. Anregungen aus Frankreich bzw. von romanistischer Seite und vor allem die Wirkung moderner Autoren, wie T.S. Eliot, E. Pound, A. Huxley u.a., regten – nach dem Abriß über die Entwicklung der englischen Stilistik von Graham Hough (1969) – vor allem I. A. Richards dazu an, im »Practical Criticism« eine textimmanente Analysemethode zu entwickeln, wie sie dem späteren »New Criticism« in den USA (s.d.) entsprach. In ihrer Analyse sprachlicher Signale über die Zeit, die Intention, den Autor aus dem Text allein ähnelte sie der »Explication de texte« in Frankreich wie der »Werkimmanenten Interpretation« in Deutschland.

Auf Stilprobleme der Literatur sind die Arbeiten von W. Empson (1930, 1951), I. Holloway (1953), R. Chapman (1973, 1982) und R. Quirk (1982) gerichtet. Sprachstilistisch sind dagegen die Arbeiten von D. Crystal und R. Fowler orientiert. Zum englischen Strukturalismus kann man die zunächst 1964 in London erschienene Gemeinschaftsarbeit von N.E. Enkvist, M. Gregory und J. Spencer über *Linguistik und Stil* gezählt werden, obwohl Enkvist als ein Hauptvertreter der skandinavischen Stilistik aufgefaßt werden kann (s.d.). Die Problematik derartiger Zuordnungen besteht in England (wie auch in den USA) in besonderer Weise, insofern als amerikanische Forscher häufig in England und englische in den USA tätig sind.

Ein neuer eigenständig englischer Ansatz für die sprachstilistische Forschung ergab sich aus dem *Kontextualismus* B. Malinowskis und J.R. Firths und seiner Verbindung von Situationstypen und Satztypen unter dem Begriff des Registers, das bestimmte situationsgemäße Sprachelemente und Stilmittel erfaßt, denen bestimmte situationsgemäße Sprachstile zugeordnet sind. Für die Stilistik ist dieser Ansatz von M.K.A. Halliday und R. Hasan erweitert worden. Auch für die literarische Stilanalyse entwarf Halliday (1962) eigene Analyseraster. Wie der Sammelband von Birch/O'Toole (1988) zeigt, spielt aber auch die literarische Stilanalyse (vgl. schon Fowlers Sammelband 1966) wieder eine große Rolle.

Fowler, R. (ed.) 1966. – Hough, G.: Style and Stylistics. London 1969. – Enkvist/Gregory/Spencer (Heidelberg 1972). – Balley, R.W. /Burton, D.M.: English Stylistics. A Bibliograpy. Cambridge/Mass. /London 1968. – Hess-Lüttich, E.W.B. 1974. – Gläser, R. 1979.

5.6 Stilistik in den USA

Die Entwicklung einer eigenständigen international bekannten Stilistik setzte in den USA erst in den 40er Jahren ein. Eine nicht unwesentliche Rolle spielten dabei Emigranten aus Europa, besonders aus Deutschland, die eine Lehrtätigkeit an amerikanischen Hochschulen aufnahmen (z.B. Roman Jakobson, Leo Spitzer, Erich Auerbach). Die Stilistikentwicklung vollzog sich dann in Wellen von einander ablösenden oder sich ergänzenden Theorieansätzen und Methoden. Dabei bildete sich eine Reihe von Spezialdisziplinen aus, die ebenfalls den Begriff des Stils in ihre Forschungen einbezogen (z.B. spricht W. Labow auch in seinen soziolinguistischen Untersuchungen von Stilen der verschiedenen sozialen Gruppen).

Als erste Richtung sei hier der literarisch orientierte »New Criticism« erwähnt, dem in den 40er Jahren ähnliche textimmanente Analysemethoden in Frankreich (›explication de texte‹), England (›Practical Criticism‹) und Deutschland/Schweiz/Österreich (›werkimmanente Interpretation‹ oder ›Stilinterpretation‹) in etwa entsprachen. Hierbei dürfte englischer Einfluß auf die USA vorliegen (I.A. Richards; vgl. R. Wellek 1969; engl. 1942).

Seit den 50er Jahren beobachten wir dann ein Anschwellen stilstatistischer Arbeiten (vgl. Bailey/Dolezel 1968; Herdan, G. 1960), das wohl mit der Entwicklung der elektronischen Datenverarbeitung zusammenhängt. Am Ende der 50er Jahre setzen die ersten generativen Satzbeschreibungen Chomskys ein (1957 *Syntactic structures*; 1965 *Aspects*), denen bald erste generative Stilbeschreibungen folgen (Ohmann 1964; Klein 1965; Thorne 1965; Jakobs/Rosenbaum 1973).

Die Ergebnisse der nationalen wie der internationalen Stilforschung werden wiederholt auf Tagungen vorgetragen und diskutiert, in Readers publiziert (vgl. z.B. Sebeok, T. (ed.): Style in Language 1960; Leed, J. (ed.): *The Computer and literary style.* Kent/Ohio 1966; Chatman, S. (ed): *Literary style.* 1971). Eine eigene wissenschaftliche Zeitschrift *Style* fördert die Kommunikation zwischen den Stilforschern.

Ivic, M.: Wege der Sprachwissenschaft. München 1971. – Enkvist, N. E.: Linguistic Stylistics 1973.

5.7   Skandinavische Stilistik

Man würde die Umsicht über die europäische Stilistik zu sehr verkürzen, wenn man die Entwicklung in Skandinavien ausließe. Hier ist zunächst der Strukturalist Nils Erik Enkvist von der finnisch-schwedischen Universität in Abo zu nennen, dem die internationale Stilforschung manche Anregungen verdankt (s.u.).

Ihm scheint Peter Cassirer nahezustehen. Zu den produktivsten Stilforscherinnen zählt die Stockholmer Germanistin Birgit Stolt. Mehrere Stiluntersuchungen, besonders zum Sagastil, hat Peter Hallberg vorgelegt, während Nils Jörgensen die Makrosyntax im formellen und im informellen Stil untersucht hat. Hans Rossipal untersuchte vor allem Konnotationen in funktionalen Stilen.

Enkvist, N.E. (s. Lit. Verz.). – Cassirer, P. (s. Lit. Verz.). – Stolt, B. (s. Lit. Verz.). – Hallberg, P. u.a.: Litteraturvetenskap nya mal och metoder. Stockholm 1966. – Hallberg, P.: Stilsignalement och för-fatterskap i nörronsagalitteratur; synpuncter och exempel. Stockholm 1968. – Jörgensen, N.: Om makrosyntagmer i informell och formell stil. 1971. – Rossipal, H. 1978.

5.8   Sowjetische und russische Stilistik

Die Methoden und Ergebnisse der sowjetischen Stilistik sind uns nur fragmentarisch bekannt geworden: zunächst durch die deutsch-sprachigen Arbeiten Elise Riesels, die es verstand, westliche und sowjetische stiltheoretische Ansätze und Methoden in einer fruchtbaren Synthese zu verbinden, so daß auch die gesellschaftstheoretische Fundierung ihrer Arbeiten nicht hemmend wirkte. Informativ ist hier auch die Literaturübersicht und -bewertung von Herbert Peukert (1977), der die Probleme der sowjetischen Stilistik und der DDR-Stilistik kritisch vergleicht.

Daraus ergibt sich, daß in der Sowjetunion, wo man stolz auf die ersten Stiluntersuchungen des Moskauer Universitätsgründers Lomonossow und die fruchtbaren Diskussionen über Literatur und Realismus im 19. Jh. sowie auf die anregenden Publikationen der Moskauer »Formalisten« in den 20er Jahren hinweist, bis in die 50er Jahre Stilforschung und Stillehre kulturpolitischen Vorgaben im Bildungsbereich folgten.

In den 50er Jahren rückte die *Lehre von den ›Funktionalstilen‹* in den Mittelpunkt der Diskussionen und bildet noch heute einen Kernpunkt stilistischer Standardwerke (z.B. in W.W. Winogradows Stilistik von 1963). Diskutiert wird ferner die Definition des Stilbegriffs, die zwischen den Polen der sprachlichen Systemvarianz (so bei O. S. Achmanova, R.A. Budagow u.a.) und der bloßen Verwendungsweise von Sprache (so bei T.G. Vinokur, anfangs auch E. Riesel) schwankte. Winogradow (1963) sucht dem Dilemma durch eine Dreiteilung der Stilistik in eine solche der Sprache (langue), der Rede (parole) und der Literatur zu entweichen, der die kommunikative, die informative und die emotionale Seite des Stils entspräche. Um 1960 wird in der sowjetischen Stilistik eine heftige Diskussion um die stilistische Relevanz sprachlicher Bilder geführt, zu einer Zeit also, als auch im französischen Strukturalismus ähnliche Diskussionen stattfanden. In den Folgejahren werden auch häufiger textbezogene Interpretationsmethoden übernommen, ohne daß die ahistorische und gesellschaftsferne Form der »werkimmanenten Interpretation« adaptiert würde (so von Riesel, Silman, Galperin u.a.). Später werden auch textlinguistische und kommunikativ-pragmatische Theorien entwickelt und in die Stilanalyse einbezogen.

Winogradow, V.: Stilistica. Teorija poeticeskoj reci poetica. Moskva 1963. – Riesel 1974. – Silman 1974. – Peukert, H. 1977 (s. Lit. Verz.).

6. Stilanalyse: Voraussetzungen und Elemente

Nach der historischen und systematischen Übersicht über die verschiedenen Stiltheorien und Stilauffassungen sollen nun praktische Fragen der wissenschaftlichen Beschäftigung mit dem Sprach- und Literaturstil geklärt werden, wie sie vor allem auf den Literaturstudenten und Literaturwissenschaftler zukommen. Zunächst sind einige Vorfragen zu klären, die das methodische Vorgehen bei Stilanalysen und Stilinterpretationen betreffen.

6.1 Stilauffassungen und Stilanalysen

Wie bei anderen Textdisziplinen so besteht auch in der Stilistik ein enger Zusammenhang zwischen der jeweiligen Gesamtauffassung, hier der Stilauffassung, und der Methodik und Durchführung der Elementenanalyse. Wenn ich im Stil lediglich das Inventar und den Einsatz rhetorischer Figuren und Tropen erblicke, werde ich im Text nur nach ihnen suchen. Bei einer vorausgesetzten Abweichungsstilistik suche ich nur nach Normabweichungen und frage allenfalls nach deren Ursachen (wie es etwa L. Spitzer tat). Lege ich eine pragmatische Stilistik zugrunde und sehe in den stilistischen Aussagevarianten bewußt gewählte Sprachhandlungen, so bin ich wahrscheinlich bedacht, deren pragmatische Funktion zu beschreiben usw. Mitunter erfolgt ein solches Vorgehen auch ohne weitere Reflexionen über die vorausgesetzte Stilauffassung. Besonders in älteren Stiluntersuchungen (vgl. 9.1) findet man kaum methodische Vorüberlegungen dieser Art. Selbst die oft als »impressionistisch« und als unsystematisch kritisierten Text- und Stilinterpretationen der ›werkimmanenten Interpretation‹ lassen stiltheoretische und methodische Vorüberlegungen weitgehend außer Betracht, obwohl auch ihnen bestimmte implizite Stilauffassungen zugrundeliegen.

Es bleibt zu fragen, ob eine solche stiltheoretische Voraussetzung genügt, um die möglichen Stilistika und ihre Funktion im jeweiligen Text zu erfassen. Die hier gebotene Übersicht über recht unterschiedliche Stiltheorien soll nicht den Schluß nahelegen, daß man bei der Stilanalyse einen eklektischen Extrakt aus vielen Stilauffassungen voraussetzen soll (was möglicherweise zu einem Durcheinander der Analyseschritte wie der Ergebnisse führte), vielmehr dient eine solche Übersicht dem Vergleichen möglicher Analyseansätze und der Schärfung und Sublimierung des stilkritischen Sinnes, so daß man selbst in der Lage ist, das Stilistisch-Relevante für die eigene Analyse auszuwählen.

Das schließt nicht aus, daß man für Stilanalyse und Stilinterpretation auch mehrere Theorien und Analyseansätze auswerten kann, sofern sie sich komplementär und nicht widersprüchlich zueinander verhalten. Dementsprechend könnte man z.B. durchaus eine selektive Stilauffassung mit einer funktionalen verbinden (wie es Riesel/ Schendels 1975 und Fleischer/Michel 1975 tun) oder eine deviatorische mit einer klangstilistischen Untersuchung koppeln. Die jeweils passende Stilanalyse ist auch weitgehend von der Eigenart des Textes abhängig. Der hierbei dominierende Gesamteindruck, der auf der Text- und Stilstruktur basiert, kann auch die Wahl der zutreffenden Methode bestimmen. Ein sachlicher Text wird so eher eine sprachstilistische Gesamtanalyse erfordern, ein literarischer Text eher die Untersuchung der ästhetisch wirksamen Elemente.

6.2 Makrostilistik und Mikrostilistik

Stil ist stets textbezogen und kann als solcher nur in größeren Texteinheiten erkannt werden. Es war deshalb eine Fehlentwicklung früherer Stilistik, etwa seit E. Elster, wenn sie sich bei der Stilanalyse in der rhetorischen Tradition der elocutio (allerdings in umgekehrter Richtung) nur auf Wort- und Satzvariationen beschränkte. Zwar kann ein einzelnes Wort schon eine bestimmte Stilhöhe und Stilwahl verdeutlichen (z.B. preziösen oder archaischen Ausdruck), eine Wortkombination (z.B. Zwillingsformeln) eine bestimmte individuelle Stileigenheit, kann ein bestimmter Satztyp mit der Konjunktion »dergestalt, daß« sogar auf einen bestimmten Autor, nämlich Heinrich von Kleist, verweisen, ein bestimmter Stil mit bestimmten durchgehenden Eigenarten und Funktionen wird dadurch noch nicht erfaßt; er wird erst in größeren Textkomplexen deutlich, wobei ein Gesamttext auch verschiedene Stilformen in sich vereinigen kann. Es erscheint daher sinnvoll, der bisherigen Stilistik, die ich nun Mikrostilistik nenne, eine eigene Makrostilistik ergänzend gegenüberzustellen, die sich der Erforschung stilistisch relevanter größerer Texteinheiten und entsprechend größeren Kategorien zuwendet.

Die Forderung, bei Stiluntersuchungen auch größere literarische Einheiten einzubeziehen, ist wiederholt in der Stilistik der letzten

Jahrzehnte erhoben worden (vgl. z.B. S. Chatman (ed.) 1971, XIff.),
aber auch schon von W. Scherer. Sie basiert auf der Einsicht, daß
auch bei der Wahl größerer literarischer Einheiten durch den Autor
(nach J. Miles in: S. Chatman (ed.) 1971, 24ff. sogar bei der Wahl
des Stoffes) bereits Variationen möglich sind, denen selektive Entscheidungen zugrundeliegen. Zudem steht außer Zweifel und ver-
dient daher berücksichtigt zu werden, daß die stilistischen Mikro-
strukturen jedes Textes von den sie dominierenden Makrostrukturen
beeinflußt, ja determiniert werden. Eine vorher gewählte Gedicht-
form z.B. wirkt sich ebenso bis in die letzte Zeile aus wie etwa auch
die Erzählweise einer Novelle.

Die Stilistik wird dadurch veranlaßt, auch die Erkenntnisse der
literaturwissenschaftlichen Strukturforschung, wie sie seit den 20er
Jahren (mit der morphologischen Forschung) entwickelt wurden,
sowie deren Kategorien in die Stilanalyse einzubeziehen. Neben der
konventionellen Mikrostilistik erweist sich so eine *Makrostilistik* als
Komplementärdisziplin notwendig. Damit soll jedoch – wie schon
in Kap. 2.3 betont wurde – die Eigenständigkeit der literaturwissenschaftlichen Strukturforschung nicht beeinträchtigt werden, sie erhält vielmehr durch die Einbeziehung ihrer Resultate in die Makrostilistik einen neuen Stellenwert.

Schon W. Kayser kritisiert im Stilistik-Kapitel seines Handbuchs
Das sprachliche Kunstwerk (1948 u.ö.) die satzgebundene Enge rhe-
torischer Stilmittel und verlangt eine »satzübergreifende Stilistik«.
Asmuth/Berg-Ehlers wiederholen diese Forderung in ihrem Stilistik-
Buch (1974).

Die Differenzierung zwischen Makrostilistik und Mikrostilistik
ist seit 1975 zunächst von E. Riesel vertreten worden (in: Riesel/
Schendels 1975), später von Sowinski (1983) ergänzt und erweitert
und inzwischen in literarischen Stilanalysen erprobt worden (z.B. in:
Sowinski 1984, 21ff.; Alami, M. 1989).

Während E. Riesel nur ›Funktionalstile, Kontext, Komposition,
architektonische Funktion sprachstilistischer Mittel, Darstellungsarten, Erzählperspektive, Rededarstellungen, Sprachporträts‹ als makrostilistische Einheiten aufführt, ohne sie näher zu begründen, ergänzt Sowinski (1983, 21ff.) dieses Repertoire durch folgende
weitere Einheiten: ›Kommunikationsweisen (mündl.: schriftl.), Stilzüge, Stilfärbungen, Textsorten und Gattungen, Erzählstrukturen,
Erzählweisen, Erzählverhalten, Erzählhaltungen‹. Wahrscheinlich lie-
ßen sich noch weitere makrostilistische Kategorien entdecken.

6.3 Stilelemente in der Literatur und in Gebrauchstexten

In älteren Arbeiten zur Stilistik wird Stil ausschließlich literarischen Werken zugesprochen, wobei die Beschaffenheit des Stils und der Stilelemente und ihre Kombination oft als Qualitätsmaßstab dieser Texte angesehen wurden. Erst in neuerer Zeit ist diese Einschränkung gefallen: Stil wird heute allen Texten zugesprochen, wenn auch in unterschiedlicher Art und Weise. Auch das Fehlen von auffallenden Stilelementen ist eine Form von Stil, den man dann wahrscheinlich als ›ausdrucksarm‹, ›stereotyp‹ oder ›nüchtern‹ bezeichnen wird. Ein an Stilelementen reicher Stil muß allerdings nicht unbedingt qualitativ wertvoll sein; oft ist Häufung von Stilelementen sogar ein Zeichen von Kitsch oder Trivialität (vgl. 8.3).

Auch die *Gebrauchstexte* pragmatischer Natur müssen nicht arm an Stilelementen sein, wenn hier auch oft andere Stilzüge (z.B. Ökonomie, Präzision u.ä.) den Verzicht auf bestimmte Stilelemente, z.B. des affektiven oder bildhaften Bereichs bedingen können. Es gibt aber auch Formen von Gebrauchstexten, die gerade durch Stilelemente der Anschaulichkeit und Lebendigkeit hervorragen und geschätzt werden (z.B. historische Darstellungen, kunsthistorische oder geographische Beschreibungen). Bei anderen Texten, die zum Zwischenbereich zwischen Sachliteratur und Dichtung gehören (z.B. Autobiographien, Reiseberichte, Erlebnisschilderungen u.ä.), wird kaum ein Unterschied zu den Stilmitteln bestimmter Prosadichtungen festzustellen sein. Der qualitative Unterschied beruht oft auf anderen Kriterien (z.B. solchen von Fiktionalität und Realität). Insofern kann in der folgenden Auflistung von Stilmitteln (-elementen) kaum eine Zugehörigkeit zu einzelnen Textbereichen vorgenommen werden; erst die Textanalyse im einzelnen kann diese aufzeigen.

6.4 Makrostilistische Einheiten (Elemente)

Als makrostilistische Einheiten (Elemente) seien im folgenden solche textlichen Kategorien aufgeführt, die oberhalb der Satzebene die Struktur eines Textes variierend beeinflussen. Sie beruhen zumeist auf Wahlentscheidungen der Autoren, die sich dabei von Konventionen, Wirkungsabsichten und persönlichen Neigungen leiten lassen. Die Stilistik berücksichtigt makrostilistische Einheiten, weil dadurch der jeweilige Stil eines Textes bis in seine Mikrostruktur hinein maßgeblich beeinflußt wird.

Kommunikationsweisen

Diese erste makrostilistische Unterscheidung (die oft so selbstverständlich erscheint, daß man sie nicht besonders erwähnt) betrifft *die Unterschiede zwischen mündlicher und schriftlicher Kommunikation*. Bei mündlichen Texten ist zwischen solchen spontaner Äußerungen in der Alltagsrede und in gehobener Rede z.B. in wissenschaftlichen Diskussionen, im Unterricht u.ä.) und zwischen vorgeplanten mündlichen Äußerungen zu unterscheiden. Bereits diese drei Bereiche mündlicher Kommunikation bedingen Unterschiede in der Mikrostilistik (z.B. kurze, oft unvollständige Sätze: längere, vollständige Sätze). Schriftliche Äußerungen erfolgen dagegen (bis auf Notizen etc.) kaum spontan, sondern geplant und mehr oder weniger an Textkonventionen (Textsorten etc.) gebunden. (Alle nachfolgenden Angaben beziehen sich auf solche geplanten schriftlichen Texte).

Riesel 1971. – Sanders, W. 1973.

Stiltypen (Stilarten) /Stilklassen

Die in der stilistischen Terminologie wiederholt feststellbare Uneinheitlichkeit der Theorie- und Analysebegriffe wirkt sich insbesondere bei abstrakten Oberbegriffen verwirrend aus. Während z.B. G. Michel (in: G. Michel u.a.1968, 46) unter *Stiltyp* die »unter einem bestimmten Aspekt erfolgende Abstraktion und Zusammenfassung der für mehrere Stile gemeinsamen Stilzüge« bezeichnet (er spricht anschließend vom Stiltyp einer Definition, aber auch vom Stiltyp der Wissenschaft allgemein), versteht W. Fleischer (in: Fleischer/Michel 1975, 59) unter Stiltyp (*Stilart*) den »Stil einer Textklasse«, an anderer Stelle (ebd.230) setzt er Stiltyp mit *Stilklasse* gleich und begreift darunter »Verallgemeinerungen modellhaften Charakters (»Der Stiltyp ist das Potentielle, das Muster oder Modell, nach dem ein Text gestaltet werden kann«). Der Analysebegriff wird so zugleich zum didaktischen Leitbegriff.

W. Sanders (1977, 89ff.) faßt unter dem »kollektiv-sozialen Aspekt« Stiltypen die Stileigenarten des Situationsstils, des Funktionsstils und des Textsortenstils, die sich jeweils vom Individualstil abheben.

Unter makrostilistischem Aspekt verstehen wir daher als Stiltyp eine Stilart mit gemeinsamen Stilmerkmalen. Stiltypen sind daher stets das Resultat von stilanalytischen Textvergleichen, sofern man sie nicht von vorneherein durch Kriterien festlegt wie bei Riesels und Michels Funktionalstilen und Sanders drei kollektiv-sozialen Stilgruppen.

Michel, G. u.a.1968. – Fleischer, W. (in: Fleischer/Michel 1975). – Sanders, W. 1977.

Funktionalstile

Als *Funktionalstil* (H. Becker), *Funktionsstil* (E. Riesel 1975 u.ö.) oder *Bereichsstil* (Krahl/Kurz [2]1973, 22 u.ö.), wird die »Gesamtheit der für einen gesellschaftlichen Bereich charakteristischen Stilzüge bzw. Stilprinzipien« verstanden, die in den entsprechenden Texten dieses Bereichs begegnen (R. Gläser 1975, 23ff.). Die aus der Prager strukturalistischen Schule erwachsene, von tschechischen und sowjetischen Linguisten weiterentwickelte und in der einstigen DDR adaptierte Stilauffassung bietet allerdings mit den Bereichen ›Alltags-, Presse-, Verwaltungs-, Wissenschaftsstil‹ und ›Stil der schönen Literatur‹ ein zu grobes Raster, das weiterer Ergänzungen und besserer Abgrenzungen bedarf. So gibt es zwar z.B. typische Verwaltungsausdrücke, aber auch im Stil der Presse wie auch in dem der ›schönen Literatur‹ (=Belletristik) treffen und mischen sich verschiedene Stilbereiche. (s. 3.9 Funktionalstilistik)

Gruppenstile

Während Funktionalstile eine globale Zusammenfassung von Textstilen nach gleichartigen kommunikativen Funktionen sind, gibt es auch die Möglichkeit der Zusammenfassung der Stilerscheinungen von Angehörigen bestimmter Gruppen nach Merkmalen ihrer Gruppenzugehörigkeit, z.B. nach Berufsgruppen, sozialen Gruppen, Altersgruppen usw. So haben z.B. soziolinguistische Forschungen dazu geführt, daß bei Sprachäußerungen bestimmter Sozialschichten Gemeinsamkeiten im Stil konstatiert werden können (so von Labov in den USA), z.B. bestimmte Stereotypen, bestimmte Auslassungen u.a. Auch so können sich makrostilistische Auswirkungen ergeben.

In ähnlicher Weise hat die psycholinguistische Forschung Gemeinsamkeiten im Stil bestimmter Altersgruppen bei Kindern ermittelt (vgl. Pregel), die auf sprachliche Entwicklungsdefizite zurückzuführen sind. Gruppensprachliche Erscheinungen bei Jugendlichen dagegen sind eher aus kollektiven Normierungen abzuleiten.

Inwieweit auch die Phänomene von Altersstilen gruppenmäßiger Natur sind oder vielmehr Entwicklungsstufen von Individualstilen, ist bisher wenig geklärt.

Labov, W.: Sprache im sozialen Kontext. 1978. – Pregel, D.: Zum Sprachstil des Grundschulkindes. Düsseldorf 1970.

Individualstile

Durchgehende makrostilistische Erscheinungen sind bei individuellen Texten (z.b. Briefen, Tagebüchern, mündlichen Reden), zu denen auch die Dichtungen gezählt werden können (obwohl hier stärker andere Faktoren (Traditionen, Gattungen, Moden usw. einwirken) auch als Ausprägungen des Individualstils anzusehen. Bereits die Anfänge der Stilistik haben derartige Phänomene in Texten konstatiert (vgl. Kap. 3.3f.) und zu begründen gesucht (psychologisch, didaktisch, sozial usw.). Auch makrostilistische Elemente können durch individualstilistische Eigenarten variiert erscheinen.

Lerchner, G. 1980. – Gipper, H. 1982. – Sowinski 1998 (Hist. Wb. d.Rhetorik).

Epochenstile/Zeitstile

Für die Prägung des Stils eines Textes durch zeitbedingte Elemente seiner Entstehungszeit sind die beiden Ausdrücke Epochenstil und Zeitstil üblich, wobei Epochenstil mehr auf eine literarische Epochenabgrenzung oder die stilistischen Gemeinsamkeiten in den Texten einer historisch fixierbaren Gruppe von Autoren bezogen ist (z.B. die Dichter der Romantik), Zeitstil dagegen allgemeine Stilerscheinungen einer bestimmten Zeit (z.B. des frühen 19. Jh.) meint. Solche zeitbedingten Stilelemente beruhen oft nicht auf bestimmten Stilabsichten der Autoren, sondern sind dann mehr oder weniger unbewußt als in ihrer Zeit übliche Ausdrucksformen aufgegriffen und verwendet worden, werden aber in späteren Zeiten als sprach- und stilgeschichtlich veraltet oder zumindest als nicht mehr üblich empfunden und daher leicht als zeit- bzw. epochenstilistische Merkmale begriffen. Derartige Eigenheiten sind besonders im Vergleich von ähnlichen (gattungsgleichen) Texten aus verschiedenen Zeiten erkennbar; der Vergleich solcher Texte aus der gleichen Entstehungszeit verdeutlicht indes auch die individuellen Stileigenheiten der Autoren im Rahmen eines Zeit- oder Epochenstils.

Martini, F. 1955, 1971. – Staiger. E. 1963. – Fleischer, W. (in: Fleischer/Michel, G. 1975) 235. – Sowinski, B. 1994.

Stilprinzipien

Der Begriff Stilprinzipien findet sich vor allem in der Stillehre. Man versteht darunter Grundsätze oder Zielvorstellungen, nach denen sich die Stilgestaltung richten sollte. Nach Krahl/Kurz (1984, 221) sind es »die der Textgestaltung bewußt zugrunde gelegten Prinzipien der gedanklich-sprachlichen Aussageweise.« Nach Sanders (1986, 52) sind es »Richt- und Leitlinien, die eine Auffächerung des Stilideals in seinen vielfältigen Perspektiven leisten.«

Schon die antike Rhetorik kannte solche Grundsätze (Sprachliche Richtigkeit, Klarheit, Anschaulichkeit, Angemessenheit). Ihre Zahl ist später erweitert worden. Sanders (1986, 52) zählt folgende Begriffe auf, die er heute verbreiteten Stillehren entnommen hat: ›Angemessenheit (in Ton und Sache), Klarheit, Eindeutigkeit, Vollständigkeit, Leichtverständlichkeit, Übersichtlichkeit, Eingängigkeit, Genauigkeit, Sachlichkeit, Natürlichkeit, Knappheit, Kürze, Mäßigkeit, Sparsamkeit, Anschaulichkeit, Lebendigkeit, Farbigkeit‹, also ein Sammelsurium unterschiedlicher Forderungen, die mitunter einander widersprechen. Noch problematischer ist es, wenn aus einzelnen Stilprinzipien bestimmte Stilregeln abgeleitet werden. Es ist jedoch nicht Sache einer deskriptiven Makrostilistik, die Problematik der Berechtigung von Stilprinzipien und Stilregeln zu erörtern. Hier ist nur zu fragen, inwieweit Stilprinzipien makrostilistische Einheiten sein können oder zumindest makrostilistische Relevanz besitzen. Darin sind sie jedoch den *Stilzügen* vergleichbar, mitunter sogar mit ihnen identisch. Was vom Text- und Stilproduzenten als Stilprinzip beachtet wird, kann vom Textrezipienten, der auch der Stilanalytiker ist, als durchgehender Stilzug eines Textes begriffen werden. In bestimmten Texten können Stilprinzipien auch als Stilregeln wirksam werden, z.B. das Stilprinzip der Kürze oder Knappheit in der Textsorte des Telegramms oder Fernschreibens.

Sanders 1986, 51ff.

Darstellungsprinzipien

Unter Darstellungsprinzipien verstehen Asmuth/Berg-Ehlers (1974, 103ff.) didaktische Vermittlungsprinzipien, mit deren Hilfe die Fremdheit der Gegenstände in wiedergebenden und gedanklichen

Texten gegenüber dem Rezipienten überwunden werden soll. Als solche »rezeptionserleichternden Darstellungsprinzipien« gelten Aktualisierung, Vermenschlichung, Dynamisierung, Versinnlichung und Vergegenwärtigung.

Die Autoren literarischer wie journalistischer Texte machen von solchen Darstellungsprinzipien unterschiedlichen Gebrauch, um das Interesse am Dargestellten und Dargebotenen zu wecken und wachzuhalten. In jedem Falle wirkt sich die jeweilige Wahl auf den Gesamtstil des Textes aus. So kann die *Aktualisierung*, die eine Übertragung der Darstellung in eine andere Zeit und Gegenwart erreichen will, eine Zunahme an Vergleichen und deiktischen Formen bewirken; eine *Vermenschlichung*, die eine Annäherung an den Rezipienten, mitunter sogar seine Identifikation mit dem Dargestellten zu bewirken sucht, zur Zunahme der Beschreibung von Empfindungen und Gefühlen führen; die *Dynamisierung* des bisher Statischen bedingt oft zusätzliche Metaphorisierungen, wogegen die *Versinnlichung* Konkretisierungen, Vergleiche und Metaphern bedingt; die *Vergegenwärtigung* schließlich, die oft in der schulischen Stilform der *Schilderung* geübt wurde, bedingt oft einen Tempus- und Ortswechsel in der Darstellung.

Asmuth/Berg-Ehlers 1974, 103-111.

Stilistische Operationen/Stilmuster

Wie bereits bemerkt, sollten auch satzübergreifende und somit makrostilistische Einheiten der Pragmatik in das Kategorieninventar der Makrostilistik einbezogen und bei einer Stilanalyse beachtet werden, zumindest solange die kommunikativ-pragmatische Stilistik (vgl. 3.13/3.14) noch keine einheitlichen Kategorien und Analyse- und Interpretationsprozeduren, die auch für nichtpragmatische literarische Texte geeignet sind, bereitstellen kann.

B. Sandig übernimmt für derartige »stilistische Operationen« (wie G. Michel (1988, 302) sie m.E. zutreffender nennt) von U. Püschel den (analog zu J. Rehbeins »Handlungsmuster«) gebildeten Terminus »Stilmuster« »für den Zusammenhang von Ausdrucksmöglichkeiten und Funktion« (1986, 150). Die Zahl und Spezifizierung dieser stilistischen Änderungskategorien, die nach G. Lerchner (1986, 36f.) »an der interaktionalen Konstituierung des Sinns einer Äußerung entscheidend beteiligt« sind, ist noch nicht festgelegt. Sandig (1986, 149ff.) nennt etwa nach dem allgemeinen ›Stilmuster‹ Fortführen als »speziellere stilstrukturelle Handungstypen«(bei ihr stets in Großbuchstaben geschrieben): Wiederholen, Variieren, Abweichen, dann auch Metapherngebrauch, der als Untertyp von – den Text Lebendig machen – gilt; ebenso wie auch Püschel (1985) ein ebenso vages Stilmuster Gestalten kennt. G. Michel (1988, 303) nennt zudem noch »Weglassen, Umstellen, Hinzufügen, Entgegensetzen« und greift so auf Änderungskategorien der antiken Rhetorik (vgl. 2.5 u. 6.6) zurück.

Angemerkt sei hier, daß solche Kategorien sowohl mikrostilistisch als auch makrostilistisch vorkommen, während Sandig, Lerchner und Michel wohl an Textkategorien denken.

Stilzüge

Der Begriff des Stilzuges bzw. der Stilzüge ist in den 20er Jahren aufgekommen und hat inzwischen in der Stilistik weitgehende Anerkennung und Verbreitung gefunden. Er besitzt eine gewisse Ähnlichkeit mit den Stilprinzipien (s.o.), ist aber weniger auf die Textgestaltung als vielmehr auf die Eindruckswirkung beim Rezipienten zu beziehen. Wenn Krahl/Kurz (1973, 120) in den Stilzügen das»Ergebnis von Stilprinzipien« sehen, so trifft dies nur teilweise zu, da Stilzüge auch Textteile betreffen können. Im übrigen ist die Auffassung der Stilzüge nicht einheitlich: W. Kayser (1948/1968, 100ff.) versteht als Stilzug jedes relevante Stilelement. E. Riesel (1975, 24ff.) sieht in ihnen

»innere qualitative Wesensmerkmale eines Funktionalstils/ Substils oder einer beliebigen Textsorte, die zwangsläufig aus der gesellschaftlichen Spezifik eines konkreten Schreib- und Sprechaktes entspringen und ebenso zwangsläufig ein bestimmtes Mikrosystem von sprachlichen Mitteln aller Ebenen zu ihrer Aktualisierung nach sich zieht.«

Graubner (1974, 185) versteht als Stilzüge dagegen »die Formulierung konnotativer Synonymien eines Textes oder Textabschnittes.« Gemeinsame Auffassung scheint also zu sein, daß es hierbei um eine Auswahl bestimmter einzelner Stilmittel handelt, die beim Leser einen bestimmten Eindruckswert vermitteln, ein Behördenbrief z.B. den Eindruck (die ›Stillage‹) der Formalität, Sachlichkeit, Ökonomie u.ä. Es erscheint problematisch, hierbei bestimmte Hierarchien oder bestimmte Anwendungsregeln festzulegen.

Krahl/Kurz 1973, 120. – Sowinski [3]1978, 279f. – Graubner 1974, 185. – Riesel/Schendels 1975, 24ff. – Riesel, E. 1975. – Lerchner, G. 1976.

Stilfärbung

Auch der Begriff der Stilfärbung steht dem der Stilzüge sehr nahe. Während es sich jedoch bei Stilzügen um durchgehende Eindruckswerte längerer Texte oder Textstellen handelt, kann eine Stilfärbung sich auch auf kleinere Einheiten, Sätze oder Wörter beziehen. Es handelt sich bei der Stilfärbung um eine konnotative Zusatzbedeutung einer solchen Äußerung, die sich aufgrund seiner schicht-, herkunfts- oder frequenzabhängigen Verwendung ergibt. Manche Wörter oder Textpartien heben sich von anderen ohne Stilfärbung (bzw. ›Nullfärbung‹) durch ihre Konnotation ab (z.b. als archaisch, vulgär, amtssprachlich, salopp, werbesprachlich usw.).

Makrostilistische Relevanz erhalten solche Elemente allerdings erst, wenn sie – ähnlich den Stilzügen – ganze Texte oder Teiltexte prägen.

Textsorten und Gattungen

Der Begriff des *Gattungsstils* (auch *Texsortenstils, Genrestils*) ist in der Stilforschung seit langem geläufig. Man versteht darunter die charakteristischen Stileigenarten eines Textes, die dieser aufgrund der Übernahme von gattungsspezifischen Erfordernissen erhält, also z.B. die Dialogform im Drama, die Zeilenbindung in der Lyrik, den Wechsel von Erzähl- und Redepartien in der Ballade usw. Manche dieser gattungsspezifischen Erfordernisse (Stilnormen) unterliegen im Laufe der Zeit bestimmten Wandlungen, wie etwa bestimmte Strophenformen oder die Reimstrukturen in der Lyrik. Grundsätzlich gilt jedoch, daß derartige gattungsstilistischen Normen den gesamten Text prägen, der allerdings zusätzlich sowohl individualstilistisch als auch inhaltsbedingt variiert wird.

Die neuere Textforschung hat auch für nichtliterarische Texte (sog. Gebrauchstexte) eine Reihe von inhalts- und zweckabhängigen Formstrukturen analysiert, die unter dem Begriff der Textsorten bekannt sind (vgl. z.B. die zahlreichen Differenzierungen bei Gülich/ Raible 1972). Ähnlich wie die literarischen Gattungen, so prägen auch bestimmte Textsorten aufgrund ihrer situativen wie intentional-pragmatischen Bedingungen den Stil der Texte.

Für den Verfasser solcher Texte ist jedoch die stilistische Ausdrucks- und Gestaltungsfreiheit gegenüber der literarischer Texte begrenzter, stärker an vorgegebene Muster gebunden (z.B. bei Geschäftsbriefen, Protokollen usw.).Diese stilistische Einengung kann bis zum Formular führen, was allerdings das Ende stilistischer Variationsfreiheit bedeutete.

Gülich/Raible 1972. – Sowinski (Histor. Wb. der Rhetorik) 1998.

Komposition und Bauformen

Die formale Variabilität ist beim Textaufbau, der Komposition des Textes, besonders ausgeprägt und ohne weiteres erkennbar. Die Aufbaustruktur wird man sowohl bei fiktionalen Texten als auch bei Gebrauchstexten am ehesten zu den makrostilistischen Kategorien zählen.

Dabei ist zunächst zwischen einem äußeren und einem inneren Aufbau zu unterscheiden. Der äußere Textaufbau ist häufig an bestimmte Konventionen geknüpft, z.B. bei Romanen an Kapitel mit Zwischentiteln, bei Dramen an Akte und Aufzüge o.ä., bei Gedichten an Zeilen und Strophen etc., bei Briefen an Anreden und Schlußformen usw. Diese äußere Form, die an Gattungs- oder Textsortennormen gebunden ist, kann dementsprechend leicht erkannt werden.

Der *innere Textaufbau* ist bei Gebrauchstexten zumeist durch die jeweilige Zielsetzung bestimmt (z.B. bei einem Antrag durch die Abfolge von Anliegen und Begründung usw.); bei dichterischen Texten sind hierbei textimmanente Ursachen bestimmend, die oft erst durch Textanalysen und Interpretationen ermittelt werden, wobei der Zusammenhang zwischen den Teilen und dem Ganzen in der Form des ›hermeneutischen Zirkels‹ berücksichtigt werden sollte.

Die makrostilistische Relevanz erweist sich vor allem in der Variation im Aufbau von Erzähltexten. E. Lämmert sieht hier eine besondere Weise der Variation darin, daß »die monotone Sukzession der erzählten Zeit beim Erzählen auf verschiedene Weise verzerrt, unterbrochen, umgestaltet und aufgehoben wird« (E. Lämmert 1955, 32). Derartige ›Verzerrungen‹ ergeben sich aus der ungleichen ›Raffungsintensität‹, die zum Verweilen und zu Sprüngen im Geschehen führen kann.

Sowohl bei Erzähltexten als auch bei Dramen wird zwischen einem sukzessiv fortschreitenden sich steigernden Textaufbau und einem zugleich rückwärtsgewandten ›analytischem‹ Textaufbau (im ›analytischen Drama‹, ›analytischem Roman‹) unterschieden. Beide Typen werden in ihrem inneren Textaufbau durch unterschiedliche Spannungsverhältnisse bestimmt. Bereits die barocke Rhetorik differenzierte entsprechend zwischen einem *ordo naturalis*, der dem natürlichen Ablauf und steigenden Aufbau entsprach, und einem *ordo artificialis*, der davon abwich und so auch den analytischen Aufbau subsumieren konnte (vgl. Lausberg, H. 1963 §47; Behrmann, A. [2]1968).

Die Sukzession des Textverlaufs kann auch durch Einschübe, Neuansätze, Rückblicke, Reflexionen, Vorausdeutungen, Vorwegnahmen u.a. unterbrochen werden, wobei oft auch ein Wechsel der Darstellungsarten erfolgt.

Die literaturwissenschaftliche Strukturforschung hat noch weitere Typisierungen erarbeitet, die ebenfalls in makrostilistische Analysen einbezogen werden können, da auch sie Variationen der Textform deutlich machen. Erwähnt seien etwa die Akzentuierungen narrativer oder dramatischer Einzelstrukturen in den funktionalen Textgefügen, wie sie ähnlich z.B. G. Freytag für das klassische Drama (m.Exposition, Zuspitzung, Höhepunkt, Retardierung, Katastrophe) und V. Klotz für das moderne-re Drama der ›offenen Form‹ festgestellt hatte, ferner etwa G. Müllers Differenzierung nach *Ereignis- und Darstellungsfolge* oder *Erzählzeit* und *erzählter Zeit* oder die Typisierungen z.B. nach Geschehensroman, Handlungsroman, Figurenroman, Raumroman, Entwicklungsroman u.a.m.

Lämmert, E. 1955. – Asmuth/Berg-Ehlers 1974, 114-121. – Behrmann, A.: Einführung in die Analyse von Prosatexten. Stuttgart ²1968.

Darstellungsarten

Die Kategorien der Darstellungsarten (auch Darstellungsweisen, Stilformen genannt) sind bereits seit längerer Zeit in den Formen der Schulaufsätze bekannt. Ursprünglich aus rhetorischen Übungen abgeleitet und später vom Kreativitätsdenken der Kunsterziehungs- und Reformbewegung in der Schule des frühen 20. Jhs beeinflußt, sah die Deutschdidaktik in den Darstellungsarten (Stilformen) stilisierte Grundformen des emotionalen wie des rationalen sprachlichen Ausdrucks, die deshalb im Aufsatzunterricht exemplarisch eingeübt werden sollten, was auch den sprachlichen ›Entwicklungsaltern‹ der Kinder entsprechen sollte. Erst in den 70er Jahren unseres Jhs sind derartige Aufsatzformen oft durch stärker kommunikative Muster abgelöst worden.

Für eine deskriptive Stilistik können die Darstellungsarten, nämlich *Erzählen, Schildern, Berichten, Beschreiben* und *Charakterisieren, Erörtern* und *Folgern*, insofern als makrostilistische Kategorien gelten, als sie zumeist satzübergreifende typische Ausdrucksweisen sind, die Ereignisse, Eindrücke, Erinnerungen, Sachverhalte, Gegenstände und Probleme in jeweils einheitlichen stilistischen Prägungen fixieren.

Die in den traditionellen schulischen Aufsatzformen übliche Typisierung entspricht jedoch nur teilweise der literarischen Realität. Meistens werden in literarischen Texten verschiedene Darstellungsarten gemischt, z.B. Berichte mit Erörterungen, Schilderungen mit Beschreibungen usw. Trotzdem sind solche typisierten Grundformen des sprachlichen Ausdrucks sowohl für die Stillehre als auch für die Stilanalyse von besonderem Wert, da durch die Hervorhebungen typischer Ausdrucksweisen der Blick für ihre Eigenart wie für ihre stilistische Angemessenheit sensibilisiert werden kann.

Heinemann. In: Fleischer/Michel 1975, 268-400. – Riesel. In: Riesel/Schendels 1975, 269f. – Sowinski 1977, 16-27. – Stolt 1989.

Redewiedergaben

Eine Ergänzung der Darstellungsarten und somit ebenfalls makrostilistisch relevant sind die verschiedenen Formen der Redewiedergabe im Text. Die Grundformen sind hier *Autorrede* und *Figurenrede*. Dazu gibt es eine Reihe von Varianten der Redewiedergabe.

Den stärksten Authentizitätsgrad besitzt die direkte oder wörtliche Rede der Figuren in Dialogen und Monologen, wie sie in Dramen, Hörspielen oder entsprechenden Partien in Erzählungen, Romanen und anderen Texten zu finden ist. Figurenrede kann aber auch als innerer Monolog (Gedankenwiedergabe in wörtlicher Rede) und als indirekte Rede in berichteter Rede bzw. Redebericht sowie als erlebte Rede erscheinen. Dabei sind innerer Monolog und erlebte Rede Formen, die erst seit rd. einhundert Jahren üblich geworden sind.

Mehr autorgebunden sind *Redebericht* und *berichtete Rede* sowie die stärker distanzierende Form der *indirekten Rede.*

Mit Hilfe der verschiedenen Formen der Redewiedergabe kann ein Autor über längere Partien eines Textes hinweg oder im gesamten Text der Darstellung eine besondere Prägung verleihen, die im Zusammenwirken mit anderen makrostilistischen Kategorien den Eindruck der Geschehensnähe oder Geschehensferne, von Unmittelbarkeit oder Distanz vermittelt.

Kurz, J. 1966. – Kurz, J. Diss. Leipzig 1985. – Kändler, U. (in: Fleischer/Michel 1975).

Erzählstrukturen

Die Erzählforschung ist im 20. Jh. besonders vorangetrieben worden. In einer Reihe von Kategorisierungen des Erzählvorgangs und der Erzähltexte spiegeln sich die gewonnenen Erkenntnisse über die vorhandenen und möglichen Strukturen. Dabei sind die in allen informierenden Texten vorhandenen kommunikativen Rollen (Sprecher, Angesprochener, Besprochener) von großer Wichtigkeit. Insbesondere die Rolle des Sprechers oder des Textvermittlers (Erzählers bzw. eine darin personifizierte‹ Erzählfunktion‹ (Vogt 1973, 230f.), die in fiktiven Texten nicht ohne weiteres mit der des Autors gleichgestellt werden kann, ist inzwischen genauer erforscht worden.

Die möglichen Variationen des Erzählvorgangs können in den makrostilistischen Kategorien der Erzählweisen, der Erzählsituationen bzw. des Erzählverhaltens, der Erzählhaltung bzw. Darstellungshaltung und der Erzählperspektiven erfaßt und in ihren Textfunktionen erklärt werden.

Vogt, J. 1973, [2]1974. – Sowinski 1983a.

Erzählweisen

Bereits der antike Rhetoriker Quintilian (1. Jh.) unterschied die epischen Grundformen der berichtenden Erzählung und der szenischen Darstellung. F.K. Stanzel (1964, 11) greift diese Zweiteilung wieder auf und bezeichnet die Berichtform als *panoramatisch*, die szenische Darstellung als *mimetisch*.

Während die berichtende Erzählung durch die zusammenfassende distanzierte Darlegung eines abgeschlossenen oder zumindest als abgeschlossen erfaßten Vorgangs gekennzeichnet ist, wählt die mimetische (szenische) Darstellung die unmittelbare detaillierte Wiedergabe eines gegenwärtigen oder als gegenwärtig empfundenen Geschehens, das weitgehend distanzlos vermittelt wird.

Stanzel, F.K. 1964.

Erzählsituationen/ Erzählverhalten

F.K. Stanzel (ebd.) hat für den Roman drei ›typische Erzählsituationen‹ beschrieben:

- die auktoriale Erzählsituation,
- die Ich-Erzählsituation und
- die personale Erzählsituation.

Diese Typisierung, die in ihrer Begrifflichkeit keine zureichende terminologische Eindeutigkeit bietet, ist von J.H. Petersen (1977,

187ff.) kritisiert und erweitert worden, insofern als Petersen statt von Erzählsituationen lieber vom Erzählverhalten sprechen möchte und den drei genannten Erzählverhalten noch ein viertes neutrales Erzählverhalten zugesellt, das sich jeder subjektiven, personalen oder auktorialen Stellungnahme enthält.

Die Vierzahl der Erzählsituationen bzw. Erzählverhalten bietet im einzelnen noch weitere Möglichkeiten makrostilistischer Variationen, etwa durch unterschiedliche Mischung der Erzählweisen, der Darstellungsarten, Redewiedergaben, Erzählhaltungen, Erzählperspektiven. Im auktorialen Erzählverhalten können zudem Einschübe und Stellungnahmen des Narrators variieren; in der Ich-Erzählsituation kann die Rolle der Figuren- und Geschehensbewertungen durch das Erzählsubjekt übernommen werden. Im personalen Erzählverhalten sind besonders Zahl, Anteil und Funktionen der Geschehensrollen, der Redeinschübe und -wiedergaben und der Erzählhaltungen von besonderem Interesse.

Wie bei anderen Stilistika, so kann auch bei diesen makrostilistischen Kategorien das Fehlen der Eigenheiten stilcharakterisierend sein.

Stanzel, F.K. 1964. – Petersen, J.H. 1977, 178ff.

Erzählhaltung / Darstellungshaltung

Mit dem Erzählverhalten im Sinne von J.H. Petersen sollte die Erzählhaltung (besser: Erzählerhaltung oder nach Krahl/Kurz 1973, 46: Darstellungshaltung) nicht verwechselt werden.

Als Erzählhaltung (Darstellungshaltung) versteht man die Haltung des Erzählers zum Dargestellten wie zum Publikum. Sie ist besonders vielfältig in der auktorialen Erzählsituation ausgeprägt, kann aber auch in den anderen Erzählsituationen deutlich gemacht werden. Vor allem der Ich-Erzähler kann seine Erzählhaltung eindrucksvoll hervorheben.

Im einzelnen sind etwa folgende typische Erzählhaltungen denkbar:

– *Engagierte Anteilnahme*: Hierbei sind wieder verschiedene Spielarten möglich, die positive Wertung einer Figur oder Sache bei gleichzeitiger Abwertung oder Distanzierung von Gegenfiguren oder Gegenpositionen; das gefühlvolle Mitleiden oder Sichfreuen an einem Schicksal oder die leidenschaftliche Parteinahme für eine bestimmte Haltung oder Vorstellung.

– *Objektivierendes Erzählen*: Der Erzähler bemüht sich hier um ein möglichst wertungsfreies Berichten der Vorgänge und Einstellungen, wobei realistische oder naturalistische Detailtreue mit einer allgemeinen Darstellungsweise wechseln kann.

– *Ablehnende Distanzierung*: Die Gegenposition des Erzählers zum Dargestellten kann wiederum in verschiedenen Spielarten der vorgespielten oder echten Entrüstung und Ablehnung oder der Ironie und Satire sichtbar werden. Während in älteren und in volkstümlichen Texten eine moralisch bestimmte Ablehnung dominieren kann, bevorzugen neuere Erzähler oft eine ironische Distanzierung, die die Positionen skeptisch relativiert oder kritisch in der Schwebe hält, sofern nicht mit Mitteln der Ironie, Übertreibung, Verzerrung und Karikatur eine satirische Bloßstellung des Dargestellten angestrebt wird.

Die unterschiedlichen Erzählsituationen ermöglichen wiederum zahlreiche Variationen, die besonders in Textvergleichen erkennbar werden.

Erzählperspektiven

Wie alle Erzählkategorien miteinander gekoppelt sind, oft voneinander abhängen, so besteht auch zwischen der Erzähl(er)haltung und den Erzählperspektiven eine Korrelation. Als Erzählperspektive wird die Gesamtheit der Ansichten, Gedanken, Motivationen, Stellungnahmen und dgl. verstanden, die dem Leser sowohl durch den Erzähler als auch durch die Figuren vermittelt wird.

E. Riesel (in: Riesel/Schendels 1975, 272), die die Erzählperspektive explizit zu den makrostilistischen Kategorien zählt, differenziert, der Defintion bei Krahl/Kurz (1973, 80) entsprechend, »die Blickrichtung des Textes in räumlicher, zeitlicher, personaler, gedanklicher Hinsicht« und trennt eine Erzählperspektive des Autors von der des Erzählers, der der Figur und der des Lesers. Der Autor wirkt dabei in allen nichtfiktionalen Texten (Gesprächen, persönlichen und sachlichen Texten, Briefen, Tagebüchern, autobiographischen Werken) auf die Erzählperspektive ein.

Die Erzählperspektive des Erzählers ist zumeist abhängig von der *Erzählerrolle*, die er im Text einnimmt (z.B. als Augenzeuge, Chronist, Detektiv, Lehrer, Berichterstatter eigner oder fremder Erfahrungen usw.), aber auch von der Erzählsituation, Darstellungsart und Textsorte bzw. Gattung. Er kann sich als der ›allwissende Erzähler‹ (meist in auktorialen Erzählsituationen), aber auch als der ›nichtwissende‹ oder ›begrenzt wissende Erzähler‹ erweisen (meist in Ich-Erzählungen und personalen Erzählungen).

Die Figuren können so in ihrer bloßen *Außenperspektive* oder auch in ihrer *Innenperspektive* (Gedanken, Gefühlen, Motivationen) nahegebracht werden, in der Spiegelung eines engen oder eines weiten Bewußtseinshorizontes. Auch können mitunter mehrere Erzählperspektiven zusammenwirken.

In fiktionalen Texten können Diskrepanzen zwischen der Perspektive des Erzählers bzw. der Figuren und der des Lesers bestehen, etwa in Kriminalromanen (und entsprechenden Filmen), bei denen der Leser bald mehr weiß als der Erzähler bzw. die Figuren. Die Erzählperspektive zählt wie die übrigen Erzählkategorien zu den Elementen der Stoffdarbietung. In der jeweiligen Festlegung auf eine bestimmte Art der Perspektive trifft der Autor jedoch eine makrostilistische Entscheidung.

Riesel, E. In: Riesel/Schendels 1975, 271ff.

Stilisierung

Als Stilisierung verstehen Krahl/Kurz (1984, 114) »allgemein: die Arbeit am Stil zu schaffender Texte, die Textgestaltung, auch ästhetische Stilisierung«. Das ist sicher eine zu dürftige Formel für die stilistische Formung eines Textes, besonders eines literarischen Textes. Sie erfaßt zudem nicht die Vorgänge, die im einzelnen mit dem Begriff Stilisierung verbunden sind und als makrostilische (z.T. auch als mikrostilistische) Kategorien analysiert werden können.

Meistens wird unter *Stilisierung* auch die Umgestaltung einer stofflichen Grundlage eines Textes im Hinblick auf eine Stilform oder Gattung verstanden. Das setzt zunächst einen Vorgang des Auswählens und Ordnens des Stoffes voraus, was oft erst im Vergleich mit der Quellengrundlage erkennbar wird. Ferner gehört zur Stilisierung die Wahl der passenden Stilmittel, die die angestrebte Stilform erfordert. In der makrostilistischen Analyse können Textauswahl, -ordnung, -aufbau und die dominierenden Stilmittel als Grundlage der Stilisierung herausgestellt werden.

Wichtig ist dabei oft auch die Art und Weise, in der komplexe Verständnisvoraussetzungen, z.B. historische Hintergründe, gesellschaftliche Zustände, psychologische Voraussetzungen u.ä. in vereinfachter Form dem Publikum verdeutlicht werden.

Parodie/ Travestie

Parodien und Travestien sind spottend abwandelnde Imitationen mehr oder weniger bekannter ernsthafter Texte, entweder aus Kritik, aus Verdruß oder aus Spielerei nachgeahmt. So sind z.b. Schillers Balladen, Goethes *Werther* und *Faust*, Schlegels *Lucinde* und zahlreiche andere Werke parodiert worden. Parodie und Travestie sind nicht eindeutig zu bestimmen und zu differenzieren. Meistens versteht man als Parodie eine Veränderung des Inhalts bei Beibehaltung der Form des parodierten Werkes, bei der Travestie ist es umgekehrt: Man ändert die Form, bewahrt aber den Inhalt. Beides sind also makrostilistische Einheiten, deren Eigenart leicht im Vergleich mit dem verspotteten Original deutlich wird.

Seidler, H.: Die Dichtung. Stuttgart 1959. – Verweyen, Th./Witting, G.: Die Parodie in der neueren dtsch. Literatur. Darmstadt 1979.

Interpretation

Nach E. Riesel (in: Riesel/Schendels 1975, 12) zählt die »funktionale Textstilistik, d.h. die Interpretation inhaltlich und formal abgeschlossener Texte aus sämtlichen Sphären der Kommunikation (einschließlich Texte von Wortkunstwerken) unter dem syntagmatischen Aspekt« zur Makrostilistik. Mit dem *syntagmatischen* Aspekt ist hier das Zusammenwirken der einzelnen Stilelemente gemeint, wogegen der *paradigmatische* Aspekt in der Stilistik das kategoriale Vorhandensein und die Auswahl der Stilmittel meint.

Die Zuordnung der Interpretation zur Makrostilistik ist nun nicht so zu verstehen, als ob die Interpretation als hermeneutische Deutung des Zusammenwirkens der Teile im Sinn- und Strukturganzen ein makrostilistisches Stilelement sei; vielmehr wohl so, daß sich auch im Vorgang der Stilinterpretation, die ja kein statischer Schnitt durch den Text ist, sondern ein stetiger Prozeß, oft neue makrostilistische Wirkungszusammenhänge im Text ergeben.

Zusammenfassung. Die hier aufgeführten makrostilistischen Kategorien, die wahrscheinlich noch durch andere erweitert werden können (auch im Bereich der Gebrauchstexte), eröffnen der Stilanalyse ein großes Feld interessanter Untersuchungsmöglichkeiten. Derartige Analysen sollen dabei weniger einer isolierten textlichen Strukturforschung dienen als vielmehr in die Erhellung und Interpretation stilistischer Ganzheiten des Textstils, Individualstils und dgl. integriert sein. Solche Formuntersuchungen sollten zudem auch an die Untersuchungen der Sinnbezüge des Inhalts und Gehalts dieser Texte gekoppelt sein, die wiederum nicht unabhängig von den Stiluntersuchungen erfolgen sollten.

Wichtig erscheint es, daß durch derartige makrostilistischen Kategorienanalysen der Blick der Bearbeiter sensibilisiert wird für die vielfältigen stilistischen Ausdrucksmöglichkeiten, mit denen Textsinn vermittelt werden kann. Dabei ist zu beachten, daß zwischen der Makrostilistik und der Mikrostilistik keine starren Grenzen bestehen, die Übergänge vielmehr fließend sind und auch in der Analyse und Interpretation des Textstils so gesehen werden sollten (vgl. Sowinski, in Spillner (Hg.) 1984).

6.5 Mikrostilistik: Satzstilistik

Der deutsche Satzbau bietet eine Vielzahl von stilrelevanten Variationsmöglichkeiten, sowohl in quantitativer als auch in qualitativer Hinsicht. Alle Varianten des Satzbaus können in ihrer Gesamtheit oder in kontrastierenden Einzelerscheinungen stilistisch relevant sein, den besonderen Stileigenheiten eines Autors, einer Zeit, eines Funktionalstils oder auch nur eines funktional geprägten Teiltextes entsprechen. Jeder Autor hat hier die verschiedensten Wahlmöglichkeiten für die Distribution der zu vermittelnden Informationen: Er kann vieles in einem Satz häufen oder es auf mehrere Sätze verteilen. Dementsprechend stehen Texten mit langen Sätzen solche mit kurzen Sätzen gegenüber.

Es gehört zu den beliebten Untersuchungen der Stilstatistik, bestimmte Durchschnittswerte der Wortzahl in den Sätzen bestimmter Autoren in bestimmten Epochen sowie für bestimmte Textsorten zu ermitteln. Ebenso lassen sich durchschnittliche Wortzahlen für lange, mittellange und kurze Sätze festlegen (wobei nichts über die Distribution der Wortarten gesagt ist). So gibt W. Sanders (1986, 147ff. n. H. Eggers) als die ermittelte Durchschnittsgröße deutscher Sätze in Zeitungs- und Sachtexten 15 bis 20 Wörter an. Man kann diese Zahl als mittlere Satzlänge bezeichnen. Kurze Sätze, z.B. in Werbetexten und Boulevardblättern, liegen darunter, lange Sätze (z.B. in wissenschaftlichen Reflexionen) sind entsprechend größer.

Satzlänge

Kurze Sätze

Hier ist zunächst zwischen ›einfachen Sätzen‹ und ›erweiterten einfachen Sätzen‹ und kurzen Satzgefügen zu unterscheiden. (Unvollständige Sätze mit Ellipsen, Ausklammerungen u.ä. seien hier unberücksichtigt). Als einfache Sätze gelten die Sätze, die nur die notwendigen Satzglieder (Subjekt, Prädikat m. evtl. Valenzgliedern) aufweisen.

In der Regel umfassen Kurzsätze 3-5 Satzglieder, nämlich die grammatisch notwendigen und die informativ wichtigsten (z.b. Zeit- und Ortsangaben). Dies entspricht den meisten Sätzen der Alltagsrede (vgl. z.B. E. Riesel 1973) sowie der Sprache der Kinder und älteren Leute. Auch die Sprache im Drama und in der naturalistischen und expressionistischen Erzählweise bevorzugt diese Satztypen. Ebenso kennen Sprichwörter und Redensarten meist nur solche Kurzsätze, wie auch lyrische Formen, besonders zeilengebundene volkstümliche Gedichte, gern solche syntaktischen Reduktionen wählen. In neuerer Zeit werden Kurzsätze in bestimmten Zeitungen (Boulevardblättern) sowie in der Sprache von Werbeanzeigen und Werbesendungen bevorzugt (vgl. R. Römer 1968; B. Sowinski 1979; 1998), um eine schnelle Information und größere Einprägsamkeit zu bewirken. Häufig fehlen dabei die relationalen Informationen (Angaben zu Raum und Zeit und zu den Modalitäten). Oft sind Kurzsätze erst im Kontrast zu längeren Sätzen stilistisch wirksam (vgl. z.B. den Schluß von Goethes *Werther.* »... Handwerker trugen ihn. Kein Geistlicher hat ihn begleitet.«).

Sätze mittlerer Länge

Als Sätze mittlerer Länge, die etwa 4-7 Satzglieder und etwa 10-20 Wörter umfassen, kommen sowohl erweiterte einfache Sätze als auch einfache Satzreihen und Satzgefüge in Frage. Exemplarischen Untersuchungen zufolge (s.o.), bevorzugt heute ein großer Teil der Pressekommentare und Presseberichte (mit Ausnahme von Texten der Boulevardzeitungen), der Geschäftskorrespondenz und der Fachtexte sowie der Erzählliteratur Sätze dieses Umfangs, die geeignet sind, die jeweils notwendigen Informationen ohne größere Lücken oder Brüche zu vermitteln.

Die gegenüber einfachen Kurzsätzen notwendigen Erweiterungen zeigen sich vor allem im Bereich der adverbialen Angaben und der Attribute, wobei die einzelnen Autoren in den verschiedenen Zeiten in unterschiedlichem Maße von diesen Erweiterungsmöglichkeiten

Gebrauch machen. Während z.B. im 17. und 18. Jh. die Adjektivattribute stilistisch eine große Rolle spielten (besonders bei barocken Metaphern und bei adjektivischen Neubildungen in der Nachfolge Klopstocks), kommt im 19. und 20. Jh. den Adverbien eine größere Bedeutung zu. In der Geschäfts- und Verwaltungssprache sowie in der Pressesprache bestimmter Zeitungen entsprechen dagegen Genitivattribute und präpositionale Wendungen dem Bestreben nach zusammenfassender Information.

Lange Sätze

Lange Sätze, die über die mittlere Länge mit bis zu etwa sieben Satzgliedern und etwa 20 Wörtern hinausgehen, kommen vor als erweiterte einfache Sätze, als Satzglied- und Satzreihen und als Satzgefüge der verschiedensten Art.

Das erwähnte Streben nach Informationshäufung in einem einzigen Satz führt mitunter dazu, daß erweiterte einfache Sätze leicht über den üblichen Umfang mittlerer Satzlänge hinauswachsen, eine Erscheinung, die oft für den Funktionalstil der Wirtschaft und Verwaltung kennzeichnend ist. Häufiger begegnet man jedoch langen Sätzen in den Formen der Reihen oder der einfachen Satzgefüge und Perioden.

Reihungen von Satzgliedern, die zur Verlängerung der Sätze führen, sind in verschiedener Form möglich und entsprechen meistens bestimmten stilistischen Absichten, so z.B. Häufungen von Adjektivattributen über das übliche Maß von ein bis zwei Attributen hinaus zur Intensivierung von Charakterisierungen, Reihungen von Prädikatsverben zur Steigerung erzählerischer Dynamik, Dopplungen von Substantiven (Zwillingsformeln) zur begrifflichen Verstärkung oder Steigerung oder als Aufspaltung eines Begriffs in zwei Wörter (*Hendiadyoin*) etc. Von stilistischem Wert kann dabei auch die Art der Reihung sein; so kennt bereits die antike Rhetorik die *syndetische* Reihung mit *Konjunktionen* und die *asyndetische* Reihung ohne Konjunktionen. Eine bevorzugte Form der Reihung war ebenfalls schon in der Antike die Steigerung (*gradatio*) von drei Gliedern (eines *Tricolons*) in aufsteigender oder absteigender Folge (*climax* oder *anticlimax*). Beliebt war auch die Reihung von Stilfiguren, etwa von *Anaphern* (Wortwiederholungen am Satz- bzw. Zeilenanfang), seltener von *Epiphern* (Wiederholungen am Satz- bzw. Zeilenende).

Weniger oft kommen Satzreihungen vor, durch die man besondere Häufungs- oder Spannungswirkungen erreichen will. Dabei müssen sowohl inhaltliche als auch formale Übereinstimmungen (Parallelismen) zwischen den einzelnen Sätzen, die zumeist nur durch Kommas getrennt sind, bestehen. Nicht jede Satzkette in einer spannenden Schilderung ist eine Satzreihe.

Satzgefüge

Wenn die Informationen einer Satzeinheit auf mehrere Teilsätze eines Satzes verteilt werden, wählt man die Form des Satzgefüges, das aus einem Hauptsatz und einem oder mehreren Neben- oder Gliedsätzen besteht. Mit seiner Hilfe ist es möglich, die logischen, temporalen, kausalen, modalen und ähnlichen Verhältnisse der Grundinformation des Satzes zugleich auszudrücken. Die entsprechenden Gliedsätze können so die Leistung von Satzgliedern im erweiterten einfachen Satz erfüllen, könnten aber auch selbständig in einem gesonderten Satz stehen (vgl. z.B. »Das Unglück geschah während der Mittagspause /als gerade Mittagspause war/ Es war gerade Mittagspause. Da geschah das Unglück«).

Die hier möglichen drei Transformationen machen bereits deutlich, daß jede Entscheidung für eine dieser Formen eine Wahlentscheidung und somit stilistisch relevant ist, auch wenn der größere Kontext bereits vorentscheidend wirken mag (z.B. durch Meidung von Satzgefügen).

Auch die Wahl der nach inhaltlichen Aspekten unterschiedenen Gliedsätze ist nicht nur stoffbedingt, sondern oft ebenfalls eine stilistische Wahlentscheidung. Besonders bei Autoren, die zu ausführlichen modalen oder psychologischen Erläuterungen neigen, finden sich häufig entsprechende Satzgefüge.

Da der deutsche Satzbau es zuläßt, einen Hauptsatz mit mehreren Gliedsätzen zu verbinden und auch Gliedsätze durch andere Gliedsätze zu erweitern, ist es möglich, reichgegliederte Satzgefüge zu schaffen, für die die lat. Bezeichnung *Periode* (aus gr. peri'odós = Umwendung, Umweg) üblich geworden ist (obgleich die lat. Satzperioden ursprünglich nicht nur mehrgliedrige Satzgefüge bezeichneten). Im früheren, an der Rhetorik orientierten Gymnasialunterricht galt die Beherrschung komplizierter lat., später auch deutscher Perioden in Rede und Schrift als besondere Leistung. Sie wurde durch Imitation berühmter Schriftsteller, z.B. Ciceros, geübt. Der Höhepunkt dieser Entwicklung lag im 17. und frühen 18. Jh. Gegen diese Nachahmung fremder Stilmuster hat es wiederholt Gegenbewegungen gegeben, unter deren Einfluß schließlich auch die Satzperioden allgemein abgelehnt wurden (als ›Schachtelsätze‹ o.ä.). Besonders in populären Stillehren (u.a. von E. Engel, L. Reiners) wird vom Gebrauch komplexerer Satzgefüge abgeraten, ohne daß

Aufbau und Vorzüge dieser Formen hinlänglich gewürdigt und erläutert werden.

Für die Stilanalyse ist es jedoch ratsam, die verschiedenen Möglichkeiten des ›Periodenbaus‹, der Struktur komplexer Satzgefüge an Beispielen zu studieren, um die individualstilistischen und funktionalstilistischen Realisierungen in ihrem Gefüge und in ihrer Leistung und Wirkung zu erfassen.

Der Satzbau Heinrich von Kleists erweist sich so z.b. als ein ganz anderer als der Thomas Manns, um nur die beiden bedeutendsten Meister dieser Sprachformen zu erwähnen. Während Kleist z.B. in seiner Erzählprosa häufig die Hauptsätze durch Gliedsätze unterbricht, um so alle Umstände zu erfassen, die das gleichzeitig ablaufende Geschehen beeinflussen, und so eine gleichsam dramatische Spannung in seinen Sätzen erreicht, liebt es Thomas Mann, zumindest in seinen späteren Romanen, die Handlungen, Leistungen, Lebensumstände und Motivationen seiner Figuren in Nebensätzen kommentierend zu relativieren, wodurch oft die ihm zugesprochene Ironie des Erzählens zustandekommt.

Satzreduktionen

Den Satzerweiterungen seien die Satzreduktionen in ihrer Stilrelevanz gegenübergestellt. Wir verstehen darunter Aposiopesen, Ellipsen und andere Satzverkürzungen. Sie kommen vor allem in der spontanen mündlichen Rede vor, wo Erregung oder bewußte Beschränkungen die Ursachen solcher Reduktionen sind. Dementsprechend finden sie sich auch in Texten, die mündliche Redeweisen nachahmen (Dramen, Hörspiele, Dialogszenen in Erzähltexten).

Der *Satzabbruch* oder die *Aposiopese* (lat. *reticentia*, *interruptio*) kann verschieden motiviert sein und verschiedene Stilwirkungen haben. Sowinski (1978, 112ff.) unterscheidet drei verschiedene Arten des Satzabbruchs: 1. den situativ bedingten, 2.den andeutenden und 3. den apotropäischen. Beim situativ bedingten können Erregung oder Vorsicht des Sprechers oder das Zwischenreden eines anderen den Abbruch bedingen, der an beliebiger Stelle erfolgt und die Fortführung des begonnenen Satzes offenläßt. Bei der *andeutenden* Aposiopese führt der Sprecher den Satz bis zum jeweils wichtigsten Wort oder Gedanken, wobei der Gesamtsinn oder Folgesinn aus dem bisher Gesagten (Angedeuteten) erschlossen werden kann, aber aus bestimmten Gründen nicht gesagt werden kann. In der Regel zeitigt bereits eine solche Andeutung die erhoffte Wirkung. Diese Form des Satzabbruchs wurde früher häufiger zur Spannungssteigerung, aber auch zur ironischen Darstellung eingesetzt (z.B. in Trivialromanen und ihren Parodien). Der *apotropäische* (unheilabwehrende) Satzabbruch kommt nur noch in Redewendungen vor, die einen Fluch oder eine Verwünschung andeuten und oft nur aus Verärgerung verwendet werden (z.B. »Da schlage doch der«... (Blitz ein!).

Unter *Ellipsen* versteht man Auslassungen bestimmter erwartbarer Satzteile, vor allem wenn sie inhaltlich redundant (überflüssig) sind und durch den Kontext verdeutlicht werden können. Solche Auslassungen erfolgen aus Gründen sprachlicher Ökonomie (z.B. bei Telegrammen, Schlagzeilen, Kurzbeschreibungen) oder in spontaner Rede o.ä. Ausgelassen werden häufig Hilfsverben, finite Verben in nominalen Wendungen, Modalverben, Subjekte bei klarer Rektion u.ä.

Mitunter werden solche Ellipsen mit bestimmten stilistischen Effekten verbunden, z.B. zur Nachahmung schlagfertiger Rede (z.B. »Ob er es kann? Er kann!«).

Unterbrechungen der Satzkonstruktion

Der geschlossene Satz mit ununterbrochener Folge der Satzglieder ist die normale syntaktische Erscheinungsform. Unterbrechungen dieser Form ergeben sich häufig in der mündlichen Rede, wo sie meist auf Aufregung oder Ungeübtheit beruhen. Sie können allerdings auch in schriftlichen Texten vorkommen, wo sie als Stilfehler oder als Stilmittel gewertet werden können. Dabei unterscheiden wir verschiedene Typen der Konstruktionsunterbrechung: 1. den konstruktionskonformen Neuansatz (*Prolepse*) und andere Voranstellungen, 2. den konstruktionsfremden Neuansatz (*Anakoluth*), 3. ergänzende Einschübe (*Appositionen, Parenthesen*), 4. *Nachträge* und *Ausgliederungen.*

Die *Prolepse* und andere Voranstellungen: Satzansatz (Satzbeginn) und Neuansatz (wiederaufgreifende Fortführung) stimmen im Fall der Prolepse (Wiederaufnahme) weitgehend überein. Dabei handelt es sich um das Wiederaufgreifen eines vorangehenden Substantivs, Adverbs, verkürzten Nebensatzes oder Relativsatzes durch ein nachfolgendes pronominales Element (das in modernen Gedichten auch oft wegfällt), vgl. z.B. »In einem kühlen Grunde, da geht ein Mühlenrad« (Eichendorff).

Anakoluth: Hierbei stimmt die Wiederaufnahme im Kasus, Numerus oder in anderen grammatischen Bezügen nicht mehr mit den Vorgaben überein; der Sprecher oder Schreiber hat scheinbar den roten Faden seines Gedankens aus dem Blick verloren .Eine einfache Form des Anakoluths ist etwa folgender Satz: »Dieser Kerl, dem werde ich es schon zeigen!«

Manche Konstruktionsbrüche beruhen auf Vernachlässigungen des logischen oder semantischen Zusammenhangs und führen zu *Bildbrüchen* (*Katachresen*), die als Stilfehler mitunter sogar witzig wirken, vgl. z.b. folgenden doppelten Sinnbruch aus einem Geschäftsbrief: »Unterschreiben Sie die Quittung mit Ihrer Frau und senden Sie sie umgehend zurück.« Man vergleiche auch Bildbrüche in Redewendungen, z.B. »Er brachte ihn an den Rand des Bettelstabes« (statt: des Grabes). Neuerdings nutzt die Werbesprache scheinbare Konstruktionsbrüche, die auf Auslassungen von Zwischenangaben beruhen, vgl. z.B. »Johannesburg ist 1015 DM entfernt.« (Flugwerbung).

Apposition: Unterbrechungen der Satzkonstruktion liegen auch bei bestimmten Appositionen vor, obwohl Appositionen als nachgestellte Ergänzungen im gleichen Kasus und Numerus in der Regel nicht als Konstruktionsbruch empfunden werden, es sei denn bei Kasus- und Numerusabweichungen, die dann wie ein Anakoluth wirken können, vgl. z.B.: »Er gab das Geld dem Verlierer, einen alten Mann, zurück.« Doch häufen sich jetzt Kasusabweichungen, z.B. auch in der Form des voran- oder nachgestellten ›absoluten oder schwebenden Nominativs‹ (nominativus pendens) in der modernen Lyrik, wo diese Konstruktionsabweichung dann als Stilmittel gilt.

Parenthese: Hier handelt es sich um einen konstruktionsfremden, d.h. semantisch-begrifflich abweichenden Einschub, der oft nur assoziativ zur Satzaussage des Basissatzes gehört, mitunter aber auch völlig davon abweicht. Er erscheint meistens eingeschoben zwischen Gedankenstrichen, vgl. z.B.: »Ottilie ward einen Augenblick – wie soll man's nennen – verdrießlich, ungehalten, betroffen.« (Goethe, Wahlverwandtschaften).

Nachtrag und *Ausgliederung*: Als neuere Form der Konstruktionsänderung kann man den Nachtrag oder die Ausgliederung von Satzgliedern außerhalb des Satzrahmens (nach Komma oder Punkt) ansehen. Die dabei gegebene Information erscheint nicht an der üblichen Stelle, sondern scheinbar nachträglich angehängt. Diese Nachträge und Ausgliederungen, die aus der spontanen mündlichen Rede stammen, aber auch in literarischen und werblichen Texten auftauchen, ähneln den früher möglichen fern- und nachgestellten Adjektiven oder Appositionen am Satzende. Mitunter soll hier – wie oft in Werbetexten – eine Information durch Nachtrag hervorgehoben werden, vgl. z.B.:

»Wir saßen nach hinten hinaus, im Wohnzimmer, das sein Licht durch die vorgebaute Glasveranda bekam« (G. Grass: *Katz und Maus*).

»Wir bauen Autos. Autos mit Luft- und Wasserkühlung. Mit Heck- und Frontmotor. Autos der verschiedenen technischen Konzeptionen.« (VW-Werbung).

Betten, A. 1976. – Thiel, R.: Satzbrüche. In: Sprachpflege 36/1987, 4, 50-51.

Wortstellung als Stilmittel

Die Wortstellung im Satz kann sowohl im Rahmen der geltenden syntaktischen Normen als auch abweichend davon als Stilmittel genutzt werden. Da die deutsche Sprache zumindest noch teilweise eine synthetische Struktur aufweist, d.h. die Kasus und damit die syntaktische Funktion der Substantive noch morphologisch differenziert, kennt das Deutsche noch nicht die Starrheit der Wortstellung mancher analytischer Nachbarsprachen (die sog. SPO-Regel). Subjekte und Objekte wie auch Adverbialia können also ihre Stellung im Satz je nach Satztyp, Kontext und Aussageabsicht verändern. Es bleibt strittig, ob es sich bei den hier zugrundeliegenden Regeln um grammatische oder stilistische Regeln handelt (Nach L. Spitzer ist Grammatik ohnehin ja »gefrorene Stilistik«.).

Nach E. Drachs Erkenntnissen (1937) sind im normalen Aussagesatz die Aussagen im Vorfeld (vor dem finiten Prädikatsverb) und im Nachfeld (nach dem Prädikatsverb) für die Wortstellung des Subjekts und anderer Satzteile entscheidend. Da vor dem Prädikatsverb nur ein primäres Satzglied erscheinen darf, steht hier das Subjekt nur in bestimmten Fällen der gleichmäßigen Aussage. Will der Sprecher jedoch einen Gedanken oder Begriff o.ä. des Objekt- oder Adverbialbereichs besonders hervorheben, so erscheint hier oft ein Objekt oder eine adverbiale Aussage, das Subjekt folgt dann nach dem Prädikatsverb im ›Nachfeld‹. Das ›Vorfeld‹ gilt deshalb auch als *Ausdrucksstelle*, das Nachfeld als *Eindrucksstelle* (vgl. z.B. »Dem habe ich es aber gegeben!« – »Gegen Abend vereiste die Straße. Dadurch gerieten viele Wagen ins Schleudern.«).

Wie das letzte Satzbeispiel zeigt, kann das Vorfeld auch als *Anschlußstelle* fungieren. In diesem Falle wird das Subjekt (»viele Wagen«) ebenfalls ins Nachfeld verdrängt.

Neben diesen stilistischen Variationen der Wortstellung im Rahmen geltender Normen gibt es andere stilistische Abwandlungen der

Wortstellung, die auf dem Weiterleben älterer bereits allgemein vergangener Normen beruhen. Das ist sowohl bei vorangestellten Genitivattributen als auch bei nachgestellten Adjektivattributen der Fall.

Vorangestellte Genitivattribute sind heute nur bei Eigennamen üblich (z.b. Goethes Werke, Ottos Hut), bei anderen Substantiven wirkt dies archaisch und wird daher nur in poetischen Texten noch akzeptiert (vgl. z.b. »Des Kaisers neue Kleider«, »des Himmels reichstem Segen«). Noch seltener ist heute die Nachstellung von Adjektivattributen hinter das jeweilige Bezugswort (Substantiv), also bei Formen wie z.b. »ein armes Mädel jung« (Goethe); »bei einem Wirte wundermild« (Uhland). Diese Nachstellung unflektierter Adjektive war in der mhd. Zeit noch neben der Voranstellung üblich, besonders wenn weitere flektierte Adjektive vorangestellt waren (vgl. mhd. *ein küener ritter guot*). Sie blieb in formelhaften Wendungen erhalten, besonders in Volksliedern, und wurde in der Zeit der Klassik und Romantik neu belebt. Sie findet sich aber auch in der abgewandelten Form der Alleinstellung des nachgestellten Adjektivs bei Autoren der Gegenwart (vgl. z.b. »Stimmen, laut. über dem Kürbisfeld« (Bobrowski); »Die Gräber, schneeverpackt, schnürt niemand auf.« (I. Bachmann).

Varianten davon, die bereits in der Zeit der Klassik üblich waren, ähneln mit dem Artikel Appositionen: »Ach, die Gattin ist's, die teure...«(Schiller); »... in die schwarze Schlucht, die kalte, sonnenlose« (G. Wohmann).

Drach, E.: Grundgedanken der dtsch. Satzlehre. Frankfurt 1937; ⁴1963. – Flämig, W.: Grundformen der Gliedfolge i. dtsch. Satz u. ihre sprachl. Funktionen. Beitr. (H) 86/1964, 309-349. – Lenerz, J.: Zur Abfolge nominaler Satzglieder im Dtsch., Tübingen 1977. – Altmann, H.: Formen der ›Herausstellung‹ im Dtsch., Tübingen 1981. – Reis, M.: Die Stellung der Verbargumente im Dtsch. .Stilübungen z. Grammatik-Pragmatik-Verhältnis. In: Rosengren, I. (ed): Sprache und Pragmatik. Stockholm 1987, 139-177. – Kefer, M.: Satzgliedstellung u. Satzstruktur im Dtsch., Tübingen 1989.

Satzklammer und Ausklammerung

Eine Eigenheit des deutschen Satzbaus ist die Umklammerung bestimmter Satzteile durch Formen des finiten Verbs und seiner Zusätze oder Ergänzungen. Auf diese Weise entsteht ein Spannungsverhältnis zwischen den Teilen dieser Satzklammer, das zu größerer Aufmerksamkeit beim Verständnis der Aussagen zwingt, das aber bei Überdehnungen der Klammerabstände zu Verstehensschwierigkeiten führen kann, besonders in Reden und anderen mündlichen Äußerungen. Bekannt sind manche Witzeleien über solche Überdehnungen (insbesondere die Parodien von Mark Twain. Vgl. Sowinski ⁵1978, 103).

Im einzelnen sind solche Satzklammern möglich zwischen Hilfsverb + Partizip (vgl. z.B. »Er hat ... gesehen. Die Türen waren ... geöffnet. Er wird ... geschafft haben.«); Hilfsverb oder Modalverb + Infinitiv (z.B. »Er wird ... kommen. Er kann ... schaffen. Der Lärm war ... zu hören«); Hilfsverb + Prädikativ (z.B. »Die Burg war ... sichtbar«); trennbares Verb + Verbzusatz (z.B. »Sie las ... vor.«); Verb + Adverb (z.B. »Das Licht leuchtete ... hell.«); finites Funktionsverb + Funktionsverbzusatz (z.B. »Der Zug setzte sich ... in Bewegung«).

Auch in Nebensätzen entstehen durch die Endstellung des Verbs Klammerungen. Auf diese wie auf weitere Möglichkeiten sei hier nur hingewiesen.

Die Füllung der verbalen Satzklammer ist oft in das Stilempfinden des Sprechers oder Schreibers gestellt. Manche Autor/innen suchen durch die Vermeidung von Satzklammern der Gefahr der Überdehnung zu entgehen. Das ist möglich, indem man den eingeklammerten Text an eine andere Stelle rückt, z.B. an den Satzanfang, oder die Klammerteile zusammenrückt und den sonst eingeklammerten Text nun ausklammert. Solche *Ausklammerungen* findet man neuerdings häufiger bei Vergleichen (z.B. »Er kommt mir vor wie ein Kind« statt: »Er kommt mir wie ein Kind vor«) und bei präpositionalen Angaben (vgl. z.B. »Er dachte zurück an die Zeit« statt: »Er dachte an die Zeit zurück.«).

Moderne Autor/innen nehmen bei derartigen Stilentscheidungen auch bewußte Normverfremdungen in Kauf, vgl. z.B. »Der Mann hatte gehört von dem neumodischen Usus. (U. Johnson); »Die Verbindung mit der Zentrale sollte herstellen und halten ein regelmäßiger Wagenpendel« (J. Becker).

Rath, R.: Trennbare Verben u. Ausklammerung. WW 15/1965, 217-232 . – Benesch, E.: Die Ausklammerung im Dtsch. als grammatische Norm und stilistische Effekt. Mutterspr.78/1968, 289-298. – Altmann, H.: Formen der Herausstellung im Dtsch. Tübingen 1981.

Satzarten als Stilmittel

Die stilistische Relevanz ist auch bei der Wahl der Satzart gegeben. Auffallend ist dies meist erst bei Abweichungen von der dominierenden Satzart des Aussagesatzes. Wenn man z.B. Goethes Jugendhymne »Prometheus« daraufhin untersucht, so wird einem diese Stilwirkung erst bewußt.

Der Text beginnt mit Aufforderungssätzen (»Bedecke deinen Himmel ...«), geht dann über zu Aussagesätzen (»Ich kenne nichts Ärmeres ...«), anschließend folgen Fragesätze (»Wer half mir ...«) und zuletzt erscheinen wiederum Aussagesätze (»Hier sitz ich ...«).

Mit Hilfe der Satzarten kann der Sprecher/Schreiber seinen Bezug zur sprachlich erfaßten Situation und zum Welt- und Partnerbezug ändern. In gleicher Weise ändert sich aber auch die stilistische Wirkung des Textes auf den jeweiligen Kommunikationspartner.

Der *Aussagesatz* hat von allen Satzarten den größten Anwendungsbereich. Er ist für die sachlich-nüchterne Feststellung ebenso geeignet wie für die emotional erfüllte Empfindung, für die logische Folgerung ebenso wie für das geschäftliche Begehren (soweit es sich nicht des Aufforderungssatzes bedient).

Der *Ausrufesatz* ist dem Aussagesatz formal verwandt, offenbart jedoch ein größeres Maß an Emotionalität, das zur Veränderung der Satzform führt, oft zu Satzverkürzungen durch Ellipsen, Aposiopesen, Imperative, aber auch durch Einfügung von Anreden und Interjektionen. Im Gegensatz zum Aussagesatz hat der Ausrufesatz nur einen begrenzten Anwendungsbereich, der sich auf Lyrik, Gespräche und Briefe beschränkt.

Zum *Aufforderungssatz*, auch ›Heischesatz‹ genannt, zählen auch Begehrens-, Wunsch- und Befehlssätze, sofern sie die gleichen syntaktischen Merkmale wie der Aufforderungssatz aufweisen, nämlich imperativische oder adhortative Wendungen, die einen Wunsch oder Befehl auf ein erwartetes Geschehen und an einen bestimmten Redepartner richten. Die Ausdrucksformen des Aufforderungssatzes können dabei nach dem Grad der Höflichkeit und Dringlichkeit der Aufforderung stilistisch variieren.

Der *Fragesatz*, ob in der Form der Ergänzungsfrage mit einem einleitenden Fragewort (wer? was? wo? usw.) oder der Entscheidungsfrage, zumeist mit vorangestellter Verbform, setzt stets eine offene Situation voraus, die durch die erfragte Information geklärt werden soll. In seinem Aufforderungscharakter steht er dem Aufforderungssatz nahe, besonders dann, wenn die agierende (vorantreibende) Funktion der Frage deren explorative (ergründende) zurückdrängt, wie dies oft bei Fragen in dramatischen Dialogen, aber auch bei ›rhetorischen Fragen‹ der Fall ist. Das Spannungsmoment, das mit allen Fragen verbunden ist, ist meistens von besonderer stilistischer Relevanz.

Oppenrieder, W.: Aussagesätze im Dtsch. In: Meibauer, J. (Hg.): Satzmodus zw. Grammatik und Pragmatik. Tübingen 1987, 161-189. – Fries, N.: Ist Pragmatik schwer? Über sog. Exclamativsätze im Dtsch. In: Sprache u. Pragmatik 3. Lund 1988, 1-18. – Wunderlich, D.: Was sind Aufforderungssätze? In: Stickel, G. (Hg.): Pragmatik in der Grammatik. Düsseldorf 1984, 92-117. – Zaefferer, D.: Frageausdrücke u. Fragen im Dtsch. Zu ihrer Syntax, Semantik und Pragmatik. München 1984.

Paraphrasen

Eine Veränderung der Form von Sätzen bei gleicher oder fast gleicher inhaltlicher Aussage ist in der Form der *Paraphrasen* gegeben. Während man umgangssprachlich, aber auch in der Aussagenlogik nur Sätze mit struktureller (syntaktisch-lexikalischer) Verschiedenheit, aber semantisch-inhaltlicher (und logischer) *Gleichheit der Aussage* so versteht (z.B. Karla ist älter als Hans : Hans ist jünger als Karla), unterscheidet die neuere Linguistik hier zwischen *struktureller* (syntaktischer) Paraphrase (z.B. Ich gehe jetzt: Jetzt gehe ich); *lexikalischer* Paraphrase (z.B. Er ist Junggeselle: Er ist unverheiratet), *deiktischer* Paraphrase (z.B. Sie wohnt in Köln: Sie wohnt dort.) und *pragmatischer* Paraphrase (z.B. Schließ bitte das Fenster: Kannst du das Fenster schließen: Es zieht!). In der generativen Linguistik werden Paraphrasen als Resultate gemeinsamer Tiefenstrukturen angesehen.

In der Stilistik, in der die Paraphrasenbildung neben der lexikalischen Synonymie als Grundlage einer selektiven Stiltheorie gilt, sind Paraphrasen als stilistische Entscheidungen von Belang. Auch der Vergleich vorhandener Formulierungen mit gedachten Paraphrasen kann die stilistische Relevanz der gewählten Sätze aufzeigen.

Ungeheuer, G.: Paraphrase und syntaktische Tiefenstruktur. Fol. Ling. 3/1989, 178-227. – Apresjan, D.: Theorie der Paraphrase. München 1975. – Rath, R.: Kommunikative Paraphrasen. LuD 22/1975, 102-118.

Grammatische Kategorien als Stilmittel

Das grammatische Formensystem einer Sprache ist in der Regel auf die Eindeutigkeit seiner Elemente in Funktion und Bedeutung ausgerichtet. Trotzdem finden sich auch hier mitunter alternative Formen, deren Auswahl auf stilistischen Entscheidungen beruhen kann.

Solche Doppelformen, wie sie sich im Deutschen z.B. zwischen direkten und präpositionalen Objektkasus, zwischen Indikativ und

Konjunktiv, Konjunktiv I und Konjunktiv II sowie innerhalb der Präsenstempora und der Vergangenheitstempora ergeben, beruhen meistens auf allmählichen Systemwandlungen, die lange Zeit ein Nebeneinander unterschiedlicher Formen zulassen. Auch entsprechende Unsicherheiten im Gebrauch bestimmter Formen bedingen mitunter einen Formentausch. So ist z.B. der Konjunktivgebrauch – nach S. Jägers Untersuchungen (1971) weitgehend von stilistischen Erwägungen abhängig, zumal zu den verbalen Ausdrucksmöglichkeiten hier noch solche durch Adverbien hinzukommen.

Noch komplexer sind die stilistischen Möglichkeiten im *Tempusgebrauch*, wo ein älteres einfacheres System (m. Präsens, Perfekt, Plusquamperfekt) mit einem differenzierteren (m. Präsens, Präteritum, Perfekt, Plusquamperfekt, Futur I) konkurriert. Hier liegt zudem noch eine sprachgeographische Trennung zwischen nord- und mitteldeutschem und oberdeutschem Sprachgebiet vor. Dementsprechend lassen sich Stilunterschiede im Tempusgebrauch z.B. zwischen norddeutschen und süddeutschen bzw. österreichischen und schweizerischen Autoren feststellen. Süddeutsche Autoren im Gebiet des oberdeutschen Präteritumschwundes südlich der Main-Linie gebrauchen z.B. häufiger Perfektformen als ihre norddeutschen Kollegen, die häufiger zwischen Präteritum und Perfekt wechseln. Dementsprechend ist auch die Einhaltung der Regeln einer consecutio temporum im südlichen deutschen Sprachgebiet verunsichert. So werden z.B. von Max Frisch Perfekt- und Imperfektformen oft vertauscht. Bei J.Nestroy dient der hochdeutsche Präteritumsgebrauch mitunter zur ironischen Bloßstellung der Figuren. Weitere Variationen im Tempusgebrauch können durch die unterschiedliche Verwendung von Tempusadverbien und Tempusformen entstehen (vgl. Sowinski 1978, 169ff.).

Der Wechsel vom Präteritum, das H. Weinrich (1971) grundsätzlich als *Erzähltempus* ansieht, ins *Präsens* (*historicum*) ist bereits seit der Antike als Stilmittel bekannt, um Spannung und Lebendigkeit zu vermitteln. Inzwischen gibt es sogar Romane, die das Präteritum meiden und im Präsens und Perfekt erzählen (vgl. z.B. Bobrowski: *Levins Mühle*; P. Handke, *Der Hausierer*; F. Werfel: *Das Lied von Bernadette* u.a.m.).

Jäger, S.: Der Konjunktiv in der dtsch. Sprache der Gegenwart. München 1971. – Sowinski, B. ³1978. – Weinrich, H. ²1971. – Gelhaus, H./Latzel, S.: Studien zum Tempusgebrauch im Dtsch. Tübingen 1974. – Brons-Albert, R.: Kommentierte Bibliographie zur Tempusproblematik. Trier 1988. – Schneider, W. 1959.

6.6 Übersicht über die rhetorischen Figuren

Es erscheint geeignet, im Anschluß an mögliche Stilmerkmale des
Satzstils eine Übersicht über die wichtigsten heute noch verwendeten rhetorischen Figuren anzuschließen, da es sich dabei meistens
um Veränderungen der Satzgestalt handelt, die im Laufe der Zeit zu
festen Schmuckformen der Texte wurden. Die Tropen werden im
Rahmen der lexikalischen Stilistik behandelt.

Die antike Rhetorik hatte für den Schmuck (ornatus) der Reden,
später auch literarischer Texte, ein System von Wortfiguren, Satz-
und Gedankenfiguren und Tropen entwickelt, das auf den vier rhetorischen Veränderungskategorien adiectio (Hinzufügung), detractio
(Auslassung), transmutatio (Umstellung) und – nur für die Tropen –
immutatio (Sinnänderung) beruhte (vgl. Lausberg, H. 1963, 81ff.).

Figuren der Hinzufügung

Hierzu gehören die zahlreichen Figuren der Wiederholung des Gleichen und der Häufung von Verschiedenem innerhalb übergeordne-
ter Wortgruppen (Sätzen, Zeilen), und zwar an deren Anfang, in der
Mitte und am Ende.

Wiederholungsfiguren:
– *geminatio* (*iteratio, repetitio*): wörtliche Wiederholung von Wörtern oder Wortgruppen im Kontakt an beliebiger Stelle, vgl. »Geh,
geh, tu, was er sagt!« (Maria Stuart.1, 5, 386); »Daraus kann nimmer, nimmer Gutes kommen!« (ebd. 3.3, 2101).
– *anadiplose* (*reduplicatio*): Wiederholung des Zeilenendes am näch-
sten Zeilenanfang (=...x/x...), vgl. »Wer zuletzt lacht, lacht am besten!«
– *gradatio* (*climax*): Weiterführung der anadiplose über die nächste
Zeile (=...x/x...y/y...), vgl. »Und um den Papst zirkulieren die Kardinäle./ Und um die Kardinäle zirkulieren die Bischöfe./ Und um die
Bischöfe zirkulieren die Sekretäre...(Brecht: Das Leben des Galilei).
– *kyklos* (*redditio*): Wiederholung als Rahmen (X...X), vgl. »Ich will
ihn nicht sehen! Sag ihm, daß ich ihn nicht sehen will.« (Maria Stuart St.4, 5, 2865).
– *anaphora*: Wiederholung eines Satzteils zu Beginn aufeinanderfol-
gender Wortgruppen (Syntagmen, Sätze, Zeilen = x.../x...), vgl. »Das
Wasser rauscht, das Wasser schwoll ...« (Goethe: Der Fischer).
– *epiphora*: Wiederholung eines Satzteils am Ende aufeinanderfol-
gender Wortgruppen(= ...x/...x/), vgl. »Ansahen sich die Männer

von Mahagonny. Ja, sagten die Männer von Mahagonny.« (Brecht: Aufstieg u. Fall der Stadt Mahagonny. 3.Gesang).

– *complexio*: Verbindung von Anapher und Epipher (= x...x/x...x/), vgl. »Da gingen einige Jahre ins Land./Da gingen einige Reden ins Land.« (W. Biermann: Ballade von dem Drainage-Leger Fredi Rohsmeisl).

– *annominatio* (*paronomasie*): Wortspiel mit (verfremdender) Änderung des Wörtkörpers in der Wiederholung, vgl. »Kümmert sich mehr um den Krug als den Krieg« (Wallensteins Lager 8, 500).

– *polyptoton*: flexivische Änderung des gleichen Wortes in der Wiederholung, vgl. »Das hat ein Freund für seinen Freund getan!« (Schiller: Don Carlos 5, 3, 4723).

– *figura etymologica*: Wiederholung des gleichen Wortstamms in Verb u. Objekt, vgl. »sein Leben leben; einen schweren Gang gehen«.

– *synonyma*: Wiederholung der gleichen Wortbedeutung durch ein Synonym, ein Fremdwort oder einen Tropus, vgl. »Erwarte, zögere, säume... (Schiller: Maria Stuart 4, 9, 3101).

– *Äquivozität* (*traductio*): Gleichklang bedeutungsverschiedener Wörter in der Wiederholung, vgl. »Im Schloß ist manches Schloß zu finden!«

– *emphase*: Hervorhebung des wiederholten Wortes.

– *distinctio*: Monologische Wiederholung mit Emphase des 2.Wortes, vgl. »Mein Gott, mein Gott!«

– *reflexio*: Dialogische Realisierung der distinctio durch zwei Partner, vgl. »Ihr seid verloren, wenn Ihr säumt!« – »Ich bin verloren, wenn ich übereile!« (Schiller: Maria Stuart 4, 12, 3345f.)

Figuren der Häufung
Dabei geht es um die Zufügung von fremden Satzgliedern in Koordination (Nebenordnung) oder in Subordination(Unterordnung):

– *accumulatio* oder *congeries* (*plurium rerum*): Aufzählung (*enumeratio*) oder Rekapitulation verschiedener Begriffe oder Themen.

– *distributio*: koordinierte Häufung auf Abstand.

– *subordinierende Häufung*: Hinzufügung syntaktisch untergeordneter Satzglieder, z.B. Adjektivattribute.

– *epitheta ornantia*: schmückende Beiwörter, besonders in antiken u. mhd. Epen beliebt, z.B. »der starke Achill«, »Sivrit der küene«.

Figuren der Auslassung

Hier handelt es sich um die Einsparung, Auslassung normal notwendiger Satzteile, wie dies bei *Ellipsen* vorkommt. In der antiken

Rhetorik gibt es drei Arten dieser Auslassung: die *suspensio* (Ellipse, Weglassung), die *Klammerbildung* und die *Kompression* (Zusammenfassung).

Die *Ellipse* (*suspensio*) ist an anderer Stelle schon erläutert worden (s.o.).

Die Klammerbildung liegt im *Zeugma* vor, der Verbindung zweier Subjekte, Objekte oder anderer Satzglieder mit nur einem Verb. Vgl. »Alt ist er und schwach.«.

Auffällig wird das Zeugma meistens erst bei semantischen Kontrasten, vgl. z.B. »Ein Wort nimmt sich, ein Leben nie zurück!« (Schiller: Wallenstein 4. 6. 2710); »Der See kann sich, der Landvogt nicht erbarmen.« (Schiller, Wilh. Tell 1. 1. 143).

Figuren der Stellung und Umstellung

Ungewöhnliche Stellungen und Umstellungen von Wörtern und Satzgliedern fallen besonders dort auf, wo die Stellung durch Gewohnheiten oder Regeln festzuliegen scheint.

Die antike Rhetorik kennt eine Reihe von Stellungsfiguren;
– *anastrophe* (*inversio*): Die mehr als *Inversion* bekannte Form meint einen Platzwechsel gewöhnlich aufeinander folgender Glieder. Vgl. »Hab‹ ich den Markt und die Straßen doch nie so einsam gesehen!« (Goethe: Hermann und Dorothea 1)
– *hyperbaton* (*transgressio*): meint die Trennung zweier syntaktisch eng zusammengehöriger Wörter durch ein hier fremdes Element. Vgl. »Jeden freut die seltne der zierlichen Bilder Verknüpfung.« (E. Norden: Aeneis VI, 398).

Eine besondere Form des hyperbatons entsteht durch *epiphrase* (Nachtrag). Vgl. »Mein Retter seid Ihr und mein Engel!« (Schiller: Wilhelm Tell 1.1.154); »Die Furcht ist weg, der Respekt, die Scheu!« (Schiller: Wallensteins Lager 11, 769).
– *hypallage* (*enallage*) *adiectivi*: Auf einer ursprünglichen Vertauschung der Wortstellung beruht die grammatisch-semantische Umstellung des Adjektivs, die oft zu festen Formeln führt. Vgl. z.B.: »Die Menge bereitete ihm einen begeisterten Empfang.« (statt: »Die begeisterte Menge bereitete ihm einen (großen) Empfang.«); vgl. auch: Goethe, Das Göttliche 28: »... des Knaben lockige Unschuld.« (statt »des lockigen Knaben Unschuld«).
– *isocolon/Parallelismus*: Man versteht darunter die Reihung gleichartiger Sätze, Gliedsätze oder Syntagmen, wobei der Gesamtsatz aus mehreren *cola* bestehen kann.

Dabei erscheint das *zweigliedrige Isocolon* oft als Parallelismus, z.b. in den Psalmen; vgl. »Der Herr ist mein Hirt – er weidet mich auf grüner Aue.«
– oder als *Antithese*: vgl. »Sie forderts als eine Gunst, gewähr es ihr als Strafe.« (Schiller: Maria Stuart 2, 9, 2033);
– oder als Bekräftigung (*interpretatio*): vgl. »Ich bin entdeckt, ich bin durchschaut.« (Schiller: Maria Stuart 4.4.2741).

Wort-Antithese/Oxymoron
Eine verkürzte Antithese semantischer Art ist das Oxymoron, die Verbindung von (oft einander ausschließenden) Gegensätzen in einer Wortkombination, als Adjektiv-Substantiv (z.B. »beredtes Schweigen«) oder als Adjektiv-Adjektiv (»geheimnisvoll-offenbar« Goethe: Harzreise).

Chiasmus
Auch die nach dem griechischen Buchstaben chi (=X) benannte Überkreuzstellung antithetischer Wortpaare, Satzglieder oder Sätze ist zumindest stellungsmäßig eine Gegensatzverbindung; vgl. »Ihr Leben ist dein Tod! Ihr Tod dein Leben!« (Schiller: Maria Stuart 2, 3.1294); »Wer viel redet, erfährt wenig!« (russ. Sprichwort).

hysteron proteron
nennt man die Vertauschung zeitlicher oder kausaler Abfolgen; vgl. »Ihr Mann ist tot und läßt sie grüßen!« (Goethe: Faust I; Mephisto zu Frau Marthe). Diese heute unlogisch anmutende Kombination wurde früher häufiger verwendet, um das Wichtigste zuerst zu nennen.

Literatur s. Kap .2.5

6.7   Stilmittel des Wortschatzes

Nach manchen älteren Stilhandbüchern gilt der Wortschatz als der Hauptbereich stilistischer Entscheidungen. Wie die bisherigen Darlegungen bewiesen, würde damit nur ein eingeschränkter Bereich der Stilmittel erfaßt. Allerdings ist der Bereich des Wortschatzes ein recht wichtiger Bereich der Stilistik. Sowohl die Wahl der Wortarten als auch der jeweiligen Wörter mit ihren denotativen und konnotativen semantischen Werten, ihrer direkten und übertragenen Bedeutung, ihrer Sachlichkeit und Bildlichkeit sind von großer stilistischer Bedeutung, die nicht unterschätzt werden sollte.

Der Stilcharakter des Wortschatzes eines Textes kann zunächst unter formalen Aspekten untersucht werden, z.B. statistisch nach der Häufigkeit und Distribution bestimmter Wortarten. Die oft vorläufigen Aussagen (Annahmen), z.B. über *Verbalstil* und *Nominalstil* eines Autors oder Textes (s.u.) können so verifiziert oder falsifiziert werden, sofern es gelingt, passende Vergleichswerte und Differenzierungen zu finden. (Es genügt nicht, einfach Nominal- und Verbalformen zu zählen).

Stilistisch relevanter sind jedoch die semantischen Werte des Wortschatzes. Traditionellerweise wird dabei für einen großen Teil des Wortschatzes von zwei Arten von Bedeutung ausgegangen, der denotativen für die begriffliche Hauptbedeutung und der konnotativen für die emotionale Mitbedeutung. Während der denotative Sinn der Wörter relativ fest und allgemein anerkannt ist (zumindest für eine bestimmte Zeit), ist der konnotative Sinn oft subjektiv und wird zudem häufig erst in der Wortverwendung aktualisiert. Aus der konnotativen Bedeutung ergibt sich meistens auch die Stilfärbung des jeweiligen Wortes.

So sind z.B. die Wörter ›Kopf‹ und ›Haupt‹ referentiell (=denotativ) synonym, insofern als sie sich den gleichen Körperteil beziehen; usuell hat ›Haupt‹ jedoch einen eingeschränkten Anwendungsbereich, aber zusätzliche semantische Merkmale. Man kann z.B. sagen: »Er hat eine Wunde am Kopf«, aber nicht »am Haupt«; auch meinen ›Kopfwunde‹ und ›Hauptwunde‹ nicht dasselbe, da ›Hauptwunde‹ bereits von der metaphorischen Bedeutung von ›Haupt‹ (=Wichtigstes) abgeleitet ist. ›Haupt‹ hat dagegen als zusätzliche semantische Merkmale die Bedeutungselemente (Stilfärbungen): <+archaisch, + poetisch verwendbar>, die dem Wort ›Kopf‹ fehlen.

Wortbildungen als Stilmittel

Im Gegensatz zur Begrenztheit anderer Stilmittel kann der Wortschatz durch neue Wortbildungen ständig neue Ausdrucksmöglichkeiten gewinnen, wobei allerdings die neuen Wörter oft durch ihre Stilfärbung an bestimmte Funktionalstilbereiche gebunden sind. (Ein Wort wie z.B. »Inanspruchnahme« gehört zum Rechts- und Verwaltungsstil, und es wäre wohl ein *Stilbruch*, würde man es beispielsweise in einer Naturschilderung verwenden.)

Da die Zahl der einfachen Erbwörter (Simplicia) nicht zur sprachlichen Kennzeichnung der Lebenswelt der Menschen ausreicht, ist
jede Sprachgemeinschaft gezwungen, den vorhandenen Wortschatz
ständig durch neue Wörter zu ergänzen. Neue Wortbildungen erfolgen sowohl aus sachlichen als auch aus stilistischen Bedürfnissen. Die
Wortschatzerweiterung kann nun auf dreifache Weise vorgenommen
werden: 1. durch *Ableitungen*, d.h. Abwandlungen bereits vorhandener
Lexeme, vor allem mit Hilfe von Präfixen (Vorsilben) und Suffixen
(Nachsilben), 2. durch Kompositabildungen, d.h. Zusammensetzungen, d.h. durch feste Verbindungen zweier oder noch mehr selbständi-
ger Wörter, vgl. z.B. ›Nebelkleid‹ aus ›Nebel‹+ ›Kleid‹ (Goethe); 3.
durch *Zusammenrückungen*, d.h. kompositaartige ad-hoc-Bildungen,
die noch nicht usuell geworden sind (z.B. ›2+4-Verhandlungen‹).

Besonders im Bereich der Komposita gibt es zahllose Möglichkeiten der Neubildung, indem hier sowohl grammatisch verschiedene Kombinationen z.B.: Substantiv + Substantiv (vgl. ›Hubschrau-
berlandeplatz‹); Verb + Adjektiv (vgl. ›wandermüde‹); Verb +
Substantiv (vgl. ›Wachtraum‹ u.a.m.) als auch inhaltlich verschiedene Kombinationen z.B.: Grund + Folge (vgl. ›Lustgejauchze‹ (Goethe)); Täter + Tat (z.B. ›Führertritt‹ (Goethe)); Objekt + Zustand
(z.B. ›geisteskrank‹; u.a.m. möglich sind.

Die Geschichte der Wortbildungen zeigt, daß jede Epoche, oft
auch jeder Autor, jeweils eigene Formen neuer Wörter entwickelt;
das gilt sowohl für die poetische Literatur als auch – besonders in
neuerer Zeit- für die Wortschatzbereiche der Technik, der Wirtschaft und der Politik. Hingewiesen sei z.B. auf Klopstocks adjektivische Wortbildungen im *Messias* (vgl. z.B. »blütenumduftet, flam-
menverkündend, stillanbetend« u.ä.), die auf den jungen Goethe
einwirkten und ihn zu eigenen Neubildungen anregten.

Stilwerte der Wortarten

»Die Wortarten sind sprachliche Einheiten mit unterschiedlicher
Leistung, Form und Verwendung« (Sowinski 1978, 213). Ihre stilistische Bedeutung läßt sich zweifach bestimmen: Ihre semantisch-
syntaktische Leistung ermöglicht es, bestimmte Vorgänge oder Gegebenheiten in einer bestimmten Blickweise zu sehen (z.B. als
abgrenzbare Einheiten mit Hilfe von Substantiven oder als Geschehnisse in verbaler Fassung usw.); die Wahl bestimmter Wortarten ermöglicht zugleich Dominanzen einzelner Wortarten in bestimmten
Texten, so daß man vom *Substantivstil oder Nominalstil, Verbalstil*
oder *Adjektivstil* sprechen kann (vgl. aber S.115).

Schneider, W. 1959. – Glinz, H.: Der dtsch. Satz. Wortarten u. Satzglieder wissenschaftl. erfaßt u. dichterisch gedeutet. Düsseldorf 1957; [4]1977.

Substantive

Wie bereits angedeutet, erlaubt es das Substantiv, bestimmte Gegebenheiten als Einzeldinge im Wort zu fassen und für sprachliche Aussagen mit Hilfe der Kategorien des Numerus, des Genus und der Kasusbildung verfügbar zu machen.

Mit Hilfe des *Numerus* werden Singular und Plural gebildet, das Gemeinte kann so als Einzelnes oder Mehrfaches begriffen werden. Nur wenige Substantive (Stoffbezeichnungen, Eigennamen, wenige Abstrakta u.ä.) bilden keine Alternativen von Singular und Plural. Bei abstrakten Wörtern können sich im Wechsel von Singular und Plural Sinnveränderungen ergeben (vgl. z.B. »Der Staat muß das Recht schützen, aber auch die Rechte seiner Bürger«). Besonders in der Lyrik ist der Wechsel von Einzahl und Mehrzahl ein eindrucksvolles Stilmittel: vgl. z.B. »Die Welle wieget unsern Kahn ...« (Goethe: Auf dem See); »Und du merkst es nicht im Schreiten, wie das Licht verhundertfältigt, sich entringt den Dunkelheiten.« (Dehmel: Manche Nacht).

Mit der Kategorie des *Genus* bietet das Substantiv weniger stilistische Alternativen. Lediglich im Wechsel von grammatischem Geschlecht (*genus*) und natürlichem Geschlecht (*sexus*) sind Vertauschungen möglich, etwa beim pronominalen Wiederaufgreifen (z.B. das Mädchen ..., sie..).

Der Wechsel zwischen Objektkasus und präpositionalem Objekt bietet wieder mehr stilistisch relevante Variationen, besonders wenn hier auch veraltende und modernere Formen gegenübergestellt werden können, etwa bei Genitivobjekten (z.B. ich gedenke des Tages – ich denke an den Tag; ich schreibe ihm – ich schreibe an ihn).

Adjektive

Adjektive ermöglichen es, die Qualität oder Modalität der in anderen Wortarten (Substantiven, Verben, Adverben, anderen Adjektiven) ausgedrückten Gegebenheiten zu kennzeichnen. Aufgrund ihrer Deklinierbarkeit zählen die Adjektive zu den Nomina; sie fungieren dekliniert zumeist als Attribute. In endungsloser Form sind sie prädikativ oder adverbial verwendbar. Das gilt auch für viele präteritale Partizipien, die als Adjektive verwendet werden können.

Eine weitere Formmöglichkeit besitzen die meisten Adjektive in ihrer Steigerungsfähigkeit.

Dieser Formenreichtum des Adjektivs bietet eine Reihe stilistischer Möglichkeiten: Da die Adjektive bis auf wenige prädikative

Formen nicht zu den unbedingt erforderlichen Wortarten gehören, ist bereits die Verwendung von Adjektiven eine stilistische Entscheidung. Ebenso beruht der Wechsel zwischen attributivem und prädikativem Adjektivgebrauch auf einer stilistischen Entscheidung, vgl. z.B. Die Häuser waren recht klein und standen dicht beieinander.- Die recht kleinen Häuser standen dicht beieinander. Die Kunst ist heiter. – Die heitere Kunst.

Das letzte Beispiel (*Chiasmus*) zeigt, daß der Funktionswechsel auch Sinnverschiebungen mit sich bringen kann.

Recht variabel sind die Steigerungsmöglichkeiten des Adjektivs. Von der Steigerung (Komparation) ausgenommen sind einige Adjektive, die bestimmte Zustände und Verfahrensweisen ausdrücken (z.B. ›schriftlich‹, ›wörtlich‹, ›sterblich‹, ›tot‹, ›verheiratet‹), verneinte Adjektive (z.B. ›unschön‹, ›farblos‹), bereits gesteigerte oder absolute Ausdrücke (z.B. ›schneeweiß‹, ›blutjung‹, ›erstklassig‹, ›absolut‹, ›maximal‹) und eine Reihe von Partizipien (z.B. ›gelesen‹, ›geöffnet‹, ›verlegt‹ usw.), die nur umschreibende Steigerungen erlauben (z.B. das öfter gelesene Buch).

Auch innerhalb der Steigerungsformen gibt es Variationen. So kann sich der *Komparativ* auf einen Vergleich mit einer anderen Größe oder mit allen anderen Größen beziehen. Er kann sogar das Gegenteil einer Steigerung, nämlich eine Abschwächung bewirken: So ist ›ein älterer Herr‹ noch kein ›alter Herr‹, ein ›kleinerer Teil‹ noch kein ›kleiner Teil‹, er ist nur kleiner als ein großer Teil.

Seit Klopstock kennt die Lyrik nach antikem Vorbild *einen Komparativ ohne Vergleichsform* (vgl. »Ein fremder Geist verbreitet sich schnell über die fremdere Flur«; Schiller: Der Spaziergang).

Ein Superlativ ohne Vergleichsform, d.h. die Wahl der stärksten Steigerungsform, ist allgemeiner als *Elativ* bekannt (z.B. »Eben hatte die Sängerin das Lied unter dem größten Beifall geendigt«; Goethe: Wanderjahre).

Als weitere nur semantische Steigerungsmöglichkeiten, die sowohl in der Umgangssprache als auch in Werbetexten häufig begegnen, kommen *Umschreibungen* mit Hilfe von zusätzlichen steigernden Adjektiven, Adverben und Partikeln in Betracht, z.B. zum Positiv: ›sehr, zu, allzu, besonders, ungewöhnlich‹ u.a.m.; zum Komparativ: ›viel, bedeutend, bei weitem;‹ zum Superlativ: Zusammensetzungen mit aller- (z.B. »allerbeste«).

Auch kommen Kombinationen mit *Vergleichslexemen und Verstärkungswörtern* in Frage, vgl. z.B. ›steinreich, bitterkalt, supermodern, kinderleicht, furchtbar nervös, unheimlich gut.‹

Adjektivische Beiwörter sind schon in der Antike als Stilmittel verwendet worden. Bereits in den Epen Homers kommen zahlreiche

›schmückende Beiwörter‹ (*epitheta ornantia*) vor. Seitdem sind Adjektive ein beliebtes Mittel der poetischen Literatur geblieben, das allerdings in den einzelnen Gattungen und Epochen und bei den einzelnen Autoren verschieden genutzt wurde.

In nichtliterarischen Texten kommt dem Adjektiv in Beschreibungen und Charakterisierungen eine große Bedeutung zu. Es zeigt sich jedoch, daß ein zu häufiger Adjektivgebrauch, wie er sich oft in Werbetexten, in Partneranzeigen und auch in der Trivialliteratur findet, überladen und kitschig wirken kann.

Verben

Ergänzend zu den bereits genannten Stilwerten der grammatisch-morphologischen Verbkategorien *Tempus* und *Modus* (s.S. 100) sei hier noch auf weitere stilistisch relevante Möglichkeiten der Verbbildung und Verbverwendung hingewiesen. Zunächst sei betont, daß der semantische Gehalt der Verben und damit oft auch der Stileindruck recht unterschiedlich sein kann. Verben wie ›donnern, krachen, losbrechen, hasten, jagen‹ wirken zweifellos nachdrücklicher und dynamischer als etwa ›säuseln, blühen, ruhen, bleiben‹. Hinzu kommt, daß jedes Verb ein anderes Umfeld an Valenzen (Subjekt, Objekt, Adverbialia) fordert, die ebenfalls die Stilwirkung modifizieren können. Dabei verlagern sich mitunter auch die Eindrucksakzente (vgl. z.B. die gleichbedeutenden Sätze: »Der Schatten bewegte sich ziemlich schnell«. – »Die Bewegung des Schattens vollzog sich ziemlich schnell.«). Verbalsubstantive (hier: »Bewegung«) können so einen Teil der Verbbedeutung übernehmen, so daß das zugeordnete Verb (hier: »vollziehen«) nur noch ergänzend die grammatischen Funktionen von Prädikat, Modus und Tempus übernimmt. Ähnlich verhält es sich bei den neuerdings in Sachtexten häufigeren *Funktionsverben* (z.B. ›in Ordnung bringen‹, ›zur Erledigung kommen‹, ›in Frage stellen‹), die wegen ihrer Herkunft aus der Verwaltung zumeist die Stilfärbung des Bürokratischen aufweisen und von rigorosen Stillehren abgelehnt werden, obwohl sie z.T. neue semantische und grammatische Möglichkeiten realisieren.

Ein anderer Bereich stilistisch wirksamer Sprachgestaltung durch die Wahl der Verben ist an die Möglichkeit gebunden, *Aspekte* und *Aktionsarten* der Verben unterschiedlich auszudrücken. Was in den slawischen Sprachen mit morphologischen Elementen realisiert wird, nämlich *perfektive* (vollendete, einmalige u.ä.) oder *imperfektive* (länger andauernde, bleibende) Bedeutungsaspekte oder auch einzelne Aktionsarten (z.B. Beginn, Ende, Intensität, Dauer u.a.) der verbalen Vorgänge hervorzuheben, ist im Deutschen nur noch teilweise durch semantisch – lexikalische Signale oder durch Präfixe und Suffixe möglich (vgl. z.B. imperf. ›reden, bauen, sehen‹ : perf. ›sagen‹, ›erbauen‹, ›erblicken‹).Unterschiedliche Aktionsarten zeigen sich auch unabhängig von verbalen Aspekten (vgl. z.B. tanzen – tänzeln, husten – hüsteln, hören – horchen, schwingen – schwenken, trinken – tränken u.a.m.). Ein besonderes Feld der stilistischen Relevanz ergibt sich bei den verbalen Wortbildungen. Hier ist zunächst zu unterscheiden zwischen dem Ausbau traditioneller Wortbildungstypen, z.B. mit Präfixen, und verbalen Neubildungen, z.B. in der Lyrik.

Die Um- und Neubildung von Verben mit Hilfe von Präfixen hat durch den verstärkten Benennungsbedarf in Technik, Wirtschaft und Verwaltung eine starke Belebung erfahren, nicht immer zur Freude der Stilisten. So hat es z.B. in den 50er Jahren einen sprachwissenschaftlichen und stilkritischen Streit um die Zunahme ornativer Verben mit dem Präfix be- gegeben (z.B. beliefern, beraten, bezuschussen, berenten usw.) weil so die Gefahr entstand, daß menschliche Beziehungen (z.B. Rat geben, raten) Form und Stilfärbung von Verwaltungsakten erhielten. Als Fazit aus diesem Streit blieb die Mahnung, die Wörter auch nach ihrer Stilwirkung sorgfältiger auszuwählen.

Verbale Neubildungen aus Substantiv- oder Adjektivlexemen waren besonders bei impressionistischen und expressionistischen Autoren beliebt, die damit neue Stilwirkungen erstrebten (vgl. z.B. zipfeln, tigern (Liliencron); blechern, unruhigen, anfrühen (Rilke); angrellen, gasen, aschen (Döblin); blinden, nachten (Trakl); stummen , gehren, schricken (Stramm) usw.).

Verbaler und nominaler Stil

Mehr in den Bereich der Stillehre als der Stilanalyse gehört die Frage der Stilbewertung als verbaler oder nominaler Stil. Bekanntlich wird in einigen neueren Stillehren der ›verbale Stil‹ höher bewertet als der ›nominale Stil‹, weil Darstellungen im Verbalstil lebendiger wirkten.

Hier wäre zunächst zu klären, was unter diesen Begriffen verstanden wird.

Dabei sollte nicht quantitativ, etwa nach der Überzahl von Verben oder Nomina geurteilt werden, da z.B. jeder Satz nur ein finites Verb als Prädikat enthalten kann, aber mehrere Nomina. Allenfalls kann als *Verbalstil* die Tendenz bewertet werden, möglichst viele dynamische Verben einzusetzen und Verbalsubstantive und andere Nominalisierungen zu meiden, während im *Nominalstil* die umgekehrte Tendenz vorherrscht. Man darf jedoch nicht verkennen, daß diese Arten der Wortwahl auch von der jeweiligen Textsorte oder Textgattung abhängig sind, daß der Verbalstil im obigen Sinne bei Erzählungen, Schilderungen und Berichten angebracht ist, der Nominalstil dagegen eher bei wissenschaftlichen, technischen und ökonomischen Texten.

Stilwerte anderer Wortarten

Im Gegensatz zu den Grundwortarten Verb, Substantiv, Adjektiv, die jeweils flektierbar und für die Satzbildung besonders wichtig sind, nimmt der semantische Wert bei den folgenden Wortarten zunehmend ab. Mit Ausnahme einer Reihe von Adverbien üben die meisten nur eine Hinweisfunktion aus, die allerdings auch stilistisch variiert werden kann.

Adverbien

Als Adverbien werden hier – wie in neuerer Forschung üblich – nur die nicht deklinablen und nicht komparierbaren, aber satzgliedfähigen *Umstandswörter* gemeint, die Zeit-, Orts- und Artangaben bieten und so Verben, Adjektive, Substantive und teilweise auch andere Adverbien ergänzen können. Sie können als *Adverbiale* in primärer Satzgliedfunktion erscheinen und als *Attribut* in sekundären Satzgliedern; auch können bestimmte Adverbien als Proformen sogar Sätze vertreten.

Drei Adverbiengruppen besitzen eine besondere stilistische Relevanz: die Satzadverbien oder Modalwörter, die adverbialen Aussageverstärkungen und schließlich die Verneinungen.

Bei den *Satzadverbien* oder *Modalwörtern* handelt es sich um kommentierende Aussageeinschätzungen, die im Gegensatz zu den übrigen Adverbien auf den Satz bezogen sind und diesen inhaltlich modifizieren, so etwa bei: ›freilich, natürlich, praktisch, wohl, vielleicht, wahrscheinlich, gewissermaßen, möglicherweise‹. Diesen Modalwörtern verwandt sind die meist überflüssigen *Aussageverstärkungen* wie ›ja‹, ›zweifelsohne‹, ›selbstverständlich‹, ›ganz und gar‹, ›gewiß‹, ›sicher‹, ›stets‹, ›schlechterdings‹, ›überhaupt‹. Überflüssig sind meistens auch die als ›Würzwörter‹ bezeichneten leicht modifizierenden Partikeln: ›ach, bloß, nur, denn, mal, doch, etwa, wohl‹ u.ä.

Stilistisch variabel sind auch die zahlreichen Verneinungsmöglichkeiten mit Hilfe von Adverbien. Hier tritt das als Satzäquivalent selbständig mögliche »nein« gegenüber dem satzgliedverneinenden

»nicht« zurück, das auch mit bejahenden Adverbien und Konjunktionen auftreten kann (z.B. nicht ...- sondern auch ...). Andere Verneinungen sind orts- und zeitbezogen (nirgends, nirgendwo, nimmer, nicht mehr, nimmermehr, keinesfalls, keineswegs). Gelegentlich erfolgt die Verneinung substantivischer Beispiele zum Ausdruck völliger Negation: ›kein Mensch, keine Seele, keinen Hund‹. Auch in der Stilfigur der Litotes (iron. Abschwächung, Verneinung durch Bejahung eines Minimums) wird umgangssprachlich oft mit verneinenden ›nicht‹ operiert: vgl. z.B. ›er war nicht besonders klug (= ›er war dumm‹); ›er war kein großer Held‹ (= er war kein Held‹).

Artikel

Auch ein semantisch schwaches, nur funktionales Grammatikelement wie der Artikel bzw. die Artikelformen können stilistisch variiert unterschiedlichen Ausdruckswert gewinnen. Hier kommen zunächst die Alternativen: *bestimmter/unbestimmter* und *fehlender* Artikel in Betracht, wobei der bestimmte Artikel aufgrund seiner historischen Vorstufe als Demonstrativpronomen Hervorhebungen und Individualisierungen bewirken kann (vgl. z.B. ›dichter Nebel‹ – ›ein dichter Nebel‹ – ›der dichte Nebel‹). Bei den selteneren Personenbezeichnungen mit dem bestimmten Artikel kann mitunter auch ein verächtlicher Klang einfließen (›der Meier‹, ›die Anna‹).

Personal- und Possessivpronomen

Personal- und Possessivpronomen drücken eine persönliche Bezugnahme, eine persönliche Perspektive eines Sprechers/Schreibers, Angesprochenen oder einer besprochenen Person oder Sache aus. Sie können so auch stellvertretend für Personen oder Sachen im Text eingesetzt werden, um Wiederholungen zu vermeiden. Selten stehen sie allein, d.h. ohne Bezugswort im Text, als Subjekt- oder Objektersatz (vgl. aber Thomas Manns »Schwere Stunde«).

Stilistisch interessant ist auch der Gebrauch der 1. und 2. Person innerhalb der Kommunikation. So gibt es bekanntlich für die 1. Person Sg. auch die 1. Person Pl., den *Pluralis majestatis* als Ersatzform; häufiger wählt man jedoch den *Pluralis modestiae* (=Plural der Bescheidenheit) zur Vermeidung der Ich-Form, z.B. in Referaten u. dgl. (z.B. »Wir stellen also fest ...«).

Noch variabler ist die Verwendung der Anredeformen der 2. Person, wo in der historischen Entwicklung im gesellschaftlichen Verkehr das ›Duzen‹ vom ›Ihrzen‹ und schließlich vom‹ Siezen‹ abgelöst wurde. Im mündlichen Umgang wie auch in der Werbesprache schwankt man oft noch zwischen den drei Möglichkeiten.

6.8 Interpunktion und Typografie als Stilmittel

Bei geschriebenen Texten können auch die parasprachlichen Zeichensysteme der Interpunktion und der Druckzeichen stilistisch relevant werden, vor allem dort, wo sie von den üblichen Normen, die kaum als stilistisch relevant empfunden werden, abweichen. So gibt es eine Reihe von Autoren, die die Zeichensetzungsregeln in ihren Texten kaum beachten, sich bei der Interpunktion vielmehr nach stilistischen Aspekten richten, also z.B. Kommas nur dort einsetzen, wo sie es für sinnvoll halten, um das Tempo im Text zu drosseln, Reflektionspausen einzufügen u.ä.m. Wie das Beispiel Heinrich von Kleists zeigt, dessen Texte zumeist von den Editoren interpunktorisch‹ aufgebessert‹ werden, wurde die stilistisch geregelte Interpunktion eines Autors erst aus der kritischen Werkausgabe (von H. Sembdner) deutlich. Während Kleist z.B. eine Fülle zusätzlicher Satzzeichen verwendet, läßt Adelbert Stifter sie oft dort aus, wo sie auch nach den Interpunktionsregeln des 19. Jhs. zu erwarten waren. Die Motive der willkürlichen und so stilistisch relevanten Zeichensetzung (zu der auch die Nutzung von Semikolon, Doppelpunkt, Ausrufe- und Fragezeichen, Gedankenstrich und Punkt gehört) mögen verschieden sein: Stefan George grundsätzliche Meidung aller Satzzeichen aus Distanz zum ›Üblichen‹ ist anders motiviert als Uwe Johnson Interpunktionsscheu, Thomas Manns Zeichenakribie wieder anders als Alfred Döblins Rhythmisierungsversuche mit Hilfe der Interpunktion. Daß hier recht unterschiedliche stilistische Interpretationsmöglichkeiten bestehen, bestätigt die Untersuchung J. Stenzels (1966).

Auch das recht äußerlich erscheinende Mittel der Typografie, der grafischen Gestaltung eines Textes, kann von stilistischer Relevanz sein. Hingewiesen sei hier nur auf die Möglichkeiten der Kursivierung oder Sperrung einzelner Textstellen. Daß auch die Drucktypen eines Textes oder die grafische Anordnung epochen- oder auch individualstilistische Signalwirkung besitzen können, sei ebenfalls nur angemerkt. Die grafische Gestaltung ist in der Form von Figurengedichten und den Ideogrammen der ›konkreten Poesie‹ sogar zur Grundlage eigener Gattungen entwickelt worden.

Stenzel 1966.- Spillner (in: Spillner (Hg.) 1984, 69-99. – Riesel, E. 1978, 116-142. – Pfeiffer-Rupp, R.: Graphostilistik. In :Spillner, B. (Hg.) 1984, 101-119.

6.9 Lexikalische Stilmittel

Der Wortschatz jeder Sprache läßt sich nach mehreren lexikalischen Aspekten gliedern, z.b. nach der Art des *Referenzbezugs* (z.b. Konkreta und Abstrakta), nach der *Frequenz* (Verwendungshäufigkeit, z.b. geläufigere und seltenere Wörter), nach dem *Normalwortschatz* und *Fachwortschatz*, nach Differenzierungen im *politischen Wortschatz* (›neutrale‹ und ideologiebedingte Wörter), nach Stammwörtern und *Fremdwörtern*, nach *überlandschaftlichen* und *dialektalen Wörtern*, nach der zeitlichen Geltung der Wörter (*Archaismen, Anachronismen, Neologismen*), nach der gruppenmäßigen Schichtung (*Stilschichten*) und nach *Stilfärbungen*. (Feste Redewendungen (Phraseologismen) seien hier den Wörtern gleichgestellt.)

Mit den verschiedenen Wortschatzgruppierungen sind bestimmte kontextuelle Verwendungsnormen sowohl für den Autor als auch (als Rezeptionsnormen) für den Empfänger (Leser/Hörer) verbunden. Durch diese erlangt der jeweilige Wortgebrauch eine besondere stilistische Relevanz. Die Autor/innen eines Textes können die Verwendungsnormen beachten oder sie bewußt oder unbewußt verletzen. Beim Hörer bzw. Leser lösen beide Formen der Normverletzung eine besondere Aufmerksamkeit aus, wobei die unbewußte Verletzung als Fehler empfunden und oft getadelt wird. Die Kommunikation wird dadurch mehr oder weniger gestört. Die bewußte Normverletzung kann provozierend oder affirmierend (bestärkend) wirken und die Kommunikation im Sinne der Intention des Autors (Senders) fördern (z.B. in der Werbung).

In der Stilanalyse wird neben der registrierenden Deskription auch die Frage nach der Absicht und Wirkung solcher kontextuellen Stilabweichungen zu stellen sein. Vor den verschiedenen Sondergruppen des Wortschatzes sollen zunächst einige Gruppen des allgemeinen Wortschatzes in ihrer stilistischen Relevanz reflektiert werden.

Synonyme

Jede Stilanalyse setzt gute Sprachkenntnisse voraus. Dazu gehören auch Einsichten in die semantische Differenzierung des Wortschatzes. Zu den Wortschatzgruppen, die stilistisch besonders wichtig sind, gehören die verschiedenen Formen der Synonymie. Auf ihnen baut bekanntlich die selektive Stilauffassung auf, die von der Wahl aus mehreren Ausdrucksmöglichkeiten ausgeht. Jeder Sprachbenutzer muß sich danach entscheiden zwischen dem möglichst ›treffendem‹ Wort und dem möglichst ›originellen‹ Wort, also zwischen sprachlicher Genauigkeit und stilistischer Variabilität. In pragmatischen Texten (Gebrauchstexten) wird man mehr auf Genauigkeit bedacht sein, in literarischen Texten mehr auf die originelle Wortwahl, also auf den Ausdruckswechsel (der jedoch auch für Gebrauchstexte wichtig ist).

Ermöglicht wird der stilistisch relevante Ausdruckswechsel durch die *Formen der Synonymie.* Hier soll der linguistische Streit darüber, ob und inwieweit es echte Synonyme, d.h. mit anderen Wörtern bedeutungsgleiche Ausdrücke gibt (was gegen das Prinzip sprachlicher Ökonomie verstieße), außer Betracht bleiben.

Wichtig für die Stilistik sind weniger die *begrifflichen Synonyme,* die Wörter also, die sich trotz vorhandener Nebenbedeutungen auf den gleichen begrifflichen Kern, den gleichen Referenten beziehen, sondern mehr die *stilistischen Synonyme,* die das gleiche mit unterschiedlicher Stilhöhe und Stilfärbung bezeichnen (vgl. z.B. ›Haupt‹, ›Kopf‹, ›Schädel‹, ›Birne‹).

Bei der Wahl von Synonymen beider Arten helfen dem Sprachbenutzer *Synonymiewörterbücher,* aber auch die *Stilwörterbücher* enthalten Ausdrucksvarianten.

DUDEN-Bd. 8: Sinnverwandte Wörter. Mannheim ²1972. – DUDEN-Bd. 2: Stilwörterbuch der deutschen Sprache. Mannheim ⁶1971. – Agricola, E. m. Görner, H. u. R. Kufner: Wörter und Wendungen. Leipzig ⁷1975.

Homonyme – Polysemie

Für die Stilistik weniger interessant sind die Wörter, die lautgleich, aber bedeutungsverschieden sind bzw. verschiedene Bedeutungen besitzen. Auch hier ist es müßig zu streiten, ob es sich dabei um ein Wort mit verschiedenen Bedeutungen handelt (*Polysemie*) oder ob es mehrere bedeutungsverschiedene, aber lautgleiche Wörter sind (*Homonyme*). Mitunter werden allerdings diese Wörter zu Wortspielen herangezogen.

Antonyme

Eine Sondergruppe der Synonymie bilden die *Gegenwörter (Antonyme)* zu vorhandenen Wörtern, insofern als sie mit denen bis auf den entscheidenden Gegensatz bedeutungsgleich sind. Die Antonyme gehören entweder zum vorhandenen Stammwortschatz, wo sie mitunter formelhaft gepaart auftauchen (vgl. z.B. Anfang: Ende, Morgen: Abend, hier und dort, mehr oder weniger, groß und klein usw.), oder zu Neubildungen (*Neologismen*), die auch stilistisch interessant sein können, besonders wenn sie unerwartet auftauchen oder ad hoc neugebildet werden (vgl. z.B. Geld: Ungeld, Unfrau, ungehofft, mißfällig usw.).

Agricola, Ch. u. E.: Wörter und Gegenwörter. Antonyme der deutschen Sprache. Leipzig [6]1987.

Wortfamilien

In vielen Sprachen werden verwandte Wörter aus einem Grundlexem gebildet. Die germanischen Sprachen haben zusätzliche Möglichkeiten zur Erweiterung solcher ›Wortfamilien‹ durch Abwandlungen dieser Basislexeme mit Hilfe von *Ablauten* und *Umlauten*. So gehören z.B. zu einer Wortfamlilie: binden, Band, Bündnis, gebunden, Verband, Binde, Bänder, Verbündeter.

Die Zugehörigkeit der Wörter zu Wortfamilien erleichtert nicht nur das Erkennen der Wörter; es schafft auch einen zusätzlichen semantischen Rahmen zwischen ihnen im Text. Stilistisch sind solche Verknüpfungen schon früh zu Wortspielen und Stilfiguren genutzt worden, z.B. in der *figura etymologica* (z.B. ›einen Gang gehen‹) oder im *Polyptoton* (Abwandlung von gleichen Wörtern, z.B. ›König der Könige, Herr der Herren‹).

Wortfelder

Eine andere Gruppe semantisch verbundener Wörter begegnet uns in den *Wortfeldern*. Zu einem *Wortfeld* gehören die Wörter der gleichen Wortart, die in ihren semantischen Merkmalen bis auf spezifische Differenzen und Nuancen übereinstimmen, vgl. z.B. das ›Wortfeld der menschlichen Fortbewegung mit den Beinen‹: gehen, laufen, rennen, schreiten, schleichen, trippeln, tippeln, watscheln, stolzieren, hasten, schlendern, sprinten etc. Wie z.B. L. Weisgerbers oft zitiertes Beispiel über das Wortfeld ›Beendigung des Lebens‹ mit Wörtern wie ›entschlafen, dahingehen, sterben, fallen, eingehen, abmurksen, ersaufen‹ u.a.m. gezeigt hat, sind innerhalb mancher Wortfelder auch Unterschiede in Stilhöhe und Stilfärbung feststellbar. Wortfelder sind so nicht nur im Hinblick auf den Ausdruckswechsel und die Ausdrucksnuancierung stilistisch relevant, sondern auch im Hinblick auf stilistische Kontextbedingungen.

Konkreter und abstrakter Wortschatz

Nach ihrem jeweiligen Referenzbezug (d.h. ihrem Bezug auf das mit dem Wort Gemeinte) lassen sich die Substantive in *Konkreta* und *Abstrakta* trennen. Als *Konkreta* versteht man Wörter mit gegenständlicher Bedeutung (Eigennamen, Gattungsnamen [Appellativa], Stoffnamen), als *Abstrakta* dagegen gelten Begriffswörter (Vorstellungen, Eigenschaften, Beziehungen, Konzepte).

Der Anteil der Konkreta und Abstrakta ist meistens von der jeweiligen Textsorte abhängig. Erfahrungsgemäß sind wissenschaftliche, juristische, soziologische und ökonomische Texte reicher an abstrakten Begriffen, während Erzählungen, Gedichte, Berichte, Beschreibungen mehr Konkreta aufweisen.

Der Eindruck des Konkreten oder Abstrakten kann durch Adjektive verstärkt werden, die auf diese Weise ihre Semantik dem Bezugswort angleichen (vgl. ›der hohe Baum‹ : ›das hohe Ergebnis‹; ›das große Gebäude‹ : ›das große Ereignis‹).

Auch Verben können eine konkretere, speziellere oder eine allgemeinere, mitunter zu allgemeine (=vage) Bedeutung aufweisen (vgl. z.B. ›gehen‹ : ›schreiten‹, ›sein‹ : ›leben‹), was ebenfalls die stilistische Textwirkung beeinflussen kann.

Geläufigere und seltenere Wörter

Obwohl der Gesamtwortschatz der deutschen Sprache inzwischen mehrere Hunderttausend Wörter umfaßt, verfügt ein sprachgewandter Erwachsener im aktiven Wortschatz (Wortgebrauch) nur über rund 6000 bis 10 000 Wörter (der passive Sprachgebrauch (Wortverstehen) ist je nach Bildungsgrad wesentlich höher). Der größte Teil des Gesamtwortschatzes gehört zum gruppengebundenen Wortschatz (Fachsprachen etc.). Zur sprachlichen Verständigung im Alltag benötigt man aber nur etwa ein Viertel oder ein Fünftel des aktiven Wortschatzes. Das bedingt, daß manche Wörter wesentlich häufiger als andere verwendet werden (vgl. z.B. ›gehen‹ : ›schreiten‹) und dadurch in ihrer Bedeutung verblassen; weniger benutzte Wörter können verdrängt und seltener werden, so daß ihre Verwendung dann mitunter im Kontext gesucht und gespreizt wirkt. Für die Stiluntersuchung kann daher auch die *Wortfrequenz* wichtig sein.

›Normalwortschatz‹ und Fachwortschatz

Ein sehr großer Anteil am Gesamtwortschatz wird durch den Fachwortschatz der verschiedensten Berufe und Arbeitsbereiche gebildet. Aufgrund der stets fortschreitenden wissenschaftlichen, technischen und ökonomischen Entwicklung und Spezialisierung besteht in diesen Wortbereichen eine ständige Zunahme und Differenzierung. Dabei haben sich in einigen technischen Bereichen (z.B. in der Autoindustrie) aufgrund der unterschiedlichen Kommunikationsbedingungen bereits Unterschiede in der Konstrukteur-, Werkstatt- und Verkäufersprache (Werbesprache) entwickelt.

Für Stiluntersuchungen sind wiederum Anteil, Art und Funktion der Fachwörter im jeweiligen Kontext von Interesse, z.B. auch die Frage, ob dadurch in literarischen Texten ein bestimmtes Milieu oder eine bestimmte Figur gespiegelt werden sollen oder ob Fachwörter zum Handlungsverständnis notwendig sind.

Ischreyt, H.: Studien zum Verhältnis von Sprache und Technik. Düsseldorf 1965. – Drozd, L./Seibicke, W.: Deutsche Fach- und Wissenschaftssprache. Bestandsaufnahme, Theorie, Geschichte. Wiesbaden 1973. – Moser, H. (Hg.): Fachsprachen und Gemeinsprachen. 1979. – Barth, E.: Fachsprache. Eine Bibliographie. GermL 3/1971, 207-363

›Neutraler‹ und ideologisch fixierter Wortschatz

Vor nicht allzu langer Zeit konnte man in der Nähe der einstigen DDR-Grenze beim Einschalten des Radios in Wortsendungen leicht erkennen, ob man einen westdeutschen oder einen DDR-Sender gewählt hatte. Allzu deutlich waren (und sind oft noch) die Sprachunterschiede im gesellschaftlichen und politischen Wortschatz zwischen den damaligen zwei deutschen Staaten. Aber auch im Wortschatz der Bundesrepublik, vor allem im Bereich der Politik- und Pressesprache, gibt es einen eigenen politisch-gesellschaftlichen Sonderwortschatz, der bei entsprechenden Stilanalysen zu beachten ist.

Dabei ist zwischen terminologischen Sachbezeichnungen (z.B. ›Bundesrat‹, (ehem.) ›Volkskammer‹, ›Union‹ (=CDU, CSU), ›LPG‹ (›Landwirtsch. Produktionsgenossenschaft‹) usw.), ideologischen Zielbegriffen und Formeln (z.B. ›Sozialismus‹, ›soziale Gerechtigkeit‹, ›Pressefreiheit‹, ›Frauenemanzipation‹ etc.) und tagespolitischen und parteipolitischen Prägungen (z.B. Lob- und Kritikbegriffe) zu unterscheiden.

Zimmermann, H.-D.: Die politische Rede. Sprachgebrauch Bonner Politiker. Stuttgart 1969. – Dieckmann, W.: Politische Sprache. Heidelberg 1981. – Hellmann, M.W.: Deutsche Sprache in der Bundesrepublik und in der Deutschen Demokrat. Republik. In: Lexik. Germ. Linguistik ²1980, 519-527.

Einheimische und fremde Wörter (Fremdwörter)

Mit der Zunahme des Fachwortschatzes hat auch die Fremdwort-problematik eine neue Aktualität erlangt. Inzwischen gibt es ganze Fachbereiche (z.b. Elektronik-, Luftfahrt- und Werbebranche), in denen man eine Dominanz englischer Fachausdrücke feststellen kann. Der ›Kampf gegen die Fremdwörterei‹, wie er von ›Sprachreinigern‹ (Puristen) seit Jahrhunderten in vielen Nationalsprachen geführt wird (man denke z.b. an den Widerstand der deutschen ›Sprachgesellschaften‹ im 17. Jh. gegen französische Wörter oder an das Verdikt gegen amerikanische Wörter im heutigen Frankreich), gehört allerdings weniger in eine deskriptive Stilistik als vielmehr in die didaktische Stillehre und Stilkritik; dennoch sollten auch bei der Stilanalyse sinnvolle Unterschiede im Fremdwortbereich beachtet werden. So sollte man differenzieren zwischen *Fremdwörtern* und *Lehnwörtern* (so linguistisch anfechtbar diese Trennung auch sein mag), ferner zwischen notwendigen Fachbezeichnungen, *Internationalismen* und Mode-Fremdwörtern. In Stilanalysen wird man auch nach dem Anteil und der kontextuellen und intentionalen Funktion der Fremdwörter fragen müssen, mitunter auch nach dem gesellschaftlichen (soziologischen) Hintergrund des Fremdwortgebrauchs in bestimmten Texten, z.B. in Romanen Fontanes oder Thomas Manns.

Von Polenz, P.: Fremd- und Lehnwort sprachwissenschaftlich betrachtet. Mutterspr. 77/1967, 63-80. – Braun, P. (Hg.): Fremdwort-Diskussion. München 1979. – Sowinski, B. 1978. – Fleischer, W. In: Fleischer/Michel (Hg.) 1975, 104-109.

Überregionaler und regionaler/lokaler Wortschatz

Der mündliche Gebrauch der deutschen Sprache in den deutsch-sprachigen Ländern und Gebieten (Deutschland, Österreich, Schweiz, Luxemburg, Südtirol, Eupen-Malmedy, Siebenbürgen, Banat) sowie bei deutschsprachigen Bevölkerungsgruppen in Polen und der Sowjetunion wie in anderen Ländern ist gekennzeichnet durch einen Dualismus von *Standardsprache* (Hochsprache, gesprochene Schriftsprache) und *Dialekten* (*Mundarten*) bzw. regionalen

Umgangssprachen sowie Mischsprachen zwischen beiden Sprachsystemen. Auch im Schriftdeutsch mancher Textsorten und Literaturformen finden sich mitunter dialektale Elemente.

Art und Funktion der dialektalen oder regionalen Elemente in den Texten können ganz verschieden sein. Die Skala der mundartlichen Erscheinungsformen reicht hier von rein dialektalen Texten über dem Schriftdeutsch leicht angenäherte Texte bis zur noch leicht dialektalen Fassung und schließlich bis zu schriftsprachlichen Texten mit gelegentlichen Dialektzitaten oder einzelnen Dialektwörtern. Beispiele dafür bieten z.B. Gerhart Hauptmann mit seinem naturalistischen Drama *Die Weber* (erste, stärker mundartliche Fassung »De Waber«), Johann Nestroy, Ludwig Anzengruber, Ludwig Thoma, Günter Grass (der z.B. in seiner »Danziger Trilogie« eine Reihe westpreußischer Dialektwörter bietet) und viele andere Autoren. Eine Zwischenform zwischen (nd.) Dialekt und (hd.) Umgangssprache, das sog. »Missingsch«, bot im 19. Jh. der Mecklenburger Fritz Reuter in seinen erfolgreichen Romanen.

Dialektale Elemente vermitteln häufig einen bestimmten Milieueindruck (weshalb sie in naturalistischen Dramen bevorzugt wurden); auch dienen sie mitunter der Ausgestaltung eines ›Sprachporträts‹ einer Figur oder einer Gruppe. So signalisiert der Dialekt der schlesischen Weber in Hauptmanns Drama auch, daß diese Menschen ihr Leid nicht anders artikulieren können. Der Dialekt erfüllt so zugleich eine dramatische Funktion. In Texten mit gelegentlichen Dialektwörtern bereichern diese oft die Ausdrucksvielfalt des Textes, wie auch sonst die Hochsprache noch immer aus den Dialekten ergänzt wird – wie es auch umgekehrt geschieht.

Henzen, W.: Schriftsprache und Mundarten. Bern ²1954. – Haas, W.: Dialekt als Sprache literarischer Werke. In: Besch, W. u.a. (Hg.): Dialektologie. Ein Handbuch zur deutschen und allgemeinen Dialektforschung. 2. Halbbd. 1983, 1637-1651.

Wörter mit zeitlich begrenzter Geltung

Eine unterschiedliche stilistische Funktion kommt meistens den Wörtern mit zeitlich begrenzter Geltung zu. Darunter sollen sowohl die oft kurzlebigen *Neologismen* (Neuwörter) als auch die ›überlebten‹ *Archaismen* verstanden werden. Ebenso lassen sich *Modewörter* und *Anachronismen* dieser Gruppe zuordnen.

Bei den *Neologismen* handelt es sich um noch nicht geläufige (also gelegentliche, *okkasionelle* Neubildungen (auch Neuprägungen) aus vorhandenen Wortelementen oder Neubedeutungen bisheriger Wörter) oder um bisher nicht geläufige Metapherbildungen. Besonders bei der Durchsetzung neuer Begriffe und neubenannter Einrichtungen, aber auch bei politischen Wandlungen kommt es häufig zur Bildung von Neologismen (vgl. z.b. 1990: »Wendehals«, »SED-Nachfolgepartei«, »Altlasten«, »Handlungsbedarf«, »Blockflöten«, »Sozialunion« usw.).

Journalistische Texte sind oft reich an Neologismen.

Mitunter werden Neologismen auch zu *Modewörtern*, d.h. Wörtern, die eine Zeit lang sehr häufig benutzt werden, um dann in den allgemeinen Wortschatz überzugehen oder zu verschwinden (vgl. z.B. »echt« als Beteuerung, »beinhalten«, »praktisch« usw.). Modewörter können aber auch aus dem vorhandenen Wortschatz entstammen, wie die Beispiele zeigen.

Archaismen sind veraltete Wörter, mitunter auch veraltende Wörter, die kaum noch im geläufigen Wortschatz vorkommen, weil zumeist ihre Bedeutung sich gewandelt hat oder weil sie durch Synonyme ersetzt wurden (z.B. »Haupt« durch »Kopf«). Gelegentlich schwindet auch das Wort mit dem Gegenstand, den es bezeichnete (vgl. z.B. »Droschkenkutscher«, »Hausdiener«, »Vatermörder« [f. steifen Hemdkragen] usw.). Geschwundene Wörter können allerdings auch als Archaismen neu belebt werden. So sind mit der Wiederentdeckung der Texte des mhd. Minnesangs und der mhd. Epik im späten 18. Jh. auch mhd. Wörter wie »Minne«, »Hort«, »Fehde«, »Recke«, »Brünne« u.a.m. wieder geläufig geworden. Besonders in der Spätromantik wurden diese und andere Archaismen, auch grammatische, wie z.B. das nachgestellte Adjektivattribut (vgl. S. 99), gern als poetische Stilmittel eingesetzt.

Auch heute noch werden manche veraltete oder veraltende Ausdrücke in der poetischen Sprache bewahrt (vgl. z.B. Wörter wie »Lenz«, »Fittich«, »Maid«, »Odem«, »gülden« u.a.m.).

Als *Anachronismen* bezeichnet man Wörter, die wegen der Zeitgebundenheit ihrer Referenten (bezeichneten Begriffe etc.) nicht in den Kontext passen, in dem sie verwendet werden, also zeitwidrig sind. Parodien und Satiren nutzen dieses Stilmittel zur Bloßstellung bestimmter Zustände oder Haltungen, mitunter auch, um Parallelen zur Gegenwart oder einer anderen passenden Zeit herzustellen. So verwendet B. Brecht z.B. in seiner Erzählung »Cäsar und sein Legionär« Wörter wie »Aktie«, »Rüstungsbetrieb«, »City«, »Dossier«, um dadurch auf ein zeitgeschichtlich relevantes Ereignis, das Attentat auf Hitler am 20.7.1944, anzuspielen.

Cherubim, D.: Sprach-Fossilien. Beobachtungen zum Gebrauch, zur Beschreibung und zur Bewertung sog. Archaismen. In: Munske, H.H. (Hg.): Deutscher
Wortschatz. Festschr. L.E. Schmitt. Berlin 1988, 525-552. – Sammelheft ›Neologismen‹. Langue 8/1974 Nr.36.

Stilschichten im Wortschatz

Für eine Reihe von Begriffen existieren mehrere synonyme Bezeich-
nungen, die allerdings zumeist in variierenden Kontexten mit jeweils
abweichendem Sprachniveau und entsprechenden Konnotaten vorkommen. Man kennzeichnet diese teilweise soziologisch bedingten
Benennungsweisen als *Stilschichten*, die verschieden eingeteilt werden. Am brauchbarsten erscheint die Einteilung, die R. Klappenbach für ihr *Wörterbuch der deutschen Gegenwartssprache* (1964ff.)
wählt, wo sie den meisten Wörtern eine solche *Stilschicht* (die auch
Stilhöhe genannt wird) zuordnet.

R. Klappenbach geht von einer *normalsprachlichen Schicht* als
Mittellage ihres Stufenmodells aus, über der es eine *gehobene um-
gangssprachliche* und eine *dichtersprachliche Schicht* gibt. Unter der
normalsprachlichen Mittellage gibt es die Schicht des *salopp um-
gangssprachlichen* Wortschatzes, darunter als niedrigste Stilschicht die
des *Vulgären*. Solche Zuordnungen sind mitunter subjektiv. Auch
werden die Einzelbegriffe keineswegs in allen Schichten verschieden
differenziert. So gibt es für ›Gesicht‹ z.B. drei Ausdrücke: »Antlitz«
(=dichtersprachl.), »Gesicht« (gehoben bis salopp umgangssprachlich), »Fresse o.ä.« (vulgär). Ähnlich sieht es z.B. bei ›Kopf‹ aus
(»Haupt«: »Kopf«: »Birne«, »Nüschel« u.a.m.) oder bei ›Essen‹
(»Speise«, »Gericht«: »Essen«: »Fraß« o.ä.).

Ein Wechsel in der Stilschicht oder Stilhöhe kann als *Stilbruch*
als Fehler oder als bewußtes Stilmittel zur satirischen Bloßstellung,
parodistischen Nachahmung oder als Versuch einer Neubewertung
angesehen werden.

So verwendet z.B. Heinrich Böll in seiner Satire »Nicht nur zur
Weihnachtszeit« mitten im normalsprachlichen Kontext ein umgangssprachlich saloppes Wort (»geschmissen« in: »... im Krieg werden ... Bomben geschmissen ...«), um die hier vorliegende bürgerliche Gleichgültigkeit satirisch bloßzustellen).

Manche Zuordnungen zu bestimmten Stilschichten sind das Ergebnis von *Bedeutungswandlungen,* die zu stilistischen *Umnormungen*
führten. So war das Wort »Weib« (mhd. *wîp*) früher ein angesehenes
Wort, das in der Bedeutung dem heutigen ›Frau‹ entsprach, während mhd. *frouwe* ›Frau‹ zunächst nur die adlige Dame bezeichnete.

Dadurch daß im Laufe der Zeit auch die Bürger›weiber‹ »Frauen« genannt wurden, erfuhr das Wort eine Bedeutungserweiterung und verdrängte »Weib« in eine niedere Stilschicht (salopp umgangssprachl. u. z.T. vulgär).

Die Grenzen zwischen den Stilschichten sind nicht immer ohne weiteres bestimmbar, besonders zwischen den benachbarten Schichten. Auch kann das gleiche Wort je nach Kontext und Sinn zuweilen in mehreren Schichten vorkommen.

Es gibt aber auch *Gruppenstile*, die durch das hier erläuterte Stilschichtenmodell nicht erfaßt werden, z.B. den *Jargon* des Kasinotons des einstigen preußischen Offizierskorps, wie ihn Fontane z.B. in *Schach von Wuthenow* nachahmt, oder den Stil der heutigen Jugendsprache mit ihrem Sonderwortschatz.

Moser, H.: »Umgangssprache«. Überlegungen zu ihren Formen und ihrer Stellung im Sprachganzen. ZMF 27/1960, 215-232. – Steger, H.: Gruppensprachen. ZMF 31/1964, 125-138. – Riesel, E. 1970. – Küpper, M .u. H.: Schülerdeutsch. Hamburg 1972. – Fleischer, W. In: Fleischer/Michel (Hg.) 1975, 87ff.

Stilfärbungen

Außer den konnotativen Stilwerten durch die Stilschichtung kommt vielen Wörtern auch eine Stilfärbung zu, sowohl funktionaler als auch semantisch-expressiver Art. Als *funktionale Stilfärbung* gelten jene Konnotationen, die ein Wort durch seine Bildungsweise und seine funktionale Verwendung erhält. Ein Wort wie z.B. »Inanspruchnahme« entstammt dem Bereich der Verwaltung oder der Rechtsprechung. In einem anderen Kontext, z.B. einer Erzählung, wirkt es stilwidrig, auch wenn es semantisch vereinbar (kompatibel) wäre.

Als *semantisch-expressive Stilfärbung* gelten Vertauschungen von stilschichtgebundenen Synonymen im gleichen Kontext (wie z.B. »Kopf« : »Haupt«) oder Wörter und Wendungen, die innerhalb einer Stilschicht oder mehrerer Stilschichten zusätzliche Konnotationen aufweisen.

R. Klappenbach zählt elf zumeist semantisch-expressive Stilfärbungen auf:

1. *scherzhaft*: Sie ist z.B. bei komischen Wortbildungen oder Metaphern gegeben (z.B. »im Adamskostüm« = nackt),
2. *vertraulich*: z.B. durch Koseformen oder Diminutivformen in Anreden (z.B. »Mein Lieber«, »Alterchen« usw.),
3. *verhüllend* (*euphemistisch*): z.B. bei der Vertuschung von Peinlichkeiten, Nachteiligem (vgl. z.B. »eine vollschlanke Dame« statt: »eine dicke Frau«,

4. *altertümelnd*: etwa durch Benutzung von veraltenden Wörtern, z.B. »Perron«, »Kondukteur« (bei der Eisenbahn), »dereinst«,

5. *gespreizt*: unnatürlich gezierte oder umständliche Wörter und Wendungen, z.B. »wir beehren uns, geziemend darauf hinzuweisen ...«,

6. *papierdeutsch*: aufgebauschte Wendungen im früheren Beamtenstil, z.B. »Unterzeichneter sieht sich genötigt, aktenkundig ...«,

7. *übertrieben* (*hyperbolisch*): z.B. Ausdrücke der Teenagersprache (»es war furchtbar aufregend, echt großartig, abscheulich reich«),

8. *abwertend* (*pejorativ*): Wörter m. negativer Bedeutung, oft in negativem Kontext: z.B. »Abschaum der Menschheit«, »letzte Dreck«,

9. *spöttisch*: oft schon ironisch urteilend mit leichter Abwertung: z.B. »mit strenger Amtsmiene«,

10. *Schimpfwörter*: oft Tier- oder Verbrecherbezeichnungen in metaphorischem Gebrauch, z.B.: »du Lump, du Gauner, du Affe, du Esel!«,

11. *derb*: sinnvergröbernder Wortgebrauch, z.B. »abkratzen« statt »sterben«.

Die Reihe ließe sich wahrscheinlich noch erweitern, z.B. durch ›verniedlichend‹, ›pathetisch‹, ›ökonomisch‹, ›technisch‹ u.a.m. Das Feld solcher konnotativer Wendungen ist allerdings zu wenig erforscht. Es besteht auch eine gewisse Ähnlichkeit mit den textbezogenen *Stilzügen* (s.S. 81f.).

6.10 Bildlichkeit im Text

Zu den wichtigsten Stilmitteln gehören die Formen sprachlicher Bildlichkeit. Sie können in den verschiedenen Texten unterschiedliche stilistische Funktionen besitzen. Während sie in Sachtexten lediglich der Verdeutlichung von Sachverhalten dienen und hier nur in begrenztem Maße eingesetzt werden sollen, um die sachliche Information nicht zu verdrängen, spielen sie in literarischen Texten, wo sie zum Aufbau fiktiver Wirklichkeiten beitragen, eine große Rolle. »Das Wesen jeder Dichtung wird gerade in der neugeschaffenen Bildlichkeit gesehen, die bestimmte Sinnbezüge verdeutlicht.« (Sowinski [3]1978, 255).

Zur textlich-stilistischen Bildlichkeit gehören sowohl Veranschaulichungen in Einzelwörtern als auch solche in bildhaften Wendungen, Sätzen und größeren Einheiten. Vom Inhalt und der Form her unterscheiden wir hier zwischen *unmittelbaren (direkten)* und *mittelbaren (indirekten) Bildern*. E. Riesel (1963) und nach ihr manche DDR-Stilforscher sprechen statt dessen wenig differenzierend von »Bildhaftigkeit« und »Bildlichkeit«.

Unmittelbare (direkte) Bilder

Als unmittelbare (direkte) sprachliche Bilder werden solche »sprachlichen Ausdrücke gemeint, die real vorhandene oder erlebte, erinnerte oder entworfene fiktive Gegebenheiten zu bildhaften Einheiten zusammenfassen und durch übliche Benennungen kennzeichnen« (Sowinski ebd.); mit anderen Worten: dort, wo ein Autor Sichtbares aus der Realität, Erinnerung, Vorstellung ohne übertragene Ausdrücke sprachlich anschaulich verdeutlicht, liegt eine unmittelbare Bildlichkeit vor; vgl. z.B. ein solches Bild aus A. Stifters *Bergkristall*.

»An den anderen Seiten des Tales, nämlich von Mitternacht, Morgen und Abend her, sind die Berge langgestreckt und niederer, manche Felder und Wiesen steigen ziemlich hoch hinauf, und oberhalb ihrer sieht man verschiedene Waldblößen, Alpenhütten und dergleichen, bis sie an ihrem Rande mit feingezacktem Walde am Himmel hingehen ...«

Nicht immer sind solche Bilder an die Satzform gebunden. Gerade die moderne Lyrik bevorzugt einfache Setzungen, vgl. z.B. die Bilder aus Peter Huchels Gedicht »Das Zeichen«:

»Baumkahler Hügel,/ Noch einmal flog/ Am Abend die Wildentenkette/ Durch wäßrige Herbstluft.«

Der stärkere Gebildecharakter in der Formulierung, das Zusammenwirken mit anderen Stilmitteln und die größere Offenheit für Sinnbezüge und Deutungen eigener Art kennzeichnen hier zugleich dichterische Bilder gegenüber sachgebundenen nichtpoetischen Bildern; (vgl. z.B. eine Textstelle aus einem Reiseführer):

»Hinter den hohen Klostermauern wird man überwältigt von der Blütenpracht, die die Nonnen im Hof gepflanzt haben. Inmitten dieser Blumenbeete steht die anmutige, aus dem 12. Jahrhundert stammende Kirche ...«
(Evi Melas: Griechenland).

Mittelbare (indirekte) Bilder

Unter mittelbaren (indirekten) Bildern seien hier solche verstanden, die in der Form *semantischer Figuren* bzw. *Tropen* mit Hilfe des Bildes einen anderen Sinn ausdrücken, der durch das gewählte Bild ganz oder teilweise assoziiert oder symbolisiert wird. Hier verweisen also die sprachlichen Ausdrücke (oder ein Teil von ihnen) nicht unmittelbar (direkt) auf ihre Referenten und auf den bildhaften Gesamtsinn, vielmehr wirken die sprachlichen Ausdrücke wie Hinweisschilder für das Gemeinte. An Stilelementen kommen dabei in Betracht: Vergleich, Umschreibung, Metonymie, Synekdoche, Metapher, Chiffre, Personifikation, Synästhesie, Allegorie, Symbol, Parabel, Litotes, Hyperbolie.

Die Aufgaben der Stilanalyse gegenüber diesen Bildformen ist komplexer als bei einfachen Formen. So ist bei der Kennzeichnung der Art, Form und Funktion auch auf die größeren Zusammenhänge hinzuweisen, in denen diese Verbildlichungen stehen (z.B. auch auf Ursachen, Motive, Auswahl der Bilder, Bildfelder, Epochenbindung usw.).

Vergleiche

Vergleiche sind die einfachsten und möglicherweise ältesten Formen sprachlicher Verdeutlichung in Bildern. Obwohl sie keine mittelbaren Bilder im eigentlichen Sinne sind, weil die verglichenen Bilder oder Begriffe mit erwähnt werden, verdeutlichen sie bereits das Gemeinte entsprechend den Grundstrukturen mittelbarer Bilder, nämlich durch andere Bilder. Im Vergleich wird diese indirekte Veranschaulichung aber noch nicht vollständig durchgeführt, beide Gegenstandsbereiche, der Bildspender und der Bildempfänger, stehen noch nebeneinander.

Andererseits verdeutlicht der Vergleich auch die Notwendigkeit eines semiotischen Zusammenhangs zwischen dem Vergleichsbereich und dem verglichenen Bereich in der Form des *tertium comparationis* (dem »Dritten« des Vergleichs«), einer semantischen Verbindung zwischen den Vergleichsgrößen.

Wählt man z.B. den bereits in der Antike strapazierten Vergleich: »Achilles kämpfte wie ein Löwe in der Schlacht.« (woraus das Metapher-Beispiel »Achilles war ein Löwe in der Schlacht« abgeleitet wurde), so wird als tertium comparationis vorausgesetzt, daß Tapferkeit, die sich im unerschrockenen Kämpfen beweist, zum Wesen des Löwen gehört. Akzeptiert man das, so ist ein Vergleich zwischen

Achill und dem Löwen möglich, im weiteren Schritt auch die Gleichsetzung beider in der Situation der Schlacht.

Vergleiche benutzen als *Vergleichspartikel* die Wörter »*wie*« (»sie strahlt wie ein Stern«), »*als*« (mit Konjunktiv: »es war als hätt' der Himmel die Erde still geküßt« [Eichendorff], »*als wie, als ob* (»Der Sturm tobte, als ob alle Winde auf einmal losgelassen waren.«), *gleichsam* (»ein neuer Strom von Eis, gleichsam ein riesenhaft aufgetürmter und aufgewölbter Wall...«[Stifter: Bergkristall]). Aber auch mit den Verben »gleichen« (z.B. »Der Berg glich einer Pyramide«) und »ähneln«(»Das Gebäude ähnelte einem Schiff.«) können Vergleiche gebildet werden. Vergleiche kommen nicht nur in poetischen Texten vor, auch die Alltagssprache sowie Sachtexte sind voll von ihnen. (Vgl. z.B. »Er ist so groß wie Du und größer als mein Bruder.« »Der Stil gleicht einem Chamäleon.«).

Die stilistische Leistung des Vergleichs besteht zum einen in der größeren Veranschaulichung des Gemeinten, zum anderen in seiner möglichen Verdeutlichung und Präzisierung, zu der auch die Einfügung bestimmter Konnotationen gehören kann (z.B. bei Tiervergleichen, Vergleichen mit historischen Persönlichkeiten usw.).

Pongs, H. 1927. – Riesel/Schendels 1975, 208ff.

Tropen

Während beim Vergleich die jeweiligen Vorstellungsbereiche getrennt vermittelt und nur durch die Vergleichspartikeln aufeinander bezogen werden, verschmelzen sie in den verschiedenen Arten des Tropus (der Tropen) mehr oder weniger stark. Man kann dann von einer Ersetzung (*immutatio*) des ursprünglichen Wortes durch ein anderes sprechen.

Bereits die antike Rhetorik unterschied hier die leichtere Form der Verschmelzung in den *Grenzverschiebungstropen* von der stärkeren Verschmelzung in den *Sprungtropen*, wie *H.Lausberg* (1963, §174ff.u. §417ff.) die beiden Gruppen der Tropen bezeichnet.

Bei den *Grenzverschiebungstropen* wird der Wort- oder Gedankenersatz aus einem semantisch benachbarten Bereich des zu ersetzenden Wortes vorgenommen.

Als *Grenzverschiebungstropen* kommen nach der traditionellen Rhetorik in Betracht: 1. die Umschreibungen (Periphrasen) und die Antonomasien (besondere Umschreibungen von Eigennamen); 2. die Synekdoche; 3. die Emphase, 4. die Litotes, 5. die Hyperbolie, 6. die Metonymie.

Die in der Rhetorik getrennten Arten der Grenzverschiebungstropen werden in der Stilistik der neueren Sprachen weniger streng
geschieden. So ist der Wortersatz der *Umschreibung* (periphrasis, antonomasie) häufig sogar ein notwendiger Ausdruckswechsel zur Vermeidung von Wortwiederholungen ohne besondere stilistische Absicht (vgl. z.B.: der Pfarrer : der Pastor : der Geistliche : der
Kleriker), die dann erst bei ungewöhnlichen Umschreibungen oder
Häufungen von Umschreibungen vermutet werden kann.

Grenzverschiebungstropen sind nicht immer nur auf den Wortersatz beschränkt, in eingeschränktem Maße kommen sie auch als Ge-
dankenersetzung vor (vgl. Lausberg 1963, §417ff.).

Beispiele für *Grenzverschiebungstropen*:

1. *Umschreibungen* (periphrasis): Nach Lausberg (1963, §186) ist die
Periphrase »der Ersatz eines (in der Sprache vorhandenen oder nicht
vorhandenen) verbum proprium durch eine Zusammenstellung von
Angaben, die die Substanz und die Merkmale der gemeinten Sache
zum Ausdruck bringen.« Man nennt also nicht das für den Begriff
zutreffende Wort oder ein Synonym, sondern umschreibt seinen Inhalt. Am einfachsten geschieht dies in Definitionen oder Wörter-
bucherläuterungen. Ein »Bergsteiger« läßt sich z.B. umschreiben als
»ein Mensch, der in mitunter sich selbst gefährdender Kletterei hohe
Berge besteigt.«

Für poetische Texte, in denen Umschreibungen zum verfremdenden *ornatus* gehören und zur Preziosierung beitragen oder als ironische Ausdrücke gebraucht werden können, würde man allerdings
derartige Definitionen kaum verwenden.

Eine besondere Form der Umschreibung ist die *Antonomasie*, die
den Eigennamen meidet und dafür eine Gattungsbezeichnung (ein
Appellativum) oder eine Periphrase einsetzt. So nennt z.B. *Goethe*,
der »Dichter der Venetianischen Epigramme« (was eine Antonomasie wäre), dort (Nr.43) Venedig »die neptunische Stadt«.

2. die *Synekdoche*: Hierbei wird durch den Ersatzausdruck für ein
gemeines Wort die Grenze des Begriffsinhalts überschritten oder
unterschritten. Möglich sind z.B. der Ersatz einer Art durch die Angabe einer Gattung, eines Teils durch das Ganze, des Produkts
durch den Rohstoff, des Singulars durch den Plural.

Beispiele zeigen dies z.B. als Wechsel:
– *von der Art zur Gattung*: »die Sterblichen« = die Menschen;
– *von der Gattung zur Art*: »unser täglich Brot (= unsere Nahrung)
gib uns heute«;

– *vom Teil zum Ganzen (pars pro toto)*: »unter meinem Dache« = in meinem Hause;
– *vom Ganzen zum Teil (totum pro parte)*: »Die Deutschen (= die deutsche Armee) erlitten vor Verdun große Verluste«;
– *vom Singular zum Plural*: vgl. z.B. den pluralis modestiae: »wir meinen« = ich meine ...
– *vom Plural zum Singular*: »der Brite« (Schiller: Maria Stuart I,6,560) für »die Engländer«
– *vom Produkt zum Rohstoff*: »eine Bronze« (= eine Statue aus Bronze).

3. Die *Emphase*: In der antiken Rhetorik war die Emphase (emphasis) eine Merkmalskennzeichnung durch einen umfassenderen (und darin überflüssigen) Begriff, demnach also eine Abart der Synekdoche (vgl. z.B. Goethe: Faust I,1,940: »Hier bin ich Mensch, hier darf ich's sein!«). Später verstand man darunter die (emphatische) Hervorhebung einer Aussage.

4. Die *Litotes*: In dieser Form der Verneinung des Gegenteils kann eine Übersteigerung oder eine verstärkte Verneinung ausgedrückt werden, vgl. z.B. »nicht wenig« = viel; »nicht schlecht« = gut; »nicht eine Bohne« = gar nichts.

5. Die *Hyperbolie*: Hier handelt es sich um eine Übersteigerung, Übertreibung ins Unwahrscheinliche, Unglaubwürdige. Vgl. z.B.: »himmelhoch-jauchzend, zu Tode betrübt«; »unwahrscheinlich billig« usw.

6. Die *Metonymie*: Die Metonymie wird gelegentlich als Oberbegriff zur Synekdoche verstanden (so bei *C. Agricola* 1970, 1093), gelegentlich ihr außerhalb der Grenzverschiebungstropen nebengeordnet gesehen (so *G. Michel* u.a. 1983, 467ff.). Lausberg (1963, §216ff.) zählt sie als Benennungsverschiebung, die (im Gegensatz zur Synekdoche) außerhalb der Ebene des Begriffsinhalts stattfindet, noch zu den Grenzverschiebungstropen. Der Zusammenhang zwischen dem Gemeinten und seinem Ersatzwort, der bei der Synekdoche mehr begriffslogischer Art war, ist hier mehr kausaler Art.

Metonymie liegt z.B. vor bei der Ersetzung der Ursache durch die Wirkung, bei der Ersetzung des Inhalts durch das Gefäß, der Institution durch ihren Ort, der Rechtsordnung durch ihr Symbol und oft auch umgekehrt.

Beispiele metonymischer Ersetzungen:
– *der Ursache durch die Wirkung*: »... an den Ufern jenes schönen Stromes, wo auf grünen Bergen die Torheit wächst.. (= der Wein) (Heine);
– *der Wirkung durch die Ursache*: »Daß er getrunken hatte, war nicht zu überhören.«

– *des Werkes durch den Autor*: »Ich lese Goethe.« (statt: »Goethes Werke«);

– *des Inhalts durch das Gefäß*: »Er hat drei Glas getrunken.«

– *des Gefäßes durch den Inhalt*: »Der Wein steht im Keller.«

– *des Ortes durch die Institution*: »Er ist in den Kreml zurückgekehrt.«

– *der Institution durch den Ort*: »Bonn protestiert in Bagdad.« (statt Die deutsche Bundesregierung protestiert bei der Regierung des Irak.)

– *der Rechtsordnung durch das Symbol*: »Unterm Krummstab (= Bischöfl. oder klösterl. Regierung) ist gut leben!«

Metonymien sind heute häufig in journalistischen Texten anzutreffen, wo sie z.b. in Schlagzeilen komplexere Angaben und Zusammenhänge knapp zusammenfassen (vgl. z.B.: »KSZE-Papier in Paris verabschiedet.« = »Die Konferenz für Sicherheit und Zusammenarbeit in Europa, die in Paris getagt hatte, verabschiedete ein Kommunique«.). Derartige Metonymien setzen allerdings ein Wissen um die gemeinten Zusammenhänge voraus, um wirksam zu sein.

Pongs, H. 1927. – Kubczak, H.: Metaphern und Metonymien als sprachwissenschaftlicher Untersuchungsgegenstand, ZfdPh 105/1986, 83-99. – Weinrich, H.: Zur Definition der Metonymie. Festschr. H. Lausberg, hg. v. A. Arens 1987, 105-110. – Drux, R. 1988.

Die Sprungtropen

Mit diesem anschaulichen Begriff Lausbergs faßt man jene Gruppe von Wort- und Ausdrucksersetzungen zusammen, bei denen zwischen dem Ersatzausdruck (-bild) und dem zu ersetzenden Ausdruck (-bild) keine Beziehung einer semantischen Begriffsverschiebung oder -nähe, also keine *Kontiguitätsbeziehung*, besteht, sondern das der bildlichen Analogie, inhaltlichen (oft bildlichen) Ähnlichkeit aufgrund gemeinsamer Merkmale (eines *tertium comparationis*, vgl. ›Vergleich‹), die R. Jakobson als *Similaritätsbeziehung* konstatiert hat.

Zu den Sprungtropen zählt Lausberg (1963 §§ 226ff., 422ff.) Metapher, Ironie, Allegorie und Personifizierung.

Metapher

Die *Metapher*, die bereits früher im Sinne der Antike als »verkürzter Vergleich«, als Verbindung zweier ähnlicher Bildfelder ohne Vergleichungspartikel gekennzeichnet worden war, hat in der literarwissenschaftlichen und linguistischen Strukturforschung und Stilistik bisher die meiste Aufmerksamkeit von allen Tropen und Figuren auf sich gezogen, so daß die Metaphernforschung heute einen eigenen linguistischen Spezialforschungsbereich ausmacht (vgl. Bibliographie).

Bildungsweise, Erscheinungsformen, Wortbildungen, alltäglicher, pragmatischer, literarischer, individueller und kollektiver Metapherngebrauch in den verschiedenen Zeiten, Formen und Sprachschichten sowie Abwandlungen und Sonderformen finden dabei das Interesse der Einzelforschungen.

Für die Stilistik sind davon die Arbeiten interessant, die das Vorkommen, die Häufigkeit und die Funktionen der Metaphern in Texten sowie bei den Autor/innen verschiedener Epochen untersuchen.

Dabei ergibt sich, daß bestimmte Zeiten besondere Vorlieben für bestimmte Arten der Metapher entwickelten (z.B. die Barockzeit), wobei die poetische Genialität sich an der Kombination entfernter Bildbereiche zu neuen »kühnen« Metaphern erwies (vgl. Weinrich 1963, 325ff.); ferner, daß bestimmte Autor/innen bestimmte Bildfelder als Metaphernspender bevorzugen und daß bestimmte Gattungen (z.B. in der Lyrik) aufnahmewilliger und innovationsfreudiger sind als andere. Die Abnutzung von Metaphern führt mitunter zur Bildnot (vgl. W. Killy [4]1964), die wiederum unter ungewöhnlichen Merkmalübertragungen zu »kühnen Metaphern« und zu »absoluten Metaphern« verleitet, deren Binärität der Bildfelder – ähnlich Chiffren – nicht mehr ohne weiteres erkennbar ist, was oft in neueren Gedichten der Fall ist und sie zum Signum moderner (metaphorischer) Poesie macht (vgl. Nieraad 1977, 38ff.). Die Metaphorisierung, die zur Bedeutungserweiterung von Wörtern wie von Texten führen kann, ermöglicht darüber hinaus in bestimmten Kontexten eine Polyfunktionalität des Schriftsinns, ähnlich dem ›mehrfachen Schriftsinn‹ im Mittelalter.

Für die formale Metapherngliederung lassen sich differenzieren:

– Substantivische M. (z.B. ›Fingerhut, Lilienfinger‹, [Heine]),
– adjektivische M. (z.B. ›spitze Bemerkungen‹),
– verbale M. (z.B. ›sich zügeln‹, ›Segel blühen‹ [Goethe]),
– abgegriffene, tote (lexikalisierte) und
– neuartige M. (vgl. z.B. ›zurücktreten‹ : ›umpolen‹),
– konventionelle vulgäre M.(z.B. ›er hat ›nen Dachschaden‹):
– poetische M. (z.B. »Frühling läßt sein blaues Band wieder flattern ...« [Mörike]),
– Genitiv-M. (z.B. »des Wahnsinns sanfte Flügel« [Trakl]),
– Kompositions-M., Wort-M., Satz-M., Text-M..

Literatur (Auswahl): Meier, H.: Die Metapher. Versuch einer zusammenfassenden Betrachtung ihrer linguistischen Merkmale. Winterthur 1963. – Bense, M.: Metapherntheorie. 1964. – Lieb, H.H.: Der Umfang des historischen Metaphernbegriffs. 1964. – Weinrich, H.: Semantik der Metapher 1967; ders.: Semantik der kühnen Metapher 1963; Streit um Metaphern. In: Sprache in Texten 1976. – Pausch, H.A.: Forschungsbericht: Die Metapher. WW 24/1974, 56-69. – Köller, W.: Semiotik und Metapher. Stuttgart 1975. – Kurz, G./Pelster, Th.: Metapher. Theorie und Unterrichtsmodell. Düsseldorf 1976. – Nieraad, J.: »Bildgesegnet und Bildverflucht.« Forschungen zur sprachlichen Metaphorik. Darmstadt 1977 (Erträge der Forschung). – Kubczack, H.: Die Metapher. Beiträge zur Interpretation und semantische Struktur. Heidelberg 1978. – Miall, D.: Metaphor: problems and perspectives. Brighton 1982. – Haverkamp, A. (Hg.): Theorie der Metapher. Darmstadt 1983. – Keller-Bauer, F.: Metaphorisches Verstehen. Tübingen 1984. – Köller, W.: Dimensionen der Metapherproblems. ZfS 8/1986, 379-410. – Shibles, W.A.: Methaphor. An annoted bibliography and history. Whitewater. Wisc. 1971. – Van Noppen, J.P./De Knop, S./Jongen, R.: Metaphor. A bibliography of post-1970 publications. Amsterdam 1985.

Ironie

Daß die Ironie zu den Tropen gezählt wird, mag heute zunächst verwundern, da wir sie bisher zu den Erzählhaltungen gezählt haben (s.S. 86), durch die das Gesagte als nicht ernst gemeint in Frage gestellt oder relativiert wird. In der antiken Gerichtsrede bestand die *ironia* aber im wörtlichen Aufgreifen der Zitate des Gegners, um ihn so in seiner Ernsthaftigkeit und Glaubwürdigkeit zu erschüttern. Das Gesagte war dann eine Wiederholung im gegenteiligen Sinn. Insofern gehörte sie zu den semantisch verfremdenden Sprungtropen, sowohl auf der Wortebene wie auch auf der Gedanken- und Textebene.

In der heutigen Stilistik gilt die Ironie vor allem im Textbereich als mehr oder weniger sinnverfremdeter Text mit eingeschränkter Ernsthaftigkeit. Das Erkennen von Ironie in schriftlichen Texten ist allerdings nicht leicht, besonders bei älteren Texten, deren Kontextbedingungen wenig bekannt sind. Nur mit Hilfe von verstärkenden Kontrastsignalen (z.B. überstarken Wahrheitsbeteuerungen, antonymen Andeutungen, Widersprüchen zum vordergründig Gemeinten, Modalpartikeln, Intonationen, exklamativem Satzmodus u.ä.) kann Ironie dann evtl. erkannt werden.

Löffler, H.: Die sprachliche Ironie – ein Problem der pragmatischen Textanalyse. DS 2/1975, 120-130. – Giessmann, U.: Ironie in sprachwissenschaftlicher Sicht. Sprachw. 2/1977, 411-421. – Groeben, N .u.a.: Produktion und Rezeption von Ironie. 2 Bde. Tübingen 1984/5. – Rosengren, I.: Ironie als sprachliche Handlung. In: Sprachnorm in der Diskussion. Berlin 1986, 41-71.

Allegorie

Auch der Begriff der *Allegorie* hat im Laufe der Zeit einige Bedeutungswandlungen erfahren. In der Rhetorik wurde sie zunächst als eine zum Gedankentropus erweiterte ›fortgesetzte Metapher‹ verstanden (so n. Quintilian), d.h. eine größere Vorstellung wird hier in einem komplexen Bild verdeutlicht, z.b. das Staatswesen als Schiff, das durch mancherlei Stürme und Klippen gesteuert werden muß.

Unter dem Einfluß der Homer-Allegorisierung ging man in der Antike zur heilsgeschichtlich-allegorischen Umdeutung des AT, später auch des NT über, so daß unter dem *sensus allegoricus* im Mittelalter der heilsgeschichtliche Sinn eines Bildes, Textes oder Zeichens verstanden wurde. Dem entsprach auch die *typologische* Ausdeutung (entsprechend dem *sensus typologicus)* des AT im Hinblick auf das NT, wie sie seit Paulus üblich wurde.

Eine erweiterte Form solcher Ausdeutungen bieten die biblischen *Gleichnisse (parabola).*

Hellgardt, E.: Erkenntstheoretisch-ontologische Probleme uneigentlichen Sprechens in Rhetorik u. Allegorie. In: W. Haug (Hg.): Formen und Funktionen der Allegorie. Stuttgart 1978. – G. Kurz: Metapher – Allegorie – Symbol. Göttingen 1982. – Goheen, J. 1986.

Personifizierung

Eine Sonderform der allegorischen Text- oder Bilddeutung ist die *Personifizierung (personificatio)* abstrakter Begriffe durch Figuren (z.B. der *iustitia* als Frau mit einer Waage und verbundenen Augen).

Während zwischen Bild und gemeintem Begriff bei der Allegorie noch eine Ähnlichkeitsrelation besteht, die sie entsprechend deutbar macht, fehlt eine solche beim *Symbol,* das (wie das sprachliche Zeichen) nur eine *arbiträre* (willkürliche) Beziehung zwischen Signifikat und Signifikant aufweist (z.B. das Rote Kreuz als Symbol medizinischer Hilfe).

Neben der Personifikation abstrakter Begriffe kennt die Stilistik als eine Art Metapher auch die Verlebendigung *(Beseelung)* toter Gegenstände mit Hilfe entsprechender sprachlicher Ausdrücke (meist Verben) (vgl. z.B. »Der Berg droht«; »der Donner grollt«; »die Sonne lacht«).

Eine anders erscheinende, aber in manchem ähnlich metaphorische Form bietet das Sprechen der als typisch empfundenen Tiere in den Tierfabeln, die so ebenfalls eine indirekte Bildlichkeit bieten.

Hellgardt, E. 1978, 25-37.(s.o.) – Kurz, G.: 1982. (s.o.) – Goheen, J. 1986, Bd.3, 54-65.

7. Laut- und Klangstilistik/Phonostilistik

Ein besonderer Zweig der Stilistik, der auch Phonostilistik genannt wird (Spillner 1974, 60), beschäftigt sich mit den lautlichen Erscheinungen der Sprache, die von einzelnen Autoren stilistisch genutzt, d.h. variiert werden, um den lautlichen und klanglichen Eindruck ihrer Worte zu verbessern. (Rein klangbezogene Formen, wie etwa im Dadaismus üblich, seien hier unberücksichtigt). Vor allem in der Lyrik gewinnt eine solche Phonostilistik eine erhöhte Bedeutung, wobei die Erscheinungen der Lautklänge, des Reims, der Metrik und des Rhythmus' im einzelnen variiert werden können. Solche stilistischen Abwandlungen sind bereits seit der Antike bekannt, wo z.b. die Figur des Homoioteleutons als Vorstufe des Reims und die Satzschluß-Klauseln als rhythmische Erscheinungen gepflegt wurden.

7.1 Stilrelevante Klangwirkungen

Der Klang der menschlichen Stimme, wie er nur aus der mündlichen Rede erfaßt werden kann, ist bereits ein Stilelement ersten Ranges, weil er sowohl die individuelle Eigenart eines Sprechers als auch die pragmatischen Sprachwirkungen sowie fremde Klangabsichten (z.B. beim Rezitieren und Imitieren) spiegeln kann. Die letztgenannte Fähigkeit erlaubt es, auch die Klangwirkung geschriebener Texte und der einzelnen Buchstaben hörbar zu machen. Es bleibt dabei strittig, ob in den einzelnen Sprachen den einzelnen Lauten, die durch die Buchstaben repräsentiert werden, eine feste Wirkungsqualität oder Lautsymbolik zukommt, wie sie etwa Josef Weinheber in seiner »Ode an die Buchstaben« zu fixieren gesucht hat. Es zeigt sich jedoch, daß den Lauten und Klängen im jeweiligen Sinnkontext des Textinhalts eine textbegleitende konnotative Wirkung zukommt, die über das rein Prosodische der Sprachmelodie und des Rhythmus hinausgeht. Goethes »Wanderers Nachtlied« («Über allen Gipfeln ist Ruh ...«) mit seiner Abfolge von hellen (hohen) Vokalen (entsprechend den Bildern der Höhe) und dunklen Vokalen (entsprechend der Ruhe) ist hierfür oft als Musterbeispiel zitiert worden. Auch Brentanos »Wiegenlied« ist von R. Alewyn vor-

wiegend klanglich gedeutet worden. Heines »Frühlingslied« (»Leise
zieht durch mein Gemüt...«) könnte man hier ebenfalls nennen.

Eine lautliche Besonderheit, die auch hier herangezogen wird,
sind die lautmalenden Wörter, die sog. *Onomatopoietica,* deren
Wortsinn eine Klanganalogie zu besitzen scheint (vgl. z.B. im Deutschen ›gluckern‹, ›klirren‹, ›krachen‹, ›Blitz‹, ›Schuß‹, ›Knall‹ usw.).
Sie können ebenfalls stilistisch effektiv eingesetzt werden.

Stilistische Relevanz als Klangwirkung kommt auch der *Emphase*
in der Betonung zu, mit der der mündliche Textvortrag wirkungs-
voll variiert werden kann.

7.2   Der Reim und seine stilistische Bedeutung

Eine Laut- und Klangerscheinung besonderer Art ist mit dem Endreim, der lautlichen Übereinstimmung benachbarter Zeilenschlüsse
vom letzten betonten Vokal an, in der Lyrik sowie in der früher ge-
reimt üblichen Epik gegeben. Hier kann durch die verschiedenen
Reimarten (reiner Reim, Assonanz, identischer Reim, rührender
Reim, grammatischer Reim, Schüttelreim) und die Reimanordnung
(z.B. Kreuzreim, Paarreim, Dreierreim, Viererreim) bereits manche
Variation ermöglicht werden (vgl. Sowinski [3]1978, 58ff.), die in der
Regel erst durch ihre kontrastierende Verwendung auffällig und besonders stilrelevant wird.

Weitere Möglichkeiten der Abwandlung finden sich in der *stichi-
schen* und *astichischen* Zeilenform, d.h. im Zusammenfall von Satzende und Zeilenende oder im Hinausstreben des Satzes über das
Zeilenende mit Hilfe eines *Enjambements.*

Auch das einst für die germanische Form des *Stabreims* mit gleichen Anlautungen der hervorgehobenen (betonten) Wortteile (Silben) konstitutive Element der *Alliteration* ist heute noch als zusätzliches Klangmittel gebräuchlich (z.B. in Werbeslogans, vgl. »Milch
macht müde Männer munter«).

Wie sehr manche Autoren auf die klangliche Wirkung ihrer Texte Wert legen, beweisen manche handschriftlichen Korrekturen in
den Originalmanuskripten.

7.3 Metrum und Rhythmus als Stilelemente

Mit der *Metrik* ist in den geformten Texten ein weiterer phonostili-
stischer Bereich gegeben. Sie erschien in der antiken Lyrik und Epik
in den Formen der nahezu regelmäßigen Abfolge von langen und
kurzen Silben, in deutschen Texten dagegen als Abfolge von betonten und unbetonten Silben (Hebungen und Senkungen). Der hier
gegebenen Gefahr der Monotonie der jeweiligen Metren begegnete
man schon früh durch Abweichungen von der Regel, etwa durch zusätzliche Längen, »beschwerte Hebungen« oder zusätzliche Pausen.
In Volksliedern und ähnlichen älteren Texten finden sich oft noch
solche metrischen Unregelmäßigkeiten, die rhythmische Variationen
erlauben. Im übrigen bieten auch die unterschiedlichen Metren
Möglichkeiten zur Abwandlung des Sprechtempos und des *Rhyth-*
mus (vgl. Sowinski [3]1978, 272f.).

Noch größere rhythmische Freiheiten und somit stilrelevanter
Variation sind mit den Freien Rhythmen mit unterschiedlicher Zei-
lenlänge und Zeilenfüllung (ohne Reimbindung) gegeben, wie sie
seit Goethes »Frankfurter Hymnen« in der deutschen Lyrik heimisch sind. Insbesondere die moderne Lyrik, die den Endreim nach
über eintausendjähriger Abnutzung weitgehend meidet, greift überwiegend auf Formen freier Rhythmen zurück, die fast der Prosa na-
hekommen, aber zeilenhaft gebunden bleiben.

8. Stilanalyse und Stilinterpretation

8.1 Bisherige Vorschläge zur Stilanalyse

Die älteren Formen der Stiluntersuchung, wie sie in zahlreichen
Dissertationen aus dem 19. und frühen 20. Jh. vorliegen (s. Lit.
Verz. der 1. Aufl.), bestehen in der Regel aus dem Aufweis der Stilelemente, meistens der rhetorischen Figuren und Tropen literarischer Texte. Dies entsprach den Traditionen des literaturwissenschaftlichen Positivismus, dem es dabei vor allem um das Erfassen
text- und stilrelevanter Elemente ging.

Eine Änderung dieses methodischen Vorgehens trat erst mit den
individualstilistisch-psychologisch orientierten Untersuchungen Leo
Spitzers einerseits und der polar typisierenden Stilcharakteristik in
der Nachfolge Wölfflins und Walzels (s. Kap. 3.5) ein.

Leo Spitzer (1928 u.ö.)

Leo Spitzer gehört zu den frühesten Praktikern der Stilanalyse, die
ihr Vorgehen methodisch skizzierten (vgl. 3.6 u. 5.2). Seine Stilanalyse kennt folgende Stufen: 1. intuitive Detailbeachtung; 2. Feststellung von Gemeinsamkeiten im scheinbar Zufälligem; 3. Rückschluß
auf den Seelenzustand des Verfassers beim nochmaligen Lesen des
Ganzen, wobei auch das Formprinzip des Ganzen erschlossen wird.
Diese *hermeneutisch* wie *psychologisch* ausgerichtete Methode geht
also von einzelnen Auffälligkeiten aus und sucht von ihnen aus das
Ganze als Sinneinheit zu erfassen. Die ›werkimmanente Interpretation‹ geht ähnlich vor, gibt jedoch die psychologische Orientierung
zugunsten einer strukturell-semantischen auf.

Erst mit der ›werkimmanenten Interpretation‹, die mitunter auch
als ›Stilinterpretation‹ schlechthin bezeichnet wird, erfolgt die volle
Berücksichtigung der Rolle des Stils für die literarische Struktur eines Textes und der Rolle des Stilinterpreten als Vermittler der Einsichten in diese Zusammenhänge.

Julius Petersen (1939/1944)

Eine Zwischenstellung zwischen einer irrational und kausal orientierten Erlebnisstilistik in der Nachfolge Diltheys und Wölfflins und der sich neu herausbildenden *Werkstilinterpretation* nahm Julius Petersen mit seinem literaturwissenschaftlichem Einführungsbuch (1939 I, [2]1944) ein, in dem der Stil als »fast automatische Gestaltung unter der Herrschaft der Idee« (ebd. S.196) erscheint, aber auch durch unterschiedliche Wirkungsfaktoren und in zunehmend globaler verstandenen Erscheinungen vom Individualstil über Epochalstil, Stammstil und Nationalstil bis hin zu einem Rassenstil [!] erklärt wird.

Für eine Stilanalyse schlägt Petersen folgende Schritte vor (S. 200b): 1. Bestandsaufnahme der Stilmittel eines Werkes, 2. Ordnung der Stilelemente nach verschiedenen Kategorien, 3. Ermittlung der Funktion der Stilmittel im Kunstwerk zueinander und im Hinblick auf die Gesamtwirkung, 4. »Zurückführung der Stilform auf Lebenslage, Weltanschauung und Persönlichkeit des Dichters«. In einem Faktorenraster sucht er diese stilprägenden Einflüsse einzeln zu erfassen. Nach einer Kritik der bisherigen literarischen Stilistik von Elster bis Walzel und W. Schneider kommt er schließlich zu einem weiteren Raster von »zehn Gegensatzpaaren des Eindrucks« in der Art J. Volkelts und W. Schneiders, die zur Stilcharakterisierung herangezogen werden sollen.

Wolfgang Kayser (1948 u.ö.)

Vier Jahre nach der 2. Auflage von Petersens Buch erschien die erste Auflage von *Das sprachliche Kunstwerk* von Wolfgang Kayser (1948), die erste methodische Einführung in die Literaturwissenschaft auf der Grundlage der *werkimmanenten Interpretation* (Kayser nennt sie hier noch ›literarische Interpretation‹), die »die schaffenden sprachlichen Kräfte zu bestimmen, ihr Zusammenwirken zu verstehen und die Ganzheit des einzelnen Werkes durchsichtig zu machen« sucht (ebd. Vorwort S.5).

Kayser betont (ebd. S. 328), daß es »unbedingt nötig« sei, »daß man erst einmal sehen und fühlen lernt, was sprachliche Formen sind und was alles Ausdrucksträger sein kann.« Aus diesem Grunde fügt er Kapitel über die »sprachlichen Formen« von der Lautung bis zu Aufbau und Darbietungsformen in das Buch ein, an denen er diese Leistung exemplarisch demonstriert. Er warnt jedoch vor der bloßen Auflistung von *Stilzügen*, als die er die »typischen Formen«

eines Stils versteht; er fordert vielmehr als ersten Schritt der Stilanalyse das wiederholte sorgfältige Lesen, zunächst ohne Gedanken an
die Stilzüge, die dem Untersuchenden beim wiederholten Lesen von
selbst ansprechen sollten. Die Analyse sollte bei einem Stilzug beginnen, der dann wie eine Wünschelrute weiterführe, wobei ein »dau-
erndes Hin und Her« im Text der Aufgabe gemäß sei. Ehrfurcht
und Begeisterung, die das Enthüllen der »Geheimnisse der Sprache«
begleiteten, »wenn sich das Zusammenwirken der verschiedenen
sprachlichen Formen im Stil und zum Stil immer klarer hervorhebt«, sollten jedoch nicht zur Distanzlosigkeit bei der Untersuchung führen: »Eine ›heilige Nüchternheit‹ wird der Arbeit und den
Dingen am ehesten gerecht« (ebd. S.323).

Emil Staiger (1951 u.ö.)

Der Hauptvertreter der werkimmanenten Interpretation hat den
Vorgang der Stilinterpretation des dichterischen Textes noch weniger
operationalisiert: »Der Gegenstand meiner Interpretation ist sein
unverwechselbar eigener Stil« (Staiger 1951/1967, 155), den er
(ebd. S.151) als das bezeichnet, »worin ein vollkommenes Kunstwerk – oder das ganze Schaffen eines Künstlers oder auch einer Zeit
– in allen Aspekten übereinstimmt.« Diese ›Vollkommenheit‹ aber
beeindrucke *das Gefühl des Interpreten*, das es daraufhin zu analysieren gelte. »In der Vorerkenntnis des ersten Gefühls und in dem
Nachweis, daß es stimmt, erfüllt sich der hermeneutische Zirkel der
Interpretation« (ebd. S.155).

Staiger, E.1955.

Michael Riffaterre (1964, 1971/ 1973)

In seinem Beitrag »Kriterien einer Stilanalyse«, der die französische
und deutsche Übersetzung seiner gesammelten stilrelevanten Aufsätze einleitet, erläutert der Autor sowohl seine Stilistikauffassung als
auch Kriterien seines methodischen Vorgehens in der Stilanalyse.
Riffaterre geht, obwohl er nur literarische Texte untersuchen will,
von der Verwandtschaft von Sprache und Stil aus, die eine *Übernahme* »*linguistischer Methoden* bei der exakten und objektiven Beschreibung des literarischen Gebrauchs der Sprache« erwarten lassen. Stilistische Fakten seien ja nur in der Sprache greifbar, besäßen aber
einen spezifischen Charakter, um von linguistischen Fakten unter-

scheidbar zu sein, was eine besondere Sammlung und Aussonderung der Elemente mit stilistischen Merkmalen bedinge. Dieses stilistische Merkmal sieht Riffaterre in der *Emphase*, in der Hervorhebung, durch die das jeweilige sprachliche Element eine zusätzliche Information erhält, die den Leser darauf aufmerksam macht. Der Autor verschlüssele dementsprechend seine Nachricht bewußt mit poetischen Mitteln, die den Leser veranlaßten, diese Stilelemente als unvorhersehbare wahrzunehmen und den Text im beabsichtigten Sinne zu verstehen: »Die Werturteile des Lesers werden durch einen im Text liegenden Stimulus verursacht.« (S. 40).

Zur Ermittlung solcher *stimuli* möchte Riffaterre als heuristisches Element neutrale Archileser einschalten (zu denen auch frühere Kritiker, Interpretaten u.ä. gehören können), deren Stilreaktionen dann vom Stilinterpreten analysiert und gedeutet werden. Der stilistische stimulus wirkt dabei wie die Abweichung von einer linguistischen Norm, deren Rolle für Riffaterre der nicht stilistisch markierte Kontext übernimmt, in dem der expressive (beabsichtigte) Stimulus als *Kontrast* erscheint. In einem weiteren Beitrag formuliert Riffaterre das Vorgehen nach seiner Methode so:

»Indem man die Stimuli im Text herausstellt, wird man nach und nach eine rein stilistische Aufteilung vornehmen, die die vorgefaßten Kategorien der grammatischen Terminologie ersetzen wird. Die letzte Etappe der Analyse wird darin bestehen, die erhaltenen Elemente in Funktion ihrer Ähnlichkeit, Abhängigkeitsbezüge, Ersetzbarkeit und Distribution zu qualifizieren. Die auf diese Weise erarbeitete stilistische Struktur wird, wie jedes linguistische Phänomen, durch Oppositionsbezüge definiert. Die Verallgemeinerung wird von nun an möglich sein; die Kenntnis der Bezüge (der Minimalbedingungen z.B., unter denen ein solcher Kontrast in einem bestimmten Kontexttyp sich bilden kann) wird es erlauben, die stilistischen Wirkungen vorauszusehen und sie objektiv, formal und quantitativ zu analysieren« (S.96).

Georg Michel (1968 u.ö.)

Eine ausführliche Stilanalyse, die theoretische Grundlagen über Stildefinitionen und Stilbegriffe mit praktischen Einzelanalysen verbindet, wird in dem von Georg Michel, Günter Starke und Franz Graehn verfaßten Buch *Einführung in die Methodik der Stiluntersuchung* geboten (Autorenkollektiv Ltg. G. Michel. Berlin 1968). G. Michel betont zunächst die notwendige Verbindung von Analyse und Synthese in der Stiluntersuchung, da der »Stil die Gesamtheit der fakultativen Varianten der Rede« sei und »diese Gesamtheit mit

ihren eigenen Qualitäten ist etwas anderes als die Summe ihrer Elemente. Der Stil eines Textes läßt sich also nur erfassen, wenn die
Analyse durch die Synthese ergänzt wird und am Ende der Stil-
»Analyse eine zusammenhängende Darstellung der Beziehungen und
des Zusammenwirkens der durch die Analyse ermittelten Stilelemente erfolgt.« (ebd. S.58).

Michel erörtert sodann die Zusammenhänge zwischen der Beschreibung, der Erklärung und der Bewertung des Stils, wobei er die
Beschreibung als »die auf wissenschaftlicher Untersuchung beruhende
Wiedergabe der Gesamtheit, des Zusammenhangs der (wesentlichen)
Stilelemente der Rede« auffaßt, »die Erklärung des Stils« aber sei »die
Beantwortung der Frage, auf Grund welcher Ursachen und Bedingungen der durch die Beschreibung erfaßte Stil zustande gekommen ist,
warum innerhalb der Reihe synonymischer Möglichkeiten gerade diese und keine andere sprachliche Variante gewählt wurde«, was allerdings nicht mehr rein linguistisch erklärt werden könne.

Ähnliches gelte für die Stilbewertung mit Noten wie »gut« und
»schlecht«, »gelungen« und »nicht gelungen« und »geeignet« und
»nicht geeignet«. Daß diese Bewertung nicht auf literarische Texte
bezogen ist, bestätigt die anschließende Diskussion um die »Sprachwissenschaftliche und literaturwissenschaftliche Stiluntersuchung«
(S.59ff.) und den »literarisch-künstlerischen Stil«, die ganz in der
Widerspiegelungstheorie der marxistischen Ästhetik befangen bleibt
und stets von künstlerischen »Abbildern der Wirklichkeit« statt von
Entwürfen und Darstellungen einer menschlichen Welt in poetischer Form spricht. Die Betonung besonderer ästhetisch wirksamer
Stilelemente (z.B. Bilder besonderer Art) nähert sich jedoch der besonderen Analyse von Dichtung.

In der *Methodik der Stiluntersuchung* (Kap. 1.3) betont G. Michel wie W. Kayser, dessen Theorieferne er aber kritisiert, zunächst
das ganzheitliche Erfassen des Textes im Lesen und das daraus erfolgende Erfassen stilistischer Besonderheiten, die dann in ihrer Beschaffenheit und Textfunktion beschrieben werden, als erste Stufe
der Untersuchung. Im Gegensatz zur Auffassung E.L. Kerkhoffs, die
bei der Stiluntersuchung für jeden Text eine eigene Methode und eigene Kategorien postuliert, stellt Michel ein für jede Stiluntersuchung allgemeingültiges Schema auf, das drei Analysestufen umfaßt
(1. das (schon erwähnte) Erfassen des Redeganzen (im Lesen), 2. das
Erfassen der Stilelemente, 3. das Erfassen der Stilzüge) und eine
Synthesestufe (4. die Stilbeschreibung) umfaßt. Im weiteren hebt
Michel die Notwendigkeit dieser Reihenfolge hervor und erläutert
die einzelnen Schritte. So erscheinen ihm beim Erfassen des Redeganzen ein komplexes Erfassen und ein differenziertes Erfassen

wichtig; ersteres gelte der Erfassung des Inhalts (Sachverhalts) sowohl bei nichtkünstlerischen Texten als auch – was weit schwieriger sei – bei künstlerischen Texten. Michel unterscheidet hier noch zwischen einem »vordergründigen Mitteilungsinhalt« mit a.) direkt genannten konkreten Begebenheiten, b.) direkt formulierten Verallgemeinerungen durch den Autor oder bestimmte Figuren, c.) direkt formulierte Wertungen durch den Autor oder bestimmte Figuren, der auch die Form (Gliederung, Aufbau, Architektur u. Komposition n. E. Riesel) beeinflusse, und den »wesentlichen Ideengehalt eines Textes, der inhaltlich für die im Konkreten unterschiedlichen Details bestimmend ist« (ebd. S.65).

Der »relativ großen Anzahl von Stilelementen« in jedem Text widmet sich die 2. Analysestufe bei Michel. Auch er setzt eine Kenntnis der sprachlichen Ausdrucksmöglichkeiten voraus, um ihre Realisierung im konkreten Text erfassen zu können. Anstelle einer spontanen unsystematischen Auflistung von Stilelementen schlägt er jedoch eine Reihe von *Aspekten* vor (z.B. semantisch-begriffliche, semantisch-expressive, historische, regionale, fachsprachliche, wortbildende, grammatische, phraseologische), nach denen die Einzelelemente geordnet erfaßt werden können. Michel betont dabei auch die Rolle nicht realisierter stilistischer Möglichkeiten, die ebenfalls registriert werden sollten. In der Analyse der Stilzüge eines Textes, der 3.Analysestufe, legt Michel Wert auf die *Häufigkeit* (Frequenz), das Verhältnis der Stilelemente zu ähnlichen anderen, auf die *Verteilung* (Distribution) und die Verbindung und das *Zusammenwirken der Stilelemente*. In der Synthesestufe, der 4. Stufe, schließlich, der Zusammenschau der Elemente und Komponenten, in der Form einer« sprachlich ausformulierten, in sich geschlossenen Stilbeschreibung sollen folgende »Prinzipien« beachtet werden:

1. Die Stilbeschreibung sei keine bloße »Zusammenfassung«; es erfolge vielmehr eine »Verarbeitung der sprachstilistischen Fakten in enger Verbindung mit dem Text, gegliedert nach dem Stellenwert der Stilzüge«.

2. Die Stilzüge sind nach ihrer Bedeutung für das Ganze und in ihrem charakteristischen, inhaltlich bedingten Verhältnis zueinander darzustellen.

3. Bei der Stilbeschreibung ist stets der Zusammenhang von Form und Funktion des Redestils zu beachten, wie er sich aus der Häufigkeit, Verteilung und Verbindung von Stilelementen im Text wie im kommunikativen Effekt ergibt.

Schließlich empfiehlt Michel Skizzen, Tabellen, Unterstreichungen, Vermerke, Zettelkästen u.ä. als Hilfsmittel bei der Analyse einzelner oder vieler Stilaspekte.

Die im zweiten Teil des Buches gebotenen Einzelanalysen werden jedoch nicht immer den Anforderungen einer literarisch-ästhetischen Stilinterpretation gerecht, insbesondere makrostilistische Aspekte (z.B. Erzählhaltungen u.ä.) kommen nicht immer zur Geltung. Neben den mitunter recht subtilen Einzelanalysen von Stilelementen (weniger von Stilzügen) wirken die historischen und ideologischen Herleitungen und Zuordnungen heute jedoch zuweilen fragwürdig.

Michels Angaben zur Methodik der Stilanalyse von 1968 sind später weiter variiert worden.

Während die 1. Fassung der *Kleinen Enzyklopädie: Die deutsche Sprache* (1970) unter der Überschrift »Betrachtung von Stilelementen« (S. 1020) lediglich auf die Unerläßlichkeit der Betrachtung von Stilelementen im größeren Zusammenhang hinweist und sich dabei auf G. Storz und E. Riesel beruft, und die 2. Fassung dieses Buches (1980) mit dem verkürzten Stilkapitel von G.Michel auf Angaben zur Stilanalyse ganz verzichtet, enthält das Stilistik-Lehrbuch von 1975 (hg. v. Fleischer/Michel) zwei Kapitel zur Stilanalyse (7.3; 7.4). Im ersteren erläutert Michel *Prinzipien der Stiluntersuchung* (nach einem Propagandapamphlet (vgl. auch 5.8) gegen die unvermögende »bürgerliche Stilistik« und über die Leistungen und Aufgaben der »marxistisch-leninistischen Stilistik« im Rahmen der parteigebundenen Sprachwirkungsforschung) und betont die Erfassung des Textzusammenhangs und der gesellschaftlichen Entstehungs- und Wirkungsbedingungen der Stilelemente. Textinterne Faktoren bilden danach zwar die »Basis« und empirische Grundlage jeder Stiluntersuchung, die jedoch »nur in dem Maße zu begreifen« seien, »wie es gelingt, die determinierenden historischen, soziologischen und psychologischen Faktoren zu erschließen und von deren Kenntnis her die Stilcharakteristik aufzubauen.« (ebd. S.327). Damit nähert sich Michels Ansatz, der hier nicht zwischen literarischen und nichtliterarischen Texten differenziert, wieder kausalen Stilentstehungs- und -erklärungstheorien. In einem Fragenkatalog zum Zusammenhang von textexternen und textinternen Wirkungsfaktoren zur Stilanalyse bildet zwar die Frage nach den für einen Text charakteristischen Varianten der Wirklichkeitsdarstellung das »Kernstück«, doch sei die kommunikative Funktion solcher Varianten nicht textintern bestimmbar. Auch die Textwirkung lasse sich nicht allein aus Sprachsystem und Sprachgebrauch erklären, sondern setze Denotatkenntnisse, also Kenntnisse über die sprachlich gefaßten Sachverhalte, voraus, was Michel an einem politischen Gedicht E.Weinerts über die Nazis verdeutlicht. Weitere begriffliche Festlegungen trifft er über die Begriffe Inhalt (= »das subjektiv angeeignete und sprachlich vermittelte Erkenntnisobjekt«), Form (= »Relationsgefüge der Elemente« =Struktur) und Funktion (= »die vom Autor geplante Wirkung auf den Hörer«). Gewarnt wird vor dem Formalismus in einer »bloßen Charakteristik von kunstvollen Formen«, die zur »Entideologisierung« führe.

Im Kapitel (7.4) über die »Methodischen Grundstufen und Verfahren der Stiluntersuchung« greift Michel auf seine bekannten vier Stufen der Stilanalyse (aus: Michel u.a.1968, s.o.) zurück, die er nun als »Intuitive Textanalyse«, »Systematische Elementenanalyse«, »Systematische Relationenanalyse« und als »Interpretation des Stilganzen« bezeichnet.

Im Zusammenhang mit der kommunikativ-pragmatischen Neuorientierung der DDR-Stilistik in den 80er Jahren (vgl. 5.2 u. Hoffmann, M.) hat G. Michel (1988, 302ff.) die eigenen stilanalytischen Vorgehensweisen korrigiert und darauf hingewiesen, daß die bisherige Form der Textstilanalyse, auch wenn sie zugleich Wirkungsanalyse sei, »kasuistisch, isoliert, zufällig, unsystematisch« bleibe, »das Diffuse und Intuitive in Stilbeschreibungen« beruhe aber nicht auf Unsystematik des überlieferten Inventars als »vielmehr in einer unsystematischen Handhabung des Inventars«, einer »Vermengung von Form-, Bedeutungs- und Wirkungskategorien sowie dem Fehlen eines handlungstheoretisch durchstrukturierten Textebenenmodells unter Einschluß der formulativen Ebene.« Er empfiehlt vorerst eine »Näherung« an den »Textstil« durch Einbezug von »stilistischen Operationen«, die bei Sandig (1986, 149ff.) als »Stilmuster« bezeichnet werden (vgl. 6.4). Teilweise handelt es sich um jene Änderungskategorien, die schon die antike Rhetorik kannte (z.B. Reduzieren, Umstellen usw.), teilweise um neuerkannte »Handlungsmuster« wie »Abweichen« u.ä. Entscheidend aber sei die Gewinnung »funktional-kommunikativer Charakteristika stilistisch formulativer Textqualitäten« durch die bestimmte Funktionen und Effekte bewirkt werden. G. Antos (1982, 5f.) habe etwa 200 Adjektive als »formulierungskommentierende Ausdrücke« gesammelt und nach den »Kommunikationsmaximen« von H.P. Grice (1. Dimension der Ablaufkonstitution, 2. Relevanz, 3. Sachadäquanz, 4.Verständnisbildung, 5. Beziehung, 6. Image, 7. ästhet. Dimension) geordnet. Diese Ausdrücke seien auf Ihre Eignung für die Bezeichnung von Stilqualitäten zu prüfen, vor allem aber auch auf ihre Eignung als Wertungskriterien, da Stilbeschreibungen letztlich »Wertungsprozesse« seien.

Michel u.a. 1968. – Michel (in: Fleischer/Michel (Hg.)1975.

Hans Graubner (1973)

Unter dem an R. Jakobson (s. 3.10) gemahnenden Zwischentitel
»Paradigmatische und syntagmatische Beschreibung der Stilelemente« bietet H. Graubner in seinem Stilistik-Kapitel in der von Ar-
nold/Sinemus herausgegebenen *Einführung in die Literaturwissenschaft* (1973) nach seinen Erläuterungen zu Stilauffassungen
Hinweise zum Erfassen stilrelevanter Erscheinungen, die für ihn
»hierarchisch gestaffelte semantische Informationen« auf allen
Sprachebenen des Textes sind. Diese »semantischen Informationen«
bestehen für ihn in Konnotationen: »Der Stil eines Textes läßt sich
danach bestimmen als die jeweils charakteristische Beziehung der
Konnotationen eines Textes auf seine Denotationen, die in der besonderen Kombination der denotativen und konnotativen semantischen Informationen des Textes zum Ausdruck kommt.« (S.177).
    Graubner unterscheidet neben den *lexikalischen* auch *normative*,
expressive und *funktionale Konnotationen* (die E. Riesel als Stilschicht
oder Stilfärbung auffaßt). Im grammatischen Bereich sieht Graubner
diese Konnotationen etwa in den kategorialen Stilwerten gegeben,
wie sie W. Schneider in seiner *Stilistischen deutschen Grammatik*
(1959) beschreibt.
    Graubners Ausführungen bieten letztlich zusätzliche Stilerklärun-
gen, kaum praxisbezogene Hilfen zur Stilanalyse; auch nicht in den
abschließenden Bemerkungen über die Stilzüge, der »wichtigsten Erscheinung der syntagmatischen Stilistik«, von deren »klarer und
überprüfbarer Bestimmung« der Grad der Wissenschaftlichkeit der
Stilistik abhänge.

Graubner, H. (in: Arnold/Sinemus) 1973.

Ruth Liwerski (1974)

Das für Graubner Gesagte gilt in noch stärkerem Maße für
R.Liwerskis Stil-Artikel (in: Krywalski 1974, 452ff.), die Graubners
Konnotationsbegriff rezipiert, im übrigen auf vorhandene paradigmatische Stilmittelbeschreibungen verweist (W. Schneider, W. Flämig, B. Sowinski). Den Prüfstein stilistischer Deskription sieht sie
in formalisierten syntagmatischen Stilbeschreibungen konkreter Texte (über deren Durchführung sie sich jedoch ausschweigt).

Liwerski, R. (in: D.Krywalski 1974) 452-461.

Elise Riesel (1974 u.ö.)

Die sowjetische Stilforscherin Elise Riesel, die durch ihre zahlreichen vorwiegend deutschsprachigen Stilistikpublikationen, insbesondere zur Stilistik der deutschen Sprache, anregend und prägend
auf die Stilistik in der früheren DDR eingewirkt hat (vgl.5.8), hat
ihre stiltheoretischen Arbeiten wiederholt durch konkrete Stilanalysen von Texten ergänzt (vgl. Riesel 1957 [zu Schiller], 1974). Am
ausführlichsten wird die Methodik ihrer Stilanalyse in einem
deutschsprachigen Lehrbuch für die linguostilistische Textinterpretation (1974) dargelegt. Sie unterscheidet hier drei Arten der Stilanalyse:

- die semantisch-stilistische Methode
- die strukturelle Methode,
- die statistische Methode.

Die strukturelle Methode wird von ihr als Ergänzung der favorisier-
ten semantisch-stilistischen Methode angesehen. Diese ganzheitliche
Betrachtung der Wechselbeziehungen zwischen Aussageinhalt, Aussa-
geform und Aussagewirkung verknüpft die bekannte Gehalt-Gestalt-
Relation mit den Konstituenten der Kommunikation. Vorgeschlagen
wird dann für die einzelnen linguostilistischen Textinterpretationen,
die das Buch enthält, ein – je nach Text noch modifizierbares- Analyseraster, das folgende Schritte umfaßt:
»a) kurze funktionale bzw. literarische Charakteristik des Textes,
b) kurze Angabe des expliziten Inhalts und der implizit mitschwin-
genden Gedanken, c) Textkomposition, d) sprachstilistische Ausfor-
mung der Textkomposition (c und d werden meist im Zusammenhang besprochen).«
    Im einzelnen werden hier noch erläutert: die Textkomposition als
innerer (thematisch-gedanklicher) Aufbau und als äußerer (architek-
tonisch-formaler) Aufbau, ihre Verbindung als stilistische bzw.
künstlerische Darbietungsform und als inhaltlich-formales Kompo-
sitionsglied, die zudem als »Gesamtheit der verwendeten Darstellungsarten, d.h. die Seh- und Gestaltungsweisen, in denen der Text-
verfasser Thema, Ideen und äußere Form an den Leser/Hörer
heranbringt« verstanden wird. Schließlich betont E. Riesel noch,
daß »auf die Beziehung zwischen Ausdrucks- und Eindruckswert des
Textes, d.h. auf den pragmatischen Aspekt« Wert zu legen sei.
    Mit den Begriffen »Darbietungsform« und »Sehweisen« knüpft
die Autorin wohl an W. Kayser (vgl. 3.7 u.ö.) und damit an die
»werkimmanente Interpretation« an, verbindet diese jedoch mit hi-
storisch-gesellschaftlichen und kommunikativen Aspekten.

Die dann im einzelnen gebotenen Textinterpretationen, die sich auf bestimmte stilistische Dominanzen konzentrieren, bestätigen diesen Eindruck.

Riesel, E. 1974

Bernd Spillner (1974 u.ö.)

Der Duisburger Romanist Bernd Spillner hat die Stilforschung in Westdeutschland seit den 70er Jahren sowohl durch seine zahlreichen Publikationen als auch durch seine anregende und organisatorische Tätigkeit in der ›Gesellschaft für Angewandte Linguistik. (GAL)‹ entscheidend gefördert. Bereits in seinem ersten allgemein orientierenden Werk zur Stilistik (Spillner 1974) geht er in einem eigenen (7.) Kapitel auf Fragen der Stilanalyse ein. Hier distanziert er sich zunächst von der Konzeption W. Kaysers und E. Staigers, insofern diese allgemeingültige Methoden der Stilanalyse ablehnen und den Kunstcharakter der Dichtung wie der Interpretation und die entscheidende Rolle des subjektiven Gefühls und der Intuition gegenüber dem Stil der jeweils verschiedenen einmaligen Texte betonen.

Spillners eigene Analysevorschläge werden aus »bestehenden Ansätzen« abgeleitet. Dementsprechend charakterisiert er zunächst die Methoden der *explication de texte* (vgl. 3.7; 5.2), die *Hermeneutik* und Leo Spitzers *philologischen Zirkel* (vgl.5.2 u.ö.), das Modell der *Textgenese* aufgrund verschiedener handschriftlicher Varianten (z.B. bei Goethes »Willkommen und Abschied«), die Vorschläge von R.A. Sayce zur Visualisierung syntaktischer Strukturen (vgl. auch: Zimmer 1978, s.u.), ferner *Statistische und mathematische Methoden der Stilanalyse* (besonders interessant Zembs Stylometrie mit sternförmigen Graphiken der Wortartendistribution bei verschiedenen französische Autoren). Es folgen dann verschiedene experimentell-empirische Verfahren zur Stilerkennung und Stilanalyse, die z.T. von Spillner entwickelt und erprobt worden sind: zunächst die ›Prozeduren der Textmanipulation‹, nämlich: 1. ein Eliminierungstest, d.h. das Abstreichen der nicht unbedingt erforderlichen sprachlichen Einheiten (wie dies schon Hans Glinz (in: *Die innere Form des Deutschen*, 1951) zur Ermittlung von ›Kernsätzen‹ vorschlug) zur Erkenntnis der autorspezifischen Satzauffüllungen, besonders bei Textvergleichen, 2. die Rekonstruktion der fakultativen Alternativen des Sprachsystems, also ein Paraphrasierungstest, wie er implizit jeder selektiven Stiltheorie zugrundeliegt; d.h. der Leser wie der Analyserende vergleicht die vorliegende Formulierung mit anderen syntaktischen und lexikalischen Alternativen.

Eine andere, bereits von M. Riffaterre und E. Frey erprobte Hilfe bei der Stilanalyse bilden *Informantenbefragungen* (vgl. 3.10) in der Form von Unterstreichungstests mit einfarbigen oder farbigen Unterstreichungen stilrelevant empfundener Stellen und anschließendem Vergleich der Ergebnisse.

In anderer Weise können Informanten bei der *Vervollständigungsmethode*, d.h. der Markierung und Ausfüllung von ausgelassenen Stellen und verkürzten Texten auf Stileigenheiten stoßen. Stärker experimentell wirkt das von Spillner vorgeschlagene multiple-choice-Verfahren, bei dem zwischen mehreren alternativen Formulierungsvorschlägen zu entscheiden ist. Schließlich erfragt Spillner von Informanten die Beurteilung von *Stileffekten* mit Hilfe des von Osgood u.a. zur Messung semantischer Konnotationen entwickelte *semantische Differentials*, das R. Hofstetter für die sozialpsychologische *Polaritätsprofilmethode* modifiziert hat. J.B. Carrol (in: Sebeok (ed.) 1960) hat dieses Verfahren zu einer Vectorenmessung von Prosatexten herangezogen (weitere Anwendungen sind nach Spillner bisher unterblieben, wären aber z.B. mit den Ausdruckswerten W. Schneiders (s. Kap. 3.5) denkbar).

In der 1984 von Spillner herausgegebenen Aufsatzsammlung *Methoden der Stilanalyse* bietet er (S. 213-240) unter dem Titel »Methoden der Stilanalyse: Forschungsstand und analytische Bibliographie« nach der erneuten Kennzeichnung der bereits charakterisierten Methoden ein Resümee, in dem er die gegenüber dem quantitativen Anschwellen von meist theoretischen Stilistikpublikationen (allein die Bibliographien von Hatzfeld, Hatzfeld/Le Hir sowie die Annual-Bibliographien der Zeitschrift *Style* verzeichnen Tausende von Titeln) das Zurückbleiben oder Fehlen konkreter Stilanalysen beklagt. Nicht immer erweisen sich hier kluge Stiltheoretiker auch als geschickte Stilanalytiker, was mitunter auch auf die geringe praktische Umsetzbarkeit ihrer Methode zurückzuführen ist.

Bernhard Asmuth (1974)

Nur wenige Seiten in ihrer Einführung in die *Stilistik* (1974) widmen Bernhard Asmuth und Luise Berg-Ehlers der Stilanalyse im besonderen, nachdem sie sich ausführlich über Stiltheorien und Stilelemente geäußert haben. Die Angaben zur Stilanalyse, die von B. Asmuth stammen, erscheinen daher stark konzentriert und wenig textbezogen.

Asmuth geht von den beiden Hauptbegriffen der Formelemente (Stilmittel) und ihren Funktionen aus, die aus dem stilistischen Eindruck des Empfängers abgeleitet werden sollen. Die Funktionen sind hier mit den Stilzügen identisch, die als »die einen Text durchgehend bestimmenden Funktionen« definiert werden (z.b. Feierlichkeit, Komik, Volkstümlichkeit), hinter denen gleichnamige *Darstellungs- oder Formprinzipien* stehen.

Wichtig sei es nun, »die einzelnen Funktionen bzw. Stilzüge bzw. Prinzipien« »in dem Gesamtbündel zu isolieren und ... richtig auf die formalen Textelemente zu beziehen«. Dabei sei es letztlich gleichgültig, »ob die Analyse vom Eindruck und den ihn verursachenden Formkräften ausgeht und ihn dann auch durch die Formkräfte abstützt« (S. 148) oder ob man mit einer ausführlichen Gesamtanalyse der Elemente beginnt und diese nach den Funktionen befragt. Beide Verfahren ergänzen sich wie in einer Art hermeneutischer Zirkel. Ein Formelement kann dabei verschiedene Funktionen aufweisen wie auch umgekehrt ein Formprinzip sich in mehreren Elementen ausprägen kann.

Asmuth hält eine »Synthese der Elemente zu Funktionen« nur bei einer integrierenden Zusammenschau der verschiedenartigen Darstellungsmittel« für sinnvoll, nicht aber bei zu eingeschränkten Untersuchungen (z.B. zum Adjektivgebrauch oder allein zur Wortwahl).

Stilistische Funktionen und Prinzipien haben aber keinen Selbstwert, sondern nur einen hierarchisch-instrumentalen Charakter im Rahmen eines obersten Gestaltungsprinzips«, dessen Ermittlung über die bloße Textbeschreibung hinaus »das eigentliche Ziel der Stilanalyse« sei.

Diese Postulierung und Ermittlung einer obersten stilistischen Einheit des Kunstwerks gelte allerdings nicht bei allen literarischen Texten. In einer Anmerkung (ebd. S.150) weist Asmuth darauf hin, daß auch »die kontrastive Mischung des Verschiedenartigen ein durchgängiges und damit einheitstiftendes Prinzip« sein kann.

Obwohl beide Autoren zuvor schon wiederholt Stilelemente hervorgehoben haben, betont Asmuth erst im Zusammenhang der Stilanalyse, daß nicht alle Formelemente Stilmittel seien. Kriterium für die Anerkennung als Stilmittel ist ihm offenbar der Grad der Originalität bzw. Nichtgewohnheit eines Formelements. In Form einer Skala von 0 bis 3 (mit 0 als niedrigstem »Gewohnheits- bzw. Regulierungsgrad«) unterscheidet er 1. freiverfügbare Formen als absichtsvoll eingesetzte Stilmittel (z.B. seltene Metaphern) (=0); 2. typische, charakteristische Eigenarten einer Person, einer Gruppe, einer Situation (=1); 3. konventionelle, von Mode oder Tradition vorgegebene (z.B. Versmaße, Strophik) (= 2); 4. sachlich oder sprachlich vorgegebene, nicht zu umgehende Formen (z.b. grammatische Regeln) (= 3).

Wie schon die Ausrichtung der Stilanalyse auf ein letztes Ganzheitsprinzip (im Sinne ›werkimmanenter‹ Methodik), so zeigt auch diese Betonung des Originären als der höchsten Form stilistischer Wahlfreiheit die Ausrichtung dieser Stilanalyse an Kriterien einer auf das späte 18. Jh. zurückgehenden traditionell gewordenen klassischromantischen Ästhetik.

Die hier abschließenden knappen Bemerkungen über das *Verhältnis von Stil- und Sinnanalyse* (S. 156) betonen zu Recht den sekundären Charakter der Stilanalyse gegenüber einer kritischen Sinn- und Aussagenanalyse (Gehaltsinterpretation?), expliziert hier aber zu wenig die Verwobenheit von Sinn und Form, Gehalt und Gestalt, die in der Stilinterpretation traditioneller (werkimmanenter) Art aufgewiesen wird, da sich sonst ein bloßes analysiertes Nebeneinander beider Bereiche ergibt. Sofern allerdings Asmuth hier nichtliterarische Texte meint, ist ein solcher Primat der Sinnanalyse durchaus angemessen.

B. Asmuth/L. Berg-Ehlers 1974.

Herbert Seidler (1978, 1984 u.ö.)

Der österreichische Germanist Herbert Seidler (1905-1988) hat sich in den letzten Jahrzehnten in mehreren größeren und kleineren Publikationen um die Klärung stilistischer Fragen bemüht und dabei wiederholt die eigene, von der psychologischen Stiltheorie E. Winklers ausgehende Position geändert. Die konkrete Stilanalyse hat er allerdings in seinen stiltheoretischen Beiträgen nur mehr beiläufig berücksichtigt.

So spricht er in der *Allgemeinen Stilistik* ([2]1963, 71) von drei Wegen zur Stilerkenntnis: 1. der Betrachtung einzelner Stilerscheinungen aus dem Zusammenhang, 2. der Vergleich von stilistischen Gemeinsamkeiten und Verschiedenheiten mit anderen Texten, 3. das »Sich-Versenken« in ein einzelnes Stilistikum«, was die Gefahr des Subjektivismus oder der Fremddeutung impliziere. Die Möglichkeit einer komplexen Stilbeschreibung eines Textes, der ja letztlich die *Allgemeine Stilistik* dient, wird hier nicht erörtert, nur die Gewinnung eines »Systems der Stilwerte« ist angestrebt. Auch in den *Grundfragen* von 1978 streift Seidler die Praxis der Stilanalyse nur kurz (S. 110) und nennt einige Ausgangsfragen zur stilistischen

Textanalyse: »Welche stilistischen Möglichkeiten sind hier eingesetzt, und warum gerade diese? Was ergibt sich daraus für eine Stilcharakteristik?«

Zwei Schritte der Stilanalyse erscheinen ihm notwendig: a) »die
Analyse, besonders durch Beleuchtung und Herausarbeitung der
Elemente,« und b) die Synthese als Fortschreiten zu einer Charakteristik. Dabei geht es um keine Summierung, sondern um den Aufweis der Strukturierung.« (ebd. S. 110).

Auch in seinem letzten Beitrag zur Stilistik, der zusammenfassenden Überschau im RL-Artikel ›Stil‹ ([2]1984, bes. 206ff.) wird die
Stilanalyse relativ knapp berücksichtigt. Als Voraussetzung fordert
Seidler hier zunächst eine *Besinnung auf die Methoden* und betont
angesichts des Ungenügens einer einzigen Methode die Berücksichtigung der Methodenvielfalt angesichts der Aufgabenvielfalt sowie
die Schwierigkeiten der Intuition, Vorzüge der Hermeneutik, Probleme der Stilstatistik, der Informantenbefragung, des Stilvergleichs
und der Hintergrunderschließung. Für die eigentliche Stilanalyse
empfiehlt Seidler ein stufenweises Fortschreiten von den elementa-
ren Erscheinungen der Bedeutungsebene und der Lautungen zu größeren sprachstilistischen Zusammenhängen, z.b. geschlossenen
Sprachgebilden, augenblicklichen Einfällen des Autors, rhetorischen
Figuren, ferner zu größeren Einheiten wie Individualstil, Funktionalstil, Stilebenen, Stilarten, historischen und gesellschaftlichen Stil-
bindungen, Autorenstile und Gruppenstile, Textartenstile, Epochenstile, Sprachenstile und Stilwandlungen. Der hierarchische Aufbau
der *Allgemeinen Stilistik* dringt also letztlich immer wieder durch.

Seidler, H. [2]1963; 1978; 1984.

Jürgen H. Petersen (1976)

In der von D. Gutzen, N. Oellers und J.H. Petersen herausgegebenen
Einführung in die neuere deutsche Literaturwissenschaft (Berlin 1976,
[4]1981) hat Jürgen H. Petersen ein kleines Kapitel zur Stilanalyse (mit
einem zusätzlichen ›Arbeitsteil‹) verfaßt, in dem er auf ca. zehn Seiten
Grundlagen der Stilanalyse zu vermitteln sucht. Stil wird hier zunächst nach Beispielen des Wortgebrauchs – pauschal – mit Form
gleichgesetzt; wenig differenziert wird auch Inhaltliches dem Stil zuge-
schlagen (S. 91: »Hier meint Stil etwa das, was wir gewöhnlich als
Form bezeichnen. Und endlich schließt der Terminus oft auch inhaltliche Phänomene mit ein: Zum Stil der Sturm- und Drang-Dichtung
gehört es z.B., daß sogenannte Kraftmenschen auftreten.«).

Im folgenden werden jedoch Stil und Form getrennt: »Unter Stil verstehen wir die sprachlichen Eigentümlichkeiten eines Textes, unter Form die des Aufbaus, der Gliederung, der Ordnung.« An Wort- und Textbeispielen werden dann nur Begriffe wie *Stillage*, *Lautsymbolik*, Rolle der *Fremdwörter* und Fachausdrücke in literarischen Texten, Arten des Satzbaus erläutert, dazu noch einige rhetorische Figuren und Tropen. Kein Wort fällt über Stiltheorien, Individualstil, Zeitstil, Kommunikation, Pragmatische Stilistik o.ä. Als weiterführende Literatur werden nur Asmuth/Berg-Ehlers, W. Kayser, H. Lausberg und Schlüter erwähnt. Im Arbeitsteil wird lediglich das Aufsuchen ›stilistischer Merkmale‹ (die vorher kaum erläutert wurden) verlangt sowie die Prüfung »ihrer Funktion für die Aussageintention des jeweiligen Textes.« 1976 war die Stilistik wesentlich weiter entwickelt.

Petersen, J.H. (in: Gutzen/Oellers/Petersen) 1976.

Helmut Viebrock (1977)

Unter dem verheißungsvollen Titel *Theorie und Praxis der Stilanalyse* erschien 1977 eine Arbeit des Anglisten Helmut Viebrock, die allerdings für die stilanalytische Methode und Propädeutik weniger global informiert, als es der Titel verspricht. Immerhin bietet Viebrock einige neue Aspekte zur Stilauffassung wie zur Stilanalyse. Stil als Art und Weise, wie etwas gesagt wird, erscheint zunächst als »eine mit sich selbst identische, einheitlich-charakteristische Verfahrensweise, die ihre Mittel aus dem Vorrat der verwendeten Sprache bezieht, diese Mittel im Hinblick auf das zu erreichende Ziel auswählt oder umformt und in charakteristischer Wiederholung der Anwendung ihrer Auswahl- und Umformungsprinzipien eine bestimmte Haltung ihres Autors verrät, die als eine von ihm als Individuum ablösbare und daher auch von ihm bewußt annehmbare, von anderen auch parodistisch verwendbare, daher immer auch leicht künstliche Attitude, »stance«, erscheint.«

Dieser Stilbegriff, der insofern funktional ist, als er Haltung, Zweck und Mittel miteinander und durch Sachgehalte vermittelt, berührt somit Fragen des gesellschaftlichen Rollenverhaltens, Fragen des Ausdrucks als Fortsetzung der Kommunikation mit Stilmitteln (»expressive Kommunikation«) und Fragen der signifikanten Abweichung von einer Norm (»deviation« oder »deviance«) der Verwendung von Sprach- und Stilmitteln (ebd. S. 15).

Dieser komplexe ›funktionale‹ Stilbegriff wird von Viebrock zugleich dialektisch aufgefaßt, als »konventionalsisierte Spontaneität des Ausdrucks einer Aussage« (S. 16), insofern als nämlich jeder konstituierte Autorenstil immer wieder durch neue Stilprägungen verändert wird. Die Stilanalyse müsse diesen beiden Prinzipien, der Konvention wie ihrer Durchbrechung in der Spontaneität im Nacheinander einzelner Arbeitsgänge entsprechen, nämlich 1. durch »Herausstellung aller für die Ausdrucksgestaltung als relevant erkannten Züge« («>foregrounding‹ im Sinne Mukařovskys und der Prager Schule«), 2. »Abhebung dieser Züge insgesamt von der Norm der Sprache oder eines ihrer Register«, 3. »Hinlenkung der Analyse dieses von der – externen oder auch nur inhärenten – Norm abweichenden Ausdruckscode auf einzelne, besonders prägnante Züge, also »foregrounding for Foregrounding«.

Viebrocks stilanalytischer Ansatz, der gleichsam L. Spitzers Exceptionalismus der Stilanalyse mit Mukařovskys Theorie der Literatursprache und Adornos ästhetischer Theorie ständiger Konventionsdurchbrechung zu kombinieren sucht, aber nicht wie bei Spitzer zu einer Synthese im Individualstil gelangt, beschränkt sich in der Durchführung auf kurze Texte der expositorischen wie der imaginativen englischen Literatur, an denen er jeweils an stilistischen Teilaspekten («Stilzügen«), nämlich Subjektbereichen, Adverbien auf -ly, Anführungszeichen und Hervorhebungen, Dopplungen, temporalen Konjunktionen, Vergleichspartikeln usw., »die Leistung der (englischen) Sprache für den Stil ... zu untersuchen« sucht (S. 27).

Viebrocks einleitender Stilbegriff wie auch das methodische Vorgehen werden dann erneut modifiziert, insofern er Stil nun linguistisch als *Variation* versteht, die sich in Abweichungen von einer Norm realisiert, und er nun für die Durchführung der Analyse fünf Arbeitsgänge theoretisch trennt: 1. Beschreibung der Textstelle, 2. sprachwissenschaftliche Vorbereitung der ›Sonde‹ (d.h. linguisische Aufbereitung), 3. literaturkritische Aufbereitung der ›Folie‹ (d.h. textkritische oder literarische Aufbereitung des Textes), 4. Durchführung der Analyse, 5. Ergebnisse.

Das stereotype Schema, vom Autor geschickt gehandhabt, zeitigt allerdings erstaunlich subtile Ergebnisse über die untersuchten Einzelphänomene, zeigt aber zugleich seine Gebundenheit an Einzelheiten und die Nichteignung für komplexere Stilanalysen.

Willy Sanders (1977)

Nach seiner *Linguistischen Stiltheorie* (1973) hat W. Sanders 1977 eine »Linguistische Stilistik« veröffentlicht, die sich vorwiegend mit Fragen der Stilanalyse beschäftigt, wobei allerdings mehr theoretische als praktische Hinweise geboten werden. Während er die Stiltheorie mehr der Textproduktion zuordnet, erfolge die »mehr oder weniger ›aufmerksame‹ Stilanalyse« aus der Sicht des Textrezipienten. Dazu schlägt Sanders als »methodisches Postulat« vor, »die Komplexität des Phänomens Stil durch Aufgliederung in Einzelaspekte leichter der Analyse zugänglich zu machen« (S. 58), wobei er ›Sprachstil‹ in die Dreiheit »Kunstsprachstil«, »Gebrauchssprachstil« und »Alltagssprachstil« mit je eigenen Besonderheiten untergliedert und mit den drei ›Aspekten‹ »Stilmittel«, »Stiltypen« und »Stilschichten« korreliert, die jedoch nicht im einzelnen expliziert werden.

An einem Fachtextbeispiel (S. 145ff. über Dialekte) berichtet Sanders von der Durchführung einer Stilanalyse (in einem Seminar), die zunächst in der Erfassung und Klassifizierung der vorkommenden Sprachelemente als Stilelemente nach ihrer Art und Frequenz bestand und sodann nach der Zweckbestimmung und dem Adressatenbezug dieses Textes fragte. Weitere Hinweise zur Stil- und Textanalyse, etwa auch literarischer Texte, werden nicht geboten.

Rudolf Zimmer (1978)

Rudolf Zinners ausdrücklich als »Stilanalyse« deklariertes Arbeitsbuch für Studierende der Romanistik (1978) charakterisiert in einem ersten Teil die Stiltheorien und Analyseansätze der psychologischen Stilistik am Beispiel Leo Spitzers, der Saussure-Schule am Beispiel Charles Ballys, der strukturalistischen Stilistik am Beispiel Michael Riffaterres, der funktionalen Stilistik am Beispiel von Elise Riesel sowie der quantitativen Stilistik und der Stilistik der GTG.

In einem zweiten Teil behandelt er »Einzelprobleme der Stilistik«, nämlich »Kommunikation und Stil«, »Phonostilistik«, »Die Stilebenen des Französischen« und »Stilrekonstruktion«.

Im dritten Teil geht es um »Einzelanalysen«, nämlich um »Wortstellung und Stil« (n. Ullmann), die »Visualisierung von Syntaxstrukturen«, um »Stil als Situationsphotographie« und um »Stilbruch als Stilistikum«. Alle Einzelkapitel sind mit einer Reihe von (z.T. über den Text hinausgehenden) Fragen verknüpft, die im Selbststudium und Seminaren behandelt werden können und zur Vertiefung der Textdarlegungen führen.

Besonders positiv ist es, daß Zimmer seine Darlegungen stets an Textbeispielen belegt. So beginnt er mit Spitzers Übergang von »linguistisch erfaßten Daten zu psychologischen Aspekten« (S. 4), seinem »philologischen Zirkel«; an Ballys Zitaten erläutert er dessen

Vorliebe für kollektive mündliche Stile und die kommunikativen
Bezüge im Stil sowie die Rolle der Betonung und des affektiven
Charakters der Äußerungen; bei Riffaterre hebt er dessen Entscheidung für die Literatursprache und deren Encodierung und Decodie-
rung sowie deren Unvorhersagbarkeit hervor, die sich aus dem
Wechsel von markierten (unvorhersagbaren) Elementen mit unmar-
kierten (= vorhersagbaren) ergibt, die vom architecteur erkannt werden sollen. Bei E.Riesel berücksichtigt Zimmer ältere Werke (1963,
1970) und besonders das Stilelement der *lexikalischen Auflockerung*,
als für die Gegenwartssprache typisch. Als Beispiel der quantitativen
Stilistik behandelt Zimmer die Tabellen aus W. Winter (1961) über
bestimmte Stiltypen, außerdem die Skepsis Ullmanns gegenüber solchen statistischen Verfahren. Aus den Arbeiten von H. Burger
(1972) und R. Ohmann (1964) zur Stiltheorie der GTG interessie-
ren Zimmer besonders die Stufen der Grammatikalität.

Von den praktischen Beispielen zur Stilanalyse erläutert Zimmer
ausführlich nur die Methode der Visualisierung von Prosatexten verschiedener französischer Prosaisten durch R.A. Sayce, die einen
schnellen Überblick über die verschiedenen Arten der Satzgefüge
vermittelt, und – selbständig entwickelt – die »stilistische Situationsphotographie« sowie eine Untersuchung über den »Stilbruch als Stilistikum«.

Die »stilistische Situationsphotographie« besteht aus einer zwei-
spaltigen Aufstellung, die links neben einem Auszug aus Rabelais'
Gargantua die hierin vorkommenden Stilistika registriert, die dann
nochmals in einer Tabelle gruppiert und anschließend gedeutet werden.

Zimmers letzte Studie, erläutert am Beispiel von A. Allais' Erzählung »Une petition«, beginnt mit einer Herausstellung der hier vor-
kommenden Sprachstile mit Beispielen (z.B. Behördensprache, Ba-
nalsprache, prätentiöse, wissenschaftliche Sprache), hebt dann
»Stilistische Einzelphänomene« (Archaismen, Kollokationen/Wortal-
liancen, Wortstellung) und die »spielerische Verwendung von
Sprachmaterial« hervor, um sich dann in Abschnitten über »Bilder/
Vergleiche/Metaphern« und über »Rhetorische Verarbeitung des
Sprachmaterials« dem eigentlichen Thema zu nähern. Dabei zeigt
Zimmer im einzelnen die wiederholten Diskrepanzen auf zwischen
dem *signifié* (=banalem Inhalt) und dem *signifiant* der Formulierungen (=hochtrabend, bombastisch) sowie dem gemeinten hochgestell-
ten Adressaten (Staatspräsidenten). Abschließend hierzu hebt Zimmer die Funktion von Stil als Stimmigkeit, als Adäquatheit zwischen
sprachlicher Verwirklichung und inhaltlicher Intention hervor, wogegen dieser Text ständig bewußt verstoße. Der konsequent einge-

setzte Stilbruch zwischen Form und Inhalt sei ein »bewährtes Mittel humoristischer Schriftsteller.« Die Frage nach evtl. satirischen Intentionen und entsprechenden Erzählhaltungen wird nicht gestellt.

Ulrich Püschel (1983)

Ulrich Püschel deklariert 1983 (in: B. Sandig (Hg.)1983, 97-126) Stilanalyse ausdrücklich als »Stilverstehen« und man ist gespannt, was unter dieser trivialen Aussage sonst gemeint sein kann. Püschel geht vom Ungenügen bisheriger Stiltheorien aus, wählt als Beispiel dafür die allgemein geschätzte selektive Stiltheorie, deren vorgebliches Suchen nach synonymen fakultativen Varianten praktisch undurchführbar sei, weshalb er diese Theorie für unbrauchbar hält; er erklärt vielmehr das *Stilverstehen als normales Sprachverstehen* aufgrund der vorhandenen *Sprachhandlungskompetenz*. Während anfangs hier nur von einer Mitbedeutung des Stils bei sprachlichen Handlungen die Rede ist, werden schließlich Stilbedeutung und pragmatische Bedeutung über B. Sandigs Begriff des Formulierens (im von ihr terminierten Sinn) identisch.

An einem Beispiel über zwei Formen des Warnens wird der *Unterschied der Formulierung* (psychologisierend) als *Unterschied in der Einstellung* (stärker engagiert:distanzierter) gedeutet (obwohl hier nur conative und referentielle Ausdrücke gegenüberstehen). Der aus Sprachhandlungen resultierende Stil wird sodann als »notorisch *komprimierte* Ausdrucksweise für Einstellungen« erklärt, bei der (nach von Polenz 1980) nicht jeder Inhaltseinheit eine bestimmte Ausdruckseinheit entspreche. Schließlich verweist Püschel (nach B. Sandig) auf die Bindung sprachlicher Handlungen an Muster und Regeln sowie auf die Bindung des Formulierens an Stilmuster und Stilregeln, die »zu rekonstruieren und zu beschreiben« und in den »an die Formulierungen geknüpften Stilbedeutungen zu erklären« Aufgabe der Stilanalyse sei, was angesichts des nichtbewußten Ausdrucks mit »notorisch komprimierten stilistischen Mitteln und besonders bei »stark individuellen oder gar kreativen Mustern« mitunter schwierig sei.

Im Hinblick auf diese Leistungsfähigkeit will Püschel dann die Hauptrichtungen der Stilanalyse kritisch mustern, wobei er die früher von ihm (Püschel 1980) getroffene Trennung von erklärenden sprachwissenschaftlichen und verstehenden literaturwissenschaftlichen Stilauffassungen (vgl. 5.1) neu problematisiert. Vereinfachend sucht er die Hauptrichtungen der Stilanalyse unter die Begriffe »Stilbeschreiben«, »Stilerklären« und »Stildeuten« zu subsumieren,

wobei er die quantitative (statistische) Stilanalyse ebenso wie R. Jakobsons strukturalistische Methode der Selektion und Kombination
paradigmatischer und syntagmatischer Ausdrucksformen zum »Stilbeschreiben« zählt (die in Anmerkungen erfolgte Zuordnung anderer Ansätze [Sowinski 1973; Asmuth 1974] ist irrelevant); zum »Stilerklären« die Auffassung bestimmter Stiltypen (und *Funktional-* und
Textsortenstile) und zum »Stildeuten« die Ansätze einer Verbindung
von literarischer Interpretation und Stilanalyse, unter denen er die
»werkimmanente« »Kunst der Interpretation« E. Staigers nicht mehr
zur Stilanalyse zählen möchte, weil hier »Stil zwar als vorhanden
und in der Interpretation als berücksichtigt postuliert wird, jedoch
kein Gegenstand mehr der Untersuchung ist.« (ebd. S.115). Am
Beispiel L. Spitzers versucht Püschel, die für seine stilpragmatische
Theorie wichtige These zu erweisen, wonach die Wahrnehmung
sprachstilistischer Erscheinungen stets sogleich die Erfassung der
(stilistischen) Bedeutung und die Rekonstruktion der Stilmuster
und ihre Interpretation bedinge. Bei Texten mit konventionellem
Stil kenne man bei entsprechender Kompetenz die Stilmuster und
ihre Bedeutungen sogleich und müsse sie nicht erst mühsam erschließen. Literarische Texte (wie von Spitzer u.a. untersucht) und
nichtliterarische Texte werden darin gleichgesetzt, d.h. enthalten in
gleicher Weise stilistische, d.h. pragmatische Bedeutungen, die –
entgegen anderslautenden Auffassungen – Sprachhandlungen anzei-
gen.
    Nachdem Püschel die positive Rolle der Intuition in der Stilana-
lyse als »eine vorwegnehmende, nachträglich diskursiv zu vollziehen-
de Kompetenz« (n. Viebrock 1977, 28) gewürdigt und somit auch
Riffaterres Vorgehen sowie die bei Spillner (1974, Kap. 7) aufgeführten Formen der Textmanipulation, der Informantenbefragung,
des Textvergleichs und der quantitativen Erhebung gerechtfertigt
hat, sofern diese Verfahren »eine explizierende und stützende Funktion« erfüllen, mündet die kritische Übersicht über die Hauptrichtungen der Stilanalyse unvermittelt in seine Thesen zur Stilanalyse,
die die einleitenden Gedanken dieses Aufsatzes wiederaufgreifen und
rigoros explizieren, wobei allerdings Zirkelschlüsse nicht ausbleiben
(etwa – in impliziter Adaption eines entsprechenden Satzes bei B.
Sandig (1978, S. 22) – jener, daß der den Stil Analysierende, der die
Muster und Regeln des gemachten (!) Stils sprachlicher Handlungen
rekonstruiert, »um so die Stilbedeutung zu erklären«, »die stilistischen Erscheinungen in Texten wahrnehmen und verstehen« muß,
»aber nur wahrnehmen« kann, »wenn er ihre Bedeutung versteht;
und er kann nur Stilbedeutungen verstehen, wenn er die stilistischen Erscheinungen wahrnimmt«, ebd. S. 117). Wahrscheinlich

müssen hier noch erkenntnis- und lerntheoretische Prinzipien berücksichtigt werden; dabei würde sich erweisen, daß sich in der Abfolge von formaler Stilbeschreibung und anschließender Stildeutung, gegen die sich Püschel strikt wehrt (während B. Sandig (1986, S. 127) sie konzediert) und sie zu den »nur vorgeblichen Stilanalysen« zählt (obwohl er selbst vom mühsamen Erschließen der Stilmuster und ihrer Bedeutungen bei nichtkonventionellen Stilmustern gesprochen, also ein Nacheinander damit präsupponiert hat), durchaus sinnvoll ist (zumindest für die Verbindung von Analyse und Synthese).Wenn Püschel dann noch von »theoretischen Ansätzen der Stilanalyse«, die seinen Theoremen nicht folgen, behauptet, daß sie sich über die eigenen Grundlagen »täuschen oder es sind keine Stilanalysen«, so greift er zu einem diskreditierenden dogmatischen Stil, der den weiteren wissenschaftlichen Diskurs erschwert.

Nach mehreren anderen Vorschlägen zur Stilanalyse (Püschel 1991, 1993) hat der Autor 1995 in einem späteren Beitrag zur Stilpragmatik, in dem er betont, daß sich Stilanalyse »mit der Gestalt von sprachlichen Handlungen und dem durch die Gestalt bewirkten stilistischen Sinn« beschäftige (ebd. S. 307) und das an der Analyse von Neujahrsbotschaften der Bundeskanzler H. Schmidt und H. Kohl demonstriert. Er erläutert sein Vorgehen an acht ›Merksätzen für die Stilanalyse‹, die, paraphrasierend verkürzt, etwa folgendes besagen:

1. Ein Text kann mehr Sinn enthalten als der Wortlaut erwarten läßt.

2. Alle stillschweigenden Voraussetzungen und Implikationen sollten genannt, bestimmte Formen (Substantivierungen, Passiv etc.) umgewandelt werden.

3. Je mehr man über Sprache weiß, umso mehr kann man an Texten erkennen.

4. Man soll sich an den drei Aufgabenfeldern des sprachlichen Handelns orientieren, nämlich den konstitutiven Mustern, die die Textsorte bestimmen, den Organisationsmustern zur Strukturierung und Gliederung von dialogischen und monologischen Texten, zur Themenbehandlung, Verständnissicherung und Aufmerksamkeitslenkung und den Kontakt- und Beziehungsmustern zur Etablierung, Aufrechterhaltung und Ausgestaltung kommunikativer Beziehungen.

5. Sprachhandlungen sind mit anderen Handlungen verbunden (z.B. indem-Verknüpfungen).

6. Es ist darauf zu achten, wie FORTGEFÜHRT wird, ob Muster WIEDERHOLT, VARIIERT, GEMISCHT, VERSCHOBEN, GEWECHSELT werden, ob von Mustern ABGEWICHEN wird.

7. Man sollte sich möglichst viele Informationen beschaffen über

die Handlungsbeteiligten und ihre Rollen, die kommunikativen Zusammenhänge (Vor- und Nachgeschichte, Hintergrund) und (politischen, ökonomischen, gesellschaftlichen u. medialen) Rahmenbe-
dingungen des Textes.
  8. Man soll die Analyse gemeinsam mit anderen machen, zumindest mit anderen über die Ergebnisse sprechen.
  Püschel will so den eingangs charakterisierten Leo Spitzer und
dessen Aufforderung zum wiederholten aufmerksamen Lesen von
Texten konkretisieren. Wie B. Sandig legt auch er besonderen Wert
auf die Musterbestimmung des 4. Merksatzes und deren Abwandlung im sechsten Merksatz. Fiktive und ästhetisch geprägte Texte
werden auch hier kaum erfaßt. Im Gegensatz zu früher (1983)
räumt Püschel (1995, S. 321) jedoch nun auch andere Möglichkeiten der Stilanalyse ein.

Autoren in: Spillner (Hg.)1984

Bernd Spillner hat in einer 1979 erstellten, aber erst 1984 erschienenen Aufsatzsammlung Beiträge zu *Methoden der Stilanalyse* von zehn
verschiedenen Autoren ediert, die einen gewissen Querschnitt durch
die bis etwa 1980 entwickelten Verfahren der Stilanalyse verdeutlichen.
  Diese Beiträge sollen im folgenden kurz vorgestellt werden, soweit sie nicht bereits an anderer Stelle erläutert worden sind.
  Eingeleitet wird die Sammlung (nach einem Vorwort von B.
Spillner) durch einen mehr programmatischen Aufsatz von Hedwig
Junker über »Stilanalyse und Strukturanalyse in der Literaturwissenschaft«, in dem die Autorin die häufige Gleichsetzung der beiden
genannten Verfahren in der Praxis konstatiert und dieses Faktum
zum Anlaß nimmt, satzübergreifende literarische Struktureinheiten
wie ähnliche stilistische Wiederholungsstrukturen aufzufassen, da
beide auf Weckung von Aufmerksamkeit abgestimmt sind. Sie plädiert schließlich für makrostrukturelle Stilanalysen und stilorientier-
te literarische Strukturanalysen.
  Das Theorem makrostilistischer Stilauffassungen und Stilanalysen, das insbesondere von E. Riesel (in: Riesel/Schendels 1975) vertreten wurde, wird dann von Bernhard Sowinski zur Grundlage seiner Kombination einer makro- und mikrostilistischen Analyse von
Thomas Manns Erzählung »Luischen« gewählt. Sowinski, der schon
in seiner *Deutschen Stilistik* (1973, [3]1978, S. 303ff.) ein Verfahren
zur deskriptiven Stilanalyse mit anschließender funktionaler Stilinterpretation vorgeschlagen hatte, geht nach stiltheoretischen Be-

gründungen von der Gattungsnorm als makrostilistischem Kriterium aus und schließt die Analyse der Komposition, der Erzählhaltung und der Darstellungsweisen (Autorreflexion, Personencharakteristik, Beschreibungen, Dialoge, erzählende Berichte) an, mit denen er jeweils mikrostilistische Analysen verbindet. Methodische Reflexionen beschließen diesen Beitrag.

Auch Michael Metzeltin entwickelt ein »Verfahren makrostilistischer Textanalyse«, das allerdings auf formelhaften Vereinfachungen des Inhalts und Reduzierungen auf Basispropositionen und ihrer Zusammenfassung in *Textemen* beruht. Inwieweit ein solches Analyseverfahren praktikabel bleibt, bedarf weiterer Entwicklungen.

Bernd Spillner erläutert in einem eigenen Beitrag »Grundlagen der Phonostilistik und Phonästhetik«, was allerdings seinen Aufsatz nur unzureichend kennzeichnet, da die Einleitung zunächst der Graphostilistik gewidmet ist. Spillners Beitrag ist im wesentlichen ein Forschungsbericht, der vor allem romanistische Ansätze kritisch mustert (mit reichen Literaturangaben).

Das Gebiet einer *Graphostilistik* wird ausführlicher von Rüdiger Pfeiffer-Rupp untersucht, der insbesondere Formen der Suprasegmentalität und der Hierarchie graphostilistischer Merkmale erörtert.

Dorothea Franck leitet in ihrem Beitrag »Stil und Interaktion« die Gruppe der stilpragmatischen oder pragmastilistischen Beiträge ein, indem sie hier Bedingungen, Prinzipien, Stilfaktoren des spontanen Gesprächs untersucht.

Auf die dann nachfolgende Erläuterung der »Ziele und Methoden einer pragmatischen Stilistik« von Barbara Sandig ist bereits an anderer Stelle hingewiesen worden (s.o.). Anhand eines Textbeispiels über eine ungewöhnliche Gesprächssituation erläutert sie Stil als Absicht, Wahl und Wirkung und die Beziehung zum Handlungskontext, der auf Muster und Konventionen (Normen) bezogen wird, sowie die Berücksichtigung der Situation und des Hörers/Lesers, wobei der Beziehungsaspekt, der die Handlung steuert, dem Inhaltsaspekt übergeordnet ist. Methodisch interessant sind die Angaben zur Aufdeckung konventioneller Stile, die für ihre Handlungen aus *Aktinventaren* (n. Rehbein 1977) bzw. aus *Stilinventaren* (Sandig 1978) wählen, durch Vergleiche, durch verfremdete Verwendung, durch Parodien und ähnliche Formen der Distanzierung vom Gewohnten. Die als »offen« gekennzeichnete pragmatische Stilistik erweitert auch die ›Typen von Stilistika‹ gegenüber dem Gewohnten; so kommen z.B. Arten der Handlung, Arten der Illokution im Handlungskontext, Arten des Vollzugs des Illokutionsaktes, Arten der Referenz und des Referenzausdrucks, Arten der Prädikation, der Äußerung, ihrer Realisierung, Arten der Perlokution, der Hand-

lungssequenzen usw. dazu. Stil erscheint stets als Teilaspekt des
Handelns und kann nur analytisch von ihm getrennt werden. Die
»angemessenere Analyse« der Sprecher- wie der Hörerseite soll daher
vom Handlungskontext ausgehen; es sei zwar auch möglich von der
Äußerung auszugehen und dann zum Handlungskontext überzugehen, doch werde man »aufgrund stilistischer und linguistischer Tradition« so »kaum zu Analysen der geschilderten Komplexität kommen.« (S. 151)

Eine einfachere und plausiblere Form der »Pragmatischen Stilanalyse« anhand der Kommunikationsfaktoren einer variierten und
um die wie-Frage ergänzten Lasswell-Formel, erläutert am Beispiel
von Heiratsanzeigen, bietet der Beitrag von Birgit Stolt.

Heribert Rück referiert dann über »Stilanalysen mit Hilfe des
theoretischen Ansatzes von Michael Riffaterre«, die er in einem Seminar durchgeführt hat. An einem Heine-Text werden die ermittelten Kontraste ausführlich erläutert und an einem Diagramm demonstriert. Das Kontext-Kontrast-Verfahren wird als ein Mittel
charakterisiert, »ein so schwer greifbares Phänomen wie die Heine-
sche Ironie im vorliegenden Korpus zu entschlüsseln.« Rück vergleicht das spätere Ergebnis der Textanalyse auch mit der vorangegangenen Informantenbefragung, also »vom Leser her« wie »vom
Text her«, wobei er die Effizienz des Verfahrens bestätigt findet.

Die quantitative Stilanalyse kommt im Beitrag von Norbert Bolz
»Gewinnung und Auswertung quantitativer Merkmale in der statistischen Stilforschung« zu Wort. Er erläutert vor allem Voraussetzungen sowie Schritte zu einer Autorenschaftsprüfung.

Auf B. Spillners abschließenden zweiten Beitrag »Methoden der
Stilanalyse« ist bereits verwiesen worden (s.o.).

Barbara Sandig (1978, 1986 u.ö.)

Obwohl Barbara Sandig sich in ihren Abhandlungen prinzipiell nur
mit Ausführungen einer pragmatischen Stiltheorie oder mit stiltheoretischen Einzelproblemen beschäftigt, sucht sie ihre Überlegungen
wiederholt an Texten, vorwiegend kürzeren nichtliterarischen Texten,
zu bestätigen. Zudem beschreibt sie wiederholt programmatisch einzelne Schritte ihres Vorgehens und worin sie sich dabei von anderen
Analyseansätzen unterscheidet. Trotz solcher programmatischer Angaben und exemplarischen Analysen erweist sich die Kennzeichnung
ihres Vorgehens als nicht immer einfach, da zwischen den einzelnen
Publikationen Unterschiede in der Komplexität und Differenzierung
der Auffassung und der terminologischen Subkategorisierung beste-

hen, die sich auf Form und Inhalt der Stilanalyse auswirken. Vereinfachend läßt sich B. Sandigs Methode der Stilanalyse etwa wie folgt charakterisieren:

Da nach ihrer Auffassung konventioneller Stil oder Stil von Gebrauchstexten, um den es ihr 1978 in der linguistischen Stilistik nur geht (vgl. Sandig 1978, S. 5), grundsätzlich pragmatischen Charakter besitzt, insofern er Konventionen sprachlichen Handelns beschreibt, Handlungsmustern oder bestimmten von ihnen abhängigen Stilmustern folgt, steht die Erfassung stilrelevanter pragmatischer Kategorien an erster Stelle, die sprachstilistische Ausprägung im einzelnen bleibt sekundär. Das ist zumindest der Fall bei den analysierten Textbeispielen in Sandig 1978, S. 99ff. (Horoskope); 150 (Schüleräußerung); 158 (politischer Kommentar); Sandig 1984, S. 140 (Erzählbericht); aber auch in: Sandig 1986, 37, 66, 103 (polit. Lyrik); 98 (Handke-Anzeige); 100 (Gedicht); 110 (Parodie); 111 Parodie).

Während also poetische Texte in Sandig (1978) und (Sandig) 1983 noch ausgespart bleiben und die Brauchbarkeit der entworfenen pragmatischen Stiltheorie nur an nichtliterarischen Texten demonstriert wird, sollen die Ausführungen in Sandig 1986 – unter Berücksichtigung der »Vielfalt des Gegenstandes Stil« – auch auf »poetische Stile« bezogen sein (S. 17). Die o.a. Beispiele dieser Art, kurze politische oder didaktische Gedichte oder Parodien anderer kurzer Texte, werden – bis auf wenige Ausnahmen – wie Gebrauchstexte pragmatisch analysiert und dann erst strukturell beschrieben; der andersartige Charakter literarischer Kommunikation bleibt dabei unberücksichtigt. Der umgekehrte Weg wird gewählt, wo die poetischen Aussagen und Stilstrukturen nicht eindeutig pragmatisch fixierbar sind (z.B. S.125ff. Hilde Domins Gedicht »Linguistik«: ein hier konstatiertes Stilmuster IN-DER-SCHWEBE-HALTEN bleibt doch bis auf die phatisch-preziöse Aufmachung nichtssagend). B. Sandig räumt denn auch ein: Es gibt »zwar Strukturtypen und Strukturelemente, mit denen Typen stilistischen Sinns konventionell realisiert werden können, aber es gibt auch die freie Verwendung von Stil-Strukturen und Elementen« (ebd. S. 127). Methodisch wichtig erscheint hierbei der Hinweis: »Wie die Beschreibung zeigt, ist die Strukturbeschreibung noch durch die Funktionsbeschreibung zu ergänzen« (ebd.).

Birgit Thormann-Sekulski (1990)

In ihrem Beitrag in: U. Fix (Hg.) 1990, S. 105-124 unterstreicht die Autorin zunächst die Bedeutung der stilistischen Analysen für die Sonderstellung der Disziplin Stilistik und kritisiert zugleich die bisherigen Verfahren. Sie postuliert eine Trennung nach Zielsetzungen und Adressatenbezügen und unterscheidet so Analysen für wissenschaftliche Diskussionen, für die Lehre an Hochschulen, an Schulen und solche der publizistischen Literatur- und Sprachkritik, wobei sie jeweils Anschaulichkeit, Durchschaubarkeit und Nachvollziehbarkeit fordert.

Ein grundsätzliches Problem sieht sie in dem schon von Lerchner (1984, 1988) und Michel (1988) erstrebten Zusammenwirken von linguistischen Beschreibungsmethoden und der für poetische Texte unerläßlichen subjektiv-intuitiven Texterfassung. Sie kritisiert an Lerchners Vorgehen die geringe Beachtung emotionaler Wertungen, die sie durch zusätzliche Informantenbefragungen berücksichtigen möchte, und der möglichen Einwirkung literarischer Motive auf die Semantik der Wörter sowie die unzulängliche Adaption psychologischer Kategorien und Verfahrensweisen.

Abschließend entwirft sie als Synthese aus bisherigen Vorschlägen eine Abfolge der Einzelschritte der Stilanalyse, wobei mehrmaliges Lesen, Erfassen des literarischen Umfeldes (Autor, Tradition, Genre, Gegenstand etc.) und der sprachlichen und literarischen Motive den Anfang bilden, dem die Erfassung »sprachlicher Auffälligkeiten« und möglicher Zusammenhänge sowie von Architektur, Komposition und formaler Gestalt des Textes folgt, bevor sich mit der Erfassung und Benennung der Stilelemente auf allen Sprachebenen sowie der »Stilfiguren« und der semantisch-denotativen und semantisch-konnotativen Textbeziehungen die Hauptarbeit der Analyse anschließt. Das Aufdecken der logischen Struktur des Textes und der Stilzüge vollendet die Analyseschritte, die in einer »Stilbeschreibung« enden. Der dargebotene Algorhythmus läßt allerdings offen, wo die subjektiv-intuitive Texterschließung einsetzt.

Ulla Fix (1991)

Hingewiesen sei noch auf U. Fix (1991), die Vorschläge zur Analyse historischer Stilbeispiele bietet, wobei zunächst aus zeitgenössischen Angaben und Texten die Stil- und Musterkompetenz des jeweiligen Autors und seines Publikums erschlossen werden sollte, bevor die Stilanalyse der Einzeltexte sinnvoll erscheint.

Zusammenfassung

Die ausführliche Würdigung der verschiedenen Auffassungen über
die Durchführung der Stilanalyse ergab trotz mancher Unterschiede,
die mitunter auf unterschiedlichen Stiltheorien beruhten, eine Reihe
von Gemeinsamkeiten. Sie bestehen zum einen in der unterschiedlichen Methodik der Stilanalyse pragmatischer und literarischer Texte,
zum andern in einer bestimmten Stufenfolge, vor allem bei der Analyse literarischer Texte.

Die Analyse pragmatischer, nichtliterarischer Texte rückt meistens die Funktionsbestimmung des Textes wie des Stils in die An-
fangsphase der Stilanalyse, d.h. unmittelbar an die Textlektüre (Michel, Sandig, Püschel). Vor allem bei kürzeren Texten mit einfachen
Illokutionsrollen oder Sprechaktfolgen, bei denen die Handlungsintention leicht erkennbar ist, erscheint dies angemessen. Bei komple-
xeren Texten mit unterschiedlichen Sprechakten empfiehlt sich eine
sukzessive Auflösung der pragmatischen Struktur wie des Stils und
seiner Funktion.

Bei literarischen Texten, insbesondere lyrischen Texten, wird größerer Wert auf die wiederholte sorgfältige Lektüre des Gesamttextes
wie der Teiltexte gelegt. Es kommt dabei darauf an, den Text nicht
nur in seinem *denotativen* Informationsgehalt, sondern auch in seiner *konnotativen ästhetischen* Wirkungsstruktur zu erfassen. Das erfordert nicht unbedingt ein emotionales Ergriffensein im Sinne Staigers; ein solches ›Erlebnis‹ kann nur die Vorstufe für die folgende
Stilanalyse sein.

Diese Stilanalyse im engeren Sinne besteht im Aufsuchen und
Charakterisieren (Deskribieren) der Stilelemente nach ihrer Position,
Distribution und Funktion im Textganzen. Dabei muß nicht immer
nach dem Prinzip der Hierarchie der Stilelemente, also nach der Abfolge von makro- und mikrostilistischen Stilelementen, oder nach
der Realisierung einzelner Stilzüge verfahren werden. Mitunter erweist sich ein bestimmtes Stilelement so dominierend, daß man sein
Vorkommen und seine Bedeutung zuerst hervorheben und interpretieren wird. Die Funktionsbestimmung (-interpretation) wird man
in den meisten Fällen zunächst zurückstellen, bis man die Mehrzahl
der Stilbesonderheiten erfaßt hat und dann zu Erkenntnissen über
den gesamten Text und seinen Stil gelangt ist. (L. Spitzers Vorgehen,
aus einzelnen dominierenden Stilistika einen Gesamtsinn zu erschließen und erst dann die übrigen Stilistika diesem zu subsumieren, kann leicht zu voreiligen Schlüssen führen).

Die Erfassung der Stilelemente (Stilmittel), die nach Möglichkeit
im ständigen Reflexionszusammenhang mit dem Textganzen erfol-

gen sollte, kann von den makrostilistischen Einheiten ausgehen und zum Mikrostilistischen fortschreiten, so daß die Funktion kleinerer Stilelemente im Kontext der größeren erfaßt wird. Denkbar ist aber auch der umgekehrte Vorgang, das primäre Erfassen mikrostilistischer Elemente und die fortschreitende Erschließung des Großkontextes.

Bei den meisten Autoren folgt der Analyse als weiterer Schritt die Synthese, in der die Funktion der Stilelemente und Stilzüge im Textganzen betrachtet wird. Bei pragmatischen Texten besteht diese Synthese in der Hervorhebung der Leistung der Stilelemente und Stilzüge für den Handlungsvollzug und die erstrebte Textwirkung; bei literarischen Texten besteht die Synthese in der Erfassung des Sinns der Stilistika für das Textganze und die Integration der Stilanalyse in die Gesamtinterpretation des Textes. Diese Integration kann im getrennten Vergleich von Stilanalyse und Sinninterpretation des Textes erfolgen, was jedoch eine Verschmelzung beider Teile erschwerte. Sie kann aber auch in der Form der wechselseitigen Erhellung von Sinn und Form (Stil) realisiert werden, was einige Übung in der integrativen Interpretation und Darstellung voraussetzt. Auch der Modus der ›werkimmanenten Interpretation‹, vom Stil aus zur Interpretation des Textes zu gelangen, ist praktikabel, nur sollte man dabei die außertextlichen Bezüge eines Textes, die ebenfalls zur Sinnhaftigkeit beitragen, nicht aus dem Blick verlieren.

8.2 Die Stilanalyse älterer Texte

Stilanalysen werden nicht nur an Texten der Gegenwartssprache durchgeführt, deren Normen und stilistischen Variationen bzw. Abweichungen für den Analysierenden aufgrund seiner Stilkompetenz, seines ›Stilempfindens‹, leichter erkennbar sind, so daß er den Stil des zu untersuchenden Textes ohne größere Schwierigkeiten kontrollieren und beschreiben kann. Wie ein Blick auf die Stilliteratur zur Literaturgeschichte (vgl. 9.1 der 1. Aufl.) lehrt, wurden und werden viele Stiluntersuchungen an älteren Texten durchgeführt, mit deren Sprache und Stil die Untersuchenden meistens weniger vertraut sind.

Schon M. Riffaterre hat auf die Schwierigkeiten bei der Analyse älterer Texte hingewiesen, wie sie ja beim Vorgehen nach seiner Theorie und Methode nicht ausbleiben können, da die Informanten über Stil (die *Archileser*) stets von Kontrasten gegenüber ihrem Normempfinden ausgehen, dieses aber kaum mit dem der älteren Texte synchron sein kann.

Eine zulässige Methode besteht im Aufsuchen rhetorischer Figuren und Tropen in solchen Texten, da bis ins 18. Jh. die Beachtung der Regeln der antiken Rhetorik für die meisten Texte verbindlich war und sich auch in poetischen Texten auswirkte. Allerdings wird man sich heute kaum noch mit einer Figuren- und Tropenanalyse begnügen können, vielmehr auch andere Stilistika einbeziehen, etwa den Satzbau, die Rolle des Enjambements, Wortwahl, Elemente der Makrostilistik (z.b. Redeweisen, Erzählhaltungen etc.). Die Stilanalyse sollte jedoch nicht in einer Beschreibung der Sprachverwendung eines Autors, seines Ideolekts, schlechthin aufgehen, sondern vielmehr nur die charakteristischen Besonderheiten eines Textes erfassen.

Schwierig ist hierbei besonders die Bestimmung der zeitlichen Geltung des Wortschatzes und der Bedeutungen, also der Ermittlung von Archaismen und Neologismen. Der Analysierende müßte sich recht viel sprachgeschichtliches Wissen verschaffen, wollte er hier zuverlässige Entscheidungen treffen. Sinnvoll ist es hier – wie auch bei anderen Stilistika – andere zeitverschiedene oder zeitgleiche Texte zum Vergleich heranzuziehen. So kennt man z.B. die Vorliebe für archaischere Wörter im »Nibelungenlied« und in anderen Heldenepen gegenüber neueren Wörtern in der gleichzeitigen höfischen Epik. Für andere Stilistika gibt es ähnliche Erkenntnisse. Mit unter ist es auch hilfreich, Wörterbücher zur Wortgeschichte heranzuziehen (z.B. Grimms DWB; H. Paul; Maurer/Stroh; G. Wahrig). Selbst bei einem Autor wie Goethe ergeben sich noch Abweichungen im Wortgebrauch gegenüber dem heutigen Wortsinn. Das in Arbeit befindliche Goethe-Wörterbuch kann dabei leider noch nicht verwendet werden.

8.3 Auswahl- oder Gesamttextanalyse

Das Problem der passenden Methode einer Stilanalyse ist auch mit der Frage nach ihrem Umfang und ihrer Intensität verknüpft. Der Untersuchende steht bei einer solchen Analyse oft vor der Entscheidung, ob er den gesamten Text oder nur Teile davon und ob er alle relevanten Stilistika oder nur einige ausgewählte oder mitunter nur ein einziges Stilmittel untersuchen soll. Bei kleineren Texten gibt es hier weniger Zweifel, da eine Gesamtanalyse hier stets empfehlenswert ist und zudem auch leichter ist als bei größeren Texten. Größere Texte dagegen wird man meist nur exemplarisch untersuchen, indem man zunächst die Makrostruktur erfaßt, um die Gleichwertigkeit oder Verschiedenheit bestimmter Teile zu erkennen, aus denen dann jeweils Beispiele mikrostilistisch analysiert werden können. Dieser Methode kommt zugute, daß es sich beim Sprachstil um ein Wiederholungsphänomen handelt, das erwarten läßt, daß sich in gleichartigen Teilen (z.B. Charakterisierungen, Handlungsschilderungen etc.) Stilwiederholungen finden lassen. Abweichungen davon müßten dann allerdings gesondert erfaßt werden. Die Gefahr solcher exemplarischer Analysen besteht darin, daß die kontextuellen und funktionalen Beziehungen zwischen den Teilen oft übersehen werden. Bei Teilanalysen und exemplarischen Auswahlanalysen sollte daher stets auf die Begrenztheit der erbrachten Resultate hingewiesen werden.

8.4 Stilanalyse und literarische Textinterpretation

Die Stilanalyse literarischer Texte, die nach sorgfältiger Lektüre zur Erfassung makrostilistischer und mikrostilistischer Stilelemente, ihrer Stilzüge und ihrer Funktionen im Text führen soll, ist als Formbeschreibung eine wichtige Grundlage, mitunter sogar die Voraussetzung der gehaltlich-ästhetischen Textinterpretation. Eine Textinterpretation ohne Stilkennzeichnung erfaßt nur einen Teil des literarischen Textes, ebenso wie umgekehrt die Textinterpretation sich nicht nur auf die Stilinterpretation begrenzen sollte.

An drei Textbeispielen und ihren stilistischen Teilanalysen sollen diese notwendigen Zusammenhänge verdeutlicht werden:

Wir beginnen mit Goethes frühem Gedicht »Auf dem See« (15.6.1775), das uns einige graphostilistische und phonostilistische Probleme bietet.

Das Gedicht liegt in zwei Fassungen vor: 1. der Eintragung im fragmentarischen »Tagebuch der Reise in die Schweiz« und 2. in der 1789 von Goethe redigierten und leicht veränderten Druckfassung. Die Hamburger Goethe-Ausgabe bietet (Bd.1, S.102) beide Fassungen: Die erste ist im Druck in zwei Abschnitten (Strophen?) abgesetzt (in der Handschrift findet sich zwischen beiden ein Strich, s. Anm. S. 508ff.). Der zweite Abschnitt beginnt mit »Aug' mein Aug'«, spiegelt also so die Erlebniszäsur des Autors, dessen unbeschwertes Naturerleben des ersten Abschnitts durch eine plötzliche Erinnerung an »goldne Träume« (Lilly Schönemann?) unterbrochen wird.

In der zweiten Fassung besteht das Gedicht aus drei Abschnitten (vv. 1-8, 9-12, 13-20), die auch im Wechsel von Metrik und Rhyth-

mus voneinander abgehoben sind. Hier bildet die Reflexion über die
»goldnen Träume« (vv. 9-12) einen eigenen Abschnitt, der auch
verszahlmäßig mit der Hälfte der Verszahlen der beiden Rahmen-
strophen die Mittelachse des Gedichts bildet: 8 : 4 : 8. Während
also die erste Fassung von 1775 nur einfache Gegensätze kennt (vv.
1-8 : 9-20) und vv. 13-20 nur die Explizierung von v. 12 bilden,
bietet die Fassung von 1789 ein dialektisches Schema von These
(vv.1-8 = subjekt. Naturerleben als neue »Nahrung«), Antithese (vv.
9-12 = Erinnerung an »goldne Träume« und Abkehr davon) und
Synthese (vv. 13-20 = Lieb und Leben auch in der Natur, Meidung
der Ich-Aussage).

Der graphostilistische Befund, der hier mit inhaltlich-gehaltli-
chen Aussagen verbunden wurde, wird phonostilistisch durch das
Reim- und Versschema und durch den Rhythmus unterstrichen (die
zwar in beiden Fassungen gleich sind, wobei aber die zweite Fassung
mit den phonostilistischen Befunden korreliert).

Die erste Strophe besteht aus vier Doppelzeilen mit jeweils vier
bzw. drei jambischen Hebungen und voller Schlußhebung (Kadenz)
sowie der Reimfolge ababcdcd. Das Mittelstück (die zweite Strophe)
besteht dagegen aus vier paarreimenden Zeilen mit je vier Haupt-
und einer Nebenhebung (=klingenden Kadenz) im ersten Reimpaar
und je vier Hebungen und voller Kadenz im zweiten Reimpaar, wo
durch die notwendige Betonung von »auch« (2. Wort in Z. 12) der
gleichmäßige Versrhythmus unterbrochen wird.

Die dritte Strophe besteht wie die erste aus zwei kreuzreimenden
Quartetten, deren erstes vier Zeilen mit drei Haupt- und einer Nebenhebung enthält (=klingende Kadenz), während das zweite Quar-
tett zwei Zeilen in dieser metrischen Form aufweist, die mit zwei
Zeilen mit je drei Hebungen und voller Kadenz wechseln. Auffallend ist, daß in der 2., 4., 6.und 8. Zeile dieser dritten Strophe im
vorletzten Takt jeweils Partizipien mit drei Silben vorkommen
(schwebende; türmende; beschattete; reifende). Die Vers- und Reim-
struktur dieser dritten Strophe weicht also von der der ersten Strophe trotz der gleichen rahmenden Stellung um das Mittelstück er-
heblich ab, was auch im veränderten Sprechrhythmus deutlich wird.

Auf weitergehende Interpretationen, etwa der Sprachform und
der Bilder, soll hier verzichtet werden. Es ging uns nur darum, aufzuzeigen, wie von einem stilistischen Teilaspekt aus, hier: der Graphostilistik und der Phonostilistik (vgl. z.B. Spillner 1984), ein Zugang zur Sinnstruktur des gesamten Gedichts möglich wurde.

Auch das zweite Beispiel, Johann Peter Hebels Kalendergeschich-
te »Unverhofftes Wiedersehen«, kennt eine ähnliche Gliederung des
Textes in drei Abschnitte, wobei dem Mittelstück, dessen Satzstil

wir untersuchen wollen, ebenfalls eine besondere Bedeutung zukommt, hier allerdings nicht als Antithese in einem dialektischen Dreischritt, sondern als symbolisch-exemplifizierende Geschehensaufzählung (*enumeratio*) zur Verbindung des Anfangs- und des Schlußteils und als Verkörperung der vergehenden Zeit in der großen und kleinen Welt.

Dieser mittlere Textteil hebt sich im Erzählganzen stilistisch deutlich von der szenischen und berichtenden Erzählweise der übrigen Textteile ab. Er besteht – nach den Punkten als äußerlichen Satzgrenzen geurteilt – aus fünf Sätzen mit recht unterschiedlicher Länge, in denen 20 verschiedene Vorgänge berichtet werden, und zwar 16 aus dem Weltgeschehen zwischen 1755 (Erdbeben von Lissabon) und 1807 (engl. Beschießung Kopenhagens) und vier aus dem immer gleichen Alltag der Bauern und Handwerker, symbolisiert durch Säen und Ernten der Ackersleute, im Mahlen der Müller, im Hämmern der Schmiede und im Erzgraben der Bergleute. Die Satzgrenzen (Punkte) scheinen recht willkürlich gesetzt zu sein. Im ersten Satz sind zehn Vorgänge vereinigt, im zweiten nur zwei, im dritten drei, im vierten ebenfalls drei, von denen ein Geschehen, nämlich das Säen und Ernten, sinngemäß in den fünften Satz mit drei Angaben gehört. Trotzdem scheinen die Sätze so vom Autor konzipiert zu sein, der die Geschehnisse in den Sätzen fünfzehnmal syndetisch mit und-Verbindungen verknüpfte.

Ihren eigentlichen Sinn erhalten diese Sätze erst aus dem Gesamtsinn: Während der tote Bergmann im Schacht ruhte, ohne zu verwesen, die Zeit für ihn gleichsam stillstand und seine jugendliche Schönheit bewahrte, vollzog sich auf der Erde Weltgeschichte ebenso wie der gleichbleibende Rhythmus der lebensnotwendigen Arbeit, verdeutlicht in den fünf Sätzen des Zwischentextes mit den darin genannten zwanzig Vorgängen, die im Verhältnis 4:1 gegliedert sind. Der stilistische Kontrast dieser Sätze gegenüber dem übrigen Text verweist uns auf ihre besondere Bedeutung im Sinnkontext der gesamten Erzählung.

Der stilistische Kontrast dieses Zwischentextes in der Erzählung erweist sich sowohl als makrostilistischer wie auch als mikrostilistischer Wechsel. Erzählweise, Erzählhaltung, Erzählperspektive, Darstellungsart ändern sich ebenso wie die Satzformen und die Wortwahl, z.B. mit der verallgemeinernden Wahl des bestimmten Artikels in den fünf Schlußsätzen dieses Abschnitts.

Als weiteres Beispiel einer kontrastiven Stilgestaltung sei hier auf das vorletzte Kapitel in Thomas Manns Roman *Buddenbrooks* ausgewählt. Es ist das bekannte Typhus-Kapitel, das sich sowohl stofflich-motivisch als auch stilistisch von den übrigen Kapiteln abhebt. Der stilistische Unterschied zum übrigen Romankontext ist zunächst makrostilistisch faßbar. Während alle anderen Kapitel des auktorial und leicht ironisch erzählten Romans durch ihre Mischung von panoramatischer und mimetischer Erzählweise charakteristisch wirken, wählt der Autor hier einen Erzählstil, der sich fast durchweg jeder auktorialen Handlungs- und Figurenkommentierung enthält und die objektive Berichtform eines medizinischen Lehrbuchartikels über den Krankheitsverlauf des Typhus anstrebt. Dazu trägt die völlige Konzentration der Erzählperspektive auf den Kranken und sein Verhalten sowie auf das Verhalten des behandelnden Arztes ebenso bei wie das Verlassen des Imperfekts als bisheriges Erzähltempus und die Zuwendung zum Präsens und Futur als den neuen Erzähltempora. Auch der Satzbau beschränkt sich nun auf erweiterte einfache Sätze, Satzreihen und Relativsatzgefüge. Es wäre allerdings verfehlt, hier von einem wirklichen Fachbuchstil zu sprechen. Eine Reihe von Fakten sprechen gegen eine solche Zuordnung: Besonders auffallend ist die Durchbrechung dieses Stils durch die Erwähnung des »Doktor Langhals« in dieser Krankheitsbeschreibung (»Ein tüchtiger Arzt von soliden Kenntnissen, wie, um einen Namen zu nennen, Doktor Langhals ...«), der zudem noch in einer Apposition und leitmotivischen Beschreibung wertend charakterisiert wird (»der hübsche Doktor Langhals, mit den kleinen schwarzbehaarten Händen ...«).

Aber auch an anderen Stellen mischt der Autor erzählerische, mutmaßende und schildernde Elemente in die Verlaufsbeschreibung der Krankheit ein (vgl. z.B. »... niemand kann sagen, ob der Geist des Kranken in leere Nacht versunken ist, oder ob er, fremd und abgewandt dem Zustand des Leibes, in fernen, tiefen, stillen Träumen weilt, von denen kein Laut und kein Zeichen Kunde gibt«).

Die Textbeispiele zeigen, daß auch der Mikrostil von dem eines nur medizinischen Textes abweicht: Adjektivhäufungen, Zwillingsformeln, dynamisierende Verben, Vergleiche, Bilder, sowie eine relative Begrenzung des Fachwortschatzes bestätigen diesen Eindruck.

Wir fragen nun nach der Funktion dieses Kapitels und seines Stils im Kontext des gesamten Romans und im engeren Kontext dieses Textes. Das hier besprochene Kapitel bildet mit dem Tod des letzten Familiensprosses gewissermaßen den Endpunkt der Romanhandlung. (Das letzte Kapitel schildert nur noch die Auflösung des Hauses und den Weggang Gerda Buddenbrooks nach Hannos Tod). Dieses Sterben Hanno Buddenbrooks ist ein grausamer Vorgang, der in starkem Kontrast steht zur musisch-künstlerischen Natur dieses Kindes. Der Erzähler vermeidet es aber, dieses grausame Geschehen unmittelbar zu schildern und so die ironisch-poetisch gehaltene Familiengeschichte naturalistisch grell enden zu lassen. Durch die

indirekte Beschreibung der Typhuserkrankung und des daraus resul-
tierenden Todes gelingt es dem Autor, den stofflichen Kontrast zur
ästhetischen Existenz Hannos abzumildern. Es bleibt durch diese
Erzählweise zunächst offen, wer von dieser Krankheit und von diesem Sterben ereilt wird. Erst mit der Erwähnung des »Doktor Langhals« und zu Beginn des Schlußkapitels wird deutlich, daß es sich
um Hannos Tod handelte. Der eigentümliche Stil des Typhuskapi-
tels weist so eine verhüllende und abschwächende Funktion gegenüber dem grausigen Sterben des jungen Buddenbrook auf. Zugleich
kann der Autor auf diese Weise eine Fülle von Details vermitteln,
die er wahrscheinlich in einer direkten Erzählweise kaum hätte vermitteln können.

Diese drei Beispiele sollten verdeutlichen, daß die bloße Stilanalyse bei literarischen Texten nicht ausreicht; es muß vielmehr die
Funktionsanalyse des jeweiligen Stils im Rahmen des engeren und
des weiteren Kontextes hinzukommen. Der ermittelte Stil erweist
sich dann als wichtige Grundlage der Textinterpretation, die sich aus
dem Zusammenwirken des stofflich- motivischen und des gedanklichen Gehaltes und der sprachlichen Gestaltung im Stil ergibt. Die
Stilanalyse oder Stilbeschreibung mit linguistischen Mitteln erhält
ihren textlichen Sinn erst aus der gehaltlichen Sinndeutung des Textes, die eine Übereinstimmung zwischen beiden Bereichen verdeutlichen sollte.

8.5   Stilanalyse, Stilkritik und literarische Wertung

Die globale oder die detaillierte Stilanalyse literarischer Texte sind
oft nur Vorstufen für öffentliche oder interne literaturkritische Untersuchungen und insofern auch Teilbereiche der literarischen Wertung.

Zwar ist literarische Wertung, die über die Qualität oder Nicht-
qualität literarischer Texte entscheidet und insofern auch die Rang-
ordnung literarischer Kultur beeinflußt, nicht allein vom Stil der
Texte abhängig, sondern von einer Reihe weiterer Faktoren bestimmt, über deren Rolle und Anteil im Wertungsprozeß manche
Kontroversen bestehen. Dem Stilcharakter des Textes kommt jedoch
in diesem Prozeß eine wichtige Bedeutung zu. Attraktivität und Aktualität eines Stoffes und Themas und die Gestaltung der Fabel und
der Komposition kommen nur wenig zur Geltung, wenn der Stil
nicht geglückt ist, d.h. in der Regel, wenn er im ganzen nicht mit
den übrigen Gestaltungsfaktoren harmoniert und sie nicht wir-

kungsvoll hervorhebt. Meistens werden solche mißglückten Manuskripte gar nicht erst veröffentlicht, sofern der zuständige Verlagslektor sorgfältig auf den Stil achtet.

In der Regel kommen in einzelnen Textpassagen oder im gesamten Text zwei globale Fehlerquellen in Betracht: nämlich ein zuviel oder ein zu wenig an stilistischer Gestaltung. Ein zuviel an stilistischer Gestaltung kann sich darin zeigen, daß z.B. zu viele Bilder und Metaphern in einem Text geboten werden, wo diese nicht angemessen sind, oder daß zu viele beschreibende oder preisende bzw. abwertende Adjektive bei der Figurencharakterisierung erscheinen, ein Faktum, das in der Trivialliteratur häufig anzutreffen ist. Texte in diesem Stil wirken oft unecht, gekünstelt und kitschig. Mitunter ist auch der Satzbau unangemessen: Zu viele Satzgefüge (Perioden) an unpassenden Stellen (Textsorten) schaden der Stilwirkung ebenso wie ein allzu kurzatmiger Satzbau mit Minimalsätzen dort, wo man Ausführlichkeit erwartet. Häufig ist es nicht der Stil in seiner Gesamtheit, der Anlaß zur Kritik bietet (ein durchgehend eigenwilliger Stil ist mitunter charakteristisch für einen bestimmten Individualstil), sondern sind es einzelne Stellen, in denen man eine gewisse Nachlässigkeit oder Widersprüche im Stil feststellen kann. Jeder Autor muß daher bestrebt sein, eine stilistische Ausgewogenheit zu erreichen.

Ein Zuwenig an Stil ist heute mitunter weniger auffallend als ein Zuviel an Stilelementen; hier wird der Gradmesser meistens durch die Textsorte (-gattung) und den Zeitgeschmack bestimmt. Eine Zeit größerer Ernsthaftigkeit und Nüchternheit wird auch vom literarischen Stil Ähnliches erwarten. Die Brüchigkeit eines Stils, sonst als Ausdruck stilistischen Unvermögens verurteilt, kann dann auch bewußt angestrebte Spiegelung eines Zeitempfindens sein. Es kann auch vorkommen, daß ein Autor sich gerade durch den Verzicht auf zusätzliche gattungsübliche Stilelemente von einem vorherrschenden Zeitgeschmack kontrastierend absetzen will, wie wir dies z.B. in Brechts Lyrik in den 20er Jahren beobachten können. Zur Feststellung solcher Stilwandlungen müssen allerdings mehrere Werke eines Autors wie auch mancher Zeitgenossen verglichen werden.

Müller-Seidel, W.: Probleme der liter. Wertung. 1965, [3]1981. – Mecklenburg, N. (Hg.): Literarische Wertung. 1977. – Schrader, M.: Theorie u. Praxis literarischer Wertung. 1987. – Kienecker, M.: Prinzipien liter. Wertung. 1988. – Fix, U. in: U. Fix (Hg.): 1990, 73-104.

8.6 Schlußbemerkungen

Das in seiner langen Entwicklung sich weit ausgedehnte Feld der Stilistik erscheint auf den ersten Blick als ein Bereich unterschiedlicher, gegensätzlicher und mitunter sogar widersprüchlicher Ansätze, die dem damit wenig Vertrauten zunächst den Zugang erschweren. Erst mit der eingehenderen Beschäftigung lichtet sich das Gestrüpp dieses verworren erscheinenden Wachstums und die einzelnen Zweige der verschiedenen theoretischen Ausbildungen erscheinen als sinnvolle Überlegungen, um die unterschiedlichen Aspekte und Wirkungen individuell, intentional oder ästhetisch bestimmter Sprachformen erklären zu können. Daß es sich bei der Entwicklung dieser stiltheoretischen Erklärungen um einen Prozeß handelt, der noch nicht zu einem alle befriedigenden Abschluß gelangt ist, mag den Zugang weiterhin erschweren. Mir schien es jedoch sinnvoll, lieber die Vielfalt der bisherigen stilistischen Ansätze aufzugreifen und darzustellen, soweit dies im knappen Rahmen dieses Buches möglich war, als mich auf einen Ansatz und seine Theorie und Analysemethodik zu beschränken. Zweifellos sind hier nicht alle stiltheoretischen und stilanalytischen Überlegungen zur Sprache gekommen, sowohl aus der nationalen als vor allem auch aus der internationalen Stilforschung; die Stoffülle wie auch der Publikationsrahmen legten uns Beschränkungen auf. Wenn es jedoch gelingt, mit der Lektüre dieser Übersichten das Interesse für die Stilistik und den Sinn für die Möglichkeiten der Stilforschung und Stilanalyse zu wecken oder zu vertiefen, so hat dieses Buch seinen Zweck erfüllt.

9.0 Literaturverzeichnis

9.1 Stilanalysen zur Literaturgeschichte (Auswahl)

Die nachstehende Auswahlbibliographie zur Literaturgeschichte und historischen Stilistik beschränkt sich aus Platzgründen auf Arbeiten, die nach 1945 publiziert wurden. Für vor 1945 erschienene Arbeiten sei auf die 1. Auflage dieses Buches verwiesen.

Sammelbände:

Fix, U./Wellmann, H. (Hg.): *Stile, Stilprägungen, Stilgeschichte. Über Epochen-, Gattungs- u. Autorenstile, Sprachliche Analysen u. didaktische Aspekte.* Heidelberg 1997 (Sprache – Literatur u. Geschichte 15)

Pór, P./Radnóti, S. (Hg.): *Stilepoche: Theorie u. Diskussion. Eine interdiszipl. Anthologie von Winckelmann bis heute.* Frankfurt/M. u.a. 1990

Schanze, H. (Hg.): *Rhetorik. Beitr. zu ihrer Geschichte in Deutschland vom 16.-20. Jahrhundert.* Frankfurt/M. 1974

Allgemein:

Betten, A.: Norm u. Spielraum im dtsch Satzbau. Eine diachrone Untersuchung. In: Mattheier, K./Nitta, H./Ono, M. (Hg.): *Methoden zur Erforschg. des Frühnhd.* München 1993, 125-145

Betten, A.: *Grundzüge d. Prosasyntax. Stilprägende Entwicklungen vom Althochdeutschen zum Neuhochdeutschen.* Tübingen 1987 (R. :Germanist. Linguistik. Bd. 82. Kollegbuch)

Betten, A.: Stilphänomene der Mündlichkeit und Schriftlichkeit im Wandel. In: Stickel, G. (Hg.): *Stilfragen.* Berlin 1995, 257-279 (Jb IDS 1994)

Brinkmann, H.: Grundfragen zur Stilgeschichte. In: *ZfDk* 46-47/1932/33

Brinkmann, H.: *Grundfragen der Stilgeschichte. Fünf Betrachtungen. Studien zur Geschichte der dtsch. Spr. u. Lit.* Bd. 2 Düsseldorf 1965/6

van Dam, J.: Literaturgeschichte als Stilgeschichte. In: *Neophilol.* 1938/23, 349ff.

Curtius, E. R.: *Europ. Literatur u. lat. Mittelalter.* [1948] Bern [10]1984

Duwe, W.: *Ausdrucksformen dtsch. Dichtung vom Naturalismus bis zur Gegenwart, eine Stilgeschichte der Moderne.* Berlin 1965

Falk, L.: Stil und Epoche. In: *JIG* 12/1980, 98-114

Hoffmann-Krayer, E.: *Geschichte des dtsch. Stils in Einzelbildern.* 1926

Nadler, J.: Das Problem der Stilgeschichte. In: *Philos. Jb. d. GörresGes.* 376, 97

Thornton, H. u. A.: Style and time. In: *Yearb. of compar. criticism* 3/1971, 144-178

Antike

Borinski, K.: *Die Antike in Poetik u. Kunsttheorie.* 2 Bde. [1914/24] Darmstadt 1965

Leeman, A.D.: *Orationis ratio: The Stylistic Theories and Practice of the Roman Orators, Historians and Philosophers.* 2 Bde. Amsterdam 1963

Norden, E.: *Die antike Kunstprosa. Vom VI. Jh. v. Chr. bis in die Zeit der Renaissance* [1898] 2 Bde. Darmstadt ⁹1983

Zundel, E.: *Lehrstil u. rhetor. Stil in Quintilians institutio oratoria. Unters. z. Form eines Lehrbuchs.* Frankfurt/M. 1981

German. u. ahd. Zeit:

McTurk, R.W.: The poetc Edda and the appositive style. In: *Poetry in the Scandin. middle ages.* Spoleto 1990, 321-337

Stoffel, A.: *Die stilist. Bedeutg. des Adjektivs in der westgerm. Dichtg.* Diss. Köln 1945

Rosenthal, D.: *Tod. Semant., stilist. u. wortgeogr. Unters. aufgrund germanischer Evangelien- u. Rechtstexte.* Göteborg 1974.

Heinrichs, H.M.: Über german. Dichtungsformeln. In: *Ann. Ac. Sc. Fennicae* B 84 1954, 241-73

Sonderegger, S.: Erscheinungsformen der Variation im Germanischen. In: *Festschr. K. Reichart.* Bern 1969, 13-29

As./Ahd. Literatur:

Heusler, A.: Heliand. Liedstil u. Epenstil. In: *ZfdA* 57/1920, 1-48 (u. Kl. Schr. II Berlin 1969, 517-65)

Sowinski, B.: *Darstellungsstil u. Sprachstil im as. Heliand.* Köln 1985

Schulz, K.: *Art u. Herkunft des variierenden Stils in Otfrids Evangeliendichtung.* München 1968 (Med Aev 15)

Mhd. Zeit:

Allgemein (alphabetisch):

Arbusow, L.: *Colores rhetorici. Eine Auswahl rhetor. Figuren u. Gemeinplätze als Hilfsmittel für akadem. Übungen an mittelalterl. Texten.* Göttingen 1948, 1963

Bayer, H. J.: *Unters. zum Sprachstil weltlicher Epen des dtsch. Früh- u. Hochmittelalters.* Berlin 1964 (PhStuQu 10)

Böckmann, P.: *Formgeschichte der dtsch. Dichtg. Bd. I: Von der Sinnbildsprache zur Ausdruckssprache.* Hamburg 1949

de Boor, H.: *Frühmhd. Sprachstil.* Kl. Schriften I, 21ff.

Eggers, H.: Vom Formenbau mhd. Epen. In: *DU* 11/1959, 2, 81-97

Fechter, W.: *Lateinische Dichtkunst und deutsches Mittelalter. Forschungen über Ausdrucksmittel, poet. Technik u. Stil mhd. Dichtungen.* Berlin 1964 (PhStuQu. 23)

Fellmann, F.: ›Style Formulaire‹ u. ›epische Zeit‹ im Rolandslied. *GRM* 43/1962, 337-360

Gentry, E. S.: Antithetische Stil- u. Inhaltsstrukturen in der höfischen Dichtg. In: *Neuere Forschungen. Festschr. L.E. Schmidt.* ZDL SH3 , 247-252

Goheen, J.: Die kommunikative Rolle des Stils im mhd. Text. In: *JfG* 18, 2/1986, 78-106

Horacek, B.: *Kunstprinzipien der Satzgestaltung. Studien zu einer inhaltbezogenen Syntax der dtsch. Dichtersprache.* Wien 1964 (zu: Wolfram, Hartmann, Gottfried, NL, Kudrun, Walther, Neidhart, Goethe)

Pasetre, J.-M.: Raffinement du style et raffinement des moeurs dans les oeuvres allemandes d'adaption. In: *Littérature et Société au Moyen Age*. Paris 1978, 71-87

Riemen, A.: *Bedeutung u. Gebrauch der Heldenwörter im mhd. Epos*. Diss. Köln 1954

Schwietering, J.: Die Demutsformel mhd. Dichter (*Abh. Göttingen NF* 17, 3. Berlin 1921=J.S. *Philol. Schrn*. München 1969, 140-215

Spangenberg, P. M.: Pragmat. Kontexte als Horizonte von Stilreflexionen im Mittelalter. In: Gumbrecht/Pfeiffer (Hg.): *Stil*. Frankfurt/M. 1986, 68-92 (stw 633)

Steinhoff, H. H.: *Die Darstellung gleichzeitiger Geschehnisse im mhd. Epos. Studien zur Entfaltung der poet. Technik vom Rolandslied bis zum ›Willehalm‹*. München 1964 (Med Aev PhilSt 4)

Strümpell, R.: Der Parallelismus als stilist. Erscheinung in der frühmhd. Dichtung. In: *Beitr*. 49/1925, 163-191

Wehowski, G.: *Schmuckformen u. Formbruch in der dtsch. Reimpaardichtg. des Mittelalters*. Diss. Breslau 1936

Mohr, W.: Syntaktisches Werbe- u. Liebesspiel. Zu einem sprachl. Kunstgriff in der mittelalterl. Lyrik u. Epik. In: *Beitr*. (T) 81/1957, 161ff.

Woehrle, W.: *Zur Stilbestimmung der frühmhd. Lit*. Diss. Zürich 1959

Wolf, L.: *Beschreibung des mhd. Volksepos u. seiner grotesken u. hyperbol. Stilmittel*. Diss. Göttingen 1902. Berlin 1903 (Palaestra 25)

Zumthor, P.: Style and expressive register in medieval poetry. In: *Literary style*. ed. S. Chatman. 1971, 263-80

Minnesang:
von Lieres u. Wilkau, M.: *Sprachformeln in der mhd. Lyrik bis zu Walther von der Vogelweide*. München 1965 (MTU 9)

Milnes, H.N.: *Über die erotische Sprache in der mhd. höfischen Dichtung*. M-Diss. Ohio States Univ. 1950 (Diss. Abstr. Ohio 61)

Scholz, M.G.: Zu Stil u. Typologie des mhd. Wechsels. In: *JIV* 22-1/1989, 60-92

Touber, A. H.: *Rhetorik u. Form im dtsch. Minnesang*. Groningen 1964

Schweikle, G.: Humor u. Ironie im Minnesang. *Wolfram-Studien* VII/1982, 55-74

Autoren:
Ludwig, O.: Die Priameln Spervogels. In: *Beitr*. 85/1963, 297-314

Schirmer, K. H.: Rhetorisches i. Kreuzlied Albrechts v. Johannsdorf »Die hinnen varn, die sagen durch got« (MF 89, 21). In: *Mediaevalia litteraria. Festschr. H. de Boor*. Hg. v. U. Henning/H. Kolb. München 1971, 229-253

Ludwig, O.: Komposition u. Bildstruktur. Zur poetischen Form der Lieder Heinr. v. Morungen. In: *ZfdPh* 87/1968 Sonderh. 48-71

Präsent, G.: *Rhetorik, Poetik u. Topik bei Walther von der Vogelweide. Studien z. rhetor. Textanalyse mhd. Texte*. Diss. Graz 1980

Urbanek, F.: Die genera dicendi in der Dichtung Walthers von der Vogelweide. In: *ZfdPh* 114/1995, 1-28

Ashcroft, J.: Crabbed age and youth:The self-stylisations of Reinmar and Walther. In: *GLL* 28/1974-5, 187-199

Gaier, U.: *Satire. Studien zu Neidhart, Wittenwiler, Brant u. zur satirischen Schreibart*. Tübingen 1967

Bertau, K.: Stil und Klage beim späten Neidhart. In: *DU* 19/1967, 76-97

Schiendorfer, M.: *Ulrich von Singenberg, Walther und Wolfram. Zur Parodie in der höfischen Literatur.* Bonn 1983 (StGAK 112)

Mhd. Epik (allgemein):
Knapp, F. P.: *Similitudo. Stil- u. Erzählfunktionen von Vergleich u. Exempel in der lat., französ. u. dtsch. Großepik des Hochmittelalters.* Bd. 1. Wien 1975
Tisdell, M.-E.: *Studien zur Erzählweise einiger mhd. Dichtungen.* 1978
Rupp, H.: Über den Bau epischer Dichtungen des Mittelalters. In: *Festschr. Friedr. Maurer.* Stuttgart 1963, 366-382

Mhd. Epik (histor.)
Schmedes, J.: *Über den Stil der Epen Rother, Nibelungenlied und Gudrun.* Diss. Kiel 1893
Fromm, H.: Die Erzählkunst des Rotherepikers. In: *Euphorion* 54/1960, 347-379
Missfeldt, A.: *Die Abschnittsgliederg. u. ihre Funktion in mhd. Epik. Untersuchgn. zu »König Rother«, Vorauer u. Straßburger »Alexander«, »Herzog Ernst (B)« u. zu Wolframs »Willehalm«.* Göppingen 1978
Hammer, Th. M.: *Antithese im höfischen Epos. Eine Unters. der epischen Werke Heinr. v. Veldekes, Hartmanns, Gottfrieds u. Wolframs.* Diss. Pennsylvania 1949
Linke, H.: Form u. Sinn des »Fuchs Reinhart«. In: *Strukturen u. Interpretationen. Festschr. B. Horacek.* Hg.: A. Ebenbauer u.a. Wien 1974, 226-262
van der Lee, A.: *Der Stil von Hartmanns Erec, verglichen mit dem der älteren Epik.* Utrecht 1950
Endres, R.: *Studien z. Stil v. Hartmanns »Erec«.* Diss. München 1961
Ehrenreich, S.: *Erzählhaltung u. Erzählerrolle Hartmanns u. Th. Manns. Dargestellt an ihren beiden Gregoriusdichtungen.* Diss. Frankfurt/M. 1963
Linke, H.: *Epische Strukturen in der Dichtung Hartmanns von Aue. Unters. zu Formkritik, Werkstruktur, Vortragsgliederung.* München 1968
Heinze, N.: *Zur Gliederungstechnik Hartmanns von Aue. Stilist. Unteruchungen als Beitrag zu einer strukturkritischen Methode.* Göppingen 1973
Kuttner, U.: *Das Erzählen des Erzählten. Eine Studie zum Stil in Hartmanns »Erec«u. »Iwein«.* Bonn 1978 (StGAK 70)
Ranawake, S.: Zu Form u. Funktion der Ironie bei Hartmann von Aue. In: *Wolfram-Studien* 7/1982, 75-116
Trimborn, K.: *Syntaktisch-stilistische Unters. zu Chrétiens »Yvain« u. Hartmanns »Iwein«. Ein textling. Vergleich.* Berlin 1985 (PhStuQu 103)
Pérennec, R.: *da heime niht erzogen* – Translation u. Erzählstil. ›Rezeptive Produktion‹ in Hartmanns ›Erec‹. In: H. Kugler (Hg.): *Interregionalität der dtsch. Literatur im europ. Mittelalter.* Berlin 1995, 107-126
Hillen, H.-J.: *Die dichterische Behandlung der Zeit im Nibelungenlied.* M-Diss. Köln 1951
Kuhn, H.: Über nordische u. dtsch. Szenenregie in der Nibelungendichtung. In: *Edda, Skalden Saga. Festschr. F. Genzmer.* Heidelberg 1952, 279-306
Maurer, F.: Über die Formkunst des Dichters unseres Nibelungenliedes. In: *DU* 6/1954, 5, 77-83
Panzer, F.: *Das Nibelungenlied. Entstehung u. Gestalt.* 1955 (bes. Kap. 6: Sprachstil u. innere Form S. 114-215)
Wachinger, B.: *Studien zum Nibelungenlied. Vorausdeutungen, Aufbau, Motivierung.* Tübinghen. 1960
Batts, M. S.: *Die Form der Aventiuren im Nibelungenlied.* Gießen. 1961

Nagel, B.: *Das Nibelungenlied. Stoff-Form-Ethos.* Frankfurt/M. 1965; [2]1970 (Form 53-136)

Wiehl, P.: Über den Aufbau des Nibelungenliedes. In: *WW* 16/1966, 309-323

Mc Carthy, M. F.: The Use of Rhetoric in the Nibelungenlied: A Stylistic and Structural Study of Aventiure V. In: *MLN* 87/1972, 683-700

Linke, H.: Über den Erzähler im Nibelungenlied u. seine künstler. Funktion. In: *GRM* 41/1960, 370-385. u. in: *WdF* 54, 1976, 110-133

Hamburger, K.: *Zur Erzählerhaltung im Nibelungenlied.* In: K.H.: *Kl. Schriften.* 1976, 59-73

Neinhardt, A.: *Die epische Szene in der höfischen Dichtung. Ein Vgl. von Hartmanns ›Iwein‹ u. Wolframs ›Parzival‹.* Diss. Göttingen 1947

Luxenburger, M.: *Die Zeitgestaltung in Wolframs von Eschenbachs Parzival.* M-Diss. Bonn 1949

Sailer, K.: *Die Menschengestaltung in Wolframs ›Willehalm‹.* M-Diss. München 1950

Kiefner, W.: Wolframs Titurel. Untersuchungen zu Metrik u. Stil. M-Diss. Tübingen 1952

Horacek, B.: Zur Wortstellg. in Wolframs Parzival. In: *AnzAkWien* 89/1952, 270-99

Horacek, B.: *Zur Kunst der Syntax in Wolframs Parzival.* M-Habil. Schr. Wien 1953

Vigl, H.: *Das Bild als Mittel des Ausdrucks u. des Gestaltens bei Wolfram von Eschenbach. Unters. zum sprachl. Bild in Wolframs Dichtungen.* M-Diss. Innsbruck 1953

Reiber, T. K.: *Studien zu Grundlage u. Wesen mittelalterl.-höf. Dichtg. unter bes. Berücksichtigung von Wolframs dunklem Stil.* M-Diss. Tübingen 1954

Mackensen, R.: *Das Bild u. seine Funktion im Parzival des Wolfram von Eschenbach.* M-Diss. Tübingen 1955

van der Rhee, F.: ›Geblümter Stil‹ bei den drei großen mhd. Epikern. In: *27e Nederlands Filologencongres.* Groningen 1962, 157f.

Nellmann, E.: *Wolframs Erzähltechnik. Untersuchungen zur Funktion des Erzählers.* Wiesbaden 1963

Herberg, G.: *Wolframs Erzählstil in den Büchern I u. II seines ›Parzival‹.* M-Diss. Göttingen 1963

Springer, O.: Playing on Words: A Stylistic note on Wolframs ›Titurel‹. In: *Research Studies* 32/1964, 106-24

Wolff, L.: *Vom persönl. Stil Wolframs in seiner dichter. Bedeutung. Ein Versuch.* (= Kl. Schriften). Berlin 1967, 262-293)

Curschmann, M.: Das Abenteuer des Erzählens. Über den Erzähler in Wolframs »Parzival«. In: *DVjs* 45/1971, 627-667

Haug, W.: Erzählen vom Tod her. Sprachkrise, gebrochene Handlung u. zerfallende Welt in Wolframs«Titurel«. In: *Wolfram-St.* 6/1980, 8-24

Eggers, H.: Eine ungewöhnl. Form der *amplificatio* in den Epen Wolframs v. Eschenbach. In: *Studien z. W. v. E. Festschr. f. Werner Schröder.* Tübingen 1989

Pastré, J. M.: Eine Stilfrage: Der Asianismus b. Wolfr. v. Eschenbach. In: *Deutg. u. Wertg. als Grundprobl. philolog. Arbeit. Festkolloqu. W. Spiewok.* Greifswald 1989 (Greifsw. germ. Forschgn. 11)

Fechter, W.: *Latein. Dichtkunst u. dtsch. Mittelalter. Forschgn. über Ausdrucksmittel, poet. Technik u. Stil mhd. Dichtungen.* Berlin 1964

Reuter, F.: *Antithese, Wortwiederholung u. Adjektiv im Stilgebrauch Gottfrieds von Straßburg u. seiner Schule.* M-Diss. Leipzig 1950

Christ, W.: *Rhetorik u. Roman. Unters. zu Gottfried von Straßburgs »Tristan u. Isold«.* Meisenheim 1977 (Dt. Studien 31)

Gräfe, M. L.: *Studien zum Kunst- u. Stilwandel des XIII. Jahrhunderts. Gotfrid von Straßburg: Tristan u. Isolde; Rudolf von Ems: Willehalm, Konrad von Würzburg: Engelhard; Reinfrid von Braunschweig.* M-Diss. Tübingen 1946

Schmidt, W.: *Unters. zu Aufbauformen u. Erzählstil im »Daniel vom blühenden Tal« des Strickers.* Göppingen 1979 (G.A.G. 266)

Egyptien, J.: *Höfisiert. Text u. Verstädterg. der Sprache. Städt. Wahrnehmg. als Palimpsest spätmittelalterl. Versromane.* Würzburg 1987

Lenschen, W.: *Gliederungsmittel u. ihre erzählerischen Funktionen im »Willehalm von Orlens« des Rudolf von Ems.* Göttingen 1967 (Palaestra 250)

Lutz, E.C.: *Rhetorica divina. Mhd. Prologgebete u. die rhetorische Kultur des Mittelalters.* Berlin 1984, 161-167 (R. v. Ems)

Mitgau, W.: *Bauformen des Erzählens im »Wigalois« des Wirnt von Gravenberc.* Diss. Göttingen 1959

Green, D. H.: *Konrads Trojanerkrieg u. Gottfrieds Tristan. Vorstudien zum gotischen Stil in der Dichtung.* Diss. Basel/Waldkirch 1949

Monecke, W.: *Studien zur epischen Technik Konrads von Würzburg. Das Erzählprinzip der ›wildekeit‹.* Stuttgart 1968 (Germ. Abhdlgn. 24)

Huschenbett, D.: *Albrechts »Jüngerer Titurel«. Zu Stil u. Komposition.* München 1979

Rehbock, H.: *Epischer Vorgang u. Aufbaustil im »Wilhelm von Österreich«.* Diss. Göttingen 1963

Janzen, R.: Zum Aufbau der »Kudrun«. In: *WW* 12/1962, 257-273

Schottmann, H.: Beobachtungen zur Erzählweise der »Kudrun«. In: Schützeichel, R. (Hg.): *Studien zur dtsch. Literatur des Mittelalters.* Bonn 1979, 501-521

Laurien, H.-R.: *Stilelemente der historischen Dietrichepen.* M-Diss. FU Berlin 1951

Betten, A.: Zu Satzbau u. Satzkomplexität im mhd. Prosa-Lanzelot. Überlegungen zur Beschreibung mhd. Prosa. In: *Sprachwiss..* 5/1980, 15-42

Schmidt-Wiegand, R.: Sprache u. Stil der Wolfenbüttler Bilder-Handschrift. In: R.S. (Hg.): *Wolfenbüttler Bilder-Handschrift des Sachsenspiegels.* Aufs. u. Unters. Berlin 1993, 201-218

Schirmer, K. H.: *Stil-u. Motivunters. zur mhd. Versnovelle.* Tübingen 1969 (Hermaea N. F. 26)

Mohr, W.: Syntakt. Werbe- u. Liebesspiel. Zu e. sprachl. Kunstgriff in mhd. Lyrik u. Epik. In: *Beitr.* 81/1959 161-75 (z. Wernher u.a.)

Tschirch, F.: Wernhers Helmbrecht in der Nachfolge von Gottfrieds Tristan. Zu Stil u. Komposition der Novelle. In: *Beitr.* 80/1958, 292ff.

Nyholm, K.: *Studien zum sog. geblümten Stil.* 1970

Henne, H.: Literische Prosa im 14. Jahrhundert – Stilübung und Kunststück. In: *ZfdPh* 97/1978, 321ff.

Kibelka, J.: ›der ware meister‹. *Denkstile u. Bauformen in der Dichtung Heinrichs von Mügeln.* Berlin 1963 (PhilStQ 13)

Spicker, J.: *Literar. Stilisierung u. artist. Kompetenz bei Oswald von Wolkenstein.* Stuttgart 1993

Boesch, B.: Zum Stilproblem in Heinr. Wittenwilers *Ring*. In: *Philologia Deutsch. Festschr. W. Henzen*. Bern 1965, 63-78

Goheen, Jutta: Der feiernde Bauer im *Ring* Heinr. Wittenwilers. Zum Stil d. mittl. Teils. In: *Jb. d. Osw. v. Wolkenstein-Ges.* 8/1994/95, 39-58

Weber, J.:*Kapitelaufbau u. tektonischer Stil im »Ackermann aus Böhmen«.* M-Diss. Göttingen 1949

Reitzer, J.: *Zum Sprachlich-Stilistischen im Ackermann aus Böhmen mit bes. Hinblick auf Rhythmus u. Zahlensymbolik.* M-Diss. Colorado 1954

Tschirch, F.: Kapitelverzahnung u. Kapitelrahmung durch das Wort im »Ackermann aus Böhmen«. In: *DVjs* 33/1959, 283-308

Tschirch, F.: Colores rhetorici im »Ackermann aus Böhmen«. In: *Literatur u. Sprache im europ. Mittelalter. Festschr. K. Langosch*. Darmstadt 1973, 364-397

Bäuml, F. H.: *Rhetorical Devices and Structure in the»Ackermann aus Böhmen«.* Berkeley (Calif.) 1960

Hahn, G.: *Die Einheit des »Ackermann aus Böhmen«. Studien zur Komposition.* München 1963

Hennig, R.K.: *Satzbau u. Aufbaustil im »Ackermann aus Böhmen«.* Diss. Univ. Washington 1968 (Microf. 1969)

Hennig, R.K.: Das 1. Kapitel im »Ackermann aus Böhmen«. Eine Satz-u. Strukturanalyse. In: *Neophilologus* 55/1971, 157-174

Brandmeyer, K.: *Rhetorisches im »ackerman«. Unters. zum Einfluß der Rhetorik u. Poetik des Mittelalters auf die liter. Technik Johanns von Tepl.* Diss. Hamburg 1970

Mieder, W.: Streitgespräch u. Sprichwortantithetik. Ein Beitr. zu ›Ackermann aus Böhmen‹- u. Sprichwortforschung. In: *Daphnis* 2/1973, 1-32

Stolt, B.: *Rhetorik u. Gefühl im ›Ackermann aus Böhmen‹. In. B.S.: Wortkampf. Frnhd. Beispiele zur rhetor. Praxis.* Frankfurt/M. 1974 (Respubl. litt. 8)

Vollmann, B, K.: Stil u. Anspruch des ›Horologium sapientiae‹. In: R. Blumrich/ Ph. Kaiser (Hgg.): *Heinrich Seuses Philosophia spiritualis. Tagung Eichstätt 1991.* Wiesbaden 1994, 84-93

Michel, P.: Stilwandel bei Heinr. Seuse. In: *Verborum amor. Festschr. St. Sonderegger.* Hg.: H. Burger. Berlin 1992, 297-341

Boehm-Bezing, G.: *Stil u. Syntax bei Paracelsus.* Wiesbaden 1966

Thiel, H.: Zum Darstellungsstil der »Komedie vom letzten Gericht« aus Apetlon im Burgenland. In: *Histor. Volksmusikforschg.* Graz 1978, 235-241

Roloff, H. G.: *Stilstudien zu Thüring von Ringoltingen.* Köln 1970

Penzl, H.: Frühneuhochdeutsch: Zu H. G. Roloffs Stilanalyse u. die sprachl. Periodisierung. In: *Der Buchstabe tödt. Festschr. H.G. Roloff.* 2 Bde. Bern u.a. 1966, 15-19

Stapele, P. van: Classical rhetoric in medieval dramat. dialogue. In: *Proccedings Congr. Ling. Berlin 1987*, 14, 1989-1993

Aust, H.: Zum Stil der Volksbücher. Ein Problemaufriß. In: *Euph.* 78/1984, 60-81

Gerhardt, Ch.: *Das Lied ›Willehalm von Orlens‹ von 1522. Bemerkungen zum ›Stilwillen‹.* Paderborn 1995

Nhd. Zeit: 16./17. Jahrhundert

Müller, W. G.: Das *Problem des Stils in der Poetik der Renaissance. In:* Renaissance-Poetik=Renaissance poetics. Hg.: H.F. Plett. Berlin 1994, 133-146

O'Donnel, A. M.: Rhetoric and style in Erasmus »Enchiridion milites Christiani«. In: *Studies in philology* 77/1980, 26-49

Schenker, W.: *Die Sprache Huldrych Zwinglis in Kontrast zur Sprache Luthers.* Berlin 1977

Rössing-Hager, M.: *Syntax u. Textkomposition in Luthers Briefprosa.* Köln 1972

Jillings, L.: Ulrich von Huttens self-stylisation as Odysseus. The conservative use of myth. In: *Coll. Germ.* 26/1993-4, 93-107

Wolf, H.: *Die Sprache des Johann Mathesius.* Köln 1969 (Mitteldt. Forschgn. 58)

Mühlemann, C.: *Fischarts ›Geschichtsklitterung‹ als manierist. Kunstwerk.* Frankfurt/M. 1972

Seitz, D.: *Fischarts ›Geschichtsklitterung‹. Zur Prosastruktur u. zum grobianischen Motivkomplex.* Frankfurt/M. 1974

Schank, G.: *Etymologie u. Wortspiel in Joh. Fischarts ›Geschichtsklitterung‹.* 1978

Zymmer, R.: *Manierismus . Zur poet. Artistik bei Joh. Fischart, Jean Paul u. Arno Schmidt.* Paderborn 1995

Sowden, J. K.: Chancellary u. epistolary style in German literary prose in the 16. a. 17 cent. In: *MLR* 64/1969, 84-99

Turner, B. S.: Ruine u. Fragment. Anmerkungen zum Barockstil. Aus dem Engl. In: *Allegorie u. Melancolie. Hg. von W. van Reijen.* Frankfurt/M. 1992, 202-223

Sinemus, V.: Stilordnung, Kleiderordnung u. Gesellschaftsordnung im 17. Jh. In: *Barock-Symposium 1974.* Hg. v. A. Schöne. München 1976

Walther, C.: Literatursprachl. Verhalten von Plebejern, Bauern, Bürgern, Intellektuellen u. soziale Stile im 17. Jh. In: *Sprachgebrauch in variablen sozio-kommunikativen Bezügen. Soziolinguist. Studien zur Geschichte des Nhd.* Hg. von G. Brandt. Stuttgart 1994, 219-300

Barner, W.: *Barockrhetorik. Unters. zu ihren geschichtl. Grundlagen.* Tübingen 1970

Langholt, B.: *Die Syntax des dtsch. Amadisromans.* Hamburg 1973

Haskel, P.I.: Collocations as a measure of stylistic variety. In: *The Computer.* Cambridge 1971

Couermann, K.: Der Stil des Hofmanns. Zur Genese sprachl. u. liter. Formen aus der höfisch-polit. Verhaltenskunst. In: *Europ. Hofkultur im 16. u. 17. Jh.* Bd. 1 Hamburg 1981, 45-56

Dünnhaupt, G.: Das Eindringen des manierist. Stils in die dtsch. Romanprosa in Werders Dianae-Übersetzung. In: *Studi Germanici* 11/73, 257ff.

Panny, R.E.: The emergence of a musical style in a sonnet of Andreas Gryphius. In: *JIG* 22-1/1989, 114-123

Beil-Schickler, G.: *Von Gryphius bis Hoffmannswaldau. Unters. zur Spr. der dtsch. Lit. im Zeitalter des Barock.* Tübingen 1995

Geulen, H.: *Erzählkunst der frühen Neuzeit. Zur Geschichte epischer Darbietungsweisen u. Formen im Roman der Renaissance u. des Barock.* Tübingen 1975 (zu Grimmelshausen)

Schütt, P.:*Die Dramen des Andreas Gryphius. Sprache u. Stil.* Hamburg 1971

Jöns, D.W.: *Das »Sinnen-Bild«. Studien zur allegor. Bildlichkeit bei. Andreas Gryphius.* Stuttgart 1966

Kayser, W.: *Die Klangmalerei bei Harsdörffer. Ein Beitr. zur Gesch. der Literatur, Poetik u. Sprachgesch. der Barockzeit.* Göttingen 1932

Mannack, E.: »Realistische« u. metaphor. Darstellung im »Pegnitzischen Schäfergedicht«. In: *Jb. d. dtsch. Schillergesellsch.* 17/1973, 154-165

Meier-Lefhalm, E.: *Das Verhältnis von mystischer Innerlichkeit u. rhetor. Darstellung bei Angelus Silesius.* M-Diss. Heidelberg 1958

Daly, P.M.: *Die Metaphorik in den Sonetten der Catharina Regina von Greiffenberg.* Diss. Zürich 1964

Sieveke, F.G.: Die Paternoster- Paraphrase der Trutz-Nachtigall. Überlegungen zum theolog. Argumentationsstil bei Friedrich von Spee. In: *Friedrich von Spee zum 400. Geburtstag.* Hg. von G. Franz. Paderborn 1995, 229-242

Ludolf, H.: *Kritik u. Lob am Fürstenhof. Stilunters. in den Epigrammen Friedr. von Logaus.* Hildesheim 1991

Windfuhr, M.: *Die barocke Bildlichkeit u. ihre Kritiker. Stilhaltungen in der dtsch. Literatur des 17. u. 18. Jahrhunderts.* Stuttgart 1966

Schwind, P.: *Schwulst-Stil. Histor. Grundl. von Produktion u. Rezeption manierist. Sprachformen in Deutschland 1624-1738.* Bonn 1977

Beetz, M.: *Rhetorische Logik. Prämissen der dtsch. Lyrik im Übergang vom 17. zum 18. Jahrhundert.* Tübingen 1980

Nickisch, R.: *Die Stilprinzipien in den dtsch. Briefstellern des 17. u. 18. Jhs. m. e. Bibliogr. zur Briefschreiblehre 1474-1800.* Göttingen 1969

Anger, A.: Landschaftsstil des Rokoko. In: *Euphorion* 51/1957, 151-191

Langen, A.: *Deutsche Sprachgeschichte vom Barock bis zur Gegenwart.* In: Stammler, W. (Hg.): *Dtsch. Philologie im Aufriß Bd. I,* 1957, 931-1395

Campe, R.: *Affekt u. Ausdruck. Zur Umwandlung der literar. Rede im 17. u. 18. Jh.* Tübingen 1990

18. Jh.: Aufklärung und Empfindsamkeit

Schneider, L.L.: *Reden zw. Engel u. Vieh. Zur rationalen Reformulierung der Rhetorik im Prozeß der Aufklärung.* Opladen 1994

Langen, A.: Verbale Dynamik in der dichter. Landschaftsschilderung des 18. Jhs. In: Ritter, A. (Hg.): *Landschaft u. Raum in der Erzählkunst.* Darmstadt 1975, 112-191

Nickel, K.-H.: Forschung zur Rhetorik im 18. Jh. Eine Bibliogr. d. Veröffentl. n 1971-1979. In: *Das 18. Jahrhundert* 4, 1980, 132-136

Neuse, W.: Die Anfänge der »erlebten Rede« u. des »inneren Monologs« in der dtsch. Prosa des 18. Jh. In: *Theatrum mundi.* München 1980, 1-21

Michelsen, P.: Ein Genie des Klatsches. Der dtsch. Briefstil der Herzogin Elisabeth-Charlotte v. Orleans. In: *Pathos, Klatsch u. Ehrlichkeit. Hg. v. K. Mattheier u. P. Valentin.* Tübingen 1990, 151-174

Couermann, K.: Scherzhafter Stil u. burleske Komik in der dtsch. Lyrik der galanten Epoche. Zur Gesch. des Quodlibets u. des Versbriefes. In: *Europ. Tradition u. dtsch. Literatur-Barock,* hg. von G. Hoffmeister. Bern 1973

Jung, W.: Zur Reform des dtsch. Briefstils im 18. Jahrhundert. Ein Beitr. zu C.F. F. Gellerts Epistolographie. In: *ZfdPh* 114/1995, 481-498

Thayer, T. K.: Rhetoric and the rhetorical in Klopstock's odes. In: *Euphorion* 74/1980, 335-359

Briggemann, D.: *Die sächsische Komödie. Studien zum Sprachstil.* Köln 1970

Werner, H. G.: Zur Kombination literatur- u. sprachwissenschaftlicher Untersuchungsmethoden bei der Analyse einer Dichtung (Emilia Galotti). In: *Akten des VI. Intern. Germ.-Kongr. T. 2,* 1980. 257-262

Schulz, B.: Die Sprache als Kampfmittel. Zur Sprachform von Kampfschriften Luthers, Lessings u. Nietzsches. In: *DVjs.* 18/1940, 431ff.

Staiger, E.: Lessings Prosa. Eine Vorlesung. In: *Dichtung u. Deutung. Gedächtnisschrift f. H.M. Wolf.* Bern 1961, 143-152

Jens, W.: *Feldzüge eines Redners. G. E. Lessing. In: W.J.: Von dtsch. Rede.* München 1969, 33-48

Markwardt, B.: Studien über den Stil G. E. Lessings im Verhältnis zur Aufklärungsprosa. In: *WZUG* 3/1953-54, 297-338

Immisch, O.: Beiträge zur Beurteilung der stilist. Kunst in Lessings Prosa, insonderheit der Streitschriften. In: *Text u. Kritik* 26/27/1970, 26-38

Schilson, A.: ›Glanz der Wahrheit‹ oder ›blendender Stil‹? Überlegungen zu Gegenstand u. Methode in Lesssings Streit mit Goeze. In: *Streitkultur. Strategien des Überzeugens im Werk Lessings. Referate der Lessing-Tagung Freiburg/B. 1991. Hg. von W. Mauser/G. Saße.* Tübingen 1993, 56-77

Wetzli, B.: Le style c'est l'homme – und die Frauen? Minnas Streitkultur, eine ›zeitige Aufgabe‹. In: *Streitkultur.* Tübingen 1993, 530-539

Göbel, H.: *Bild u. Sprache b. Lessing.* München 1971

Briegleb, K.: *Lessings Anfänge 1742-1746. Zur Grundlegung kritischer Sprachdemokratie.* Frankfurt/M. 1971

Briefs, A.: Zur Funktion des Wortbildes bei Lessing. In: *Lessing-Yearbook* III. München 1971, 160-172

Schröder, J.: *G.E. Lessing. Sprache u. Drama.* München 1972

Hüskens-Hasselbeck, K.: *Stil u. Kritik. Dialog. Argumentation in Lessings philosophischen Schriften.* München 1978

Silman, T.I.: Stilistische Werte satzverbindender Mittel bei Winckelmann, Lessing und Goethe. In: *Mutterspr* 65-75

Grund, U.: *Studien zur Sprachgestaltung in Theodor Gottlieb von Hippels Roman »Lebensläufe nach aufsteigender Linie nebst Beilagen A, B, C.«* Diss. FU Berlin 1970

Teesing, H. P. H.: Ironie als dichter. Spiel, ein stilist. Versuch an Hand von Wielands »Schach Lolo« in: *Stil-u. Formprobl. in der Literatur.* Hg. v. P. Böckmann. Heidelberg 1959

Sommer, C.: Europ. Tradition u. indivuelles Stilideal. Zur Versgestalt von Wielands späteren Dichtungen. In: *Arcadia* 4/1969, 247-73

Tschapke, R.: *Anmutige Vernunft. Chr. M. Wieland u. die Rhetorik.* Stuttgart 1990 (Stgt. Arb. z. Germ. 228)

Brugger, P.: *Graziöse Gebärde. Studien zum Rokokostil C. M. Wielands.* München 1972

Schädlich, L.: *Der frühe dtsch. Blankvers unter bes. Berücksichtigg. seiner Verwendung durch C. M. Wieland. Eine versstilist. u. literarhistor. Unters.* Göppingen 1972 (GAG 43)

Mauthner, F.H.: *Lichtenbergs Kommentare zu Hogarths Kupferstichen: Über Lichtenbergs Stil. in Form u. Stil.* Hg. v. P. Böckmann. Heidelberg 1959

Gockel, H.: *Individualisiertes Sprechen.* Berlin 1973 (zu:Lichtenberg)

Dirscherl, K.: Stillosigkeit als Stil. Du Bos, Marivaux u. Rousseau auf dem Weg zu einer empfindsamen Poetik. In: Gumbrecht/Pfeiffer (Hg.): *Stil.* Frankfurt/M. 1986, 144-154

Sturm und Drang und Klassik

Anderegg, J.: Stilwandel u. Funktionswandel. Zum Brief in der Goethezeit. In: Fix, U./Lerchner, G. (Hg.): *Stil u. Stilwandel.* Frankfurt/M. u.a. 1996, 9-26
Anderegg, J.: Werther und Ossian. In: Fix/Wellmann (Hg.): *Stile, Stilprägungen, Stilgeschichte.* Tübingen 1997, 121-134
Reschke, C.: Stylistic patterns in Sturm und Drang-drama: F.M. Klinger's early plays. In: *Theatrum mundi.* München 1980, 40-50
Titzmann, M.: »Allegorie« und »Symbol« im Denksystem der Goethezeit. In: *Formen u. Funktionen der Allegorie.* Stuttgart 1979, 642-665
Keller, O.: *Wilh. Heinses Entwicklung zur Humanität. Zum Stilwandel des dtsch. Romans im 18. Jahrhundert.* Bern 1972
Trabant, J.: Die Schäferstunde der Feder. Hamanns Fußnoten zu Buffons Rede über den Stil. In: Erzgräber/Gauger (Hg.): *Stilfragen.* Tübingen 1992, 107-128
Kestenholz, C.: Karl Philipp Moritz: Seine Theorie des bildhaften Sprechens. In: *K. Ph. Moritz Literaturwiss., linguist. u. psycholog. Lektüre. Hg. v. A. Häcki-Buhofer.* Tübingen 1994 (Basler Stud. 67)
van der Laan, J.M.: Herder's essayistic style. In: *J.G. Herder. Language, history and the enlightement. ed. W. Koepke.* Columbia SC 1990, 108-123
Hof, W.: *Hölderlins Stil als Ausdruck seiner geistigen Welt.* Meisenheim 1954
Bach, E.: Die Syntax von Hölderlins Gedichten. In: J. Ihwe (Hg): *Lit.-Wiss. u. Linguistik 1.,* Frankfurt/M. 1972
Behre, M.: Stile des Paradoxons als Weisen modernen Wirklichkeitsausdrucks im lyr. Werk Hölderlins, Trakls u. Celans. In: *JbIG* 22/1990, 2, 8-32
Fries, A.: *Stilist. Beobachtungen zu ›Wilhelm Meisters Lehrjahre‹* (Theatr. Sendung u. Lehrj.) Berlin 1912
Fries, A.: *Stilbeobachtungen zu Goethe, Schiller u. Hölderlin. Aus dem Nachlaß hrsg.* Nachdr. [d. Ausg.] Berlin 1927, Nendeln/L. 1967
Sigal, N.A.: Stil des jungen Goethe. In: *WB* 1960, 240ff.
Erben, J.: Textlinguist. Bemerkungen zu ›Wanderers Nachtlied‹ (Goethe 1776 u. 1789). In: Wellmann, H. (Hg.): *Grammatik, Wortschatz u. Bauformen.* Heidelberg 1993, 67-78
Steiner, J.: *Goethes Wilhelm Meister. Sprache und Stil.* Stuttgart ²1966
Wergin, U.: *Einzelnes und Allgemeines. Die ästhet. Virulenz eines geschichtsphilos. Problems. Untersucht am Sprachstil von Goethes Roman »Wilhelm Meisters Wanderjahre oder die Entsagenden«.* Heidelberg 1980 (Probleme d. Dichtung 17)
Stephenson, R. H.: Goethe's prose style: makingsense of sense. *Public. of Engl. Goethe Society (PEGS)* 66/1996, 33-41
Grappin, P.: »Dichtung u. Wahrheit«- 10. u. 11. Buch. Verfahren u. Ziele autobiograph. Stilisierung. In: *Goethe-Jb.* 97/1980, 103-113
Gockel, H.: Goethes »Tasso«- die Sprache des Symbols. In: *DVjs.* 54/1980, 636-655
Brinckmann, H.: Zum Sprachstil der ›Wahlverwandtschaften‹. In: *Festschr. J. Trier,* 1954
Schiller, D.: Zum Figuren- u. Handlungsaufbau im »Faust«. In: *WB* 26/1980, 40-59

Böschenstein, B.: Hoher Stil als Indikator der Selbtbezweiflung der Klassik. Eine Lektüre v. Goethes ›Natürl. Tochter‹. In: *Das Subjekt der Dichter*. 243-263

Drux, R.: Der Streit um den Marionettenstil oder der Fall ›Alarcos‹, In: Fix, U./ Lerchner, G. (Hg.): *Stil u. Stilwandel*. Frankfurt/M. u.a. 1996, 83-94

Jakobsen, R.: *Hölderlin, Klee, Brecht. Zur Wortkunst dreier Gedichte,* eingel . u. hrsg. v. E. Holenstein. Frankfurt/M. 1976

Riesel, E.: *Studien zu Sprache u. Stil von Schillers ›Kabale u. Liebe‹* Moskau 1957

Meyer, H.: Schillers philosoph. Rhetorik. In: *Euphorion* 1959

Keller, W.: *Das Pathos in Schillers Jugendlyrik*. Berlin 1964

Böckmann, P.: Die pathetische Ausdrucksform in Schillers Jugenddramen. in: P. B.: *Formgeschichte der dtsch. Dichtung. Bd. 1*, Hamburg 1965, 668-690

Böckmann, P.: Stilprobleme in Schillers Dramen. In: P.B.: *Formensprache*. Hamburg 1966, 215-228

Berghahn, K.L.: *Zur Form der Dialogführung in Schillers klass. Dramen*. Diss. Münster 1967

Garland, H.B.: *Schiller, the Dramatic Writer: A Study of Style in the Plays*. Oxford 1969

Müller, J.: Himmel u. Hölle. In: J. M.: *Von Schiller bis Heine*. Halle 1972. 104-115 (über Sprachfiguren in Schillers Jugenddramen)

Weigel, H.: *Götterfunken mit Fehlzündung. Ein Anti-Lesebuch*. Zürich 1971 (scharfe Stilkritik an Schiller u.a.)

Oehlenschläger, E.: *Närrische Phantasie. Zum metaphor. Prozeß bei Jean Paul*. Tübingen 1980 (Unters. z. dt. Lit. Geschichte 29)

Ehlich, K.: Denkweise u. Schreibstil. Schwierigkeiten in Hegelschen Texten: Phorik, In: *Germ. L.* 3/4/1983, I:159-78 (hg. v. B. Sandig)

Staffhorst, G.: Johann Peter Hebels »Stilbuch«. In: *Festschr. d. Bismarck-Gymnasiums Karlsruhe*. Karlsruhe 1986, 256-321 (m. Edition)

Romantik:

Zemann, H.: Die österr. Lyrik des ausgeh. 18. u. des fr. 19. Jhs. im Spiegel zeitgenöss. Almanache – eine stil- u. gattungsgeschichtl. Charakteristik. In: *Kalender? Ausst.* 1986

Leitner, J./von Steinsdorf, S.: »... *wunderliche Bilder ... Gedanken in tönenden Strömen ...*«. Überlegungen zu Bettina v. Arnims romant. Stil anhand der russ. u. französ. Übers. v. ›Goethes Briefwechsel mit einem Kinde‹. In: ›*Der Geist muß Freiheit genießen ...‹ Bettina-Kolloqu. 1989*. Hg. von H. Schmitz/S. von Steinsdorf. Berlin 1992, 174-207

Stephens, A.: Zur Funktion der Metapher beim frühen Kleist. In: *Akten d. VI. Intern. Germ.-Kongr.* T. 4, 1980, 371-377

Conrady, K.O.: Der Zweikampf. Zur Aussageweise Heinr. v. Kleists. In: *DU* 3/ 1951, H. 6, 85-96

Kahlen, I.: *Der Sprachrhythmus im Prosawerk Heinr. von Kleists*. Diss. Tübingen 1952

Holz, H.H.: *Macht u. Ohnmacht der Sprache. Unters. zum Sprachverständnis u. Stil Heinrich von Kleists*. Frankfurt/M. 1962

Turk, H.: *Dramensprache als gesprochene Sprache. Untersuchungen zu Kleists »Penthesilea«*. Bonn 1963

Lühr, R.: Kondensierte Strukturen. Nominalstil in den informierenden Textsorten der von Heinrich v. Kleist hg. ›Berliner Abendblättern‹ – Nominalstil in d. Gegenwartssprache. In: *Mutterspr.* 101/1971, 145-156

Adler, H.G.: Heinrich von Kleists Prosastil. *Mutterspr* 76/1966, 161-164

Corkhill, A.: Kleists »Das Erdbeben in Chili« u. Brechts »Der Augsburger Kreidekreis«. Ein Vergleich der Motivik u. des Erzählstils. In: *WW* 31/1981, 152-157

Hunscha, Ch.: Stilzwang und Wirklichkeit. Zu Brentanos »Godwi«. In: Miller, N. (Hg.): *Romananfänge. Versuch einer Poetik des Romans.* Berlin 1965, 135-148

Ottmann, D.: *Angrenzende Rede, Ambivalenzbildung u. Metonymisierung in Ludw. Tiecks späten Novellen.* Tübingen 1990

Stolt, B.: Textsortenstilist. Beobachtungen zur Gattung »Grimm«. In: A. Stedje (Hg.): *Die Brüder Grimm – Erbe u. Rezeption. Vorträge d. internat. Grimm-Symposiums in Stockholm 6.-8. 11. 84.* 1985

Knoop, U.: »in die ganze Geschichte der Poesie eingreifen«. Zur Verschriftlichung der Märchen durch die Brüder Grimm. In: *HBVK* 18, 15-26

Gobyn, L.: Mhd. Stilzüge in den Kinder- u. Hausmärchen der Brüder Grimm. In: H.L. Cox, J. Goossens u.a. (Hg.): *Wortes anst, verbi gratia. Festschr. G. A. R. de Smet.* Leuven 1986, 143-154

Erben, J.: Zur ›Multivalenz‹ von »es« im Nhd. u. im Sprachstil der Grimmschen Märchen. *WW* 29/1979, 384-391

Alewyn, R.: Eine Landschaft Eichendorffs. In: *Romantikforschung seit 1945.* Königstein 1980, 85-102 (vorh.: *Euphorion* 51/1957, 42-60)

Spitzer, L.: Zu einer Landschaft Eichendorffs. In: *Euphorion* 52/1958

Engelen, B.: Zu einer Stileigentümlichkeit Eichendorffs. *Aurora* 29/1969, 29-37

Bräuer, R.: Rhythm. Studien über Tempo, Agogik u. Dynamik des Eichendorffschen Stils. In: *Arch. f. d. ges. Psychol.* 56, 289-396

Bormann, A. von: »Die ganze Welt zum Bild«. Zum Zusammenhang von Handlungsführung u. Bildform bei Eichendorff. In: *Aurora* 40/1980, 19-34

Ehlich, K: Literar. Landschaft u. deiktische Prozedur: Eichendorff. In: *Tilburg papers* 27, 1983; auch: H. Schweizer (Hg.): *Sprache u. Raum. Psychologische u. linguistische Aspekte.* Stuttgart 1985, 246-261

Stieglitz, O.: *Syntakt. Unters. der Sprache Johann Nestroys am Beispiel seiner Zauberposse ›Der böse Geist Lumpazivagabundus‹.* Wien 1974

Scheichl, S.P.: Schlummer u. Roßschlaf. Beobachtungen zum Stilbruch bei Nestroy. In: *Joh. Nestroy.* Asnièse 1991, 119-130

Bourke, T.: *Stilbruch als Stilmittel. Studien zur Literatur der Spät- und Nachromantik. Mit bes. Berücksichtigg. v. E.T.A. Hoffmann, Lord Byron u. Heinrich Heine.* Frankfurt/M. 1980

Doerksen, V.G.: Ludwig Uhlands ›Stylisticum‹. A creative writing class of the 1830 In: M. Henn/H. Loreley (Hgg.): *Analogon rationis. Festschr. Gerwin Mahahrens.* Edmonton 1994, 291-301

Vormärz/Realismus:

Grosse, S.: Zu Syntax u. Stil in der dtsch. Sprache des 19. Jhs. In: *Neuere Forschungen zur histor. Syntax des Dtsch. hg. von A. Betten/C. M. Riehl.* Tübingen 1900, 300-309

Seidler, H.: *Literaturgeschichte u. Stilforschung. Gedanken zum ersten Band von Sengles Biedermeierwerk*

Hasubeck, P.: ›Ruhe‹ u. ›Bewegung‹. Versuch einer Stilanalyse von G. Büchners ›Lenz‹. In: *GRM* 59/1961, 33ff.

Killy, W.: Mein'n Pferd für'n gutes Bild. Heine u. Geibel. In: W. K.: *Wandlungen des lyrischen Bildes*. Göttingen 1967

Grubasic, S.: *Heines Erzählprosa. Versuch e. Analyse*. Stuttgart 1975

Jahn, M. E.: *Techniken der fiktiven Bildkomposition in Heinrich Heines »Reisebildern«*. Stuttgart 1979

Klinkenberg, R.H.: *Die Reisebilder Heinrich Heines. Vermittlung. durch literar. Stilmittel*. Frankfurt/M. 1981 (Europ. Hochsch, Schrn. 1, 394)

Takanori, T.: Der Stildiskurs in Heines Denkschrift über Börne. In: *Heine Jb*. 27/1988, 67-85

Kircher, H.: *Der Freiheit Priester, ein Vasall des Schönen*. Stilwandel u. Formgestaltg. in G. Herweghs polit. Sonetten. In: Fix, U./Lerchner, G. (Hg.): *Stil u. Stilwandel*. Frankfurt/M. u.a. 1996, 237-254

Kaiser, J.: *Grillparzers dramatischer Stil* . München 1961

Langer, R.: Grillparzers Sprachstil. Ein Forschungsbericht. 1840-1993. In: *Sprachkunst* 25/1/1993, 17-154

Walther, H.: F. *Grillparzers Altersstil. Dargestellt an einem Vergleich zw. ›Sappho‹ u. ›Jüdin von Toledo‹* Diss. M. Hamburg 1951

Gmur, H.: *Dramat. u. theatral. Stilelemente in Grillparzers Dramen*. Diss. Zürich. Winterthur 1956

Leitgeb, Ch.: Grillparzers ›Kloster bei Sendomir‹ u. Musils ›Tonka‹. Ein Sprachstilvergleich. In: *Sprachkunst* 25/1994, 347-371

Morschel, E.: *Der Sprechstil der idealistischen Schauspielkunst in der 1. Hälfte. des 19. Jahrhunderts*. Diss. Köln 1950

Linn, M.L.: *Studien zur deutschen Rhetorik im 19. Jh*. Marburg 1963

Gansberg, M.L.: *Der Prosawortschatz des deutschen Realismus*. Bochum 1964

Kayser, W.: Sprachform u. Redeform in den »Heidebildern«der Annette von Droste-Hülshoff. In: *Jb. d. Fr. Hochstifts* 1936/40, 52-91. Abdr. i. ›Die Werkinterpretation‹ hg. von H. Enders. Darmstadt 1967, 90-134 (WdF36)

Henel, H.: A. von Droste-Hülshoff. Erzählstil u. Wirklichkeit, *Festschr. Blume*. Göttingen 1967, 146-172

Arend, A.: »Es fehlt mir allerdings nicht an einer humorist. Ader. »Zu einem Aspekt des Briefstils der Annette v. Droste-Hülshoff. In: *Montsh*. 82/1990, 50-61

Kunisch, H.: *Adalbert Stifter. Mensch u. Wirklichkeit. Studien zu seinem klassischen Stil*. Berlin 1950

Rupp, H.U.: *Stifters Sprache*. Diss. Zürich 1969

Schiffermüller, J.: Adalb. Stifters deskriptive Prosa. Eine Modellanalyse der Novelle ›Der beschriebene Tännling‹. In: *DVjs* 67/1993, 267-301

Schiffermüller, J.: Opazität der Sprache u. Rhetorik des Unbewußten in der Prosa Adalb. Stifters. Eine Lektüre der Erzählung ›Kalkstein‹. In: *Cultura tedesca 1* Roma 1994, 115-137

Eroms, H.-W.: Ansätze zu einer sprachl. Analyse von Stifters Erzählweise in den ›Studien‹ am Beispiel der Erzählung ›Zwei Schwestern‹. In: H. Laufhütte/K. Möseneder (Hg.): *Adalbert Stifter. Dichter u. Maler. Neue Zugänge zu seinem Werk*. Tübingen 1996, 435-454

Reber, A.: *Stil u. Bedeutg. des Gesprächs im Werk J. Gotthelfs.* Diss. Berlin 1967 (Qu. u. Forschg. z. Sprach-u. Kulturgesch der germ. Völker 20)

Kunz, H.: *Bildersprache als Daseinserschließung. Metaphorik in Gotthelfs ›Geld u. Geist‹ u. in ›Anne Bäbi Jeväger‹.* Diss. Freiburg 1969

Thurnher, E.: Die Poesie des Ungesagten. Zu Stil u. Weltanschauung der Marie von Ebner-Eschenbach. In: K. K. Polheim (Hg.): *Marie von Ebner-Eschenbach. Ein Bonner Symposium zu ihrem 75. Todestag.* Bern u.a. 1994, 143-154

Teraoka, T.: *Stil u. Stildiskurs des Jg. Deutschland.* Hamburg 1993

Neumann, C.: *Linguostilist. Unters. an historischen Schriften von Karl Marx.* Diss. Leipzig 1979

Gurewitsch, S.: Über den Stil der Publizistik von Karl Marx. In: *Kunst u. Literatur* 29/1981, 8, 787-804 (aus: *Voprosy liter.* 1981, H. 1)

Bergmann, C.: Zur Sprache von Friedr. Engels. Stilfiguren der Entgegensetzung in der Schrift »Die Entwicklung des Sozialismus von der Utopie zur Wissenschaft«. In: *Sprachpfl* 29/1980, 225-228

Jacobs, M.: Gottfried Keller: Aspects of his style. In: *Oxford German Studies* 11/1980, 68-75

Hohn, H.: Der Stil der Landschaftsdarstellung in Storms Novelle »Immensee«. In: *Schriften der Th. Storm-Gesellsch.* 29/1980, 33-43

Burchard, H.: W. Raabes ›Eulenpfingsten‹-eine Sprachanalyse unter bes. Berücksichtigg. des fiktiv. Erzählers. In: *Raabe-Jb.* 1968, 106-135

Skreb, Z.: Die künstler. Wirkung erzählender Prosa. In: *Jb. d. Raabe-Ges.* 1991, 10-34

Evans, T.S.: *Formen der Ironie in C. F. Meyers Novellen.* Bern 1980

Groos, K.: Der paradoxe Stil in Nietzsches ›Zarathustra‹. In: *ZsfangewPsych.* 7

Derrida, J.: Spurs: *Nietzsche's styles.* Chicago. Ill. 1979

Kaulhausen, M.H.: *Nietzsches Sprachstil. Gedeutet aus seinem Lebensgefühl u. Weltverhältnis.* München 1977

Kaulhausen, M.H.: Erwiderung. Zur Kritik v. Herb. Seidler. In: *Sprachkunst* 12/1981, 291-292

Paronis, M. H.: *»Also sprach Zarathustra«. Die Ironie Nietzsches als Gestaltungsprinzip.* Bonn 1976 (AKML 220)

Landmann, M.: Zum Stil des ›Zarathustra‹ Nietzsches. In: *Trivium* 2

Babich, B.E.: On Nietzsche's concinnity: an analysis of style. In: *Nietzsche-Studien* Berlin 1989, 59-80

Crawford, Cl.: Nietzsche's great style: educator of the ears and of the heart.In: *Nietzsche-Studien* 20/1991, 210-237

Oesterreich, P.L.: Der große Stil? Nietzsches Ästhetik der Macht – Beredtsamkeit u. ihre ethische Fragwürdigkeit. In: *Nietzsche oder ›Die Sprache ist Rhetorik‹.* Hgg.: J. Kopperschmidt/H. Schanze. München 1994, 159-169

Schuster, I.: Akribie und Symbolik in den Romananfängen Fontanes. In: *Formen realist. Erzählkunst.* Nottingham 1979, 318-324

Faucher, E.: Farbsymbolik in Fontanes ›Irrungen Wirrungen‹. IN: *ZdPh.* 92/1973 Sonderh. 59-73

Neuse, W.: Erlebte Rede u. innerer Monolog in der erzählenden Prosa Fontanes. In: *Formen realist. Erzählkunst.* Nottingham 1979, 347-359

Mommsen, K.: Vom »Bamme-Ton« zum »Bummel-Ton«. Fontanes Kunst d. Sprechweisen. In: *Formen realist. Erzählkunst.* Nottingham 1979, 325-334

Doebeling, M.: Ästhet. Implikationen v. Fontanes ›Vortrefflichkeitscharakter‹: Stil, Symbol, Detail. In: *Search of the poetic real. Essays in honor of Clifford Albr. Berndt. Ed. John Fetar.* Stuttgart 1989, 107-117

Nürnberger, H.: Fontanes Briefstil. In: *Fontane aus heutiger Sicht.* München 1980, 56-80

Hildebrandt, B. F. O.: Fontanes Altersstil in seinem Roman ›Der Stechlin‹. In: *GQ* 38/1965, 139-156

Fischer, H.: Märkische Bilder. Ein Versuch über Fontanes ›Wanderungen durch die Mark Brandenburg‹, ihre Bilder u. ihre Bildlichkeit. In: *Fontane-Bll.* 60/ 1995, 117-142

Gundolf, F.: Bismarcks »Gedanken u. Erinnerungen« als Sprachdenkmal. In: *Gundolf. Beitr. zur Liter.- u. Geistesgeschichte.* Heidelberg 1980

Wiegmann, H.: Stil u. Erzähltechnik in den Orientbänden K. Mays. In: *Karl Mays Orientzyklus.* Hg. v. D. Sudhoff/H. Vollmer. Paderborn 1991, 113-127

Hahn, J.: Sprache als Inhalt. Zur Phänomenologie des ›alabasternen Stiles‹ in K. Mays Roman ›Im Reiche des Silbernen Löwen‹. In: *K. May: ›Im Reiche des Silbernen Löwen‹. Hg. v. D. Sudhoff/H. Vollmer.* Paderborn 1993, 207-254

Vom Naturalismus zur Neuen Sachlichkeit:

Brandt, H.-G.: *Theorie und Stil des sog. »Konsequenten Naturalismus« von Arno Holz u. Johannes Schlaf.* Bonn 1978

Alexander, N.E.: *Studien zum Stilwandel im dramat. Werk G. Hauptmanns.* Stuttgart 1964

Panzer, R.: Stil u. Sprache des Prosawerkes von Hermann Sudermann. In: *Hermann Sudermann.* Würzburg 1980 S. 257-284

Kuhn, A.K.: *Der Dialog bei Frank Wedekind. Unters. z. Szenengespräch der Dramen bis 1900.* Heidelberg 1981 (Siegen. Beitr. 19)

Schönau, W.: *Sigmund Freuds Prosa. Literar. Elemente seines Stils.* 1968

Ahlers-Hestermann, F.: *Stilwende. Aufbruch der Jugend um 1900.* Frankfurt/M. 1981 (Ullstein-Buch 36063)

Kohlschmidt, W.: Der Jugendstil. Prolegomena zu einem Buche über eine europ. Erscheinung und ihren dtsch. Stilbegriff. In: *Literatur als Dialog.* Johannesburg 1979, 43-48

Campe, R.: Ästhet. Utopie. Jugendstil in lyr. Verfahrensweisen der Jahrhundertwende. In: *Dtsch. Literatur der Jahrhundertwende.* Königstein 1981, 217-241

Weisser, M.: *Im Stil der»Jugend«. Die Münchner Illustrierte Wochenschrift für Kunst u. Leben u. ihr Einfluß auf die Stilkunst der Jahrhundertwende.* Frankfurt/M. 1981

Turk, H.: Die Sprache des »unbeherrschten Schauens« (z. Metaphorik Rilkes) In: *Fugen I,* 1980, 213-232

Webb, K.E.: *Rainer Maria Rilke und Jugendstil.* Chapel Hill 1978

Doppler, A.: Orphischer u. apokalypt. Gesang. Zum Stilwandel in der Lyrik Georg Trakls. In: *LJb* 9/1968, 219-242

Falk, W.: *Leid u. Verwandlung. Rilke, Kafka, Trakl u. der Epochenstil des Impressionismus u. Expressionismus.* Salzburg 1961

Calbert, J. P.: *Dimension of Style and Meaning in the language of Trakl and Rilke. Contributions to a Semantics of Style.* Tübingen 1974 (Ling. Arb. 17)

Liede, H.: *Stiltendenzen expressionist. Prosa. Unters. zu Novellen von A. Döblin, C. Sternheim, K. Edschmid, G. Heym, G. Benn.* Diss. Freiburg 1960

Eykmann, Ch.: *Denk- u. Stilformen d. Expressionismus.* Frankfurt/M. 1974

Auer, A.: *Sprachverwendung u. Sprachproblematik in der Lyrik Georg Trakls. Unters. z. Struktur u. Leistung der Sprache.* Diss. Innsbruck 1979

Schneider, K. L.: *Der bildhafte Ausdruck in den Dichtgn. G. Heyms, G. Trakls u. E. Stadlers. Studien zum lyr. Sprachstil des deutschen Expressionismus.* Heidelberg 1954

Salter, R.: *Georg Heyms Lyrik. Ein Vergleich von Wortkunst u. Bildkunst.* München 1972

Wetzel, H.: *Klang u. Bild in den Dichtungen Georg Trakls.* Göttingen 1968

Michelsen, P.: Zur Sprachform des Frühexpressionismus bei August Stramm. *Euphorion* 58/1964, 276-302

Fourquet, J.: Le style elliptique chez les expressionnistes. In: *Revue d'etudes 2/* 1979, 371-386

Martens, G.: *Vitalismus u. Expressionismus. Ein Beitr. zu Genese u. Deutg. expression. Stilstrukturen u. Motive.* Stuttgart 1971

Hennecke, V.: *Die Sprache in den Lustspielen Carl Sternheims.* Diss. Köln 1985

Williams, Rh.W.: Carl Sternheim's prose style. In: *Oxford German Studies* 12/ 1981, 139-157

Claes, A.: *Der lyrische Sprachstil Gottfried Benns.* M-Diss. Köln 1953

Buddeberg, E.: *Studien z. lyr. Sprache Gottfried Benns.* Düsseldorf 1964

Heimann, B.: Ich-Zerfall als Thema u. Stil. Unters. zur dichter. Sprache Gottfried Benns. *GRM* 1964

Riha, K.: Enthemmung der Bilder u. Enthemmung der Sprache. Zu Paul Scheerbart u. Carl Einstein. In: *Phantasie in Lit. u. Kunst.* Darmstadt 1980, 268-280

Sull, Y.S.: *Die Lyrik Else Lasker-Schülers. Stilelemente u. Themenkreise.* Diss. G. Washington Univ. 1980 (Abstr. DA41/1980-81, 1, 269A)

Aler, J.M.M.: *Im Spiegel der Form: Stilkritische Wege zur Deutung von Stefan Georges Maximinsdichtung.* Diss. Amsterdam 1947

Geissler, E.: Thomas Mann als Lehrer des Stils. *In: DU* 33/197, 209-224

Baumgart, R.: *Das Ironische u. die Ironie in den Werken Th. Manns.* München 1952

Seidlin, O.: Stiluntersuchgn. an einem Th. Mann-Satz. *Monatshefte* 39/1947, wiederabgedr. In: *Die Werkinterpretation* (WdF36) 336-348

Wohlfahrt, P.T.: Stil u. Sprache in Thomas Manns Hochstaplernovelle. In: *Mutterspr.* 65/1955, 202-207

Hardt, R.: Über Thomas Manns Sprachmeisterschaft im »Zauberberg«. In: *Mutterspr.* 67/1957, 426-428

Wirtz, E.A.: Stilprobleme bei Th. Mann. In: P. Böckmann: *Stil-u. Formprobleme i. d. Literatur.* Heidelberg 1959, 430-435

Root, J.G.: Stylistic Ironie in Th. Mann. In: *The Germ. Rev.* 35/1960, 93-103

Esser, W.M.: Grundlagen des Altersstils von Th. Mann. In: *WW* 12/1962, 223-236

Weiss, W.: *Th. Manns Kunst der sprachl. u. themat. Integration.* Düsseldorf 1964

Amory, F.: The Classical Styl of »Der Tod in Venedig«. *MLR* 59/1964, 399-409

Hacks, P.: Über d. Stil in Th. Manns »Lotte in Weimar«. In: *Sinn u. Form. SH TH. MANN.* Berlin 1965, 240-254

Reed, T.: Einfache Verulkung, Manier, Stil: Die Briefe an Otto Grautoff als Dokument der frühen Entwicklung Thomas Manns. In: *Th. Mann u. seine Quellen. Festschr. f. Hans Wysling.* Hg: von E. Heftrich u. H. Koopmann. Frankfurt/ M. 1992, 48-65

Fullenwider, H.F.: Adrian Leverkühns corrupt diction in Th. Manns ›Doctor Faustus'. In: *Neoph*. 75/1991, 581-590

Grawe, C.: *Sprache im Prosawerk. Beispiele von Goethe, Fontane, Thomas Mann, Bergengruen, Kleist u. Johnson*. Bonn 1973

Silman, T.: Die Entwicklung des Erzählstils von Th. Mann. In: Das liter. Werk als Gegenstand linguist. Forschung. In: *Ling. Studien. R.A: Arb. Ber*. 50, 143ff.

Sowinski, B.: Makrostilist. u. mikrostilist. Textanalyse: Th. Manns »Luischen« als Beispiel. In: B. Spillner (Hg.): *Methoden der Stilanalyse*. Tübingen 1984, 21-47

Weiss, W.: Zur Metaphorik Th. Manns u. R. Musils. In: *JIG* 17/1985, 58-76

Seiler, B.W.: Iron. Stil u. realist. Eindruck. Zu einem scheinbaren Widerspruch in der Erzählkunst Th. Manns. In: *DVjs* 60/1986, 459-483

Weiss, W.: Th. Manns Metaphorik. In: *Intern. Th. Mann-Colloquium 1986 i. Lübeck*, Bern 1987 (=Th. Mann-Studien VI), 311-326

Frizen, W.: Thomas Manns Sprache. in: H. Koopmann (Hg.): *Thomas-Mann-Handbuch*. Stuttgart 1990 854-873

Grimm, Ch.: *Zum Mythos Individualstil. Mikrostilistische Unters. zu Thomas Mann*. Würzburg 1991 (Würzburger Beitr. z. dt. Philologie)

Spitzer, L.: Die groteske Gestaltungs- und Sprachkunst Christian Morgensterns. In: H. Sperber/L. Spitzer: *Motiv u. Wort*. Leipzig 1918

Obermayer, A.: Sätze, labyrinthisch gebaute. Versuch der stilgeschichtl. Ortsbestimmung Jos. Roths. In: *Jos. Roth-Interpretationen*. 1990, 233-244

Kanzog, K.: Alfred Döblin u. die Anfänge des expressionist. Prosastils. Zur Textkritik des«Ritter Blaubart«. In: *Jb. d. Dt. Schillergesellsch*. 17/1953, 63-83

Stegmann, H.: *Studien zu Alfred Döblins Bildlichkeit. Die Ermordung einer Butterblume u. andere Erzählungen*. Frankfurt/M. 1978

Arnold, A.: Les styles, voilà l'homme! Döblins sprachl. Entwicklg. bis zu »Berlin Alexanderplatz«. In: *Zu Alfred Döblin*. Stuttgart 1980, 41-56

Zabka, Th.: Die Reflexivität der Erzählstile u. das Problem des Exemplarischen in Döblins ›Berlin Alexanderplatz‹. *Polyperspektivität in der liter. Moderne. Rob. Mandelkow gewidmet. hg. v. J. Schönert/H. Segeberg*. Frankfurt/M. 1988, 410-430

Lohn, R.: *Der bildhafte Ausdruck in den Dichtungen Theodor Däublers. Ein Beitrag z. Erschließung des lyr. Sprachstils des Frühexpressionismus*. Diss. Bonn 1957

Reffet, M.: Die Wandlung des dramat. Stils in Franz Werfels spätem Theater. Vom«Reich Gottes in Böhmen« zu »Jacobowsky und der Oberst«. In: *JIG* 22-1/1989, 93-113

Frey, E.: *Franz Kafkas Erzählstil. Eine Demonstration neuer stilanalyt. Methoden an Kafkas Erzählg. »Ein Hungerkünstler«*. Bern 1970

David, Cl.: À la recherche d'un style. Les premiers pas de Franz Kafka. In: *Liter. u. Gesellsch. Festschr. F. Buck*. Hg. v. F.R. Hausmann. Tübingen 1990, 205-209

Reffet, M.: Die Eigenständigkeit des Erzählstils in der Prager dtsch. Lit. In: *Prager dtsch-sprachige Lit. u. Zt. Kafkas*. (Hg. Österr. Kafka-Gesellschaft) Klosterneuburg-Wien 1989, 69-88

Frey, E.: Der ›nüchtern-trockene‹ Kafka u. der ›virtuose‹ Th. Mann. Impressionist. u. stat. Stilvergl. In: Frey: *Stil u. Leser*. Bern 1974, 79-99

Landfester, U.: »Ein kochendes Grün, ein erzgrünes Glühn.« Georg Brittings Bildungssprache im Expressionismus u. Nachexpressionismus. In: W. Schmitz/H. Schneidler (Hgg.): *Expressionismus in Regensburg*. 1991, 91-104

Wimmer, P.: *Grundzüge des Stilwandels in der Lyrik zwischen den beiden Weltkriegen*. Diss. Wien 1971

Arnold, A.: Auf der Suche nach einem eigenen Stil. In: *Georg Kaiser.* Stuttgart 1980, 37-53

Arntzen, H.: *Satir. Stil bei Robert Musil.* Bonn 1960

Arntzen, H.: *Satir. Stil. Zur Satire R. Musils im »Mann ohne Eigenschaften«.* ³1983 (AKML 9)

Honnef-Becker, I.: *»Ulrich lächelte.« Techniken der Relativierungen in Rob. Musils Roman ›Der Mann ohne Eigenschaften‹.* Frankfurt/M. 1991 (Trierer Stud. z. Lit. 20)

Schöne, A.: Zum Gebrauch des Konjunktivs bei R. Musil. In: *Euphorion* 55/1961

Hochstätter, D.: *Sprache des Möglichen. Stilist. Perspektivismus in R. Musils »Mann ohne Eigenschaften«.* Frankfurt/M. 1972 (Gegenw. d. Dichtg. 6)

Reichensperger, R.: Musils Sprachstil. Ein Forschungsbericht 1953-1993. In: *Sprachkunst* 25/1994, 155-257

Zeller, R.: Musils Auseinandersetzung mit der realist. Schreibweise. In: *Musil-Forum* 6/1980, 128-144

Reis, A.: Ironie als ›Physiognomie des Geistes‹. Eine stilist. Unters. der ironischen Schreibweise in Rob. Musils ›Mann ohne Eigenschaften‹. In: *Musil-Forum* 1991/92

Ickler, Th.: Die Überwindung des Pathos. Zu Sprache u. Stil bei Tucholsky. In: *Kurt Tucholsky.* München 1981, 162-179

Lindner, K./Wertheimer, J.: Formen des satirischen Dialogs in Kaspar Hausers Beiträgen zur »Weltbühne«. In: *Kurt Tucholsky.* München 1981, 131-161

Rohner, L.: *Die Sprachkunst Hans Carossas. Der Stil als Spiegel des Weltbilds.* München 1954

Deschner, K.: *Kitsch, Konvention und Kunst. Eine literar. Streitschrift.* München 1957 (List-Tb. 93) (zu: Carossa, Binding, Bergengruen, Broch u.a.)

Mehner, H.: *Die Verselbständigung der Metaphorik in der frühen Lyrik Oskar Loerkes.* Diss. Köln 1961

Brandes, W.: *Der »Neue Stil« in Ernst Jüngers »Strahlungen«. Genese, Funktion u. Realitätsproduktion des lyr. Ich in seinen Tagebüchern.* Bonn 1990 (AKML 389)

Zeyringer, K.: *Sprach- u. Situationskomik bei Karl Valentin.* Diss. Graz 1980

Walser, Martin: Über den Unerbittlichkeitsstil. Zum 100. Geburtstag Robert Walsers. *Akzente* 25/1978, H. 3, 203-23

Wagenknecht, Ch.: *Das Wortspiel bei Karl Kraus.* Göttingen 1965

Scheichl, S.P.: Stilmittel der Pathoserregung bei K. Kraus. In: *Karl Kraus. Diener d. Sprache. Hg. v. J.P. Strelka.* Tübingen 1990, 167-181

Lang, U.: *Mordshetz u. Pahöl. Austriazismen als Stilmittel bei Karl Kraus.* Innsbruck 1992

Wedleff, M.: Zum Stil in Hitlers Maireden. In: *Mutterspr.* 3/4, 1970, 107ff.

Winckler, L.: *Studie zur gesellschaftl. Funktion faschist. Sprache.* Frankfurt/M. 1970 (es 417)

Schnauber, C.: *Wie Hitler sprach u. schrieb. Zur Psychol. u. Prosodik der faschist. Rhetorik.* Frankfurt/M. 1972

Frey, E.: Stiltendenzen der Lyrik des Dritten Reiches. In: *Deutsche Exilliteratur. Literatur im Dritten Reich.* Bern 1979, 158-169

Sauer, Chr.: Stil, NS-Propaganda u. Besatzungspresse. Die Rubrik »Spiegel der Woche« in der »Deutschen Zeitung in den Niederlanden«. In: *Mutterspr.* 97/1987, 79-108

Literatur nach 1945:

Schlotthaus, W.: Stilmerkmale ›zweitrangiger Literatur‹, unters. an E. Wiechert u. W. Borchert. In: *STZ* 16/1965, 1351ff.

Schmidt, A.: *Wolfg. Borchert. Sprachgestaltg. in seinem Werk.* Bonn 1975 (AKML 186)

Hassel, J.: *Der Roman als Komposition. Eine Untersuchung zu den Voraussetzungen u. Strukturen von Hans Henny Jahnns Erzählen.* Diss. Köln 1968

Thöming, J.C.: Jahnns zwei ›Medea‹-Fassungen. Hinweise zum Sprachstil. In: ›*Die in dem alten Haus der Sprache wohnen*‹.Festschr. H. Arntzen. Hg. E. Czukka. Münster 1991, S. 549-560

Jacobson, B.: Der grammat. Bau des Gedichts von B. Brecht »Wir sind sie«. In: *Festschr. W. Steinitz.* Berlin 1965

Birkenhauer, K.: *Die eigenrhythmische Lyrik Bertolt Brechts. Theorie eines kommunikativen Sprachstils.* Tübingen 1971

Lehmann, H.-Th.: *Subjekt u. Sprachprozesse in B. Brechts Hauspostille (1927). Texttheoret. Lektüren.* Diss. FU Berlin 1978

Bednarsch, R.: *Unters. zu Sprache u. Stil der polit. publizistischen Schriften Bertolt Brechts.* Diss. Leipzig 1979

Humble, M.E.: The stylisation of history in Bertolt Brecht's »Der aufhaltsame Aufstieg des Arturo Ui«. In: *Forum for modern language studies* 16/1980, 2, 154-171

Fritz, A.: *Zeitthematik u. Stilisierung in der erzählenden Prosa Ödön v. Horváths (1901-1938).* Aalborg 1981 (Serie om fremmedsprog 12)

Schlocker, G.: Janusköpfige Sprache. Gedanken zu Brochs Prosa. In: *Hermann Broch u. seine Zeit.* Bern 1980, 146-152

Midgley, D.R.: Entfremdete Erzählhaltung. Zur Funktion des fiktiven Erzählers in Herm. Brochs »Schlafwandler«-Trilogie. In: *ZfdPh.* 100/1981, 204-219

Thieberger, R.: Was den Novellenroman zusammenhält – »Die Schuldlosen« in Leserperspektive. In: *Herm. Broch u. seine Zeit.* Frankfurt/M. 1980, 133-143

Bull, R.: *Bauformen des Erzählens bei Arno Schmidt.* Bonn 1970

Berger, A.: Der Begriff »Sprachkunst« u. die Lyrik Josef Weinhebers. In: *Sprachkunst* 12/1981, 311-333

Bier, J.P.: Die Polyglottie als Stilfigur. Der Fall Doderer. In: *Cultural hermeneutics. In honor Jan Aler.* Amsterdam 1989, 205-221

Umfer, P.: *Paula Groggers »Grimmingtor«. Sprache u. Stilmittel.* Diss. Innsbruck 1979

Holeschofsky, I.: Bewußtseinsdarstellung u. Ironie in Ingeborg Bachmanns Erzählung »Simultan«. In: *Sprachkunst* 11/1980, 63-70

Siskova, L.V.: Zum Problem des Nominalstils (Versuch einer linguist. Analyse der Novelle von I. Bachmann »Undine geht«). In: *Beitr. z. Textlinguistik der künstler. Literatur.* Potsdam 1980

Stoffer-Heibel, C.: *Metaphernstudien. Versuch einer Typologie der Text- u. Themafunktionen der Metaphorik in der Lyrik I. Bachmanns, P. Huchels u. H. M. Enzensbergers.* Stuttgart 1981 (StuttgArbzGerm. 96)

Hoffmann, P.: »Vom Pathos der Nelly Sachs«. In: *Nelly Sachs – Neue Interpretationen.* Hg. v. M. Kessler/J. Wertheimer. Tübingen 1994, 19-34

Erben, J.: Bemerkungen zum Sprachstil lyrischer Selbstvergegenwärtigg. u. poet. Vergewisserg. der eigenen Existenz zu Beginn der Neuzeit u. im 20. Jh. (Rilke, Krolow). In: Fix/Wellmann (Hg.): *Stile, Stilprägungen, Stilgeschichte.* Heidelberg 1997, 55-68

Zudeick, P.: Im eigenen Saft. Sprache u. Komposition bei Ernst Bloch. In: *Bloch-Almanach* 1. 1981, 69-90

Betten, A.: Der dramatische Dialog bei Friedrich Dürrenmatt im Vergleich mit spontan gesproch. Sprache. In: *Literatur u. Konversation*. Wiesbaden 1980, 205-236

Betten, A.: *Sprachrealismus im dtsch. Drama der siebziger Jahre*. Heidelberg 1985

Schafroth, H. F.: Verweigerung als ›Stil‹. Über Max Frisch Erzählung ›Der Mensch erscheint im Holozän‹ u. Matth. Zschokkes Roman ›Max‹. In: *Aspekte der Verweigerung*. 117-130

Brown, Ch. A.: *Style and meaning in Günther Eichs »Maulwürfe«*. Diss. Univ. Nebraska-Lincoln 1980 (Abstr. DA41, 1980/1, 7, 3122Af.)

Rasch, W.: Zum Stil des »Irischen Tagebuchs«, In: *In Sachen Böll*. Hg. v. M. Reich-Ranicki. Köln 1968, 198-205

Luutkainen, M.: Vom Satz zum Wort. Wortzusammensetzungen als stilist.-lexikal. Element b. Heinr. Böll. In: ZgL 18/1990, 288-306

Bertrand, Y.: Le style indirect dans ›Ende einer Dienstfahrt‹ de Heinr. Böll. In: *Nouveau Cahiers d'Allemand* 9/1991, 1-22

Hick, U.: *Martin Walsers Prosa*. Stuttgart 1983

Jandl, E.: Die poetische Syntax in den Gedichten von Friederike Mayröcker. In: *MAL* 12/1979, 266-271 (Zu »Winternachtigall«)

Burns, R.: Social reality and stylization in »Fear eats the soul«: Fassbinders study in prejudice. In: *New Germ. Studies* 9/1981, 193-206

Betten, A.: Zwei Männer reden über eine Frau. Dialogtechniken bei Strauß, Dürrenmatt, Kroetz u. Horvath als Beitr. zur Unters. von Gesprächsstilen. In: B. Sandig (Hg.): *Stilistik. Bd. II: Gesprächsstile* 1983, 39-68

Gerstenberg, R.: *Zur Erzähltechnik von Günter Grass*. Heidelberg1980

Angenendt, Th.: ›Wenn Wörter Schatten werfen‹. *Unters. zum Prosastil von G. Grass*. Frankfurt/M. 1995 (Kölner Stud. z. Lit. 6)

Krumbholz, M.: *Ironie im zeitgenössischen Ich-Roman: Grass-Walser-Böll*. München 1980

Critchfield, R.: Parody, satire, and transparencies in Peter Handke's »Die Stunde der wahren Empfindung«. In: *Modern Austrian Literature* 14/1981, 45-61

Goheen, J.: Intertext – Stil – Kanon. Zur Geschichtlichkeit des Epischen in Günter Grass ›Hundejahre‹. In: *Carleton Germanic Papers* 24 (1996), 156-166

Gabriel, N.: Neoklassizismus oder Postmoderne? Überlegungen zu Form u. Stil von Peter Handkes Werk seit der *Langsamen Heimkehr*. In: *MAL (Modern Austrian Literature)* Riverside 24/1991, 3/4, 99-109

Scharang, M.: Heilige Schriften. Über das Feierliche in der Gegenwartslit. am Beispiel Handke. In: *Aporie-Euphorie* . Leuven 1989, 215-225

Desbrière-Nicolas, B.: Le style de l'autobiographie chez Peter Handke (1967-1972). In: *Germania* 20/1991, 77-94

Oksaar, E.: Stilstatistik und Textanalyse. Bemerkungen zu Helmut Heißenbüttel. In: *Beitr.* 94/1972 SH *Festschr. H. Eggers*, 631-648

Rumold, R.: *Sprachl. Experiment u. liter. Tradition. Zu den Texten Helmut Heißenbüttels*. Bern 1975

Berger, A.: Ernst Jandls Bearbeitung der Sprache. Anmerkungen zu seiner Poesie u. Poetik heute. In: *Lyrik-von allen Seiten*. Frankfurt/M. 1981

Brandstetter, A./Breuer, D.: Stil, Norm u. Abweichung am Beispiel der KONKRETEN Poesie. In: *Beiträge zu den Fortbildungskursen des Goethe-Instituts für Deutschlehrer u. Hochschulgermanisten aus dem Ausland*. Teil II, München 1971, 130-138

Hillebrand, B.: Die verbrauchte Reduktion. Abnutzung eines Stilmittels in der artistischen Prosa. Zur dtsch. Literatur seit 1970. In: *Zschr. f. Kulturaustausch* 34/
1984, H. 2, 145-149

Göttsche, D.: Stilkrise u. Krisenstile. Überlegungen zur Stilistik der ›Sprachkrise‹
in der erzählenden Prosa um 1970. In: *JblG* 22 (1990), 125-132

Sangmeister, D.: Er kann so krause Dinge schreiben. Zu Einfluß u. Funktion des
Englischen auf Sprache u. Stil von Uwe Johnsons ›Jahrestage‹. In: *Intern. Johnson-Forum* 3/1993-1994, 35-51

Schlegelmilch, G.: *Unters. z. Individualstil Christa Wolfs.* Diss. Jena 1980

Kurpanik-Malinowska, G.: Stil u. Traditionsbezüge gehören zusammen. Zu Christa Wolfs Aufarbeitung der dtsch. Romantik. In: *Germ. Wrat.* (Wroclaw) 104/
1994, 87-95

Lang, E.: Die Sprache Edgar Wibeaus: Gestus, Stil, fingierter Jargon. Eine Studie
über Plenzdorfs »Die neuen Leiden des jungen W.« In: *Studia poetica* 3/1980,
183-241

Wangenheim, W. v.: Zum Stil Hub. Fichtes. In: *Text+Kritik* 1981, 72, 23-29

Kaiser, G.R.: Zur Metaphorik d. Moderne. In: *Synthesis* 10/1983, 65-77

Hermand, J.: *Stile, Ismen, Etikette. Zur Periodisierung der modernen Kunst.* Wiesbaden 1978

Nalewski, H.: *Sprachkünstler. Gestaltung. Stilkrit. Anmerkung zur jüng. Epik.* Halle 1968

Förster, U.: Wortzuwachs u. Stilempfinden im Deutsch der siebziger Jahre. In:
Sprachdienst 22/1978, H. 5, 65-69; H. 6, 84-88

Faber, M.: *Stilisierung u. Collage. Sprachpragmat. Unters. zum dramat. Werk von
Botho Strauß.* Frankfurt/M. 1994

Bonner, W.: Ein Mantel des Schweigens. Sprachl. Bilder in Christoph Heins Novelle ›Der fremde Freund‹. In: *Gingkobaum* 11/1992, 68-80

Savedrová, J.: Linguostilist. Betrachtungen zur Erzählstruktur von Chr. Heins
Novelle ›Der fremde Freund‹ In: *BES* 10/1991, 1-21

Slibar, N./Volk, R.: »Das Spiegelkabinett unseres Kopfes.« Schreibverfahren u.
Bilderwelt bei Chr. Hein. In: *TuK* 111/1991, 57-68

Willems, G.: Die postmoderne Rekonstruktion des Erzählens u. der Kriminalroman. Über den Darstellungsstil von Patrick Süskinds ›Das Parfüm‹. In: *Experimente mit dem Krimi. Hg. W. Düsing.* Frankfurt/M. 1993, 223-244

Schreckenberger, H.: Ausbruch aus dem Roman-, Stil- u. Denkgefängnis. G.
Roth ›Der Untersuchungsrichter‹. In: *MAL* 24/1991, 3/4, 121-131

Goheen, J.: Text als Bild in der Lyrik – besonders von Sarah Kirsch. In: *Carleton
Germanic Papers* 12 (1984), S. 51-66

Dormagen, Chr.: ›Versiegelt im leuchtendsten Augenblick‹. Der lange Satz bei Br.
Kronauer. In: *TuK* 112/1991, 13-18

Hellmann, M.W.: Einige Beobachtungen zu Häufigkeit, Stil u. journalistischen
Einstellungen in west- u. ostdtsch. Zeitungstexten. In: Debus, F./Hellmann,
M.W./Schlosser, H.D.: *Sprachl. Normen u. Normierungen in der DDR. Germ. L.*
82-83 /1985, 1-320, 169-99

Askedal, J.O.: Die Verfassung der DDR. Eine sprachl. u. stilist. Analyse der ersten vier Artikel des Grundgesetzes der DDR. In: *Gingkobaum* 12/1993-4,
211-224

Bremerich-Voss, A.: Stil des sanften Affekts. Populärrhetorische Redestilnormen
nach 1945. In: *Rhetorik zw. den Wissenschaften*, 321-333

Goheen, J.: Zum Stil neuer deutscher Erzählprosa. In: *Carleton Germanic Paper.*
18 (1990), 1-8

9.2 Literatur zur Stilistik (allgemein)

(soweit nicht anderweitig vollständig angegeben)
(Bei mehreren Verlagsorten ist meistens nur der erste angegeben)

Bibliographien und Sammelwerke zur Stilistik (Auswahl):

Althaus, H.P./Henne, H./Wiegand, H.E. (Hg.): *Lexikon der germanistischen Linguistik.* Tübingen ²1980
Allen, R.F./Foster, R.A.: Bibliography of Grammatical Aspects of Style. In: *Style* 13/1979, 141-161
Alston, R.C./Rosier, J.L.: Rhetoric and Style: A Bibliographical Guide. In: *Leeds Studies in English* 1, 1967, 137-159
Andersen, H.: Bibliografi over nordisk stilforskning. *Nysvenska Studier* 19/1940
Arrive, M./J.C. Chevalier (eds.): *La stylistique* (Langue francaise 3, 1969)
Babb, H.S. (ed.): *Essays in Stilistic Analysis.* New York 1972
Bailey, R.W./Burton, D.M.: *English Stylistics: A Bibliography.* Cambridge/Mass. 1968
– /Dolezel, L.: *An Annoted Bibliography of Statistical Stylistik.* Ann Arbor 1968
Bausch, K.H./Grosse, S. (Hg.): *Praktische Rhetorik. Beitr. zu ihrer Funktion in der Aus- u. Fortbildung. Auswahlbibliographie.* Mannheim 1985
Benesh, E./Vachek, J. (Hg.): *Stilistik u. Soziolinguistik. Beitr. der Prager Schule z. strukturellen Sprachbetrachtg. u. Spracherziehg.* Berlin ²1971
Bennet, J.R./Stafstrom, L.: English and American Prose Style: A Bibliograpy of Criticism for 1968-1969. In: *Style* (Fayetteville) 7/1973, 295-348
Birch, D./O'Toole, M. (eds.): *Functions of Style.* London 1988
Blumensath, H. (Hg.): *Strukturalismus i. d. Literaturwissenschaft.* Köln 1972
Böckmann, P. (Hg.): *Stil- u. Formprobleme in der Literatur.* Vortr. d. VII. Kongr. der Intern. Vereinigg. für moderne Sprachen u. Literaturen in Heidelberg (26.-31. 8. 1957), Heidelberg 1959
Braselmann, P. M. E.: *Konnotation – Verstehen – Stil. Operationalisierung sprl. Wirkungsmechanismen.* M. Dekobras. Frankfurt/M. 1981 (St. Romanica et Ling. 13)
Recherches de Stylistique. *Cahiers de l'Association Internationale des Etudes Francaises* 16/1964, 9-108:
Littérature et Stilistique Cahiers du CRAL (publiés par le Centre de Recherches et d'Applications Linguistique de la Fac. des Lettres et de Sciences Humaines Nancy) 1ère série, numéro 2, 1967
Chatman, S. (ed.): *Literary Style: A Symposium.* London/New York 1971
– /Levin, S.R. (eds.): *Essays on the Language of Literature.* Boston 1967
Cherubim, D. (Hg.): *Fehlerlinguistik. Beitr. zum Problem der sprachl. Abweichung.* Tübingen 1980 (=Germanist. Linguistik 24)
Cunningham, J.V. (ed.): *The Problem of Style.* Greenwich/Conn. 1966
Dolezel, L./Bailey, R. W. (eds): *Statistics and Style.* New York 1969
Ermatinger, E. (Hg.): *Philosophie d. Literaturwissenschaft.* Berlin 1930
Erzgräber, W./Gauger, H. M. (Hg.): *Stilfragen.* Tübingen 1992 (=Script-Oralia 38)
Fix, U. (Hg.): *Beiträge zur Stiltheorie.* Leipzig 1990

- /Nalewski, H. (Hg.): *Sprichwenndukannst. Schriftsteller über Sprache.* Leipzig 1989 (G. Kiepenheuer-Bücherei 88)
- /Lerchner, G. (Hg.): *Stil und Stilwandel. Bernhard Sowinski zum 65. Geburtstag gewidmet.* Frankfurt/M. 1996 (Leipziger Arbeiten aus Sprach- u. Kommunikationsgeschichte 3)

Forgácz, E.: Stil u. verbale Aggression. Inwieweit ist der Emotionalausdruck sprachenspezifisch? In: *Germanistik u. Deutschlehrerausbildung. Festschr. z. 100. Jahrestag d. Gründung. PH Szeged. Hg.: Czaba Földes.* Szeged 1993, 69-96

Fowler, R. (ed.): *Essays on Style and Language. Linguistic and Critical Approaches to Literary Style.* London 1966

Freeman, D.C. (ed.): *Linguistics and Literary Style.* New York 1970

Garvin, P.L. (Hg.): *A Prague School Reader on Esthetics, Literary structure and Style.* Washington D.C. 1964 (m. Bibliogr.)

Guiraud, P./Kuentz, P. (eds.): *La stylistique. Lectures.* Paris 1970

Gumbrecht, H.U./Pfeiffer, K. L. u.a. (Hg.): *Stil. Geschichten u. Funktionen e. kulturwissenschaftl. Diskurselements.* Frankfurt/M. 1986 (stw 633)

Hatzfeld, H.: *A Critical Bibliography of the New Stylistics Applied to the Romance Literatures (1900-1952).* Chapel Hill 1953; (1953-1965). 1966

- (Hg.): *Romanistische Stilforschung,* Darmstadt 1975 (WdF 393)

Hinnenkamp, V. u. M. Selting (Hg.): *Stil u. Stilisierung.* Tübingen 1989 (Ling. Arb. 235)

Hornsby, S.: Style in the Bible: A Bibliography. In: *Style* (Fayetteville) 7/1973, 349-374

Ihwe, J. (Hg.): *Literaturwissenschaft und Linguistik. Ergebnisse u. Perspektiven* Bd. 1:*Grundlagen u. Voraussetzungen.* Frankfurt/M. 1971

Jamison, R./Dyck, J.: *Rhetorik – Topik – Argumentation. Bibliographie z. Redelehre u. Rhetorikforschung im deutschspr. Raum 1945-1979/80.* Stuttgart-Bad Cannstatt 1983

Janshoff, F.: Praktische Stillehre – wissenschaftl. Stilistik. Auswahlbibliogr. f. d. DU. In: *Informationen zur Deutschdidaktik* 17/1993, 126-133

Kachru, B.B./Stahlke, H.F.W. (eds.): *Current Trends in Stylistics.* Edmonton/Champaign 1972

King, Sh. (Hg.): Psychologie and Style: A Selected Bibliography. *Language and Style* 10/4/1977, 324-333

Klein, W. (Hg.): *Methoden der Textanalyse.* Heidelberg 1977

Kochan, D.C. (Hg.): *Stilistik u. Soziolinguistik: Beitr. d. Prager Schule.* München 1971

Kopperschmidt, J. (Hg.): *Rhetorik. Bd. I: Rhetorik als Texttheorie. Bd. II: Wirkungsgeschichte der Rhetorik.* Darmstadt 1990/91

Kretzenbacher, H.L.: *Wissenschaftssprache.* Heidelberg 1992 (=Studienbibl. Sprachwiss. 5)

Kreuzer, H./Gunzenhäuser, R. (Hg.): *Mathematik und Dichtung.* München 1965

Kühlwein, W./Raasch, A. (Hg.): *Stil: Komponenten – Wirkungen.* Kongr. Ber. 12. GAL-Tagung Mainz 1981. 2 Bde. Stuttgart 1982

Lämmert, E. (Hg.): *Erzählforschung. Ein Symposium.* Stuttgart 1982

Leed, J. (Hg.): *The Computer and Literary Style. Introduction Essays and Studies.* Kent, Ohio 1966 (Kent-Studies in English 2)

Lexikon der Romanistischen Linguistik. Hg. v. G. Holtus, M. Metzeltin, Chr. Schmidt. Art. 304: Stilistik

Love, G.A./Payne, M. (eds.): *Contemporary Essays on Style.* Glenview 1969

Mayer, St./Weber, M.: Bibliographie z. linguist. Gesprächsforschung. *GermL* 1-2/ 1983, 1-214

Mazaleyrat, J./Molinié, G.: *Vocabulaire de la stylistique*. Paris 1989 (Presses Univ. de France)

Milic, L.T.: *Style and Stylistics: An Analyt. Bibliogr.* New York 1967

Miller, G.: Stylistic Rhetoric and the Analysis of Style. An Annoted Bibliography. In: *Style* 14/1980, 75-102

Möbius, F. (Hg.): *Stil u. Gesellschaft. Ein Problemaufriß.* Dresden 1984 (Fundus- B- 89/90)

Molinié, G./Cahné, P. (Hg.): *Qu'est-ce que le Style?* Paris 1994

Müske, E./Werner, H.G. (Hg.): *Strukturuntersuchung u. Interpretation künstler. Texte. Interdiszipl. Kolloquium.* Halle 1991 (MLU Halle-Wittenberg. Wiss. Beitr. 1991/14 (F103)

Neuland, E./Bleckwenn, H. (Hg.): *Stil – Stilistik – Stilisierung. Linguistische, literaturwissenschaftliche und didaktische Beiträge zur Stilforschung.* Frankfurt/M. 1991 (European University Studies XXXIX. Bd4)

Nickel, G. (Hg.): *Rhetoric and Stylistics.* Stuttgart 1978

Pankau, J.G./Pekar, Th.: Rhetorik u. Strukturalismus. *Rhetorik* 9/1990

Plett, H. (Hg.): *Rhetorik. Krit. Positionen zum Stand der Forschung.* München 1977 (Krit. Inform. 50)

– (Hg.): *Die Aktualität der Rhetorik.* München 1996 (Figuren 5)

Ringbom, H. (Hg.): *Style and Text. Studies presented to N. E. Enkvist.* Stockholm 1975

Sanders, W.: *Stil u. Stilistik. Studienbibliographien. Sprachwissenschaft Bd. 13,* Heidelberg 1995

Sandig, B. (Hg.): *Stilistik Bd. I: Probleme der Stilistik. Bd. II: Gesprächsstile.* Hildesheim 1983 (=*GermL* 3-6/81)

– (Hg.): *Stilistisch-rhetorische Diskursanalyse.* Tübingen 1988

– (Hg.): EUROPHRAS 92. *Tendenzen der Phraseologieforschung.* Bochum 1994

– /Püschel (Hg.): *Stilistik III: Argumentationsstile.* Hildesheim 1993 (=*GermL* 112-113/1992)

Saporta; S./Chasca, E. de/Contreras, H./Martinez, L. (eds.): *Stylistics, Linguistics and Literary Criticism.* New York 1961

Schröder, H. (Hg.): *Fachtextpragmatik.* Tübingen 1993

Sebeok, T. (ed.): *Style in Language.* Cambridge/Mass./New York 1960 (M. I. T. Press)

Selting/Sandig (Hg.): *Sprech- u. Gesprächsstile.* Berlin 1997

Semenjuk, N.: Stilist. Variieren unter histor. Blickwinkel. In: *Begegnung mit dem Fremden 3. VII. Intern. Germ. Kongr. Tokyo 1990,* 125-132

Shibles, W. A.: *Metaphor. An Annotated Bibliography and History.* Whitewater/ Wisc. 1971

Skyum-Nielsen, P./Schröder, H. (Hg.): *Rhetoric and Stylistics today. An International Anthology.* Frankfurt/M. u.a. 1994

Spencer, J. (Hg.): *Linguistik u. Stil.* Heidelberg 1972 (engl. 1964)

Spiewok, W.: *Zu Sprache u. Stil.* Hg. v. D. Buschinger. Amiens 1990 (WODAN 3)

Spillner, B. (Hg.): *Rhetorik u. Stilistik.* Kongreßber. 7. GAL-Jahrestagg. Trier 1976. Stuttgart 1977

– /u.a. (Hg.): *Patholinguistik – Sprachtherapie – Stilforschung u. Rhetorik – Maschinelle Sprachverarbeitung – Sprecherziehung/Phonetik.* Kongr.-Ber. 9. GAL-Jahrestagg. Mainz 1978. Bd. IV Heidelberg 1979

Spillner, B. (Hg.): *Stilforschung und Semiotik.* 1982
- (Hg.): Semiot. Kategorien in der Stilforschung. In: *Kodikas/Code-Ars Semeiotica* 4/5/1982
- (Hg.): *Methoden der Stilanalyse.* Tübingen 1984
- (Hg.): *Sprache und Politik: Kongr. Beitr. 19. Jahrestagg. GAL.* Frankfurt/M. 1990 (Forum angew. Linguistik Bd. 18)
- (Hg.): *Stil in Fachsprachen.* Berlin u.a. 1996 (Stud. z. Allgem. u. Roman. Sprachwiss. 2)
Steinberg, W. (Hg.): *Funktion der Sprachgestaltung im literarischen Text. Kongr. u. Tagungsberichte.* Halle/S. 1981 (Wiss. Beitr. 52 F33)
Stickel, G. (Hg.): *Stilfragen.* Berlin 1995 (Jb IDS 1994)
Strelka, P.J. (ed.): *Patterns in literary style.* Pennsylvania 1970
Textwissenschaft und/oder Stilwissenschaft. IV. Textwiss. Kolloqu. 1988 Greifswald. Greifswald 1990 (Greifsw. Germ. Forschgn. 12)
Todorov, T.: Les études du style. Bibliography sélective. In: *Poétique. Revue de théorie et d'analyse littéraires* I, 1970, 224-232
Ueding, G. (Hg.): Rhetorik heute I/II. *Rhetorik* 7/1988; 8/1989
- (Hg.): *Rhetorik zw. den Wissenschaften. Geschichte. System. Praxis als Probleme des ›Histor. Wörterbuchs der Rhetorik‹.* Tübingen 1991 (=Rhetor. Forschgn. 1)
- (Hg.): *Historisches Wörterbuch der Rhetorik.* Bd. 1ff. Tübingen 1992ff.
Wellmann, H. (Hg.): *Grammatik, Wortschatz u. Bauformen der Poesie in der stilist. Analyse ausgewählter Texte.* Heidelberg 1993
Winter, W.: Styles as Dialects. In: H. G. Lund (ed.): *Proceedings of the 9th Intern. Congr. of Linguist.*, Cambridge/Mass. 1962. London 1964, 324-330

Stilistische Handbücher und Einzeluntersuchungen (Auswahl)

Abraham, W.: Stil, Pragmatik u. Abweichungsgrammatik. In: von Stechow, A.: *Beitr. z. gener. Grammatik.* Braunschweig 1971, 1-13
-: Zur Linguistik d. Metapher. In: *Poetics* 4/1975, 133-172
- /Braunmüller, R.: Stil, Metapher und Pragmatik. In: *Lingua* 28/1971, 1-47
Achmanova, O. S. et alii: *O prinzipach i metodoch lingvostilisticeskogo isledovanija.* Moskva 1966
Adelung, J.C.: *Über den deutschen Styl.* 2 Bde. 2. verb. Aufl. 1787
Adorno, Th.W.: *Jargon der Eigentlichkeit. Zur dtsch. Ideologie.* Frankfurt/M. 1964
Agricola, C./Flämig. W./Möller, G.: Stilistik (Kap. 9 in: *Die deutsche Sprache* (Kleine Encyklopädie) Bd. 2. Leipzig 1970, 1015-1144
Agricola, E.: Fakultative sprachl. Formen. Gedanken z. grammat. Fundierung der Stilkunde. In. *Beitr.* (Halle) Sbd. 1957, 43-76
-: Textstruktur aus linguist. Sicht. In: *WZPHE/M GSR* 7/1970 H. 2, 85-88, Abdr. in: *Germanist. Studientexte: Wort-Satz-Text.* Leipzig 1977, 244-248
Akhmanova, O.S.: *Linguostylilistics: Theory and Method.* The Hague 1976
Allemann, B.: Die Metapher u. das metaphor. Wesen der Sprache. In: *Weltgespräch* 1969, 29-43
Alonso, D.: *Poesia espanola.* Dtsche Übers.: *Spanische Dichtung. Versuch über Methoden u. Grenzen der Stilistik.* Bern 1962
Anderegg, J.: *Literaturwissenschaftliche Stiltheorie.* Göttingen 1977
-: Stildefinition und Wissenschaftsparadigma. Prolegomena zu einer offenen Theorie des Stils. In: Klein, W. (Hg.): *Methoden der Textanalyse* 1977 (=1977a)
-: ›Stil‹ und ›Dichtung‹. *JIG* 11/1979 H. 1, 8-25

–: *Sprache und Verwandlung.* Göttingen 1985
–: Stil u. Stilbegriff in der neueren Literaturwissenschaft. In: Stickel, G. (Hg.): *Stilfragen.* Berlin 1995, 115-127 (Jb IDS 1994)
–: Statement zum Begriff des Stils in der Literaturwissenschaft. In: Fix/Wellmann (Hg.): *Stile, Stilprägungen, Stilgeschichte.* 1997, 269-272
Andersson, E.: Style, optional rules and contextual conditioning. In: *Style and text. Studies pres. N. E. Enkvist.* Stockholm 1975, 15-26
Antos, G.: *Grundlagen einer Theorie des Formulierens. Textherstellung in geschriebener u. gespr. Sprache.* Tübingen 1982
–: Stil und Methode. Vorschläge zu einer produktions-/rezeptionsorientierten Stilanalyse. In: van Peer/Renkenma (eds.): *Pragmatics and Stylistics.* Leuven 1984, 17-69
–: Zur Stilistik von Grußworten. Vortr. GAL-Tagg. München 1985; *ZGL* 14/ 1986, 50-81
–: Jargon. Zum Prozeß der »Hybridisierung« von Stilen am Beispiel der Verwaltungssprache. In: Fix, U./Lerchner, G. (Hg.): *Stil u. Stilwandel.* Frankfurt/M. u.a. 1996, 27-48
Arndt, E.: Kommunikationsbedingungen – Stilbedingende Faktoren – Text – Stilkonstitution. *ZfG* 1980, 1, 21-36
–: Zu einigen Aspekten der sprachkünstler. Gestaltung. In: Arndt, E./Herden, W./ Heukenkamp, U./Hörningk, F./Kaufmann, E.: *Probl. d. Literaturinterpr. Z. Dialektik d. Inhalt-Form-Beziehungen bei der Analyse u. Interpretation liter. Werke.* Leipzig 1981, 94-114
Aronstein, Ph.: Sprachstil oder Sprachstile. In: *GRM* 1933, 438ff.
–: Zur englischen Stilistik. In: *Zschr. f. frz. u. engl. Unterricht* 19/1960, 251-264
Arrive, M./Chevalier, J.-C.: La stylistique. In: *Langue francaise.* Bd. 3. 1969
Aschenberg, H.: *Idealistische Philosophie u. Textanalyse. Zur Stilistik Leo Spitzers.* Tübingen 1984
Askeberg, F.: *Ord och stil.* Stockholm 1963
Asmuth, B.: Stilprinzipien, alte und neue. Zur Entwicklung der Stilistik aus der Rhetorik. In: Neuland, E./Bleckwenn, H. (Hg.): *Stil – Stilistik – Stilisierung.* Frankfurt/M. 1991, 23-38
–: Art. ›Angemessenheit. ‹ In: Ueding, G. (Hg): *Histor. Wörterb. der Rhetorik.* Bd. I/II Tübingen 1992/94
–: Seit wann gilt die Metapher als Bild? Zur Gesch. d. Begriffe ›Bild‹ u. ›Bildlichkeit‹ u. ihrer gattungspoet. Verwendung. In: Ueding, G. (Hg.): *Rhetorik zwischen den Wissenschaften.* Tübingen 1991 (=Rhetorik-Forschungen 1), 299-309
– /Berg-Ehlers, L.: *Stilistik.* Düsseldorf 1974
Auer, P.: Natürlichkeit und Stil. In: Hinnenkamp, V./Selting, M. (Hg.): *Stil und Stilisierung.* Tübingen 1989, 27-59
Auerbach, E.: *Mimesis. Dargest. Wirklichkeit in der abendländ. Literatur.* Bern 1946
Augst, G./Faigel, P.: *Von der Reihung zur Gestaltung. Unters. z. Ontogenese d. schriftsprachl. Fähigkeiten von 13-23 Jahren.* Frankfurt/M. u.a. 1986
Autorenkollektiv unter der Leitg. v. G. Michel: *Einführung in die Methodik der Stilunters. Ein Lehr-u. Übungsbuch für Studierende.* Berlin 1968
Autorenkollektiv unter der Leitg. von W. Hartung u. H. Schönfeld: *Kommunikation und Sprachvariation.* Berlin 1981
Autorenkollektiv unter der Leitg. von W. Schmidt: *Funktional-kommunik. Sprachbeschreibg. Theoret.-method. Grundlegung.* Leipzig 1981

Ax, W.: *Probleme des Sprachstils als Gegenstand der latein. Philologie.* Hildesheim 1976 (=Beitr. z. Altertumswissenschaft 1)

Bachem, R.: Rechte Argumentationsstile der 90er Jahre. In: Fix, U./Lerchner, G. (Hg.): *Stil u. Stilwandel.* Frankfurt/M. u.a. 1996, 49-62

Bacry, P.: *Les figures de style et autres procédés stylistiques.* Paris 1992 (=Collection Sujets)

Bailey, R.W.: Current Trends in the Analys. of Style. *Style* 1/1967, 1-14

–: Towards the integrity of stylistics: Symbiosis vs. parasitism. In: Kachru/Stahlke (eds.): *Current Trends in Stylistics.* 1972, 97-101

Bally, Ch.: *Précis de Stylistique.* Genève 1905

–: *Traité de stylistique française.* 2 Bde. Heidelberg 1909

Bandusch, R.: Satzzeichen als stilist. Gestaltungsmittel. *Sprachpfl* 29/1980, 6, 113-116

Barnickel, K.-D.: *Sprachl. Varianten des Englischen: Register u. Stile.* München 1980 (Hueber Hsch. R. 45/I)

Barnlund, D.C. Communicative styles in two cultures: Japan and the United States. In: Kendon, A./Ky, M.R. (eds.): *Organization of Behavior in Face-to-Face Interaction.* The Hague 1975, 427-456

Barth, E.: Die funktion. Differenzierg. d. Sprache. In: *NS. NF*19/1970, 185ff.

Barthes, R.: Rhetorik des Bildes. In: Schiwy, G.: *Der französische Strukturalismus.* Reinbek 1969, 158-166

–: Style and Its Image. In:Chatman, S. (Hg): *Lit. Style* 1971, 3-10

Barucco, P.: *Eléments de stylistique.* Paris 1972

Barz, I./Schröder, S.: Unters. z. Lexikologie u. Stilistik d. dtsch. Gegenwartsspr. 1968-1975 Forschgsber. In: *WZPHE/M.* 13/1976, 2, 71-83

Baumgärtner, K.: Formale Erklärg. poet. Texte. In: Kreuzer, H./Gunzenhäuser, R.: *Mathematik u. Dichtung.* München 1965, 534-553

Bausch, K.H.: Inszeniertes Argumentieren. Anm. z. Argumentationsstil im Fernsehen u. Alltag. In: Sandig/Püschel (Hg.) 1993, 175-193

de Beaugrande, R.-A./Dressler, W.U.: *Einführung in die Textlinguistik.* Tübingen 1981

Becker, K.F.: *Der deutsche Stil.* Frankfurt/M. 1848

Behrmann, A.: *Was ist Stil? Zehn Unterhaltungen über Kunst u. Konvention.* Stuttgart 1992

Bender, P.: Was ist Stil? (I). In: *Frankfurter Hefte* 26/1971, 552-560

Benesh, E.: Die Ausklammerung im Deutschen als grammat. Norm und als stilistischer Effekt. In: *Mutterspr.* 78/1968, 289-298

–: *Fachtext, Fachstil und Fachsprache.* Jb IDS 1970, 118-128

–: Zur Typologie der Stilgattungen der wissenschaftl. Prosa. In: *DaF* 6/1969, 225-233

Berg, W.: Ironie. In: Weber/Weydt (Hg.): *Sprachtheorie u. Sprachpragmatik.* 10. Linguist. Kolloqu. Tübingen 1975. Bd. 1 Tübingen 1976, 247-254

–: *Uneigentl. Sprechen. Zur Pragmatik u. Semantik von Metapher, Metonymie, Ironie, Litotes u. Rhetor. Frage.* Tübingen 1978

Besch, E.: *Wiederholung u. Variation. Untersuchg. ihrer stilist. Funktionen in der dtsch. Gegenwartssprache.* Frankfurt/M. 1989 (Europ. HschSchrn. I/1118)

Betten, A. M.: Zur Sequenzierung von Sprechakten. Das Problem der Einheitenbildg. in längeren Texten. In: H. Weber/H. Weydt (Hg.) 1976, 279-289

–: Ellipsen, Anakoluthe u. Parenthesen. Fälle f. Grammatik, Stilistik, Sprechakt-Theorie oder Konversationsanalyse? *DS* 4/1976, 207-230

–: Direkte Rede u. epischer Bericht in der dtsch. Romanprosa. Stilgeschichtl. Betrachtungen u. zur Syntax. In: *SLWU* 16/1985, 25-41

–: Analyse liter. Dialoge. In: Fritz, G./Hundsnurscher, F. (Hg.): Hdb. d. Dialoganalyse. Tübingen 1994, 519-544

–: Zwei Männer reden über eine Frau. Dialogtechniken b. Strauß, Dürrenmatt, Kroetz u. Horváth als Beitr. z. Untersuchg. v. Gesprächsstilen. In: Sandig, B. (Hg.): *Stilistik*. GermL 1981; 1983, II, 39-68

–: Weiblicher Gesprächsstil u. feminist. Gesprächsanalyse? Überlegungen z. Forschungsstand. In: Dialoganalyse II. Referate der 2. Arbeitstagung Bochum 1988 Bd. 2 hg. v. E. Weigand u. F. Hundsnurscher. Tübingen 1988

Beutin, W.: *Sprachkritik – Stilkritik*. Stuttgart 1976

Beyer, P.: *Stil*. In: Reallexik. d. dtsch. Lit. Gesch. Hg.: Merker/Stammler, 3, 299ff

Bickes, H.: Kann denn Sprache Sünde sein? (Statement) In: In: Stickel, G. (Hg.): *Stilfragen*. Berlin 1995, 397-404 (Jb IDS 1994)

Bier, J.-P.: Zum Begriff der Stilrelevanz. *JIG* 1979/I, 36-55

Bierwisch, M.: Poetik u. Linguistik. In:Kreuzer, H./Gunzenhäuser, R. (Hg.): *Mathematik u. Dichtg.* 1965, 49-65

Bihler, H.: *Französische Stillehre*. Wiesbaden 1955

Birch, D./O'Toole (eds): *Functions of Style*. London 1988

Blühdorn, H.: Korpuslinguist. Befunde als Ausgangspunkt f. eine modifiz. Funktionalstilistik. Anregungen z. e. Wiederaufn. d. Diskussion. *Ling. Ber.* 1990, 217-231

Blumenthal, P.: *Semantische Dichte. Assoziativität in Poesie u. Werbesprache*. Tübingen 1983

Bobek, H.: *Unters. z. Problem ›Stilzüge‹ im Bereich argumentat. Texte*. Diss. Potsdam 1980

Bockemühl, C.: *Die Nachstellung als syntakt. u. stilist. Erscheinung i. liter. Gegenwartsprosa*. Saarbrücken 1967 (Diss.)

Böckmann, P.: Die Interpretation der literarischen Formensprache. *StGen* Juli 1954, 341-351

Böttger, W.: *Über Sprache u. Stil* T. 1 Halle 1961

Bolz, N.: Gewinnung u. Auswertung quantit. Merkmale i. d. statist. Stilforschung. In: Spillner, B. (Hg.): *Methoden der Stilanalyse* 1984, 193-222

Bonnafous, H.: Stilist. , semant. u. textling. Fragestellungen als Ansatzpunkt f. d. Sprachwirkungsanalyse belletr. Texte. *WZUH* 23/1974, 103/4

–: Zum Verhältnis von Individuellem u. Gesellschaftlichem im Funktionalstil der schönen Literatur. *Beitr.* (Halle) 98/1977, 19-30

Boucke, E. A.: Der Prosastil. In: *Grundzüge d. Deutschkunde* 1/1926, 71-33S

Braak, I.: Stilform. In: Braak, I.: *Poetik in Stichworten*. Unterägeri ⁷1990, 41-71

Brandstetter, A./Breuer, D.: Stil. Norm u. Abweichung am Beisp. der Konkreten Poesie. In: *Beitr. z. d. Fortbildungskursen d. Goethe-Inst. f. Dtschlehrer u. Hochschulgermanisten aus d. Ausland*. T. II. München 1971, 130-138

Braselmann, P. M. E.: *Konnotation-Verstehen-Stil. Operationalisierung sprachl. Wirkungsmechanismen, dargest. an Lehnelementen i. Werke Maurice Dekobras*. Frankfurt/M. 1981

Braun, P.:Zur Praxis d. Stilkennzeichnungen i. deutsch-deutschen Wörterbüchern. *Mutterspr* 91/1981 H. 3-4, 169-177

Breuer, D.: *Einfg. in die pragmat. Textanalyse*. München 1974

Brinker, K.: *Linguist. Textanalyse. Eine Einfg. in Grundbegriffe u. Methoden*. Berlin 1985 (Grundlagen der Germanistik 29)

–: Zum Zusammenhang von Text- u. Stilanalyse am Beispiel eines Offenen Brie-
fes von G. Grass. In: Fix/Wellmann (Hg.): *Stile, Stilprägungen, Stilgeschichte.*
1997, 195-206
Brisau, A.: The Study of Linguistic Style. In: *Studia Germanica Gandensia* 10/
1968, 79-92
Brown, H.: *Prose style: Five primary types.* Minneapolis 1966
Brunet, G.: Plädoyer für eine neue Stilistik. In: *JIG* 1981/1, 8-21
Brünner, G.: Fachlichkeit, Muster u. Stil in der berufl. Kommunikation. In: Sel-
ting/Sandig (Hg.): *Sprech- u. Gesprächsstile.* Berlin 1997, 254-285
Buck, H.: Autobiographie u. Stilisierung:«Ein Leben für die Wissenschaft«. In:
DU 2/1989, 86-99
Buffon: *Discours sur le style*; ed. P. Battista. Roma 1967
Bureau, C.: *Linguistique fonctionelle et stylistique object.* Paris 1976
Burger, H.: Stil und Grammatikalität. In: *Archiv* 124/1972, 241-258
–: *Sprache der Massenmedien.* Berlin 1984
Burton, D.M./Michaels, E.L.:The Style Function. *Poetics* 3/1972, 124ff.
Busemann, A.: *Stil u. Charakter. Untersuchgn. z. Psychologie d. indiv. Redeform.*
Meisenheim/Glan 1948
Busse, D.: Sprachstil – Sprachnorm – Sprachgebrauch. Zu einem prekären Ver-
hältnis. In: Fix, U./Lerchner, G. (Hg.): *Stil u. Stilwandel.* Frankfurt/M. u.a.
1996, 63-82
Byrnes, H.: Interactional style in German and American conversation. In: *Text*
6(2)/1986, 189-206

Campe, R.: *Affekt u. Ausdruck. Zur Umwandlung der literar. Rede im 17. u. 18.
Jahrhundert.* Tübingen 1990 (Studien z. dtsch. Liter. 107)
–: Die zwei Perioden des Stils. In: *Comparatio* 2/1991, 73-101
Carrol, J.B.: Vectors of Prosa style. In: Sebeok, Th. A. (ed.): *Style in language.*
London 1960, 283-292
Carstensen, B.: Stil und Norm. Zur Situation der linguist. Stilistik. In: *ZDL* 37/
1970, 257-279
Cases, C.: Leo Spitzer u. die Stilkritik. In: Cases: *Stichworte zur dtsch. Liter.* Wien
1969
Cassirer, P.: *Deskriptiv Stilistik. En begrepps- och metoddiskusion.* Göteborg 1970
–: On the place of stylistics. In: Ringbom, H. (ed.): *Style and Text. Studies present.
to N. E. Enkvist.* Stockholm 1975, 27-48
–: *Probleme der interpretativen Stilistik.* Kongr. Ber. 8. GAL-Tagg. Mainz 1977
–: Linguistik, Stilistik u. Pragmatik. In: *LiLi* 27/28/1977, 202-208
–: Regeln der alltägl. Konversation als Grundlage d. interpret. Stilistik. In: *LiLi*
43/44: Perspektiven der Rhetorik. 1981, 110-132
Castle, E.: Zur Entwicklgsgesch. d. Wortbegriffs Stil. In: *GRM* 1914, 53-60
Cervenko, M./Jankovic, M.:Zwei Beitr. zum Gegenstand der Individualstilistik in
der Literatur. In: *LiLi* 6/1976 H. 22, 86-116
Chapman, R.: *Linguistics and literature. An Introduction to Literary Stylistics.* Lon-
don 1973
Chatman, S.: On the Theory of Liter. Style. In: *Linguistics* 27/1966, 13-25
–: New Ways of Analyzing Narrative Structure, with an Example from Joyce's
»Dubliners«. In: *Language and Style* 2/1969, 3-36
–: The Semantics of Style. In: Kristeva, J./Rey-Debove, J./Umiker, D. J. (eds.):
Essays in Semiotics. Ess. de Sémiotique. The Hague 1971, 399-422

–: The Styles of Narrative Codes. In: Lang, B. (ed.): *The Concept of Style*. Philadelphia 1979, 169-182

Chomsky, N.: *Syntactic Structures*. The Hague 1957

–: *Aspects of the Theory of Syntacs*. Cambridge/Mass. 1965, dtsch. Übers.: *Aspekte der Syntax-Theorie*. Frankfurt/M. 1969

Christmann, H.H.: Sprachwissenschaft. Literaturwissenschaft. Stilistik. In: *Sprachkunst* IX/1980, 173-191

Chvatik, K.: The problem of style from the standpoint of general theory of art. In: *Language, literature & meaning* 1 Amsterdam 1979, 177-214

Cohen, M.: *Grammaire et style*. Paris 1954

Colson, J.: Contribution to the description of style. In: *FL* 7/1975, 339-356

Combe, D.: *La pensée et le style*. Paris 1991 (=Collection Langage)

de Cort, J.: Fachsprache und Stil. In: *JIG* 1983/II, 40-52

Cortes, M. M.: Tendencies and Stylistic Schools in Spain. In: *Style* 3, 134-154

Coseriu, E.: Thesen zum Thema ›Sprache u. Dichtung‹ (1991). In: Wellmann, H. (Hg.): *Grammatik*. Heidelberg 1993, 143-148

Cressot, M.: *Le style et ses techniques* . Paris 1947, [11]1983

Croce, B.: *Ästhetik als Wissenschaft des Ausdrucks u. allgem. Linguistik*. Leipzig 1905

Crystal, D.: Objective and Subjective in Stylistic Analysis. In: Kachru, B.B./Stahlke, H.F.W. (eds.): *Current Trends* 1972, 103-113

–: Stylistic profiling. In: Aymer, K./Altenburg, B. (Hg.): *English Corpus Linguistics. Studies in Honor of Jan Svartik*. London/New York 1991, 221-238

– /Davy, D.: *Investigating English Style*. London 1969, [6]1979

Dainat, H./Kruckis, H.M.: Kunst, Werk, Stil, Evolution. Zu Luhmanns Stilbegriff. In: *Systemtheorie der Literatur*. Hg.: J. Fohrmann/H. Müller-Michaelis. München 1996, 159-172

Darbyshire, A.E.: *A Grammar of Style*. London 1971

Delbouille, P.: Les articles »style« et »stylistique« dans les nouveaux dictionnaires français de linguistique. In: *Cahiers d'Analyse textuelle* 18/1976, 7-37

Deloffre, F.: *Stylistique et poétique française*. Paris 1974

Devoto, G.: *Nuovi studi di stilistica*. Firenze 1962

Diaconescu, P.: Sémantique et stylistique (Méthode d'Investigation d'un texte) In: *Phil. Prag.* 12/1964, 238-245

Dieckmann, W.: *Sprachkritik*. Heidelberg 1992 (=Stud. bibl. Spr. W. 3)

van Dijk, T.A.: *Textwissenschaft. E. interdiszipl. Einfg.* Tübingen 1980

Diller, H.J.: Aufgaben u. Kategorien e. kontrast. Stilistik. In: Kuhn, O. (Hg.): *Großbrit. u. Dtschld. Festschr. Bourke*. München 1974, 546-557

Dittgen, A. M.: *Regeln f. Abweichungen. Funktion. sprachspieler. Abweichungen in Zeitungsüberschriften, Werbeschlagzeilen, Werbeslogans, Wandsprüchen u. Titeln*. Frankfurt/M. 1989 (Europ. Hochschulschr. I/1160)

Dittmar, N.: Soziolinguist. Stilbegriff am Beispiel der Ethnographie einer Fußballmannschaft. In: *ZfG* 10/1989, 423-444

Dockhorn, K.: Rhetorik u. germanist. Literaturwissensch. in Deutschland. In: *JIG* 3/1971, 168-185

Doherty, M.: Prinzipien u. Parameter als Grundlagen einer allgem. Theorie der vergleichenden Stilistik. In: Stickel, G. (Hg.): *Stilfragen*. Berlin 1995, 181-197 (Jb IDS 1994)

Dolezel, L.: Ein Begriffsrahmen für die statistische Stilanalyse. In: Ihwe, J.: *LiLi* I, 1971, 253-273

– /Kraus, J.: Prague School Stylistics. In: Kachru, B. B./Stahlke, H.F.W. (ed.): *Current Trends in Stylistics.* Edmonton 1972
–: Zur statistischen Theorie der Dichtersprache. In: Kreuzer, H./Gunzenhäuser, R. (Hg.): *Mathematik u. Dichtung.* München 1965, 275-293

Drux, R.: Metapher u. Metonymie: Zur Brauchbarkeit rhetorischer Kategorien für die Analyse literar. Texte. In: Sandig, B. (Hg.): *Stilistisch-rhetorische Diskursanalyse.* Tübingen 1988, 63-74

DUDEN- Stilwörterbuch der dtsch. Sprache. 6. völlig neubearb. Aufl. v. G. Drosdowski u.a. Mannheim 1970 (Der gr. Duden 2)

Duszak, A.: Academic Discourse and Intellectual Styles. In: *Journal of Pragmatics.* 21/1994, 291-313

Eastman, R.M.: *Style: Writing as the Discovery of Outlook.* New York/London 1970

Eggers, H.: *Grammatik und Stil* (Rede). Mannheim 1973 (DUDEN – Beitr. H. 40)

Ehlich, K.: Denkweise und Schreibstil. Schwierigkeiten in Hegelschen Texten: Phorik. In: Sandig, B. (Hg.): Stilistik. *GermL* 1981. Bd. I, 159-178

Ehrlich, S.: *Point of View. A Linguistic Analysis of Literary Style.* London/New York 1990

Eichhorn, G.: Zu einigen method. Fragen der linguo-stilist. Analyse poet. Texte. In: *Probleme der Kunstwirkung.* Halle 1979, 108-115

Eigenwald, R.: *Textanalytik.* München 1974 (bsv-studienmaterial)

Ellis, J.M.: Linguistics, Literature, and the Concept of Style. In: *Word* 26/1970, 65-78

Elster, E.: *Prinzipien der Literaturwissenschaft. Bd. 2: Stilistik.* Halle/S. 1911

Engel, U.: Sprachkreise, Sprachschichten, Stilbereiche. Zur Gliederung der Alltagssprache. In: *Mutterspr.* 1962, 298ff.

Engelen, B.: Semant. Komponentenanalyse u. Stilbetrachtung. In: *Mutterspr.* 78/1968, 250-256

Enkvist, N.E.: On Defining Style. An Essay in Applied Linguistics. In: Enkvist/Spencer/Gregory; *Linguist. and Style* 1964, 1-56 (dtsch. 1972)

–: Stylistics in Sweden and Finland: An Historical Survey. In: *Style* 3/1969, 27-43

–: On the Place of Style in Some Linguistics Theories. In: Chatman, S. (ed.): *Liter. Style* 1971, 47-64

–: *Stilforskning och stilteori* . Lund 1973

–: *Linguistic Stylistics.* The Hague 1973 (=Janua Linguarum. Ser. crit. 5)

– /Spencer, J./Gregory, M.J.: *Linguistics and Style.* London 1964 (dtsch. Übers.: *Linguistik und Stil.* Heidelberg 1972)

–: Die Funktion literar. Kontexte für die linguist. Stilistik. In: *LiLi* 6/1976, 78-85

–: Stylistics and Text Linguistics. In: W. U. Dressler (Hg.): *Current Trends in Textlinguistics.* Berlin/New York 1978 (=Research in Text Theory/Unters. z. Texttheorie 2) 174-190

–: Categories of Situational Context from the Perspective of Stylistics. In: Valerie Kinsella (Hg.): *Surveys I.* Cambridge/London 1982, 58-79

–: Styles as Strategies in Text Modelling. In: W. Kühlwein/B. Spillner (Hg.): *Sprache u. Individuum.* Kongr. Beitr. z. 17. GAL-Tagg. Hamburg 1986, Tübingen 1988, 19-30

–: Discourse comprehension, text strategies and style. In: *AUMLA* 73/1990, 166-180

Erler, A.: Zeitstil und Rechtsstil. In: *StGen* Dez 1954, 612-618

Ermatinger, E.: Zeitstil u. Persönlichkeitsstil. In: *DVjs* 4/1926, 615-650
Eroms, H.-W.: Stilistik. In: Gorschenek, M./Rucktäschel, A. (Hg.): *Kritische Stichwörter zur Sprachdidaktik*. München 1983, 235-246
–: *Textlinguistik u. Stiltheorie*. In: Akten d. VII. Intern. Germ. Kongr. Göttingen 1985. Bd. 3 Tübingen 1986, 10-21
–: Ansätze zu einer linguist. Analyse der ›Unkenrufe‹ von Günter Grass. In: Wellmann, H. (Hg.): *Grammatik, Wortschatz u. Bauformen*. Heidelberg 1993, 25-42
–: Syntax u. Stilistik. In: Handbücher zur Sprach- u. Kommunikationswissenschaft: Syntax. 1993
–: Zum Zeitstil der vierziger Jahre in Walter Kempowskis ›Echolot‹. In: Fix, U./Lerchner, G. (Hg.): *Stil u. Stilwandel*. Frankfurt/M. u.a. 1996, 95-110
–: Goethes ›Werther‹, sprachwissenschaftlich betrachtet. In: Fix/Wellmann (Hg.): *Stile, Stilprägungen, Stilgeschichte*. 1997, 135-158
Esser, J.: Markiertheit u. Stilistik. In: *Anglistentag 1983 Konstanz*: Vorträge. Hg. J. Schlaeger. Gießen 1984, 266-278
–: Norm u. Differential b. linguist. Stilvergleichen. In: *FL* 24/1990, 23-43
–: *English Linguistic Stylistics*. Tübingen 1993
Etkind, E.: Sujet – style – contenu (D'après les nouvelles de Maupassant). In: *Phil. Prag.* 10/1967

Fabricius-Hansen, C.: Kontrastive Stilistik am Beispiel Deutsch-Norwegisch. Ein Parallelkorpusprojekt. In: *JbDaF* 21/1995, 137-148
Falk, W.: Stil und Epoche. In: *JIG* 1980/II, 98-114
Falqui, E.: *Ricerche di stile* . Florenz 1939
Falster-Jakobsen, L.: Dänischer u. dtsch. Telegrammstil. In: *Sprache – Sprechen-Handeln. Akten des 28. Linguist. Kolloqu.* Graz 1993, 27-32
Faulseit, D.: Das Prinzip der stilist. Einheitlichkeit eines Textes. In: *SprPfl.* 1961, 49-50
– /Kühn, G.: *Stilistische Mittel u. Möglichkeiten der dtsch. Sprache*. Leipzig 1965;[4]1975
Feine, A./Sommerfeldt, K.E. (Hg.): *Sprache u. Stil in Texten für junge Leser. Festschr. für H. J. Siebert* Frankfurt/M. 1995
Fiehler, R.: Kommunikation im Alter u. ihre sprachwiss. Analyse. Gibt es einen Kommunikationsstil des Alters. In: Selting/Sandig (Hg.): *Sprech- u. Gesprächsstile*. Berlin 1997, 343-370
Firle, M.: Stilanalysen als Beitrag zur Kunstwirkungsforschung. In: *WZUL. Ges. u. sprw. R.* 31/1982, 3, 257-265
–: Indirekte u. erlebte Rede als textstilist. Phänomen. In: *ZfG* 9/1988, 176-181
–: Stil in Kommunikation, Sprachkommunikation u. poetischer Kommunikation. In: Fix, U. (Hg.) 1990, 19-45
–: Der Disney-Stil in der Kinderliteratur. In: Feine/Sommerfeldt (Hg.): *Sprache u. Stil. Festschr. H. J. Siebert*. Frankfurt/M. 1995, 85-94
Fischer, H.: Entwicklung u. Beurteilung des Stils. In: Kreuzer; H./Gunzenhäuser, R. (Hg.): *Mathematik u. Dichtung* München 1965, 171-183
Fischer, W.L.: Beispiele für topolog. Stilcharakteristika von Texten. In: *Grundlagenstudien aus Kybernetik u. Geisteswissensch.* 11/1970, 1-11
Fish, St.E.: What Is Stylistics and Why Are They Saying Such Terrible Things About It? In: Chatman, S. (ed.): *Approaches to poetics*. New York 1973, 109-152

–: Literatur im Leser. Affektive Stilistik. In: Warning, R. (Hg.): *Rezeptionsästhetik. Theorie und Praxis* . München 1975, 196-27 (UTB)

Fix, U.: Drei Sätze Thomas Manns. Eine stilist. Analyse. In: *Neuphilol. Mitt.* Helsinki 1982/3, 339-348

–: Prosaauflösung, Umdichtung u. Interlinearversion von Dichtung. Indizien für poet. Verwendung von Sprache. In: *Neuphilol. Mitt.* Helsinki 1983, 3, 318-328

–: Zusatzbedingungen für Sprachkultur. Der ästhet Anteil. In: *ZfG* 7/1986, 2, 201-208

–: Das Ästhetische als Eigenschaft nichtpoet. Texte. In: *Textlinguistik. Beitr. zur Theorie u. Praxis der Textgestaltung.* Dresden 1986, 93-99

–: Das Wort als Zeichen im poet. Text. *Interdisziplinäres Praktikum.* Potsdam 1986, 116-134

- : »*Kommunikativ adäquat*«-»*stilistisch adäquat*«. *Zu Problemen, Kategorien u. Kriterien der Redebewertung.* M-Diss. (B) Halle/S. 1988

–: Die Kategorien»kommunikativ adäquat«u. »stilistisch adäquat«. Zur Spezifik d. Stilistischen i. d. Kommunikation. In: *ZfG* 9/1988, 332-337

–: Alltagssprachwissen u. Spracherfahrung als Stilmaximen in Stilistiken u. Stillehren. In: Heinemann, S./Lerchner, G. u.a. (Hg.): *Soziokult. Kontexte der Sprach- u. Literaturentwicklung. Festschr. R. Große.* Stuttgart 1989, 121-141 (Stuttg. Arb. z. Germ. 231)

–: Sprachkultur u. Schule. In: DtUnt 12/1989, 562-570

–: Art. ›Stil‹. In: *Europ. Encyklopädie zu Philosophie u. Wissensch.* Hg. H.J. Sandkühler. Hamburg 1990

–: Die Sprachgestalt v. Sachtexten – ein vernachlässigtes Element d. Rezeptionsförderg. ? In: *Leser u. Lesen in Gegengenwart u. Zukunft.* Hg. v. Inst. für Verlagswesen u. Buchhandel d. KMUL 1990, 301-316

–: Die Kategorie Stil als theoret. Problem: zur Einführung. In: Fix, U. (Hg.) 1990, 7-18

–: Der Wandel der Muster – der Wandel im Umgang mit den Mustern. Kommunikationskultur im institut. Sprachgebruch der DDR am Beispiel von Losungen. *In: DS* 18/1990, 332-348

–: Redebewertung – Stilbewertung. Zu theoretischen Fragen der Bewertung sprachl. Äußerungen. In: Fix, U. (Hg.) 1990, 73-104

- :Unikalität von Texten u. Relativität von Stilmustern. In: *BEDS* 10/1991, 51-60

–: Vorbemerkungen zu Theorie u. Methodologie einer histor. Stilistik. In: *ZfG/ NF*2/1991, 299-310

–: Stilist. Textanalyse – immer ein Vergleich? Das Gemeinsame von Methoden der Stilanalyse – das Gemeinsame an Stilbegriffen. In: *GermL* 106/7/1991, 133-156

–: Stil als komplexes Zeichen im Wandel. Überlegungen zu einem erweiterten Stilbegriff. In: *ZGL* 20/1992, 193-209

–: Rituelle Kommunikation im öffentl. Sprachgebrauch der DDR u. ihre Begleitumstände. In: Lerchner, G. (Hg.): *Sprachgebrauch im Wandel.* Frankfurt/M. 1992, 3-99

–: Stilanalyse – ein Mittel der Erziehung zum Widerspruch? Pragmastilistische Analyse eines Anweisungstextes. In: *DtUnt* 1992/3, 128-136

–: Die »Gattung Grimm«. Andersens Märchen »Das häßliche Entlein« und das »Märchen vom häßlichen Dieselein«. Ein Textmustervergleich. In: Wellmann, H. (Hg.): *Grammatik, Wortschatz u. Bauformen.* Heidelberg 1993, 113-128

–: Stilforschung u. Stillehre in der DDR. In: *JIG* 26/1994, 1, 88-102

–: Zur Berechtigg, z. Problemen u. Möglichkeiten d. Stilforschg. (Statem.) In: Stickel, G. (Hg.): *Stilfragen.* Berlin 1995, 392-396 (Jb IDS 1994)

–: Textstil u. KonTextstile. Stil in der Kommunikation als umfassende Semiose v. Sprachlichem, Parasprachlichem u. Außersprachlichem. In: Fix, U./Lerchner, G. (Hg.): *Stil u. Stilwandel.* Frankfurt/M. u.a. 1996, 111-132

–: Gestalt u. Gestalten: von d. Notwendigkeit d. Gestaltkategorie f. eine das Ästhetische berücksichtigende pragmat. Stilistik. *ZfG NF* 6/1996, 308-323

–: Art. ›Funktionalstilistik‹. In: *Histor. Wörterbuch der Rhetorik.* Hg. v. G. Ueding. Tübingen 1996

–: Ein Plädoyer für die Text- u. Stilanalyse in der universitären Ausbildung. Fünf Gründe. (Statement) In: Fix/Wellmann (Hg.): *Stile, Stilprägungen, Stilgeschichte.* 1997, 273-276

–: Kanon u. Auflösung des Kanons. Typologische Intertextualität – ein »postmodernes« Stilmittel? In: Antos, G./Tietz, H.: *Die Zukunft der Textlinguistik. Traditionen, Transformationen, Trends.* Tübingen 1997, 97-108

–: Die erklärende Kraft v. Textsorten. Textsortenbeschreibungen als Zugang zu mehrfachstrukturiertem – auch kulturellem – Wissen über Texte. In: *Linguistica* XXXVIII, 1 (Ljubljana) 1998, 15-27

Flankowski-Jankovic, M.: *Klangstrukturen u. inhaltl. Aussage in lyr. Dichtung. Unters. z. Phonostilistik. Theoret. Grundlagen u. prakt. Analyse.* T. 1. Frankfurt/M. 1993 (Forum phonet. 52)

Fleischer, W.: Zur funktionalstilist. Differenzierung d. dtsch. Schriftsprache. In: *Sprachpfl.* 18/1969, H. 11, 225-230

–: Grundfragen d. Stilklassifikation unter funktionalem Aspekt. In: *WZPHE.* R. 7/1970, 2. 23-28

–: Onomastik u. Stilistik. In: *Namenkdl. Inform.* 22/1973, 5-12

–: Stilist. Aspekte der Phraseologie in der dtsch. Sprache der Gegenwart. In: *Beitr. zur Phraseologie u. Lexikologie der dtsch. Gegenwartssprache.* Berlin 1979, 20-41

–: Wandel sprachstilist. Gestaltung von Landschaftsmotivik in narrat. Prosa. In: Fix/Wellmann (Hg.): *Stile, Stilprägungen, Stilgeschichte.* Heidelberg 1997

– /Michel, G. (unter Mitarbeit v. R. Gläser, W. Heinemann, U. Kändler, G. Starke): *Stilistik der deutschen Gegenwartssprache.* Leipzig 1975 [3]1978 (Neufassung: Frankfurt/M. 1993)

– /Michel, G./Starke, G.: *Stilistik der deutschen Gegenwartssprache.* Frankfurt/M. u.a. 1993

Förster, U.: Das Fremdwort als Stilträger? In: *SD* 28/1984 H. 7-8, 97-107

–: Unsere Sprache verliert das Angesicht. Plädoyer für die gehobene Sprache. In: *Sprachdienst* 34/1990, 101-170

Fónagy, I.: L'information du style verbal. In: *Linguistics* 4/1964, 19-47

–: The Functions of Vocal Style. In: Chatman (Hg.): *Literary style.* Oxford 1971, 159-176

Fowler, R.: Linguistics, Stylistics, Criticism? In: *Lingua* 16/1966, 153-165

Franck, D.: *Grammatik u. Konversation. Stilist. Pragmatik der Dialogs u. der Bedeutung dtsch. Modalpartikeln.* Diss. Amsterdam 1979; Kronberg 1980

–: Stil u. Interaktion. In: Spillner, B. (Hg.): *Methoden.* 1984, 121-135

Frangesch, I.: »Ist die Stilistik eine Wissenschaft von den Abweichungen?« In: Flaker, A./Zmegac, V. (Hg.): *Formalismus, Strukturalismus u. Geschichte.* Kronberg 1974, 211-220

Frank, M.: Stil in der Philosophie? In: *Stil in der Philosophie.* Stuttgart 1985, 49-85

Frank-Böhringer, B.: *Rhetor. Kommunikation.* Quickborn/Hbg 1963

Frey, E.: Rezeption liter. Stilmittel. Beobachtungen am ›Durchschnittsleser‹. In: *LiLi* 4/1974, H. 15, 80-94

–: *Stil und Leser. Theoret. u. prakt. Ansätze zur wissensch. Stilanalyse.* Bern 1975 (Europ. Hochsch. Schr. R. I Bd. 116)

–: *Text u. Stilrezeption. Empir. Grundlagenstudien zur Stilistik.* Königstein/T. 1980

Fricke, H.: *Norm u. Abweichung. Eine Philosophie der Literatur.* München 1981 (Becksche Elementarbücher)

Frier, W.: Linguist. Aspekte des Textsortenproblems. In: *ABnG* 8/1979, 7-58

–: Konvention u. Abweichung. Zur pragmat. Analyse liter. Texte. In: Sandig, B. (Hg.): *Stilistik.* GermL. 1983 I, 127-157

–: Poetisches Sprechen. Zur linguist. Analyse modern. Lyrik. In: van Peer/Renkema (eds.): *Pragmatics and Stylistics.* 1984, 193-217

Fries, U.: Zum Thema Stilistik und Textlinguistik. In: Bauer, G./Stanzel, F. K./Zaic, F. (Hg.): *Festschr. H. Koziol.* Wien 1973, 74-86

Frommer, H.: Die Fesseln des Odysseus. Anm. zu den Stilnormen für die Inhaltsangabe. *DU* 36 (1984), H. 2, 37-48

Fucks, W.: Mathemat. Analyse des literar, Stils. In: *StGen* 6/1953, 506-523

–: *Mathem. Analyse von Sprachelementen, Sprachstil u. Sprachen.* Köln/Opladen 1955

–: Unterschied des Prosastils von Dichtern u. anderen Schriftstellern. Ein Beispiel mathemat. Stilanalyse. In: *Sprachforum* 1/1955, 234-244

– /Lauter, J.: Mathemat. Analyse des literar. Stils. In: Gunzenhäuser/Kreuzer (Hg.): *Mathematik u. Dichtung.* München 1965, 107-122

Gaier, U.: *Form u. Information. Funktionen sprachl. Klangmittel.* Konstanz 1971

Gaitanides, H.: *Versuch einer physiogn. Stilanalyse.* Diss. München 1936

Gajducik, S. M.: Phonostilist. Aspekt der mündl. Äußerungen. In: *Kwartalnik Neofilolog.* 17/1970, 399-410

Galdi, L.: Principes de stylistique littéraire romane. In: *Beitr. rom. Phil.* 2/1(1963), 5-31

Galtung, J.: Struktur, Kultur u. intellektueller Stil. Ein vgld. Essay über sachson., teuton. u. nippon. Wissenschaft. In: *Leviathan* 2/1983, 303-338

Galperin, L.R.: Some Principal Issues of Style and Stylistics as Viewed by Russian Linguists. In: *Style* 5/1971, 1-20

Garvin, P.L. (Hg.): *A Prague School Reader on Esthetics, Literary Structure and Style.* Washington D.C. 1964

Gauger, H.M.: Wissenschaft als Stil. In: *Merkur* 34/1980, 364-374

–: Nietzsches Auffassung von Stil. In: Gumbrecht, H. U./Pfeiffer, K. L. (Hg.): *Stil. Geschichten u. Funktionen.* Frankfurt/M. 1986, 200-213 (stw 633)

–: *Der Autor und sein Stil. Zwölf Essays.* Stuttgart 1988

–: »Schreibe, wie du redest!« Zur Geschichte u. Berechtigg. einer Stil-Anweisung. In: Gauger, H.M.: *Der Autor u. sein Stil.* Stuttgart 1988, 9-25

–: Zur Frage des Stils – etymologisch gesehen. In: *Comparatio* 2/1991, 3-16

–: Was ist eigentlich Stil? In: Stickel, G. (Hg.): *Stilfragen.* Berlin 1995, 7-26 (Jb IDS 1994)

–: Stilfragen. In: *Merkur* 47/1993, 494-507

Geißner, H.: *mündlich: schriftlich. Sprechwiss. Analysen ›freigesprochen‹ u. ›vorgelesen‹. Berichte.* Frankfurt/M. 1988

Geissner, H.: *Rhetorik.* München 1973

Gerbig, A.: *Computergestützte Stilanalyse: umweltpolit. Themen im Diskurs.* Duisburg 1994 (L.A.U.D./B 253)

Gidion, J.: Stilerfahrung im Spiel. Aus dem Plan eines Kurses z. Thema Komik. In: *PD* H. 37(1979). S. 20-60

Ginsburg, R.: On Some Trends in Stylistic Research. In: *Style* 3/1969, 73-90

Gipper, H.: Sprachstil u. Individualstil. In: Kühlwein/Raasch (Hg.): *Stil: Komponenten-Wirkungen* I, 1982, 9-24

Gläser, R.: *Linguist. Kriterien der Stilbeschreibung* (dargest. an einigen Tropen des modernen Englischen) M-HabilSchr. Univ. Leipzig 1969

–: Extratextuelle Faktoren der Stilbeschreibung. In: *WZPHE/M.* GSR7, 1970, 89-91

–: Die Kategorie ›Funktionalstil‹ in soziolinguistischer Sicht. In: *ZPSK* 27/1974, 487-496

–: Die Stilkategorie ›register‹ in sozioling. Sicht. *ZPSK* 29/1976, 234-243

–: Divergierende Positionen in der linguistischen Stilistik der Gegenwart. In: *ZPSK* 31/1978, 6. 607-61

–: Methoden zur Erforschung v. Stilmerkmalen in den Fachsprachen des Englischen. In: *ZPSK* 31/1978, 159-169

–: *Fachstile des Englischen.* Leipzig 1979

–: Das Verhältnis von Texttypologie u. Stiltypologie in der Fachsprache. In: *WZUR* GSR 32(1983), 7-11

–: Anglizismen als Stilphänomene. In: Fix, U./Lerchner, G. (Hg.): *Stil u. Stilwandel.* Frankfurt/M. u.a. 1996, 133-162

Gobyn, L.: *Textsorten. Ein Methodenvergleich am Beispiel Märchen.* Diss. Gent 1981

–: Mhd. Stilzüge i. d. Kinder- u. Hausmärchen der Br. Grimm. In: Cox/Goossens/Vabacker/Verhofstadt (Hg.): *Wortes Anst. Verbi Gratia. Festschr. G.A.R. de Smet,* Leuven. Amersfoort 1986, 143-154

Gössmann, W.: Stilelemente modern. Erzählens. In: Neuland, E./Bleckwenn, H. (Hg.): *Stil – Stilistik – Stilisierung.* Frankfurt/M. 1991, 151-164

Göttert, K.-H.: *Einführung in die Rhetorik. Grundbegriffe – Geschichte – Rezeption.* München 1991

Göttler, H.: Stilbildung durch Klangerfahrung. In: Neuland, E./Bleckwenn, H. (Hg.): *Stil – Stilistik – Stilisierung,* Frankfurt/M. 1991, 195-208

Goheen, J.: Zur Rhetorik der Literatur aus der Sicht einer Textstilistik. Die Allegorie als Textfigur. In: *Kontroversen. Vortr. Intern. Germ. Kongr. Göttingen 1985.* Hg. A. Schöne. Tübingen 1986, Bd. 3

–: Die kommunikative Rolle des Stils im mhd. Text. In: *JIG* 18/2/1987, 78-106

–: Stilwandel u. Geschichtlichkeit der Literatur. Zur Ungleichzeitigkeit literarischer Stile im Mittelalter. In: Fix, U./Lerchner/G. (Hg.): *Stil u. Stilwandel.* Frankfurt/M. u.a. 1996, 163-182

Gombrich, E. H.: Stil. In: Por, P./Radnóti, S. (Hg.): *Stilepoche. Theorie u. Diskussion.* Frankfurt/M. 1990, 619-538

Goodman, N.: Der Status des Stils. In:Goodman, N.: *Weisen der Welterzeugung.* Frankfurt/M. 1984, 38-58

Gosebruch, M.: Epochenstile historische Tatsächlichkeit u. Wandel des wissensch. Begriffs. In: *Zs. f. Kunstgesch.* 44/1981, 9-14

Graubner, H.: Stilistik. In: Arnold, H. L./Sinemus, V. (Hg.): *Grundzüge der Literatur- u. Sprachwissenschaft.* Bd. 1: *Literaturwissenschaft.* München 1973 (dtv WR 4226), 164-186

Gray, B.: *Style. The Problem and Its Solution*. The Hague 1969

Grimm, Chr.: *Zum Mythos Individualstil. Mikrostilist. Unters. zu Th. Mann*. Würzburg 1991

Groddek, W.: *Reden über Rhetorik. Zu e. Stilistik des Lesens*. Basel 1995

Grosse, S.: Zu Syntax u. Stil in der dtsch. Sprache des 19. Jhs. In: *Neuere Forschgn. zur histor. Syntax des Deutschen. Referate d. Intern. Fachkonferenz Eichstätt 1989*. Hg. v. A. Betten. Tübingen 1990

Gülich, E.: Ansätze zu einer kommunikationsorientierten Erzähltextanalyse (am Beisp. mündl. u. schriftl. Erzähltexte). In: Haubrichs, W. (Hg.): *Erzählforschung 1. Theorien, Modelle u. Methoden der Narrativik*. Göttingen 1976, 224-256 (LiLi-Beiheft4)

– /Heger, K./Raible, W.: *Linguist. Textanalyse. Überlegungen zur Gliederung von Texten*. Hamburg 1974

– /Raible, W.: Textsortenprobleme. In: *Linguist. Probleme der Textanalyse*. In: *Jb IDS* 1973 Düsseldorf 1975, 144-197

– /Raible, W. (Hg.): *Textsorten. Differenzierungskriterien aus linguist. Sicht*. Frankfurt/M. 1972

Günthner, S.: Stilisierungsverfahren in der Redewiedergabe – Die ›Überlagerung von Stimmen‹ als Mittel der moral. Verurteilung in Vorwurfsrekonstruktionen. In: Selting/Sandig (Hg.): *Sprech- u. Gesprächsstile*. Berlin 1997, 94-122

Guiraud, P.: Stylistiques. In: *Neophilologus* 38/1954, 1-12

–: *La stylistique*. Paris 1955, [9]1979;(abgelöst v. Molinié, G. , s. u.)

– /u.a.: *Style et littérature*. Den Haag 1962

–: *Essais de stylistique*. Paris 1969

–: *Problèmes et méthodes de la stylistique*. Paris 1970

Gumbrecht, H.U.: Schwindende Stabilität der Wirklichkeit. Eine Geschichte des Stilbegriffs. In: Gumbrecht, H.U./Pfeiffer, K.L. (Hg.): *Stil. Geschichte*. Frankfurt/M. 1986, 726-788

Gutenberg, N.: Sprechstile. Ansätze einer sprechwissenschaftlichen Stilistik. In: Sandig, B. (Hg.): *Stilistik. GermL II*, 1983, 209-286

Häusler, I.: Individualstil künstler. Texte als linguist. u. poetolog. Größe – Chancen interdiszipl. Zusammenarbeit. In: *Proceedings Intern. Congr. Linguist*. Berlin 1987, 14, 1942-1945

Halliday, M.A.K.: *Beitr. z. funktion. Sprachbetrachtung* Hannover 1975

–: Linguistic Function and Literary style: An Inquiry into the Language of William Golding's The inheritors. In: Chatman (Hg.): *Literary style*. Oxford 1971, 330-368. dtsch. Übers.: Sprachfunktion u. liter. Stil. Eine Unters. über d. Spr. v. W. G. s »The Inheritors«. In: Hess-Lüttich, E.W.B. (Hg.): *Literatur u. Konversation*. Wiesbaden 1980, 309-340

Halwachs, D.: Persuasiver Sprachstil in der Politik. In: H. Löffler (Hg.): *Dialoganalyse = dialogue analys. 4. Ref. der 4. Arbeitstagg*. Basel 1992/93, 151-159

Handler, P.: *Wortbildung u. Literatur. Panorama einer Stilistik des komplexen Wortes*. Frankfurt/M. u.a. 1993

–: »There's message in the wire.« Stilist. Annäherungen an das Phänomen e-mail. In: *Moderne Sprachen*. Salzburg 1995, 44-63

Hartmann, D.: Reliefgebung: Informationsvordergrund u. Inform. hintergrund in Texten als Problem von Textlinguistik u. Stilistik. Zur Verwendung sprachl. Mittel zum Ausdruck v. Haupt- u. Nebeninformationen. In: *WW 34* (1984) 305-23

Hartung, W.: Marxist. Sprachpragmatik als Hintergrund für die Erklärung stilist. Phänomene. *WZPHE/M* GSR7/1970, 67-71, Teilabdr.: Germanist. Studientexte: *Wort-Satz-Text.* Leipzig 1977, 263-270

Harweg, R.: Stilistik und Textgrammatik. In: *LiLi* 2/1970 H. 5, 71-81

–: Formen narrat. Dialogzitierung in sprach- u. stilvergl. Sicht. Eine Skizze. In: *Dialoganalyse 3. 1-2. Ref. der 3. Arbeitstagg. Bologna 1990.* 2 Bde. Tübingen 1991

Hasan, R.: The place of stylistics in the study of verbal art. In: Ringbom, H. (ed.): *Style and Text* 1975, 49-62

Hasenstein, F.: *Sprachphilos. Beitr. z. Stilproblem des Lyrischen.* M-Diss. Göttingen 1954

Hatzfeld, H.: Peut-on systématiser l'analyse stylistique? In: *Langue et Littérature. Actes du VIIIe Congrès.* Fasc. 161, Paris 1961, 231-234

–: Le style collectif et le style individuell. In: *Généralités* 1972, 92-106

Hausenblas, K.: Stile der sprachl. Äußerungen u. die Sprachschichtung. In: Benesch/Vachek (Hg.): *Stilistik u. Soziolinguistik* 1971, 38-53

Hausendorf, H.: Die Körperlichkeit des Sprechens. Ein Stilmittel der mündl. Kommunikation? In: Selting/Sandig (Hg.): *Sprech- u. Gesprächsstile.* Berlin 1997, 400-426

Haverkamp, A. (Hg.): *Theorie d. Metapher.* Darmst. 1983 (=WdF 389)

Havranek, B.: The Functional Differentiation of Standard Language. In: Garvin, P.L. (ed.): *A Prague School Reader on Esthetics, Literary Structure, and Style.* Washington D. C. 1964, 3-16

–: Die Theorie der Schriftsprache. In: Beneš/Vachel: *Stilistik u. Soziolinguistik.* Berlin 1971, 19-37

Heinemann, W.: Zur Klassifizierung von Stilzügen. *LingArbBer KMU Leipzig* 10/1974, 57-61

–: Darstellungsarten. In: Fleischer/Michel (Hg.) 1975, 376-400

– /Viehweger, D.: *Textlinguistik. Eine Einführung.* Tübingen 1991

–: Bertolt Brecht: *Das Wiedersehen.* Versuch der Interpretat. e. Keuner-Geschichte – auch für die Schule. In: Wellmann, H. (Hg.): *Grammatik, Wortschatz u. Bauformen.* Heidelberg 1993, 57-66

–: BRECHT u. die klass. Moderne. In: Fix/Wellmann (Hg.): *Stile, Stilprägungen, Stilgeschichte.* Heidelberg 1997, 231-248

Heinz, R.: *Stil als geisteswissensch. Kategorie. Problemgeschichtl. Unters. zum Stilbegriff im 19. u. 20. Jahrhundert.* Würzburg 1986

Heistrüvers, H.D.:Jürgen von Manger als Mittel zur Einführung in die Stilanalyse u. Umgangssprache. In: *DU* 21/1970 H. 1, 87-103

Hendricks, W.O.: Style and the structure of literary discourse. In: *Style and text. Studies pres. N.E. Enkvist.* Stockholm 1975, 63-74

–: *Grammars of style nd styles of grammar.* Amsterdam 1976

Henn-Mennesheimer, B.: Metapher. In: *DU* 43/1991, H. 5, 21-39

Hensinger, S.: *Pragmalinguistik. Texterzeugung, Textanalyse, Stilgestaltung u. Stilwirkungen in der sprachl. Kommunikation. Ein Lehr- u. Übungsbuch.* Frankfurt/ M. 1995

Hentschel, E.: Abtönungspartikeln als stilistische Merkmale des Alltagsgesprächs. In: Kühlwein, W./Raasch, A. (Hg.): *Kongr. Ber. 8. GAL-Tagg. Bd. VI* Stuttgart 1978, 142-145

Herbig, A.F.: *»Sie argumentieren doch scheinheilig!« Sprach- u. sprechwiss. Aspekte einer Stilistik des Argumentierens.* Frankfurt/M. 1992 (=Arb. z. Diskurs u. Stil 2)

–: Argumentationsstile. Vorschläge für eine Stilistik des Argumentierens. In: Pü-schel/Sandig: (Hg.) 1993, 45-75

Herdan, G.: *Language as Choice and Change.* Groningen 1956

Heringer, H.J.: *Grammatik u. Stil. Praktische Grammatik des Deutschen.* Frankfurt/M. 1989

Hermann, D.: *Vergleichd. Unters. zur Verwendg. u. Funktion von Stilfiguren in künstler. u. nichtkünstler. Texten. Ein Beitr. z. Problem der ästhet. Funktion der Sprache.* Diss. Potsdam 1980

Hermann, W.: Spracherwerb u. Stil. Eine Untersuchung des Paradoxen u. Ironischen in Standardsituationen. In: *JIG* 181/II, 62-75

Hess-Lüttich, E.W.B.: Das sprachliche Register. Der Register-Begriff in der brit. Linguistik u. seine Relevanz f. die Angew. Sprachwissensch. In: *DS* 2/1974, 269-286

–: Bilingualismus als Stilmittel: Drogenkultur u. Sprache. In: *Rhetoric and Stylistics* 1978, 69-82

–: Stiltheorie. Zur Verständigung über ›Stil‹ in der Angew. Linguistik. In: Kühlwein, W./Raasch, A. (Hg.): *Angewandte Linguistik. Positionen-Wege-Perspektiven.* Tübingen 1980, 91-112

Hetzer, H.: Die entwicklungsbedingten Stilformen. In: *Lebendige Schule* 9/1954, 363-379 u. 439-456

Hickey, L-(Hg.): *The Pragmatics of Style.* London/New York 1989

Hillach, A.: Sprache u. Theater. Überlegungen zu einer Stilistik des Theaterstücks. In: *Sprachkunst* 2/1971, 299-328

Hinnenkamp, V.: Die Stilisierung von Ethnizität. In: Hinnenkamp/Selting (Hg.): *Stil u. Stilisierung.* Tübingen 1989, 253-291

Hoffmann, M.: Überlegungen z. method. Instrumentarium der linguostilist. Analyse. In: *Linguist. Studien. R. A: Arbeitsberichte.* (Akad. d. Wiss. d. DDR. Zentralinst. f. Sprachwiss.. Berlin. Nr. 51, 1979, 36-57

–: Zur Erfassung der stil. Bedeutung von Phraseologismen. In: *WZUL* 30/1981, 484-493

–: *Die Kategorie Stilzug und ihre Integration in ein kommunikativ orientiertes linguist. Stilkonzept.* Diss. B Leipzig 1987

–: Zum pragmat. u. operationalen Aspekt der Textkategorie Stil. In: *ZPSK* 1/1987, 68-81

–: Kommunikativ orientierte linguist. Konzepte in der Stilistik seit der kommunikativ-pragmat. Wende. In: *ZfG* 9/1988, 321-332

–: Stil u. Situation – Stil als Situation. Zu Grundlagen eines pragmat. Stilbegriffs. In: Fix, U. (Hg.) *Beitr. z. Stiltheorie.* 1990, 46-72

–: Verwandelter Stil. Über die Parodie einer überregion. Tageszeitung. In: Fix, U./Lerchner, G. (Hg.): *Stil u. Stilwandel.* Frankfurt/M. u.a. 1996, 195-214

–: Zur stilist. Über- u. Untercodierung der belehrenden Botschaft. Gerh. Holtz-Baumert und seine ›Sieben und dreimal sieben Geschichten für Kinder‹. In: Feine/Sommerfeldt (Hg.): *Sprache u. Stil. Festschr. H.J. Siebert.* Frankfurt/M. 1995, 95-107

– /Schippan, Th. (Hg.): Konferenzmaterial. d. VII. Arb.-Tagg. f. germ. Linguistik (*Probleme d. Stilistik*). WZPHE/M. GSR 7/1970

Holly, W.: »Die Mutter is wie alt?« Befragungstechniken u. Beziehungsstile eines Psychotherapeuten in Zweitinterviews. In: Sandig, B. (Hg.): *Stilistik. Bd. II: Gesprächsstile.* Hildesheim 1983, 103-147 (GermL 5-6/81)

–: Stilwandel in dtsch. parlamentar. Geschäftsordnungen. Eine Skizze. In: Fix, U./Lerchner, G. (Hg.): *Stil u. Stilwandel.* Frankfurt/M. u.a. 1996, 215-236

Horalek, K.: Sprachfunktion u. funktionelle Stilistik. In: *Linguistics* 14/1965, 14-22
Huber, E.: Wege u. Grenzen der neueren Stilistik in der romanist. Literaturwissenschaft. In: *ZsfFrz. SprLit* 74/1964, 44-58
Hüllen, W.: Der komplexe Hintergrund des einfachen Stils. Zur theoret. u. stilist. Begründung der modernen Wissenschaftssprache durch Francis Bacon u. die Royal Society. In: *Münsterisches Logbuch zur Linguistik* 4/1993, 31-46
Huhne, Th. E.: *Bemerkungen über Sprache u. Stil.* Berlin 1962
Hundsnurscher, F.: Neues zur Metapher? In: G. Heintz/P. Schmitter (Hg.): *Festschr. H. Gipper* Bd. I. Baden-Baden 1985, 305-318

Imdahl, M.: Bildsyntax u. Bildsemantik. In: Schmidt, S.J. (Hg.): *Text, Bedeutung, Ästhetik.* München 1970, 176-188
Ingendahl, W.: ›Stil‹. In:Nündel, E. (Hg.): *Lexikon zum Deutschunterricht.* München ²1981, 461-468
–: Sprachl. Grundlagen u. poet. Formen der Ironie. In: *Sprachkunst* 3/1971, 228-242
–: *Der metaphorische Prozeß.* Düsseldorf 1971 (Spr. d. Gegw. 14)
–: Linguist. Vorarbeiten für eine pragmat. Stilistik. Ein Forschungsbereich zw. Sprach- u. Kulturwissenschaft. In: *Mutterspr.* 98/1988, 108-120
Ihlenburg, K.H.: Stilnorm u. prakt. Stillehre. In: *Sprachpfl.* 19/1970, 178-81

Jacobs, R.A./Rosenbaum, P.S.: *Transformationen, Stil u. Bedeutung.* Frankfurt/M. 1973 (FAT 2020)
Jäger, G.: Einige Überlegungen zum Problem der stilist. Gleichwertigkeit verschiedensprachig. Texte. In: *LAB* 38/1982, 26-35
Jakobson, R.: Poesie der Grammatik u. Grammatik der Poesie. In: Kreuzer/Gunzenhäuser (Hg.): *Mathematik u. Dichtung* 1965, 21-32
–: Closing Statement: Linguistics and Poetics. In: Sebeok, T. A. (ed.): *Style in Language* 1968, 350-377
–: Linguistik und Poetik. In: Ihwe, J. (Hg.): *Literaturwiss. u. Linguistik* II/1, 1971, 512-548
Joos, M.: *The five clocks. A linguistic excursion into the five styles of English usage.* New York 1961
Junker, H.: Stilanalyse u. Strukturanalyse in der Literaturwissenschaft. In: Spillner, B. (Hg.): *Methoden der Stilanalyse.* 1984, 11-20

Käge, O.: Noch »ugs« oder schon »derb«?. Bemerkungen u. Vorschläge zur Praxis der stilist. Markierung in dtsch. einschlägigen Wörterbüchern. In: *GermL* 3-6/80. Hildesheim 1982, 109-120
Kaemmerling, H.-E.: Aspekte einer semiot. Rhetorik u. Stilistik. In: *Sprachkunst* 4/1973, 189-201
Kändler, U.: Bemerkungen zu einer Neubewertung der antiken Rhetorik unter pragmat. Aspekt. *WZPHE/M* GSR7/1970 H. 2, 39-40 Wiederabdr. In: *Germanist. Studientexte:Wort-Satz-Text.* Leipzig 1970, 241-243
–: Zur Theorie u. Praxis der stilist. Interpretaion. Überlegungen zu drei stilkundl. Arbeiten über Reden v. Aug. Bebel, Wilh. u. Karl Liebknecht. In: *Linguist. Studien.* R.A: Arbeitsberichte Nr. 41, 1977. Hg. v. W. Fleischer: Sprache-Stil-Ideologie. 190-215
- :»Weißes Ostern« v. I. Morgner. Zu Möglichk. e. funktionalstilist. Unters. d. Stils künstler. Texte. In: *LS/ZISW/*A50/1978, 199-217

Kainz, F.: Vorarbeiten z. e. Philosophie des Stils. In: *ZsfÄsth*. 20/1926, 21-63

–: Stil und Form. In: *ZfDk* 41/1927

–: *Zur Entwicklung der sprachstilistischen Ordnungsbegriffe im Deutschen.* Darmstadt 1965

Kaleri, E.: *Methodologie der literar. Stilinterpretation.* Würzburg 1993

Kalivoda, G.: Stilistik der polit. Ausgrenzung. Diskursstilist. Unters. am Beisp. der Sozialistengesetzedebatte des dtsch. Reichstags von 1878. In: Sandig (Hg.):1988, 87-101

–: Stilmittel i. d. parlamentar. Rede. In: *Dialoganalyse I. Ref. der 1. Arbeitstagung.* Münster 1986. Hg. v. F. Hundsnurscher u. E. Weigand. Tübingen 1986 (Ling. Arb. 176)

Kallmeyer, W.: Zur Darstellung von kommunikativem sozialem Stil in sozioling. Gruppenporträts. In: Kallmeyer, W. (Hg.): *Kommunikation in der Stadt. Bd. 3: Kommunikat. Stilistik e. sozialen Welt »kleiner Leute« in d. Mannheim. Innenstadt.* Berlin 1994, 1-25 (Schr. d. IDS 4. 3)

Kanyó, Z.: Stil u. Konnotation. In: *LiLi* 6/1972, H. 22, 63-77

Kayser, W.: Stilprobleme der Ballade. In: *ZsfdB* 1932, 469ff.

–: *Das sprachliche Kunstwerk.* Bern 1948; [12]1967

–: Der Stilbegriff der Literaturwissenschaft. In: *Die Vortragsreise. Studien zur Literatur.* Bern 1958, 71-81

Keim, I.: *Kommunikat. Stilistik einer sozialen Welt »kleiner Leute« in der Mannheimer Innenstadt. Kommunikation in der Stadt.* (mit 2 Beitr. v. W. Kallmeyer) Berlin u.a. 1995 (Schr. d. IDS 4.3)

–: Formelh. Sprechen als konstitut. Merkmal sozialen Stils. In: Selting/Sandig (Hg.): *Sprech- u. Gesprächsstile.* Berlin 1997, 318-344

– /Schwitalla, J.: Soziale Stile des Miteinander-Sprechens. Beobachtungen zu Formen men der Konfliktbearbeitung in zwei Frauengruppen. In: Hinnenkamp/Selting (Hg.) 1989, 83-121

Kerkhoff, E.L.: *Ausdrucksmöglichkeiten neuhochdtsch. Prosastils.* Amsterdam 1950

–: *De Kunst der Stijlinterpretatie.* Amsterdam 1951

–: *Kleine deutsche Stilistik.* Bern 1962

Kestenholz, C.: Emphase des Stils. Begriffsgeschichtl. Erläuterungen zu Goethes Aufs. über ›Einfache Nachahmung der Natur, Manier, Stil‹. In: *Comparatio* 2/1991, 36-56

Killy, W.: *Wandlungen des lyr. Bildes.* Göttingen [4]1960

Kintgen, E.R.: Effective Stylistics. In: *Centrum* 2/1974, 43-55

–: The Perception of Poetry. In: *Style* 14/1980, 22-40

Klappenbach, R./Steinitz, W. (Hg.): *Wörterbuch der Deutschen Gegenwartssprache.* Berlin 1961ff.

Klauser, R.: *Die Fachsprache der Literaturkritik. Dargest. an den Textsorten Essay u. Rezension.* Frankfurt/M. u.a. 1992

Klein, M.: Diskurs über d. Möglichk. e. interdiszipl. Stilistik im Dialektbereich. In: *Bullet. linguist., ethnol. et toponymique* 22/1980, 77-81

Klein, Sh.: Stilkontrolle mit einer generativen Grammatik. In: Ihwe, J. (Hg.) Bd. 1, 1971, 213-233

Klesczewski, R.: German Research on Style in the Romance Languages and Literatures. In: *Style* 3/1969, 102-132

Klinkenberg, J.-M./Lope, H.-J.: Der evokative Archaismus. In: *RomForschgn.* 84/1972, 588-594

Klotz, P.: Syntaktische u. textuelle Perspektiven zu Stil u. Textsorte. In: Neuland, E./Bleckwenn, H. (Hg.): *Stil – Stilistik – Stilisierung.* Frankfurt/M. 1991 39-54

Klotz, V.: Leo Spitzers Stilanalysen. In: *STZ* 12/1964, 992-1000

Kluge, G.: Stilgeschichte als Geistesgeschichte. Die Rezeption der Wölfflinschen Grundbegriffe in der dtsch. Literaturwissenschaft. In: *Neophil.* 61/1977, 575-586

Knaur, K.: Die klangästhet. Kritik des Wortkunstwerkes am Beispiel frz. Dichtg. In: *DVjs.* 15/1937 ·

Koch, W.A.: On the principles of stylistics. In: *Lingua* 12/1963, 411-422

Kocsány, P.: Perspektiven der Stilistik in den 80er Jahreen. In: *Német Filológiai Tanúmányok/Arb. z. dtsch. Philologie.* Debrecen 18/1989, 79-98

Koller, E.: Peter Handke: Das Umfallen der Kegel von einer bäuerl. Kegelbahn. In: Wellmann, H. (Hg.): *Grammatik, Wortschatz u. Bauformen.* Heidelberg 1993, 79-112

Koller, E.: Passierende Schienenfahrzeuge. Gerh. Hauptmann u. Rob. Musil im Stilvergleich. In: Fix/Wellmann (Hg.): *Stile, Stilprägungen, Stilgeschichte.* 1997, 159-176

Kommerell, M.: *Geist u. Buchstabe. bes.: Die Sprache u. das Unaussprechliche.* ²1942

Kopperschmidt, J.: *Allgem. Rhetorik. Einführung in die Theorie der Persuasiven Kommunikation.* Stuttgart 1973

Kotthoff, H.: Stilunterschiede in argumentativen Gesprächen oder zum Geselligkeitswert von Dissens. In: Hinnenkamp/Selting (Hg.) 1989, 187-202

–: Interaktionsstilist. Unterschiede im Gesprächsverhalten der Geschlechter. In: Neuland, E./Bleckwenn, H. (Hg.): *Stil – Stilistik – Stilisierung.* Frankfurt/M. 1991 131-148

–: Erzählstile von mündl. Witzen. Zur Erzielung von Komikeffekten durch Dialoginszenierungen u. die Stilisierung sozialer Typen von Witz. In: Selting/Sandig (Hg.): *Sprech- u. Gesprächsstile.* Berlin 1997, 123-169

Koshuharowa, N.: Vom Verb als stilist. Kunstmittel. In: *Mutterspr.* 1966,

Krafft, U.: Justine liest französ. Recht. Sprechstile in e. Vorlesung. In: Selting/Sandig (Hg.): *Sprech- u. Gesprächsstile.* Berlin 1997, 170-216

Krahl, S./Kurz, J.: *Kleines Wörterbuch der Stilkunde.* Leipzig 1970; ⁶1984

Kramer, F.: *Stilkunde u. Methodik des Stilunterrichts.* Berlin 1947

Kramer, W.: *Inleiding tot de stilistiek.* Groningen 1935

Krawczyk-Klin, J.: Zum Problem der Textsorten u. der Funktionalstile. In: *Germanystica.* Zielona Gora 1990, 31-37

Kreye, H.: *Satzform u. Stil.* Heidelberg 1989

–: Syntaktische Strukturen u. Stil in Erörterungen u. Interpretationen. In: Neuland, E./Bleckwenn, H. (Hg.): *Stil – Stilistik – Stilisierung.* Frankfurt/M. 1991 87-102

Kühn, I.: Beschreibungsansatz der Illokutionsstrukturen im poet. Text; dargest. am Beisp. d. erlebten Rede. In: Müske/Werner (Hg.) 1991, 167-192

–: Alltagssprachl. Textsortenstile. In: Stickel, G. (Hg.): *Stilfragen.* Berlin 1995, 329-354 (Jb IDS 1994)

Kukharenko, V.: The problem of the investigation of the individual style of the autor. In: *Actes Ling.* 10. 3. , 441-445

Kupsch-Losereit, S./Kussmaul, P.: Stilist. Entscheidungen im Rahmen der Übersetzungstheorie. In: Kühlwein, W./Raasch, A. (Hg.): *Stil: Komponenten.* Bd. I Tübingen 1982, 93-98

Kurz, G.: Zur Einführung: Stilfragen. In: *Sprache u. Literatur* 16. H. 55/1985, 1-8

Kurz, J.: Sprachstil u. literarischer Stil? Über Korrelat u. Grundlage des Sprachstils. In: *WZPHE/M* GSR7/1970 H 2, 29-33; Teilabdr. in: *Germanist. Studientexte: W ort-Satz-Text.* Leipzig 1977, 235-240

–: Die Redewiedergabe /Studienmaterial Univ. Leipzig, Fak. f. Journalistik, Abt.
Fernstudium. Leipzig 1966 /erw. z. Diss. Leipzig 1984

–: *Stilprinzipien für die Hörfunknachricht.* Sektion Journalistik KMU Leipzig
1978

–: *Stilprinzipien für den Bericht.* Sektion Journalistik KMU Leipzig 1979, [3]1986

–: Stilprinzipien der Nachrichtengebung. In: *Nachrichtenarbeit u. Nachrichtenge-
staltg.* T.2. Sektion Journalistik. KMU Leipzig 1979, 199-233

–: Zu Funktion, Methoden u. Gestalt der Rededarstellung in aktuellen Zeitungsüberschriften. In: Fix, U./Lerchner, G. (Hg.): *Stil u. Stilwandel.* Frankfurt/M.
u.a. 1996, 255-284

Kutscher, A.: *Stilkunde der dtsch. Dichtung.* 2 Bde. Bremen-Horn 1951/52

Labow, W.: Die Isolierung von Kontextstilen. In: Labow, W.: *Sprache im sozialen
Kontext.* Bd. 1 Kronberg/Ts. 1976

Lämmert, E.: *Bauformen des Erzählens.* Stuttgart 1955,

Lang, B.: Questions on the Concept of Style: A Checklist. In: Lang, B. (Ed.): *The
Concept of Style.* Philadelphia. 233-239

Lang, W.: Tropen und Figuren. In: *DU* 18/1966, H. 5, 105-152

Langner, P. W.: *Strukturelle Analyse verbal-visueller Textkonstitution in der Anzei-
genwerbund.* Frankfurt/M. u.a. 1985

Lapp, E.: *Linguistik der Ironie.* Tübingen 1992 (=Tübinger Beitr. z. Ling. 369)

Lausberg, H.: *Handbuch der literarischen Rhetorik.* München 1960

–: *Elemente der literarischen Rhetorik.* München 1963

Leech, G.N.: Linguistics and the figures of Rhetoric. In: Fowler, R. (ed): *Style and
language.* London 1966, 135-156

– /Short, M. H.: *Style in Fiction. A Linguistic Introduction to Engl. Fictional Prose-*
London/New York 1981(Engl. Lang. Series 13)

Le Guern, M.: *Sémantique de la métaphore et de la métonymie.* Paris 1973

Le Hir, Y.: *Styles.* Paris 1972

Leinfellner, E.: *Der Euphemismus in der polit. Sprache.* Berlin 1971

Leitgeb, Ch.: Grillparzers ›Jugenderinnerungen im Grünen‹. In: Fix/Wellmann
(Hg.): *Stile, Stilprägungen, Stilgeschichte.* 1997, 331-344

Lempicki, Z.: *Le problème de style.* Warschau 1937 (vgl. Helicon I, 299)

Leo, U.: *Stilforschung u. dichter. Einheit.* München 1966

Leodolter, R.: Interaktion u. Stilvariation. Teilaspekte einer explorat. Studie über
d. Sprachverhalten v. Angeklagten vor Gericht. In: Viereck, W. (Hg.): *Sprachl.
Handeln-Soziales Verhalten. Ein Reader.* München 1976, 139-170

Leon, P.R.: *Précis de phonostylistique. Parole et expressivité.* Paris 1993 (=Série »linguistique«)

Lerch, E.: Nationenkunde durch Stilistik. In: *Hauptprobleme der frz. Sprache.* Bd.
2. Braunschweig 1931, 5-15

Lerchner, G.: Stilzüge unter semasiolog. Aspekt. In: *DaF* 13/1976, 257-262

–: Individualstil u. gesellschaftl. Sprachtätigkeit. In: *ZPSK* 33/1980, 48-55

–: Stilistisches u. Stil. Ansätze für eine kommunikative Stiltheorie. In: *BEDS* 1/
1981, 85-109

–: Möglichkeiten u. Grenzen der linguist. Analyse poet. Texte aus sprachwiss.
Sicht. In: Steinberg, W. (Hg.) 1981, 97-115

–: Stilistisch-pragmat. Funktionen von Titeln literarischer Texte. In: *Linguist. Arb.-Ber. Sektion Theoret. u. angew. Sprachwiss.* der Karl-Marx-Universität Leipzig 37/1982, 100-110

–: Konnotative Textpotenz. In: *BEDS* 4/1984, 39-48

–: Zur poetolog. Funktion v. Stilelementen. In: Steinberg, W. (Hg.): *Stilistik u. Poetologie.* Halle 1985, 13-21(Wiss. Beitr. MLU F. 57)

–: Stilist. Variation in einer handlungsbezogenen Textkonzeption. In:A. Schöne (Hg.): *Kontroversen, alte u. neue. Akten d. VII. Intern. Germ.-Kongr. 1985* Göttingen, Bd. 3, Tübingen 1986, 32-39

–: *Sprachform von Dichtung. Linguist. Unters. z. Funktion u. Wirkg. liter. Texte.* Berlin 1986

–: Liter. Text u. kommunikatives Handeln. In: *SB Sächs. Ak. Leipzig. Phil.-hist. Kl.* 127/1987, H. 6

–: *Das Diskurselement »Stil«. Beitr. auf der Konferenz »Text u. Stil« am 28. 4. 1988 in Dresden* (in: Konferenzmaterialien)

–: Intertextualität als ästhet. Potential: Bobrowskis »34 Sätze über meinen Großvater« In: *ZfG* 9/1988, 307-320

–: Mustermischung u. Sprachausgleich im trivialliter. Diskurs des 18. Jhs. In: *ZfG* 18/1990, 261-272

–: Stilwandel. In: Stickel, G. (Hg.): *Stilfragen.* Berlin 1995, 94-114 (Jb IDS 1994)

–: Computerkultur in stilgeschichtlicher Perspektive. In: Fix, U./Lerchner, G. (Hg.): *Stil u. Stilwandel.* Frankfurt/M. 1996, 285-300

–: Stilistische Solidaritäten. Stilgeschichte zw. Literarur- u. Sprachhistoriographie. In: *ZfG NF* 5, 2, 337-348

–: Stilideale literar. Epochen, Epochenstile u. Sprachstilgeschichte. Trivialisierungstendenzen i. d. dtsch. Briefkultur des 18./19. Jhs. In: Fix/Wellmann (Hg.): *Stile, Stilprägungen, Stilgeschichte.* 1997, 41-54

Levavasseur, A.: Stil u. Stilistik. In: Martinet, A. (Hg.): *Linguistik. Ein Handbuch* 1973, 265-273

Levin, S.R.: Die Analyse des ›komprimierten‹ Stils in der Poesie. In: *LiLi* 1/1971 H3, 59-79

Linn, M.L.: *Zur Stellung der Rhetorik u. Stilistik in der Dtsch. Sprachlehre u. Sprachwissenschaft des 19. Jhs.* Diss. Marburg 1963

–: *Studien z. Dtsch. Rhetorik u. Stilistik i. 19. Jh.* Marburg 1963

Liwerski, R.: Stil. In: Krywalski, D. (Hg.): *Handlexikon der Lit.-Wiss.* München 1974, 452-461

Lockemann, F.: *Das Gedicht und seine Klanggestalt.* o.O. 1952

–: Grundhaltungen des Stils. In: *WW* 2/1951, 80-93

Löffler, H.: Die Frage nach dem landesspezif. Gesprächsstil – oder die Schweizer Art zu diskutieren. In: *Dialoganalyse II. Referate d. 2. Arbeitstagung Bochum 1988.* Bd. 2 Hg. v. E. Weigand u. F. Hundsnurscher. Tübingen 1989 (Ling. Arb. 230)

–: Fernsehgespräche im Vergleich: Gibt es kultur- oder programmspezif. Gesprächsstile? Fernsehdiskussionen in der Diskussion. In: *Redeshows* hg. v. W. Holly. Frankfurt/M. 1989, 92-115

Lommatsch, B.: Stilist. Analyse als eine Voraussetzung einer adäquaten Übersetzung. In: *Proceedings Intern. Ling.* Berlin 1987, 14, 2564-2567

Luckmann, Th.: Soziolog. Grenzen des Stilbegriffs. In: Gumbrecht/Pfeiffer (Hg.): *Stil.* Frankfurt/M. 1986, 612-619 (stw 633)

Ludwig, K.-D.: Stilkennzeichnungen u. Stilbewertungen in dtsch. Wörterbüchern der Gegenwart. In: Stickel, G. (Hg.): *Stilfragen*. Berlin 1995, 280-302 (Jb IDS 1994)

Ludwig, O.: Berichten u. Erzählen. In: Ehlich, K. (Hg.): Erzählen in der Schule. Tübingen 1984

Lüders, H.: Stil u. Welt. In: *Festschr. für R. Harich.* Frankfurt/M. 1975, 72-80

Lüger, H.-H.: Stereotypie u. Konversationsstil. Zu einigen Funktionen satzwertiger Phraseologismen im liter. Dialog. In: *DS* 1/1989, 2-25

–: Ritualität in Gesprächen – untersucht am Beispiel liter. Texte. In: Sandig (Hg.) 1988, 129-145

Lüthi, Max: Gattungsstile [Sage u. Märchen]. In: *WW* 4/1954

Lux, F.: *Text, Situation, Textsorte. Probleme der Textsortenanalyse, dargest. am Beispiel der brit. Registerlinguistik. Mit einem Ausblick auf eine adäquate Textsortentheorie.* Tübingen 1981

Macheiner, J.: *Das grammat. Varieté oder Die Kunst u. das Vergnügen, dtsch. Sätze zu bilden* Frankf. 1991 (Die andere Bibl. 74)

Malá, J.: Zur Methode der stilist. Textanalyse publizist. Texte. In: *Brünner Beitr. zur Germanistik u. Nordistik* 9/1994, 19-30

Malblanc, A.: *Stylistique comparée du francais et de l'allemand*. Paris 1941;⁵1965

Malmberg, B.: Die expressiven u. ästhetischen Ausdrucksmöglichkeiten der Sprache. Ihre strukturale u. quantitative Beschreibung. In: *LiLi* 1/1971 H3, 9-38

Marouzeau, J.: *Précis de stylistique francaise* . Paris 1963

Martini, F.: Persönlichkeitsstil u. Zeitstil. In: *StGen* 8- Jan. 1955, 31-40

–: Personal style and period style. Perspectivs on a theme of literary research. In: *Yearbook of compar. criticism* 3/1971, 90-115

Mattheier, K.J.: Sprachwandel u. Sprachvariation. In: Besch/Reichmann/Sonderegger (Hg.): *Sprachgeschichte. Handbuch.* Bd. 1 1984, 768-779

Messing, G. M.: The impact of ransformational Grammar upon Stylistics and Literary Analysis. In: *Linguistics* 66/1971, 56-73

Die METAPHER. (Bochumer Diskussion) In: *Poetica II*, 100-130

Meyer, R.M.: *Deutsche Stilistik. Handb. des dtsch. Unterr.* 3. Bd. 1.T. München 1906

Meyer, Th.: *Das Stilgesetz der Poesie.* Leipzig 1901; Frankfurt/M. 1990

Metzeltin, M.: Verfahren makrostilistischer Textanalyse. In: Spillner, B. (Hg.): *Methoden der Stilanalyse* Tübingen 1984, 49-67

Michel, G. u.a.: Einführg. in die Methodik der Stilunters. s. Autorenkoll.

–: Stilnormen grammat. Mittel. In: *WZHUB* GSR 18, 1969, H. 2, 275-279

–: Zum Stilbegriff in der neueren Linguistik. In: *WZPHE/M* GSR 7/1970, H. 2, 21-22. Abdr. in: *Germanist. Studientexte: Wort-Satz-Text*. Leipzig 1977, 222-224

–: Stil und Expressivität. In: *ZPSK* 27/1974, 132-140

–: Zu einigen Kriterien der Sprachbewertung (Zus. Fassg.). In: *WZUH* 23/1974, 93-94

–: Der sprachliche Stil u. sein Verhältnis zu Sprachsystem u. Text. In: *WZUL* 27/1978, 533-541

–: Linguist. Aspekte der Komposition im künstler. Text. In: *ZfG.* 1980/ IV, 430-446

–: Möglichkeiten u. Grenzen d. Funktionalstilistik b. künstler. Texten. In: *Akten des VI. Intern. Germ.-Kongr.* T. 2, 1980, 217-221

–: Funktion der Sprachgestaltung im liter. Text (*Bericht z. Wiss. Konferenz Halle/S.* 12.-14. 11. 1980) *ZfG* 1/1982, 99ff.

–: Grundzüge der Stilistik. In: Fleischer/Hartung/Schildt/Suchsland1 (Hg.): *Kl. Encyklopädie-Dtsch. Sprache.* Leipzig 1983, 450-488

–: Text- und Stilnormen als Regeln oder als Modelle? in: Schöne, A. (Hg.): *Kontroversen, alte u. neue . Akten des VII. Intern. Germ-. Kongr. Göttingen 1985.* Bd. 3 Tübingen 1986

–: Positionen u. Entwicklungstendenzen der Sprachstilistik in der DDR. In: *SuL-WU* 16/1985, 42-53

–: Tätigkeitsorientierte Textstilistik. In: *LS/ZISW/A* 164. Berlin 1987, 58-68

–: Textmuster u. Stilmuster. In: *Proccedings Congr. Ling.* Berlin 1987, 14, 2178-2180

–: Aktuelle Probleme der Linguostilistik. In: *ZfG* 9/1988, 291-306

–: Zur Stilwertbestimmung von Lexemen in Texten. In: R. Große (Hg.): *Beitr. zur Phraseologie. Festschr. für W. Fleischer zum 70. Geburtstag.* Frankfurt/M. 1992, 189-197

Miles, J.: Style as Style. In: Chatman (ed): *Literary Style* 1971, 24-28

Milic, L.T.: Rhetorical Choice and Stylistic Option: The Conscious and Unconscious Poles. In: S. Chatman (ed.): *Literary Style.* Oxford 1971, 77-88

–: *Stylists on Styl. A Handbook with Selection for Analys.* New York 1969

Miller, N. (Hg.): *Romananfänge. Versuch z. e. Poetik des Romans.* Berlin 1965

Mills, S.: A Gendered View of Text. In: B. Spillner (Hg.): *Angew. Linguistik u. Computer. Kongr. Ber. 18. GAL-Tagg.* Tübingen 1988, 226-234

–: Knowing your place: a Marxist feminist stylistic analysis. In: Toolan, M. (Hg.): *Language. Text and Context. Essays in Stylistics.* London 1992, 185-205

–: *Feminist stylistics.* London u.a. 1995

Missfeldt, F.E.: Zu d. Stilformen des Aufsatzes. *DU* 14/1963, H. 4, 49-52

Möller, G.: *Warum formuliert man so? Formulierungsantriebe in der Sachprosa.* Unter Mitarb. v. W. Möller. Leipzig 1983

Möller, W.: Zum Problem der Denkstile in der Sachprosa. In. Möller, G.: *Warum.* 152-161

Molinié, G.: *La stylistique.* Paris 1989 (=Que sais-je? 646)

– /Cahné, P. (Hg.): Qu'est-ce que le Style? Paris 1994

Molino, J.: La connotation. In: *La Linguistique* 7/1 (1971), 5-30

Moritz, K.Ph.: *Vorlesungen über den Styl.* Braunschweig 1808

Muckenhaupt, M.: *Text u. Bild. Grundfragen der Beschreibung von Text-Bild-Kommunikationen aus sprachwiss. Sicht.* Tübingen 1986

Müller, A.: *Stil. Studien zur Begriffsgeschichte im roman.-deutschen Sprachraum.* Diss. Erlangen-Nürnberg 1981

Müller, A.P.: Inferiorität und Superiorität verbalen Verhaltens; Zu den ›Rollenstilen‹ von Vorgesetzten u. Angestellten. In: Selting/Sandig (Hg.): *Sprech- u. Gesprächsstile.* Berlin 1997, 217-253

Müller, G.: *Die Bedeutung der Zeit in der Erzählkunst.* 1947

Müller, J.: Neue Bücher zur Stilmethode und Stiltypik. In: *DuV* 37/1936, 511ff.

Müller, K.: *»Schreibe, wie du sprichst!« Eine Maxime im Spannungsfeld von Mündlichk. u. Schriftlichk. Eine histor. u. system. Unters.* Frankfurt/M. 1990 (=Theorie u. Vermittlg. d. Spr. 12)

–: Dialogstile u. Interaktionsmodalitäten. In: Kühlwein, W./Raasch, A. (Hg.); *Stil.* Stuttgart 1982, 49-53

Müller, W.G.: *Topik des Stilbegriffs. Zur Gesch. des Stilverständnisses v. d. Antike bis z. Gegenwart.* Darmstadt 1981 (Impulse d. Forschg. 34)

–: Ironie, Lüge, Simulation, Dissimulation u. verwandte rhetor. Termini. In: C. Wagenknecht (Hg.): *Zur Terminologie der Literaturwissenschaft. Akten des*

9. Germanist. Symposions d. DFG. Stuttgart 1988, 189-208 (=Germ. Symp. Ber. Bde 9)

–: Die traditionelle Rhetorik u. einige Stilkonzepte des 20. Jahrhunderts. In: Plett, H.F. (Hg.): *Die Aktualität der Rhetorik.* 1996, 160-175

Mukařovsky, J.: Standard language and poetic language. In: Garvin, P.L. (ed): *A Prague School Reader* 1964, 17-30

–: Varianten und Stilistik. In: *Poetica* 2/1968, 399-403

Munsa, F.: Umklammerung u. dtsch. Sprachstil. In: *Mutterspr.* 82/1972, 38-45

Murry, J. M.: The Problem of Style. London ⁵1936

Nabrings, K.: *Sprachliche Varietäten.* Tübingen 1981

Nadler, J.: Das Problem der Stilgeschichte. In: Ermatinger, E. (Hg.): *Philosophie der Lit.-Wiss.* 1930, 376-397

Nalewski, H.U./Neumann, G.: *Stilanalysen* . Halle 1961

Naumann, H.: Der Praxisbezug der Stilistik. In: *Dtunt.* 1970, 622-665

Neuland, E.: Jugendsprache u. Standardsprache. Zum Wechselverhältnis von Stilwandel u. Sprachwandel. In: *ZfG. NF* 4/1994, 78-98

Neumann, P.H.: Der unmanierliche Dichter, oder Individualstil u. Experiment. In: *Akzente* 29 (1982) H. 1 25-38

Neuschäfer, H.J.:Über das Konzept des Stils bei Leo Spitzer. In: Gumbrecht, H.U./Pfeiffer, K.L.: *Stil.* 1986, 281-288

Nickisch, R.M.: *Gutes Deutsch? Krit. Studien zu den maßgebl. prakt. Stillehren der dtsch. Gegenwartsspr.* Göttingen 1975

–: Textanalyse oder Stiluntersuchung? Krit. Bemerkungen z. d. Einführungen in die Stilanalyse von A. Behrmann, G. Michel u. J. Anderegg. In: *GRM* 22/1972, 87-93

Nischik, R.M.: *Mentalstilistik. Ein Beitrag z. Stiltheorie u. Narrativik dargest. am Erzählwerk M. Atwoods.* Tübingen 1991

–: Mind Style Analysis and the Narrative Modes for the Presentation of Consciousness. In: H. Foltinek/W. Riehle/W. Zacharasiewicz (eds.): *Tales and »Their Tellung Difference«: Zur Theorie u. Gesch. der Narrativik. Festschr. K. Stanzel.* Heidelberg 1993, 93-107

Noble, C.A.M.: Möglichkeiten des modernen Stils. In: *JIG* 1985/I, 77-104

Nohl, H.: *Typische Kunststile in Dichtung u. Musik.* Jena 1915

–: *Stil und Weltanschauung.* 1920

Nöth, W.: Dynamik semiotischer Systeme. *Vom altengl. Zauberspruch zum illustr. Werbetext.* Stuttgart 1977

Nowak, E.: *Sprache und Individualität. Die Bedeutung individueller Rede für die Sprachwissenschaft.* Tübingen 1983

Nyholm, K.: Redeintention u. Stilvergleich. In: *Akten d. VI. Intern. German. Kongr.* T.2, 1980, 229-232

–: Stilwandel in Textsorten: Interaktive Faktoren der Redesituation. In: Fix, U./Lerchner, G. (Hg.): *Stil u. Stilwandel.* Frankfurt/M. u.a. 1996, 319-328

Ohmann, R.: Speech, Action and Style. In: Chatman (ed.): *Liter. Style.* 1971, 241-254

–: Generat. Grammatik u. der Begriff: Literar. Stil. In: Blumensath, H. (Hg.): *Strukturalismus in der Literaturwissenschaft.* Köln 1972, 89-105

–: Instrumental Style: Notes on the Theory of Speech as Action. In: Kachru/Stahlke (eds.): *Current Trends in Stilistics.* 1972, 115-141

Oken, L.: Die Stilistik von R. A. SAYCE: Vorzüge u. Versagen. In: *Proceed. IXth Congr. Intern. Compar. Liter.-Association 1.* Innsbruck 1981, 255-260
Oksaar, E.: Interferenzerscheinungen als Stilmittel. In: Lange, V./Roloff, H.G. (Hg.): *Akten IV. Intern. German.-Kongr. Princeton 1970.* Frankfurt/M. 1971, 357-365
–: Stilstatistik u. Textanalyse. Festschr. H. Eggers. In: *Beitr.* 94/SH 1972, 630-48
Osgood, Ch. E.: Some Effects of Motivation on Style of Encoding. In: Sebeok, T.A. (ed.): *Style in Language* 1960, 293-306
Ottmers, C.: *Rhetorik.* Stuttgart/Weimar 1996 (Slg. Metzler 283)
Otto, E.: *Was versteht man unter Stil? Was ist Stilistik?* Leipzig 1914

Pankow, Ch.: Möglichkeiten konfrontativer Stiluntersuchungen auf der Grundlage dtsch. u. niederländ. Texte. In: *ZPSK* 35/1982, 4. 427-432
Paul, I.: Ritual u. Ritualzitat. Die Stilisierung des Rituals durch den pastoralen Diskurs. In: Hinnenkamp/Selting. (Hg.) 1989. 167-185
van Peer, W.: Poet. Stil. Leserreaktion und Computereinsatz. In: Sandig, B.: *Stilistik I.* GermL 3-4/81. 1983, 191-208
–: *Stylistics and Psychology. Investigations into the Theory of Foregrounding.* London 1984
– /Short, M. H.: Accident! Stylisticians Evaluate! Aims and methods of stylistic analysis. In: *Tilburg Papers* 10/1982
Petersen, G.: *Klassische Texte als Ausdrucksmittel der Zeitung. Sprachmuster u. Stilfigurationen v. Prosa u. Lyrik i. Reflexionsbild ihrer öfftl. Wirkung. Ein Darstellgs.- u. Deutgsversuch.* Wiesbaden 1994
Petersen, J.H.: Stilanalyse. In: *Einführung in die neuere dtsch. Lit.-Wissenschaft. Ein Arbeitsbuch v. D. Gutzen, N. Oellers u. J.H. Petersen* Berlin 1976, 73-90
–: Kategorien des Erzählens. Zur system. Deskription epischer Texte. In: *Poetics* 9/ 1977, 167-195
Petersen, J.: *Methoden der liter. Stilforschung. Vortr. Bln. Ak. d. Wiss. v. 11. Nov. 1937*
Petersen, J.: *Die Wissenschaft von der Dichtung I.* Berlin 1939; ²1944
Petsch, R.: Zur Tongestaltung in der Dichtung. In: *Festschr. J. Petersen.* 1938
Peukert, H.: *Positionen einer Linguostilistik.* Berlin 1977 (SB Sächs. Ak. Leipzig. Phil. hist. Kl. Bd. 119 H.4)
Pfeiffer, K. L.: Produktive Labilität. Funktionen des Stilbegriffs. In: Gumbrecht, H.U./Pfeiffer, K. L.: *Stil.* 1986, 685-725
Pfeiffer-Rupp, R.: Graphostilistik. In: Spillner, B. (Hg.): *Methoden.* 1984, 101-119
Pielenz, M.: *Argumentation u. Metapher.* Tübingen 1993 (=Tübg. Beitr. z. Ling. 381)
Pieper, U.: *Über die Aussagekraft statist. Methoden für die linguist. Stilanalyse.* Tübingen 1979
Pinkster, H.: Latein. Stilistik. Eine Übersicht. In: *SuLWU* 16/1985, 67-77
Pissin, R.: Zur Methodik der psycholog. Stiluntersuchung. In: *Euphorion* 14/ 1907, 17-22
Plett, H.F.: *Einführg. in die rhetor. Textanalyse.* Hamburg 1971, ⁸1991
–: Von den Möglichkeiten u. Grenzen einer linguist. Literaturwissenschaft. In: *LiLi* 1974, H. 14, 15-29
–: *Textwissenschaft u. Textanalyse. Semiotik, Linguistik, Rhetorik.* Heidelberg 1975 (UTB 325)

–: Die Rhetorik der Figuren. Zur Systematik, Pragmatik u. Ästhetik der »Elocutio«. In: Plett, H.F. (Hg.): *Rhetorik. Krit. Informationen.* München 1977, 125-165

–: Rhetorik, Stilmodelle u. moderne Texttheorie. In: *Göttg. Gel. Anz.* 230/1978, 272-302

–: Ironie als stilrhetorisches Paradigma. In: *Kodikas/Code-Ars Semiotica* 4/5/1982 H. 1

Pöckl, W.: Plädoyer für eine diachrone Stilistik. In: *Sprachkunst* 1980/II, 192-204

von Polenz, P.: *Deutsche Satzsemantik. Einführung in die Grundbegriffe des Zwischen-den-Zeilen-Lesens.* Berlin 1985

Pongs, H.: *Das Bild in der Dichtung.* Bd. I, Marburg 1927;²1960; Bd. II, 1939

–: Zur Methode der Stilforschung. In: *GRM* 17/1929, 256-277

Porsch, A.: *Die funktionalstilist. Theorie u. ihr Verhältnis zur Differenziertheit der Sprache.* In: W. D. Hartung, H. Schönfeld u. einem Autorenkollektiv 1981, 280-307

Pór, P.: Kunstwerk, Stil, Semiotik. In: *Sprachkunst* 4/1973, 177-188

Posner, R.: Linguist. Poetik. In: Althaus/Henne/Wiegand (Hg.): *LGL.* ²1980, 687-698

Pregel, D.: *Zum Sprachstil des Grundschulkindes. Studien zum Gebrauch des Adjektivs u. zur Typologie der Stilalter.* Düsseldorf 1970

Püschel, U.: Überlegungen zu einer Stiltypologie. In: Weber, H./Weydt, H. (Hg.): *Sprachtheorie u. Pragmatik.* Tübingen 1976, 224-234

–: Linguistische Stilistik. In: Althaus/Hene/Wiegand (Hg.): *LGL.* ²1980, 304-313

–: Text u. Stil. *Trierer Beitr.* 8/1980, 33-38

–: Die Bedeutung von Textsortenstilen. In: *ZGL* 10/1982, 28-37

–: Stilanalyse als Stilverstehen. In: Sandig, B. (Hg.): *Stilistik Bd. 1.* GermL 3-4/81, 1983, 97-126

–: Das Stilmuster«Abweichen«. Sprachpragmat. Überleg. z. Abweichungsstilistik. In: *SuLWU* 16/1985, 9-24 (=1985a)

–: GESTALTEN als zentrales Stilmuster. In: Kühlwein, W. (Hg.): *Perspektiven der angew. Ling. Forschungsfelder. Kongr. Beitr. z. 16. GAL-Tagg.* Tübingen 1986, 143-145

– /Sandig, B.: Stile polit. Berichterstattung in der Presse. In: Spillner, B. (Hg.): *Sprache u. Politik* 1990, 237-238

–: Wortstilistik im Wörterbuch. Zu ›Stilfärbung‹ und ›Gebrauchsangaben‹. In: *ZGL* 18/1990, 273-287

–: Zwischen Erörterung und Ergebnisdarstellung. Zu Wörterbuchstilen im DWB. In: *Studien z. dtsch. Wörterbuch v. J. Grimm u. W. Grimm.* Hg. v. A. Kirkness, P. Kühn, H. E. Wiegand. 2 Bde. Tübingen 1990

–: Stilistik: Nicht Goldmarie – nicht Pechmarie. Ein Sammelbericht. In: *DS* 19/1991, 50-67

–: Sprachpragmat. Stilanalyse. In: *DU* 43/1991. H. 3, 21-32

–: Stilanalyse als interpretat. Verfahren. In: *WW* 43/1993, 68-81

–: Stilpragmatik. Vom praktischen Umgang mit Stil. In: Stickel, G. (Hg.): *Stilfragen.* Berlin 1995, 303-328 (Jb IDS 1994)

–: Die Unterhaltsamkeit der Zeitung – Zur Zeitungskommunikation zw. Reichsgründung u. 1. Weltkrieg. In: Fix, U./Lerchner, G. (Hg.): *Stil u. Stilwandel.* Frankfurt/M. u.a. 1996, 329-344

–: Das Textmuster BERICHTEN u. seine Spielarten in der dtsch. Zeitung an der

Wende vom 18. zum 19. Jh. In: Fix/Wellmann (Hg.): *Stile, Stilprägungen, Stilgeschichte.* 1997, 177-194

–: *Das Deutsche als Männersprache. Aufs. u. Glossen zur feminist. Linguistik.* Frankfurt/M. 1984

Punkki-Roscher, M.: *Nominalstil in populärwissensch. Texten. Zur Syntax u. Semantik der komplexen Nominalphrase.* Frankfurt/M. 1995

Quadlbauer, F.: *Die antike Theorie der genera dicendi im lat. Mittelalter.* Ak. SB. Wien, Bd. 241, 2

Quirk, R.: *Style and Communication in the English Language.* London 1984

Radnóti, S.: Stil – Normativität und Relativität. Zur Diskussion um Epochenstile. In: *LiLi* H. 77/1990, 11-23

Reichensperger, R.: Dramentheorie u. Stilanalyse: Franz Grillparzers ›Die Jüdin von Toledo‹. In: Fix/Wellmann (Hg.): *Stile, Stilprägungen, Stilgeschichte.* 1997, 345-360

Reichert, K.: Stil u. Übersetzung. In: Erzgräber/Gauger (Hg.): *Stilfragen.* 1992, 271-286

Reiss, H. S.: Zum Stil und zur Komposition i. d. deutschen Prosaerzählung der Gegenwart. In: *StGen* Jan. 1955, 19-31

Rehbein, J.: Aspects of Style. In: Dechert, H./Raupach, M. (Hg.): *Speech Production.* Hillsdale 1980

–: Zur pragmatischen Rolle des »Stils«. In: Sandig, B. (Hg.): *Stilistik Bd. 1.* GermL 3-4/81. 1983, 21-48

Richter, G.: Literaturwissenschaft und Stilanalyse. In: *DVjs* 15/1937, 34-50

Riesel, E.: *Abriß der deutschen Stilistik.* Moskau 1954

–: Zur Sprach- u. Stilanalyse literarischer Werke. In: *DU* 34/1956

–: *Stilistik der deutschen Sprache.* Moskau 1959; ²1963

–: Zur Analyse des sprachl. Stoffes eines schöngeistigen Werkes. In: *Sprachpfl* 1960, 9ff. , 37ff.

–: *Aus der Werkstatt für stilkundl. Wortschatzarbeit.* Leipzig 1964

–: Linguostilist. Textinterpretation ohne »Atomisierung«. In: *SprPfl.* 6/1967

–: *Der Stil der dtsch. Alltagsrede.* Moskau 1964/Leipzig 1970

–: Stil und Gesellschaft. In: Lange, V./Roloff, H.G. (Hg.): *Dichtung, Sprache, Gesellschaft. Akten d. IV. Intern. Germ.-Kongr. 1970 Princeton.* Frankfurt/M. 1971, 357-365

–: Lexikal. Auflockerung als Stilmittel u. als sprachl. Umnormung. In: *Probleme der Sprachwiss.* Hague 1971, 477-485 (=1971a)

–: Stilist. Bedeutung u. stilist. Ausdruckswert des Wortes als paradigmat. u. syntagmat. Kategorie. In: *DaF* 6/1967, 323-331 u. in: *Probleme der Sprachwissenschaft.* The Hague 1971, 486-500 (=1971b)

–: *Theorie u. Praxis der linguostilist. Interpretation.* Moskau 1974

–: Diskussion über das Problem »Stilzug« erforderlich. Krit. u. selbstkrit. Betrachtungen. In: *Sprachpfl* 24/1975. H1, 1-5

–: Grundsatzfragen der Funktionalstilistik. In: *Linguistische Probleme der Textanalyse. Jb IDS 1973* Düsseldorf 1975, 36-53

–: Graphostilist. Mittel i. Wortkunstwerk. In: *LingStudZISW/ A*, 50/1978, 116-142

–: Außerlinguist. Funktion der lexikal. Wiederholung in alter dtsch. Volksdichtung. In: *ZfG* 1982, 412-418

– /Schendels, E.: *Deutsche Stilistik*. Moskau 1975
Riffaterre, M.: *Strukturale Stilistik*. München 1973
Rosenberg, R.: Stil u. Stilauffassung in der Literaturgeschichte. In: Möbius, F. (Hg.): *Stil u. Gesellschaft. Ein Problemaufriß*. Dresden 1984, 70-84
–: »Wechselseitige Erhellung der Künste?« Zu Oskar Walzels stiltypologischem Ansatz der Literaturwissenschaft. In: Gumbrecht/Pfeiffer (Hg.): *Stil*. 1986, 269-280
Rosengren, I.: Style as Choice and Deviation. *Style* 6/1972, 3-18
Rossipal, H.: Konnotationsbereiche, Stiloppositionen u. die sogen. »Sprachen« in der Sprache. In: *GermL* 4/1973. Hildesheim 1973
–: *Funktionale Textanalyse. Denotation u. Konnotation als Textwirkungsmittel*. Stockholm 1978 (Diss. Stockholm 1979)
Rothkegel, A.: Sachinformierende Texte u. ihre Attraktivmacher. In: Detering/Schmidt-Radefeldt/Sucharomski (Hg.): *Sprache erkennen u. verstehen. Akten 18. LingKoll Kiel 1981* II Tübingen 1982, 177-186 (=LingArb 119)
Rück, H.: Stilanalyse mit Hilfe des theoret. Ansatzes v. M. Riffaterre. In: Spillner, B. (Hg.): *Methoden der Stilanalyse*. Tübingen 1984, 175-192
Rupp, H.: Sprachgebrauch, Norm u. Stil. In: Rupp, H./Wiesmann, L.: *Gesetz u. Freiheit in unserer Sprache*. Frauenfeld 1970, 7-41

Sachtleber, S.: Textstile in der Wissenschaftssprache. In: Schröder, H. (Hg.) 1993, 61-79
–: *Die Organisation wissenschaftl. Texte. Eine kontrastive Analyse*. Frankfurt/M. 1993 (Europ. Hochsch. Schr. XXI, 127)
Saice, R.A.:The Definition of the Term Style. In:*Actes III. Congr. Assoc. Intern. de Litter. Compar. Utrecht 1961*. 's Gravenhage 1962, 156-166
Sandell, R.: *Linguistic Style and Persuasion*. London 1977
Sanders, W.: *Linguistische Stiltheorie. Probleme, Prinzipien u. moderne Perspektiven des Sprachstils*. Göttingen 1973
–: Linguistik, Stil u. Rhetorik. *Kongr. Ber. 5. GAL-Tagg*. Hg. G. Nickel/A. Raasch, Heidelberg 1974, 272-280
–: *Linguistische Stilistik. Grundzüge der Stilanalyse sprachlicher Kommunikation*. Göttingen 1977 (Kl. Vandenh. R. 1437)
Sanders, W.: Die Faszination schwarz-weißer Unkompliziertheit. Zur Tradition deutscher Stillehre i. 20. Jh. In: *WW* 38/1988, 376-394
–: Stil u. Spracheffizienz. Zugleich Anmerkungen z. heutigen Stilistik. In: *Rhetorik*. 7/1988,
–: *Sprachkritikastereien und was der ›Fachler‹ dazu sagt*. Darmstadt 1992
–: Stil und Stilistik (Statement) In: Stickel, G. (Hg.): *Stilfragen*. Berlin 1995, 386-391 (Jb IDS 1994)
–: Stil im Wandel. Anmerkungen zur stilgeschichtl. Forschungsperspektive. In: Fix, U./Lerchner, G. (Hg.): *Stil u. Stilwandel*. Frankfurt/M. u.a. 1996, 9-26
Sandig, B.: Probleme einer linguistischen Stilistik. In: *LuD* 1/1970, 177-194
–: Stilinventare und Stile. In: *Proceedings of the Fourth Intern. Congr. of Applied Linguistics*. Ed. by G. Nickel. Stuttgart 1976, Vol. 1, 551-559; wiederabgedr.: *Rhetoric and stylistics*. 1978, 113-131
–: Über einige stilist. Eigenschaften schriftl. Erzählungen von Kindern. In: *Kongr. Ber. 7. GAL-Tagg*. Bd. V hg. v. B. Spillner. Stuttgart 1977, 4-15
–: *Stilistik. Sprachpragmat. Grundlegung der Stilbeschreibung*. Berlin 1978 (de Gruyter-Studienbuch)

–: Dialogstile: Eine Methode d. Beschreibg. In: Dressler /Meid, W. (Hg.): *Proceedings of the twelfth internat. Congr. of linguistics. Vienna/* 28.8.-2.9.1977. Innsbruck 1978, 571-573 (=1978a)

–: Skizze einer pragmat. Stilistik. In: Kühlwein, W./Raasch, A. (Hg.): *Stil-Komponenten-Wirkungen.* VI. Stuttgart 1978, 27-35 (=1978b)

–: Stilblüten als Mittel der Erforschung »stilist. Kompetenz«. In: *JIG* 13/1981, 22-39

- (Hg.): *Stilistik I: Probleme der Stilistik.* GermL 81/1983 H. 3/4, Bd. II: *Gesprächsstile,* 81/1983 H. 5/6, Bd. III: (Hg. B. Sandig/U. Püschel): *Argumentationsstile*

–: Zwei Gruppen von Gesprächsstilen. Ichzentrierter versus duzentrierter Partnerbezug. In: Sandig, B. (Hg.): *Stilistik II.* GermL 3-4/81. Hildesheim 1983, 149-197

–: Wissen über Stil und Konsequenzen für die Stilistik. In: van Peer/Renkema, J. (Hg.): *Pragmatics and Stylistics.* 1984, 373-398

–: Ziele und Methoden einer pragmatischen Stilistik. In: Spillner, B. (Hg.): *Methoden der Stilanalyse.* Tübingen 1984 (=1984a)

–: Generelle Aspekte stilistischer Bedeutung oder: das Chamäleon »Stil«. In: *KNf* 31/1984, 265-286 (=1984b)

–: Vom Nutzen der Textlinguistik für die Stilistik. In: Schöne, A. (Hg.): *Konroversen, alte u. neue. Akten d. VII. Intern. Germ.-Kongr., Göttingen 1985.* Tübingen 1986, Bd. 3, 24-31

–: Stilist. Handlungsmuster. In: *Proccedings Congr. Ling.* Berlin 1987, 14, 2222-2225

–: *Stilistik der dtsch. Sprache.* Berlin 1986 (Slg. Göschen 2229)

–: *Stilistisch-rhetorische Diskursanalyse.* Tübingen 1988 (=Forum angewandte Linguistik 14)

–: Stilist. Mustermischungen in der Gebrauchssprache In: *ZfG* 2/1989, 133-150

–: Literar. Mustermischungen: Formen u. Funktionen. In: Müske/Werner (Hg.) 1991, 128-151

–: Tendenzen der linguist. Stilforschung. In: Stickel, G. (Hg.): *Stilfragen.* Berlin 1995, 27-61 (Jb IDS 1994)

–: Namen, Stil(e), Textsorten (in Vorber.)

–: Stilwandel u. ganzheitl. Analyse. In: Fix, U./Lerchner, G. (Hg.): *Stil u. Stilwandel.* Frankfurt/M. u.a. 1996, 359-394

–: Sprachl. Perspektivierung u. perspektivierende Stile. In: *LiLi* 26/1996, 102, 36-63

–: Stilauffassung u. kreative Methoden der Stilaneignung (Statement) In: Fix/Wellmann (Hg.): *Stile, Stilprägungen, Stilgeschichte.* 1997, 261-268

- /Selting, M.: Discourse Styles. In: van Dijk, A. (Hg.): *Discourse: a multidisciplinary introduction.* London

–: Einleitung (m. M. Selting). In: Selting/Sandig (Hg.): *Sprech- u. Gesprächsstile.* Berlin 1997, 1-8

Sayce, R.A.: *Style in French Prose. A method of analysis.* Oxford ²1958

–: The Definition of the Term ›Style‹. In: *Actes du IIIe Congr. Utrecht 1961.* 's Gravenhage 1962, 156-166

Scharnhorst, J.: Stilfärbung u. Bedeutung. Die Darstellung der Stilfärbung »abwertend« im Wörterbuch. In: *FuF* 1962, 36, 208ff.

–: Die stilist. Gliederung des dtsch. Wortschatzes. In: *SprPfl* 1964, 4, 70

–: Stilist. Fragen d. Lexikographie. In: *WZUL* 17/1968, 235ff.

–: Zum Problem der stilist. Kategorien. In: *WZPHE/M*. GSR7/1970, 35-38

–: Zum Wesen des Begriffs Funktionalstil. In: *ZPSK* 34/1981, 305-14

Scheichl, S.P.: Stiluntersuchung u. sprachl. Verstehen von Texten. Am Beisp. eines
   Gedichts von Christine Busta. In: *JIG* 14/1982, H.2, 100-126

Scherer, W.: *Poetik*. Berlin 1888

Schiessel, M.: *System der Stilistik* 1884

Schippan, Th.: Funktionale Betrachtung von Archaismen. In: G. Lerchner (Hg.):
   *Chronologische, areale u. stilist. Varietäten des Deutschen in der Sprachhistoriogra-
   phie. Festschr. f. Rudolf Große*. Frankfurt/M. 1995, 397-402

Schleiermacher, F.: *Von Auffindung der Einheit des Stils* (Ausz. aus: *Hermeneutik u.
   Kritik*. Frankfurt/M. 1977. abgedr.: *SuLWU* 16/1985, 78-81

Schlüter, H.: *Grundkurs der Rhetorik*. München 1974 (=dtv. W-Tb.)

Schmidt, F.: Satz und Stil. In: Kreuzer/Gunzenhäuser (Hg.): *Mathematik u. Dichtung*. 1965, 159-170

Schmidt, H.: Zur Bestimmung der stilistischen Information (als Voraussetzung f.
   e. konfrontat. Stilistik). In: *Sprachliches u. Außersprachliches in der Kommunikation*. Leipzig 1979, 46-89

Schnauber, C.: Stil als psycho-phys. Geschehen. *JIG* 1980/II, 76-97

Schneider, F.J.: *Stilkritische Interpretationen als Wege zur Attribuierung anonymer
   dtsch. Prosatexte (Eine Slg. v. Textinterpretationen)* Berlin 1954 (Ak. Ber. Leipzig
   101, 2)

Schneider, W.: *Neue Wege der Stilkunde*. Heidelberg o. J.

–: *Meister des Stils über Sprach- u. Stillehre*. Leipzig 1923

–: Nomen u. Verbum als Ausdruckswerte für Ruhe u. Bewegung. In: *ZfDk* 39/
   1925, 705ff.

–: *Kleine dtsch. Stilkunde*. 1927

–: *Ausdruckswerte der deutschen Sprache. Eine Stilkunde*. Leipzig 1931/Darmstadt
   1968

–: Über die Lautbedeutsamkeit. In: *ZfdPh* 63/1938

–: *Stilist. Dtsch. Grammatik*. Freiburg/Br. 1959; [4]1967

Schöne, A.: Fragen der Stilkritik. *Mutterspr*. 1955, 361ff.

Schröder, H.: *Quantitative Stilanalyse. Versuch einer Analyse quantit. Stilmerkmale
   unter psycholog. Aspekt*. Diss. Würzburg 1960

Schröder, H.: *Zum Problem der Gebrauchsformen unter bes. Berücks. ihrer Stilnormen i. d. sozialist. Gesellschaft. Ein Beitr. z. Problem der Texttypologie*. Diss. Potsdam 1980

–: Der Stil wissenschaftl. Schreibens zw. Disziplin, Kultur u. Paradigma – Methodolog. Anm. z. interkult. Stilforschung. In: Stickel, G. (Hg.): *Stilfragen*. Berlin
   1995, 150-180 (Jb IDS 1994)

Schuh, H.M.: Aspekte semiot. Stilbeschreibung. In. *Kodikas/Code* 1982/I, 21-37

Schulze-Jahde, K.: *Ausdruckswert und Stilbegriff*. 1930

Schwanzer, V.: Syntakt.-stilist. Universalia in den wissenschaftl. Fachsprachen. In:
   Bungarten, Th. (Hg.): *Wissenschaftssprache. Beitr. z. Methodologie, theoret. Fundierung u. Deskription*. München 1981, 231-230

Searle, R.: Metapher. In: Searle, J. R.: *Ausdruck u. Bedeutung*. Frankfurt/M. 1982,
   98-138

Sedelow, S.Y./Sedelow, W.A. Jr.: Stylistic Analysis. In: Borko, H. (eds.): *Automa-
   ted Language Processing*. New York u.a. 1967, 181-213

– /Sedelow, W.A. Jr.: Models, Computing, and Stylitics. In: Kachru/Stahlke
   (eds.): *Current Trends*. Edmonton 1972, 275-286

Seidler, H.: *Sprache u. Gemüt. Versuch z. Grundlegung einer allgem. Stilistik.* Wien 1952

–: *Allgemeine Stilistik.* Göttingen 1953; ²1963

–: Stilistik als Wissenschaft von der Sprachkunst. *JIG* 1/1969 H1 129-137

–: Ein vernachlässigtes Gebiet d. Sprachwissenschaft-die Sprachkunst. In: *Anz. der phil.-hist.-Kl. der Österr. Ak. der Wiss.* CXIV, 1977, 306ff

–: Ist Abweichung eine zureichende Bestimmung stilhafter Erscheinungen? XXX, 297-305

–: *Grundfragen einer Wissenschaft von der Sprachkunst.* München 1978

–: ›Stil‹. In: *Reallexik. der Dtsch. Lit.-Gesch.* IV, Berlin ²1980, 199-214

–: Stilist. Differenzierung des Dtsch. in histor. Sicht. In: Besch/Reichmann/Sonderegger (Hg.): *Sprachgeschichte. Hdb.* Bd. 2 Berlin u.a. 1985, 2026-2038

Seiffert, H.: *Stil heute. Eine Einführung in die Stilistik.* München 1977

Selting, M.: Institutionelle Kommunikation: Stilwechsel als Mittel strategischer Interaktion. In: *LingBer* 86/1986, 28-48

–: Konstitution u. Veränderung von Sprechstilen als Kontextualisierungsverfahren: Die Rolle v. Sprachvariation u. Prosodie. In: Hinnenkamp/Selting (Hg.): *Stil u. Stilisierung.* 1989. 203-225

–: Speech styles in conversation as an interactive achievement. In: Hickey, L. (Hg.): *The Pragmatics of Style.* London/New York, 1990, 106-132

–: *Prosodie im Gespräch. Aspekte e. interpretat. Phonologie der Konservation.* Habil.-Schr. Oldenburg 1991; Tübingen 1995

–: Sprechstile als Kontextualisierungshinweise. In: Stickel, G. (Hg.): *Stilfragen.* Berlin 1995, 225-256 (Jb IDS 1994)

–: Einleitung (m. B. Sandig). In: Selting/Sandig (Hg.): *Sprech- u. Gesprächsstile.* Berlin 1997, 1-8

–: Interaktionale Stilistik. Methodolog. Aspekte der Analyse v. Sprechstilen. In: Selting/Sandig (Hg.): *Sprech- u. Gesprächsstile.* Berlin 1997, 9-43

– /Hinnenkamp, V.: Einleitung: Stil u, Stilisierung in der Interpretativen Soziolinguistik. In: Hinnenkamp/Selting (Hg.): *Stil u. Stilisierung,* 1989, 1-25

Silman, T.: Die Absatzstrukturen in Goethes theoret. u. erzählender Prosa. In: *WB* 11/1968, 853-867

–: *Stilanalysen.* Leningrad 1969

–: *Probleme der Textlinguistik. Einführg. u. exemplar. Analyse.* 1974

Singer, H.: Stilistik u. Linguistik. In: *Festgabe Friedr. Maurer.* Düsseldorf 1968, 69-82

Skareby, G.: Die Entwicklung des Fachstils im Deutschen. In: *Sprachgermanistik in Skandinavien I.* Göteborg 1993, 299-315

Skreb, Z.: Zur Theorie der Antithese als Stilfigur. In: *STZ* 25, 49-59

–: Die Sentenz als stilbildendes Element. In: *JIG* 1981/II, 76-84

Snell, B.: *Bemerkungen zu Theorien des Stils.* In: *Wesen u. Wirklichkeit des Menschen* 1957

Soeffner, H.-G.: Stil u. Stilisierung. Punk oder die Überhöhung des Alltags. In: Gumbrecht/Pfeiffer (Hg.): *Stil.* 1986, 337-341

Solms, Graf M.: Geistesgeschichtl. u. soziolog. Betrachtungen über das Stilproblem. In: *StGen* Dez. 1954, 590-603

Sonderegger, St.: Grundsätzl. Überlegungen zu einer literar. Sprachgesch. des Deutschen. In: Besch, W. (Hg.): *Deutsche Sprachgeschichte. Grundlagen, Methoden, Perspektiven. Festschr. f. J. Erben zum 65. Geburtstag.* Frankfurt/M. u.a. 1990, 31-49

Sowinski, B.: *Deutsche Stilistik. Beobachtungen zur Sprachverwendung und Sprachgestaltung im Deutschen.* Frankfurt/M. 1973;[3]1978

–: Aufsatzformen als Stilformen? In: *Kongr. Ber. GAL-Tagg. Trier 1976* , Bd. 5: *Rhetorik u. Stilistik.* Stuttgart 1977, 16-27

–: *Werbeanzeigen u. Werbesendungen.* München 1979 (Analysen z. dtsch. Sprache)

–: *Textlinguistik. Eine Einführung.* Stuttgart 1983 (Urban-Tb. 325)

–: Kategorien der Makrostilistik – Eine Übersichtsskizze. In:Sandig, B. (Hg.): *Stilistik Bd. I:Probleme der Stilistik.* In: *GermL* 3-4/81, 1983, 77-95

–: Makrostilistische u. mikrostilistische Textanalyse. Thomas Manns »Luischen« als Beispiel. In: Spillner, B. (Hg.): *Methoden.* Tübingen 1984, 21-47

–: Zur individualstilist. Variation von Textkonstituenten. In: Sandig, B. (Hg.): *Stilist.- rhetor. Diskursanalyse.* Tübingen 1988, 41-48

–: Stilauffassungen in der Sprachwissenschaft und Sprachdidaktik. In: Neuland/Bleckwenn (Hg.): *Stil.* 1991

–: Art. ›Epochenstil‹. In: *Histor. Wörterbuch der Rhetorik II* Tübingen 1994, 1319-1326

–: Art- ›Genrestil‹. In: *Histor. Wörterbuch der Rhetorik III.*

–: Art. ›Individualstil‹. In: *Histor. Wörterbuch der Rhetorik IV,* 327-333 Tübingen 1998

–: Art. ›Kanzleistil‹ In: *Histor. Wörterbuch der Rhetorik IV,* 882-887 Tübingen 1998

Spang, K.:»Dreistillehre‹. In: *Histor. Wörterb. der Rhetorik* II/1994, 921-972

Spiegel, C.: Selbst- u. Fremdstilisiereungen in umweltpolit. Auseinandersetzungen. In: Selting/Sandig (Hg.): *Sprech- u. Gesprächsstile.* Berlin 1997, 286-317

Spiewok, W.: *Wörterbuch stilistischer Termini.* Rostock/Greifswald 1977

–: Aufgaben u. Probleme der Stilkunde. In: *DUnt.* 22/1969, 581-593

–: Stilistik in der Grenzzone von Sprach- u. Literaturwissenschaft. In: *WZPHE/M* GSR7/1970 H. 2, 8-14 Teilabdr.: *Germanist. Studientexte: Wort-Satz-Text.* Leipzig 1977, 225-234

–: Ideologie-Sprache-Stil. In: *WZUG* 21/1972, 125-136

–: Stilist. Funktion der Figurensprache. In: *WB* 22/1976, 115-13o

–: *Zu Sprache u. Stil.* Hg. v. D. Buschinger. Amiens 1990 (WODAN 3)

Spillner, B.: *Linguistik und Literaturwissenschaft. Stilforschung, Rhetorik, Textlinguistik.* Stuttgart 1974

–: Zur Objektivierung stilist. u. rhetor. Analysemethoden. In: Nickel, G./Raasch, A. (Hg.): *Kongr.-Ber. der 5. Jahrestagg. GAL,* Heidelberg 1974, 281-290 (=1974a)

–: The Relevance of Stylistic Methods for Sociolinguistics. In: Alb. Verdoodt (Hg.): *Proceedings of the III. Intern. Congr. of Applied Linguistics. Kopenhagen 1972.* Heidelberg 1974, 172-183

–: Empirische Verfahren in der Stilforschung. In: *LiLi* 6/1976 H. 22, 16-34

–: Norm u. Abweichung. Standard u. Varietät in der angew. Linguistik. In: Kühlwein/Raasch (Hg.): *Kongr. Ber. 7. GAL-Tagg. Bd. I: Norm u. Varietät.* Stuttgart 1976, 29-44

–: Stilistik u. Gesprächsanalyse. In: Spillner, B. (Hg.): *Rhetorik u. Stilistik.* Bd. V. Stuttgart 1977, 2-3

–: Vom Leser zum Autor. Versuch einer linguostilistischen Analyse von Günter Eichs Gedicht »Strandgut«. In: *JIG* XI/1979, 148-153

–: Von der Stilfigur zur Textstruktur. In: *Kongr.-Ber. GAL-Tagg. 1979.* Bd. IV Heidelberg 1979, 17-20

–: Stilforschung und Rhetorik im Rahmen der Angewandten Linguistik. In: Kühlwein, W./Raasch, A. (Hg.): *Angewandte Linguistik*. Tübingen 1980, 83-90

–: Pragmat. Analyse kommunikativ komplexer Gesprächssituationen in den Komödien Molières. In: *Literatur u. Konversation. Sprachsoziologie u. Pragmatik in der Literatur*. Hg. v. E.W.B. Hess-Lüttich. Wiesbaden 1980, 279-308

–: Semiot. Aspekte der Übersetzung von Comic-Texten. In: Wilss, W-(Hg.): *Semiotik u. Übersetzen*. Tübingen 1980, 73-85

–: Semantische u. stilistische Funktionen des Parallelismus. In: *Forms and Functions*. Ed. J. Esser u. A. Hübner. Tübingen 1981, 205-223

–: Stilanalyse semiotisch komplexer Texte. Zum Verhältnis von sprachli. u. bildl. Information in Werbeanzeigen. In: *KODIKAS/Code-Ars Semeiotica* 4/5/1982, 91-106

–: Stilistische Abwandlung von topisierter Rede. In: Sandig, B. (Hg.): *Stilistik. Bd. I*, GermL 3-4/81/1983, 61-75

–: Grundlagen der Phonostilistik und Phonästhetik. In:Spillner, B.: (Hg.): *Methoden der Stilanalyse*. Tübingen 1984, 69-99

–: Methoden der Stilanalyse: Forschungsstand u. analyt. Bibliographie. In: Spillner, B.: (Hg.): *Methoden der Stilanalyse*. 1984, 223-239

–: Linguist. Stilforschung: Von der Theoriediskussion zu Methoden prakt. Stilanalyse. In: B. Spillner (Hg.): *Methoden der Stilanalyse*. 1984, 7-9

–: Fachtext u. Fachstil. In: *JbDaF* 12/1986, 83-97

–: Style and Register. In: Ammon/Dittmar/Mattheier (Hg.): *Sociolinguistics/Soziolinguistik. Ein internationales Handbuch zur Wissenschaft von Sprache und Gesellschaft. 1. Halbbd.* Berlin/New York 1987, 273-285

–: Pragmat. u. textlinguist. Ansätze in der klass. Rhetorik. In: W. Lötscher/R. Schulze (Hg.): *Perspectives on Language in Performance. Studies. To Honour Werner Hüllen*. Tübingen 1987/I, 390-398

–: Termini stilistischer Wertung. In: *Zur Terminologie der Lit.-Wissenschaft*. 1988, 239-256

–: Stilelemente im fachsprachl. Diskurs. In: W. Dahmen/G. Holtus/J. Kramer/ M. Metzeltin (Hg.): *Techn. Sprache u. Technolekte in der Romania*. Tübingen 1989

–: Stilsemiotik. In: Stickel, G. (Hg.): *Stilfragen*. Berlin/New York 1995, 62-93 (Jb IDS 1994)

–: Von der Terminologienormierung zur Fachtextstilistik. In: *Stil in Fachsprachen*. Frankfurt/M. u.a. 1996, 5-10

–: Interlinguale Stilkontraste in Fachsprachen. In: *Stil in Fachsprachen*. Frankfurt/ M. 1996, 105-137

–: Stilistik. In: H.L. Arnold/H. Detering (Hg.): *Grundzüge der Lit.-Wissenschaft*. München 1996, 234-256

–: Stilistik. In: H. Goebl/P.H. Nelde/Z. Stary/W. Wölck (Hg.): *Kontaktlinguistik*. Berlin/New York 1996, 144-153

–: Stilvergleich von Mehrfachübersetzungen ins Deutsche (ausgehend v. Texten Dantes u. Rimbauds). In: Fix/Wellmann (Hg.): *Stile, Stilprägungen, Stilgeschichte*. 1997, 207-230

Spinner, K.H.: Operationale Stilanalyse anhand von Wasserimaginationen aus Sturm u. Drang, Romantik u. Realismus. In: Fix/Wellmann (Hg.): *Stile, Stilprägungen, Stilgeschichte*. 1997, 249-260

–: Thesen zur Didaktik der Stilanalyse. In: Fix/Wellmann (Hg.): *Stile, Stilprägungen, Stilgeschichte*. Heidelberg 1997, 277-280

Spitzer, L.: *Die Wortbildung als stilistisches Mittel.* Halle 1910
–: *Aufsätze zur Syntax u. Stilistik.* Halle 1918 (u. *NSpr* 1921)
–: *Stilstudien. Bd. 1:Sprachstile, Bd. 2: Stilsprachen.* München 1928, ²1961
–: *Romanische Stil- u. Literaturstudien.* Marburg 1931
–: *Linguistics and Literary History. Essays in Stylistics.* Princeton 1948
–: *Eine Methode Literatur zu interpretieren.* München 1966
–: *Texterklärungen. Aufs. zur europ. Literatur.* München 1969
Spörri, Th.: Die stilkritische Methode. In: *Die Formwerdg. des Menschen* 1942
–: Über Literaturwissenschaft und Stilkritik. In: *Trivium* 1/1942, 1
Stählin, F.: Stilvergleich an Prosastücken. In: *Mutterspr.* 65/1955, 81-84
Staiger, E.: *Die Kunst der Interpretation.* Zürich 1946: ⁴1963; München (dtv-WR 4078)
–: Das Problem des Stilwandels. In: *Euphorion* 55/1961, 229-241
–: *Stilwandel. Studien z. Vorgeschichte der Goethezeit.* Zürich 1963
Standop, E.: »Textverständnis« und »Sprachliche Kunstmittel: Stil u. Metrik«. In: Fabian, B. (Hg.): *Ein anglist. Grundkurs z. Einführung in das Studium der Literaturwissenschaft.* Frankfurt/M. 1971, 32-60;61-103
Stanzel, F.K.: *Die typischen Erzählsituationen im Roman.* Wien 1955
–: *Typische Formen des Romans.* Göttingen 1964
Starke, G.: Die Wiederholung als Mittel wirkungsvoller Sprachgestaltung. In: *Sprachpflege u. Sprachkultur* 39, 1-5
Starobinski, J.: The Style of Autobiograpy. In: Chatman (ed): *Literary Style.* 1971, 285-296
Stefanova, M.N.: Über Stilverfahren u. den Aufbau von Texten. In: *ZfG* 2/1981, 322-333
Stein, H./Hartung, J.: Symposium zu Fragen der Linguostilistik. In: *ZsfSlaw.* 26/1981, 6, 904-908
Steinig, W.: Zur sozialen Bewertung sprachl. Variation. In: Cherubim, D. (Hg.): *Fehlerlinguistik.* Tübingen 1980, 106-123
Steinmetz, H.: Sprachgebrauch, Stilkonventionen u. Stilanalyse. In: *JIG* 10/1978, 16-33
Stempel, W.D.: Ironie als Sprechhandlung. In: Preisendanz, W./Warning, R. (Hg.): *Das Komische.* München 1976, 205-235
Stenzel, J.: *Zeichensetzung. Stilunters. an dtsch. Prosadichtung.* 1966
Steube, A.: *Gradation der Grammatikalität u. stilist. Adäquatheit.* Diss. Leipzig 1966
Stötzel, G.: Schwierigkeiten b. d. sprachwissensch. Beurteilung des Nominalstils. In: *Mutterspr.* 75/1965, H. 12
Stötzer, U.: *Deutsche Redekunst im 17. u. 18. Jahrhundert.* Halle 1962
Stojanova-Jovceva, S.: Unters. zur Stilistik der Nebensätze in der dtsch. Gegenwartssprache. *Beitr. (Halle)* 100/1979, 40-178
–: Selbständige wie-Sätze als stilist. Mittel in der dtsch. Sprache der Gegenwart. In: 17/1980, 1, 23-27
Stolt, B.: Die Relevanz stilist. Faktoren für die Übersetzung. In: *JIG* 10/1978, 34-54
–: Die Entmythologisierung des Bibelstils. Oder: Der kompliz. Zusammenhang zw. Sprachgesch. u. Gesellschaftsgeschichte. In: Sandig, B. (Hg.): *Stilistik Bd. 1.* GermL 3-4/81/1983, 179-190
–: Pragmat. Stilanalyse. In: Spillner, B. (Hg.): *Methoden.* Tübingen 1984, 163-173

–: Textsortenstilist. Beobachtungen zur »Gattung Grimm«. In: A. Stedje (Hg.): *Die Brüder Grimm – Erbe u. Rezeption. Vorträge des Intern. Grimm-Symposiums in Stockholm* 6.-8. 11. 84. Stockholm 1985

–: »Was ist wahr?« Eine alte Kontroverse aus textlinguistischer u. rhetor. Sicht. Vortr. IGV-Tagg. 1985 in Göttingen, In: Schöne. A. (Hg.): *Kontroversen*. Tübingen 1986

– /Trost, J.: *Hier bin ich! Wo bist du? Heiratsanzeigen u. ihr Echo, analysiert aus sprachl. u. stilist. Sicht. Mit e. soziolog. Unters.* Kronberg/Ts. 1976

–: Luther, die Bibel u. das menschliche Herz. In: Mutterspr. 94/ 1983-4, 1-15

–: Revisionen u. Rückrevisionen des Luther-NT aus rhetorisch-stilist. Sicht. In: Sandig, B. (Hg.): *Stilist.-rhetor. Diskursanalyse.* Tübingen 1988, 13-40

–: Die problemat. »Darstellungsarten« der Stilistik. In: *Public. de la Faculté des Lettres et Sciences Humaines de l'Université de Nice. Études Allemandes et Autrichiennes. Hommage a Richard Thieberger.* Bd. XXXVII (Ire série) 1989, 381-399

–: Luther-Kontroversen. In: *ZfdPh* 109/1990, 402-414

–: Kommunikative Stilanalyse (Statement). In: Stickel, G. (Hg.): *Stilfragen.* Berlin 1995, 379-385 (Jb IDS 1994)

Stone, P.W.R.: *The Art of Poetry 1750-1820. Theories of Poetic Composition and Style in the Late Neo-Classic and Early Romantic Periods.* London 1967

Storz, G.: *Sprachanalyse ohne Sprache.* Stuttgart 1975 (bes. S. 69-89: Erkenntniskrit. Distanz zw. Subjekt u. Objekt auch in der Stilforschung?)

Strätz, H.-W.: Notizen zu ›Stil‹ und Recht. In: Gumbrecht/Pfeiffer (Hg.): *Stil.* Frankfurt/M. 1986, 53-67 (stw 633)

Straßner, E.: Sprache in Massenmedien. In: Althaus/Henne/Wiegand (Hg.): *LGL.* ²1980, 328-337

Strelka, J.: Der literar. Stil als ganzheitl. Gefüge. In: *JIG* 1979/I, 26-35

Strohmeyer, F.: *Der Stil der frz. Sprache.* Berlin 1910

Stutterheim, C.F.P.: *Stijlleer.* Den Haag 1947 (Servires Enzykl. Bd. 9a)

–: Modern Stylistics. In: *Lingua* 3/1952-3, 52-68

Suhamy, H.: *Les figures de style.* Paris 1981 (=Que sais-je? 1889)

Sumpf, J.: *Introduction à la stylistique du français.* Paris JAHR FEHLT !!!

Szabo, Z.: The Types of Stylistic Studies and the Characterization of individual Style: an Outline of Problems. In: *Linguistics* 62/1970, 96-104

Tamás, A.: Überlegungen über d. Griffigkeit umfassender Stilkategorien u. Systematikbegriffe i. 20. Jh. In: *E. Fischer-Lichte/K. Schwund (Hg.): Avantgarde u. Postmoderne.* Tübingen 1991, 129-138

Tannen, D.: *Conversational Style: Analyzing Talk Among Friends.* Norwood/New Jersey 1984

–: New York Jewish Conversational Style. In: *Intern. Journal of Social Lang.* 30/ 1981, 13-40

Taylor, T. J.: *Linguistic Theory and Structural Stylistics.* Oxford/New York 1981 (=Language and Communic- Library 2)

Teleman; U.: Style and Grammar, In: Ringbom, H. (Hg.). *Style and Text.* Stockholm 1975, 90-100

Terracini, B.: *Analisi stilistica. Teoria, storia, problemi.* Milano 1966

–: Stilistica al bivio? Storicismo versus strutturalismo. In: *Strumenti critici* 2/1968, 1-37

Thieberger, R.:A propos des stylistiques. In: *ZsfFrzSpruLit* 1966, 246-263

–: Art. »Stil«. In: *Die Literatur.* Reihe:«Wissen im Überblick«. Freiburg 1973, 250-263

–: Zur Situation der Stilforschung. In: *JIG* 10/H. 2/1978, 8-12

–: Stil und Situation. *Sprachkunst* 1980/XI/II, 277-289

–: Stilanalyse als Brückenschlag zw. Lit.-Wissenschaft u. Linguistik. In: *Akten des VI. Intern. German.-Kongr.* T.2, 1980, 222-228

–: Problematisierung des Begriffs »Text« als Anregung zu einer krit. Überlegung. In: Sandig, B. (Hg.): *Stilistik Bd. 1*, GermL 3-4/81, 1983, 49-59

- :Quelques réflexions sur le style et la recherche stylistique. In: Thieberger, R.: Les textes et les auteurs. Bern 1982, 513-521

–: *Stilkunde.* Bern 1988 (GLS B59)

Thoma, W.: Ansätze zu einer sprachfunktional-semiot. orientierten Stilistik. In: *LiLi* 6, H. 22, 1976, 117-141

–: Stil als analoger Code? In: *LiLi* 7/1971 H. 27/28, 117-136

Thormann, B.: *Linguostilist. Unters. z. Lyrik von Johannes Bobrowski.* Diss. A. (Masch.). Leipzig 1986

Thormann-Sekulski, B.: Methoden u. Methodenkritik in der Stilistik. In: Fix, U. (Hg.): *Beitr. zur Stiltheorie* 1990, 105-124

Thorne; J.: Generative Grammatik u. Stilanalyse. In: J. Lyons (Hg.): *Neue Perspektiven.* Reinbek 1975 (roro-st)

Tiittula, L.: Stile in interkult. Begegnungen. In: Stickel, G. (Hg.): *Stilfragen.* Berlin 1995, 198-224 (Jb IDS 1994)

–: Stile der Konfliktbearbeitung in Fernsehdiskussionen. In: Selting/Sandig (Hg.): *Sprech- u. Gesprächsstile.* Berlin 1997, 371-399

Todorov, Z.: The Place of Style in the Structure of the Text. In: Chatman (ed): *Literary Style.* 1971, 29-44

–: *Poetik der Prosa.* Frankfurt/M. 1973 (ARS POETICA. Studien Bd. 16)

Trabant, J.: *Zur Semiologie des literar. Kunstwerks. Glossematik u. Literaturtheorie.* München 1970

–: Poet. Abweichung. *LingBer* 32/1974, 45-59 [u. Diskuss. S. 74ff. u. 33/1974, 65-67]

–: Vorüberlegungen zu einem wissenschaftl. Sprechen über den Stil sprachl. Handelns. In: Kloepfer, R. u.a. (Hg.): *Bildung u. Ausbildung in der Romania. Bd. I: Lit.-Gesch. u. Texttheorie.* München 1979, 569-593

–: *Der Totaleindruck. Stil der Texte u. Charakter der Sprachen.* In: Gumbrecht/Pfeiffer (Hg.) 1986, 169-188

–: ». und die Seele leuchtet aus dem Style hervor«. Zur Stiltheorie im 19. Jahrhundert.: Heymann Steinthal. In: H. Geckeler/B. Schlieben-Lange u.a. (Hg.): *Logos semantikos. Festschr. E. Coseriu 1921-1981.* Bd 1 Berlin u.a. 1981, 245-258

–: Die Schäferstunde der Feder: Hamanns Fußnoten zu Buffons *Rede über den Stil.* In: Erzgräber/Gauger: *Stilfragen.* Tübingen1992, 107-128

Traugott, E.: ›Style‹ as Chameleon: Remarks on the Implications of Transformational Grammar and Generative Semantik for the Concept of Style. In: M.A. Jazayery/E.C. Polomé/W. Winter (Hg.): *Linguistic and Literary Studies. In Honor of Archibald Hill.* Bd. IV The Hague/Paris 1979, 169-184

Trier, J.: Stilist. Fragen der dtsch. Gebrauchsprosa. Perfekt u. Imperfekt. In: *Germanistik in Forschg. u. Lehre. Dtsch. Germ.-Tag 1964.* Berlin 1965, 195-208

Tschauder, G.: Vorbereitende Bemerkungen zu einer linguist. Stiltheorie. In: Tschauder, G./Weigand, E. (Hg.): *Perspektive: textextern. Akten 14. Linguist. Colloqu. Bochum 1979*, Tübingen 1980, 149-160

Turner, G. W.: *Stylistics.* Harmondsworth, Middlesex 1973

Ueding, G.: *Einführung in die Rhetorik. Geschichte, Technik, Methode.* Stuttgart 1976
–: *Rhetorik des Schreibens. Eine Einführung.* Königstein 1985 (=FAT 2181)
– /Steinbrink, B.: *Grundriß der Rhetorik. Geschichte, Technik, Methode.* Stuttgart 1986
Uhmann, S.: Interviewstil. Konversationelle Eigenschaften eines sozialwiss. Erhebungsinstruments. In: Hinnekamp/Selting (Hg.) 1989. 125-165
–: *Sprache u. Stil. Aufsätze zur Semantik u. Stilistik.* Tübingen 1972 (Konzepte d. Sprach- u. Literaturwissenschaft 12)
Urbach, O.: Der sachliche u. der ichbezogene Stil. In: *Die Literatur* 42/1940, 143ff.

Verma, Sh. K.: Topicalization as a stylistic mechanism. In: *Poetics* 1976, 25-33. u. in: *Linguist. perspectives on literature.* London 1980, 283-294
Viereck, H.: *Theorie u. Praxis der Stilanalyse. Die Leistung der Sprache für den Stil, dargest. an Texten der engl. Literatur der Gegenwart.* Heidelberg 1977
Vinay, J. P./Darbelnet, J.: *Stlistique comparée du français et de l'anglais.* Paris 1958
Vogt, J.: *Bauelemente erzählender Texte. In: Grundzüge der Literatur- u. Sprachwissenschaft Bd. 1:Literaturwissenschaft.* ²1974, 227-242
Volkelt, J.:Der Begriff des Stils. In: *ZsfÄsthetuallgKunstw.* 8/1913, 209-246
Vossler, K.:Die Nationalsprachen als Stile. In: *Jb f Philologie* 1/1925, 1-23

Wallach, R. W.: *Über Anwendung u. Bedeutung des Wortes ›Stil‹.* Diss. Würzburg 1919
Wackernagel, W.: *Poetik. Rhetorik u. Stilistik.* Halle 1873
Wales, K.: *A Dictionary of Stylistics.* London/New York 1989 (=Studies in Language and Linguistics)
Walzel, O.: *Gehalt und Gestalt im Kunstwerk des Dichters.* Berlin 1923
–: *Das Wortkunstwerk. Mittel seiner Erforschg.* Heidelberg 1926
Wapnewski, P.: Sprache – der wahre Verräter. Stilist. Beobachtungen zum Sprachgebrauch der Gegenwart. In: *JbBayer. Ak. d. schönen Künste* 5/1991, 141-167
Weber, H.: Die Stilblüte. Fehler oder Witz? In: H. Weber/R. Zuber (Hg.): *Linguistik Parisette. Akt. d. 22. Ling. Koll. Paris 1987.* Tübingen 1988, 237-252
Wege, H.: Zu Stilisierungen der Figurenrede kinder- u. jugendliterar. Texte z. Thema ›Ausländ, Arbeitsimmigranten‹. In: Feine/Sommerfeldt (Hg.): *Spr. u. Stil. Festschr. H. J. Siebert.* Frankfurt/M. 1995, 219-224
Weingarten, R.: Zur Stilistik der Wissenschaftssprache. Objektivitäts- u. Handlungsstil. In: G. Brünner/G. Graefen (Hg.): *Texte u. Diskurse. Methoden u. Forschungsergebn. d. Funktion. Pragmatik.* Opladen 1994, 115-135
Weinrich, H.: *Tempus. Besprochene u. erzählte Welt.* Stuttgart ²1971
–: Semantik der Metapher. In: *FoL* 1/1967, 3-17
–: Der Stil, das ist der Mensch, das ist der Teufel. In: Fix/Wellmann (Hg.): *Stile, Stilprägungen, Stilgeschichte.* 1997, 27-40
–: *Textgrammatik der dtsch. Sprache.* Mannheim u.a. 1993
Weiss, H.: *Statist. Unters. über Satzlänge u. Satzgliederung als autorspezif. Stilmerkmale.* Diss. Aachen 1967
Weiss, W.: Zur Stilistik d. Negation. *Festschr. H. Moser* 1969, 263-281
–: Musils Sprachstil, an einem Beisp. seiner Kurzprosa u. Ausblick auf eine Sprachstilgeschichte. In: Wellmann, H. (Hg.): *Grammatik, Wortschatz u. Bauformen.* Heidelberg 1993, 129-142

–: Epochale »Sprachfallen« u. »Sprachfunken« in Goethes ›Faust‹. In: Fix/Wellmann (Hg.): *Stile, Stilprägungen, Stilgeschichte*. 1997, 15-26

Weissenberger, K.: Eine Systemat. Stiltypologie als Antwort auf einen dichtungsfremden Systemzwang. In: *JlG* 1980/I, 8-18

–: Gattungsmorphologie im Rahmen e. Stiltypologie als Gegenentwurf z. linguist. Textsortenklassifikation. In: *Akt. des VII. Intern. Germ.-Kongr. 1985 Göttingen.* Bd. 3 Tübingen 1986, 40-48

Weitmann, P.: Die Problematik des Klassischen als Norm u. Stilbegriff. *AuA* 33/1989, 150-186

Wellek, R.: *Stil u. Stilistik* (Kap. IV, 14 in: Wellek, R./Warren, A.: *Theorie der Literatur*. Berlin 1969 (Ullstein Tb. 420/421) engl. Ausg. 1942 u. ö.

Wellmann, H.: Statt einer Einleitung: Typen der Textanalyse. Grillparzers »Fabel« ›Sprachenkampf‹. In: Wellmann, H. (Hg.): *Grammatik, Wortschatz u. Bauformen.* Heidelberg 1993, 7-24

–: *Skripte für das Symposium Stile, Stilprägungen u. ihr Wandel. H. 1* Augsburg 1996

–: Aspekte d. (vergleichd.) Stilistik. Zur Innovation d. Stilgeschichte. In: Fix/Wellmann (Hg.): *Stile, Stilprägungen, Stilgeschichte*. 1997, 11-14

Wells, R.: Nominal and verbal style. In: Sebeok (ed): *Style in language*. 1960, 213-220

Wenz, G.: Stilkunde und Stilkunst. In: *ZfdU* 44/1930, 177ff.

Weritschewa, V.: Beobachtungen zum Stil des ersten dtsch. Prosaromans ›Lancelot‹. Eine Skizze des Projekts. In: Fix/Wellmann (Hg.): *Stile, Stilprägungen, Stilgeschichte*. 1997, 325-330

Werner, H. G./Lerchner, G.: Möglichkeiten u. Grenzen der linguist. Analyse poet. Texte. Thesen. In: Steinberg, W. (Hg.) 1981, 5-13

Westheide, H.: Kontrastive Dialoganalyse. Die Beschreibung stilist. Werte von Redemitteln im Niederländischen u. im Dtsch. In: *Dialoganalyse II. Referate d. 2. Arbeitstagg. Bochum 1988.* Bd. 2. Hg. von E. Weigand u. F. Hundsnurscher. Tübingen 1989 (Ling. Arb. 230)

Westphal, W.: Zur Auffassg. v. Sprache u. Stil bei Wolfg. Spiewok. Anm. u. Gedanken. In: *Deutung u. Wertung. als Grundprobl. philol. Arbeit. Festkoll. W. Spiewok.* Greifswald 1989, 21-29 (Greifsw. germ. Forschgn. 11)

Widdowson, H.G.: Stylistic Analysis as Literary Interpretation. In: *The Use of English* 24/1972, 28-33

–: *Pract. Stylistics: an approach to poetry.* Oxford 1992

Wildgen, W, ; *Kommunikat. Stil u. Sozialisation. Ergebnisse einer empir. Untersuchung.* Tübingen 1977 (=Ling. Arbeiten 43)

Willems, G.: *Anschaulichkeit. Zu Thema u. Geschichte der Wort-Bild-Beziehungen u. des liter. Darstellungsstils.* Tübingen 1989

Wimmer, R.: Der fremde Stil. Zur kulturellen Vielfalt wissenschaftl. Textproduktion als Problem interkultureller Germanistik. In: Wierlacher, A. (Hg.): *Perspektiven u. Verfahren interkult. Germanistik. Akt. d. 1. Kongr. der Ges. f. interkult. Germanistik.* München 1987, 81-98

Wimsatt, W. K.: Style as Meaning. In: Chatman, S./Levin: *Essays on the Language of Literature.* Boston 1967, 362-373

Winderowd, W. R.: Brain, Rhetoric, and Style. In: *Language and Style* 13/3/1980 151-181

Winkler, E.: Die neuen Wege u. Aufgaben der Stilistik. *NS* 33/1923, 407-422

–: *Grundlegung der Stilistik.* Bielefeld 1929

Winter, W.: Relative Häufigkeit syntaktischer Erscheinungen als Mittel zur Abgrenzung von Stilarten. *Phonetica* 7/1961, 193-216
–: Stil als linguist. Problem. In: *Jb IDS: Satz u. Wort im heutg. Deutsch.* Düsseldorf 1967, 219-235
Wölflin, H.: *Kunstgeschichtl. Grundbegriffe. Das Problem der Stilentwicklung in der neueren Kunst.* 1915; Dresden ²1983
Wörner, M. H.: Charakterdarstellung u. Redestil. In: Kühlwein/Raasch (Hg.): *Stil.* Bd. 2 Tübingen 1982, 129-134
Wolf, N.R.: Mit der Dialoggrammatik auf Kriegsfuß. Zu Karl Valentins Dialog ›In der Apotheke‹. In: Wellmann, H. (Hg.): *Grammatik, Wortschatz u. Bauformen.* Heidelberg 1993, 43-56
–: *Auch ich in Arcadien!* vs. *Dieses Arkadien ist die reinste Lumpenschau.* Oder: Goethe vs. Brinkmann. In: Fix/Wellmann (Hg.): *Stile, Stilprägungen, Stilgeschichte.* 1997, 101-120
Wolf, R.: Zur stilist. Relevanz intonator. Kontrastierung beim Formulieren. In: Selting/Sandig (Hg.): *Sprech- u. Gesprächsstile.* Berlin 1997, 44-93
Wolff, G.: Sprach- u. Stilpflege in Briefstellern aus der zweiten Hälfte des 18. Jhs. In: Fix, U./Lerchner, G. (Hg.): *Stil u. Stilwandel.* Frankfurt/M. u.a. 1996, 395-409
Wotjak, B.: Fuchs, die hast du ganz gestohlen. Zu auffälligen Voraussetzungen von Phraseologismen in der Textsorte Anekdote. In: Sandig (Hg.) 1994, 619-649

Ylönen, S.: Stilwandel in wissenschaftl. Artikeln der Medizin. Zur Textsorte *Originalarbeiten in der Dtsch. Medizin. Wochenschrift* von 1884-1989. In: H. Schröder (Hg.): *Fachtextpragmatik.* Tübingen 1993

Zemb, J. M.: Ist [der] Stil meßbar? In: Stickel, G. (Hg.): *Stilfragen.* Berlin 1995, 128-149 (Jb IDS 1994)
Zimmer, R.: *Stilanalyse.* Tübingen 1978 (Romanist. Arb.-Hefte 20)
Zoltan, S.: The types of stylist. studies and the charakterization of individual style. An outline of problems. In: *Linguistics* H. 62/1970, 96-104
Zumthor, P.: Style and Expressive Register in Medieval Poetry. In: Chatman (ed): *Literary Style.* 1971, 263-281

Stillehre und Stildidaktik

Abraham, U.: »Mit diesem Stil bekommen Sie auch keine Arbeit.« »Stil« als vorbewußte Wahrnehmungskategorie im Korrekturverhalten von Deutschlehrern. In: Peter Eisenberg/Peter Klotz (Hg.): *Sprache gebrauchen – Sprachwissen erwerben* (=Deutsch im Gespräch). Stuttgart 1993, 159-178
–: Tägl. Textmord? Eine betrübl. Bestandsaufn. zur Praxis stilanalyt. Aufgaben im Lit. Unterr. In: *DU* 43/1991, 3, 6-19
Antos, G.: *Laien-Linguistik. Studien zu Sprach- und Kommunikationsproblemen im Alltag. Am Beisp. v. Sprachratgebern u. Kommunikationstrainings.* Tübingen 1995 (=Germ. Linguistik 146)
–: Warum gibt es normative Stilistiken? In: Stickel, G. (Hg.): *Stilfragen.* Berlin 1995, 355-377 (Jb IDS 1994)
Bleckwenn, H.: Stilarbeit. Überlegungen z. gegenwärtg. Stand ihrer Didaktik. *PD* 17 H. 101, 15-20

–: »Der Stil soll leben«. Nietzsches Lehre vom Stil – aus didaktischer Sicht inter-
pretiert. In: Erzgräber, W./Gauger, H.M: (Hg.): *Stilfragen*. Tübingen 1992, 42-58

Blumenthal, A.: Anleitungen zur Gestaltung von Rede u. Gespräch – Auswahlbibliogr. z. prakt. Rhetorik. In: Bausch, K. H./Grosse, S. (Hg.): Prakt. Rhetorik.
Beitr. z. ihrer Funktion i. d. Aus-u. Fortbildung. Auswahlbibliogr. Mannheim
1985, 188-254

Böttcher, J./Ohrenschall, A.: *Gutes Deutsch kann jeder lernen. Leitfaden für Briefstil u. gutes Deutsch*. Bad Wörishofen 1981, [3]1986 (=Die Erfolg-Bücher 19)

Bremerich-Voss, A.: *Populäre rhetor. Ratgeber. Histor.-systemat. Unters.* Tübingen
1991 (=Germanist. Linguistik 12)

Breuer, D./Kopsch; G.: Rhetoriklehrbücher des 16.-20-Jhs. Eine Bibliogr. In:
Schanze, H. (Hg.): *Rhetorik. Beitr. z. ihrer Geschichte in Deutschland vom 16.-
20. Jh*. Frankfurt/M. 1974, 217-355

Engel, Eduard: *Dtsch. Stilkunst*. Wien/Leipzig 1911. [31]1931

Förster, U.:Formulieren – wer lehrt es wie? Versuch e. Auswertung an Hd. d. Stilistiken v. L. Reiners, G. Möller, E. Riesel/E. Schendels, W. Fleischer/G. Michel, B. Sowinski u.a. *Mutterspr* 90(1980) H. 5-6, 245-62

Fritzsche, J.: Andres schreibt anders. Versuch über d. Individualstil von Schülern.
In: *DU* 43/3/1991, 61-71

Göttler, H.: Stilbildung durch Klangerfahrung. In: Neuland, E./ Bleckwenn, H.
(Hg.): *Stil – Stilistik – Stilisierung*. Frankf. 1991, 195-207

Hallwass, E.: *Mehr Erfolg mit gutem Deutsch*. Stuttgart u.a. 1976, 1991

Hannappel, H./Herold, Th.: Sprach- u. Stilnormen in der Schule. In: *SuLWU* 16/
1986, 54-66

Hirsch, E. C.: *Deutsch für Besserwisser*. Hamburg 1976

Kelle, A.: *Gutes Deutsch – der Schlüssel zum Erfolg*. München 1986

Langer, I./Schulz von Thun, F./Tausch, R.: *Verständlichkeit in Schule, Verwaltung,
Politik und Wissenschaft*. München/Basel 1974; später: *Sich verständlich ausdrükken*. (Neubearb. [5]1993)

Lobentanzer, H.: *Deutsch muß nicht schwer sein. Eine vergnügliche Sprach- u. Stilkunde*. München 1986 (=dtv-Sachbuch 10548)

Nussbaumer, M.: *Was Texte sind u. wie sie sein sollen. Ansätze zu einer sprachwiss.
Begründung eines Kriterienrasters zur Beurteilung von schriftl. Schülertexten*. Tübingen 1991

Püschel, U.: Praktische Stilistiken – Ratgeber f. gutes Deutsch? In: Neuland/
Bleckwenn: *Stil.* 1991, 55-68

Rossbacher, K. H.: Schüleraufsatz u. Trivialliteratur. Ein Vorschlag zur empir. Stil-
u. Klischeeanalyse. In: *Sprachkunst* 9/1978, 300-315

Roth, K. H.: Überlegungen zur ›praktischen Stilistik‹. In: *Jb. d. Deutschdidaktik*
1991/2, 66-82

Rupp, H.: Über die Notwendigkeit von und das Unbehagen an Stilbüchern. In:
Sprachnormen in der Diskussion. Beitr. vorgel. v. Sprachfreunden. Berlin/New
York 1986, 102-115

Sanders, W.: Die Faszination schwarzweißer Unkompliziertheit. Zur Tradition
dtsch. Stillehre im 20. Jh. In: *WW* 38/1988, 376-394

Schneider; W.: *Deutsch für Kenner. Die neue deutsche Stilkunde*. Hamburg 1987

–: *Deutsch für Profis. Handbuch d. Journalistensprache – wie sie ist u. wie sie sein
könnte*. Hamburg 1982 (ab 1985 m. Untertitel: *Wege z. guten Stil*. München
1985 (Goldm.-Sachb. 11536)

Schneider, Wolf: *Deutsch fürs Leben. Was die Schule zu lehren vergaß.* Reinbek 1994 (roro-Sachb. 9695)

Seibicke, W.: *Wie schreibt man gutes Deutsch? Eine Stilfibel.* Mannheim u.a. 1969 (Duden-Tb. 7)

Stemmlers, Th.: *Stemmlers kleine Stil-Lehre. Vom richtigen u. falschen Sprachgebrauch.* Frankfurt/M. 1994 (Insel)

Villiger, H.: *Gutes Deutsch. Grammatik u. Stilistik der dtsch. Gegenwartssprache.* Frauenfeld 1970

Weingarten, R./Pansegrau, P.: Argumentationsstile im Unterricht. In: *GermL* 112-113/1993, 127-146

Begriffsregister

Namensregister

(außer den Namen der Literaturlisten)

Sammlung Metzler

Printed in the United States
By Bookmasters